조선은 청제국에 무엇이었나

조선은 청 제국에 무엇이었나
1616~1911 한중 관계와 조선 모델

2024년 8월 1일 제1판 1쇄 인쇄
2024년 8월 15일 제1판 1쇄 발행

지은이   왕위안충
옮긴이   손성욱
펴낸이   이재민, 김상미

편집   이상희
디자인   김희량, 정희정

펴낸곳   (주)너머_너머북스
주소   서울시 서대문구 증가로20길 3-12
전화   02) 335-3366, 336-5131 팩스 02) 335-5848
홈페이지   www.nermerbooks.com
등록번호   제313-2007-232호

ISBN 978-89-94606-91-0 93910

blog.naver.com/nermerschool
너머북스 | 현재를 보는 역사, 너머학교 | 책으로 만드는 학교

너 머 의
글 로 벌
히스토리
07

조 선은
청제국에
무엇이
었나

1616~1911
한중 관계와 조선 모델

왕위안충 지음 ┃ 손성욱 옮김

너머북스

차례

내 영문 저서가 한국어로 번역 출간되어 한국학계의 동료 연구자와 교류하고 그들의 비평을 들을 수 있게 되어 매우 기쁘다.

청대 중한관계는 이미 역사가 되었지만 현대 중한관계 발전에서 다방면에 걸쳐 직접적 영향을 미치고 있다. 내 고향인 산둥성 자오둥반도 옌타이 지역의 자오위안시는 한반도와 바다를 사이에 두고 마주 보고 있다. 역사적으로 두 반도 사이에 교류가 많았고, 일정 수준 서로 영향을 미쳤다. 내가 어렸을 때 할머니와 할아버지께서 딸기를 '고려 과일(高麗果)'이라고 하며, 이 과일이 한반도 무역과 관련이 있다고 말씀하셨던 기억이 난다. 두 지역은 멀리 떨어져 있지 않지만 20세기 들어 복잡한 국제정치와 외교 문제로 많은 접촉이 단절되었다. 언젠가 청나라와 조선의 관계사를 공부하겠다는 생각을 하기는커녕 고향에서 한국의 역사와 문화를 접할 기회도 많지 않았다.

교과서를 자유롭게 선택할 수 있는 미국 학교와 달리 중국 학교에서 배우는 역사 교과서는 베이징의 교육부에서 만들어 발행한다. 당연히 중학교부터 대학교까지 역사 교과서의 서사 구조는 모두 똑같다. 고등학교 때

베트남에서 일어난 청프전쟁, 조선에서 일어난 청일전쟁, 이에 따른 '국권을 상실하고 국가를 욕보인' 불평등 조약 체결을 배웠다. 이는 모두 중국 역사에서 '백 년 굴욕'의 근대사를 서술하는 방식이었다.

어느 날 역사 선생님께 "베트남과 조선은 모두 외국인데 왜 중국인은 외국에 가서 역시 외국인 프랑스, 일본과 싸웠나요?"라고 여쭈었다. 선생님이 하신 말씀이 정확히 기억나지 않지만 대략 "좋은 질문이야. 수많은 역사적 원인이 있지만, 대학 입시에서는 잘 다루지 않아"라는 뜻이었다. 당시 고등학교 3년 동안 공부의 주된 목표는 청대 과거시험처럼 대학입학시험에 합격하는 것이었다. 선생님의 대답은 매우 현실적이었고, 나도 더 질문하지 않았다. 그때는 훗날 내가 이 분야를 연구하게 될 줄은 생각지도 못했다.

2002년 산둥대학교에서 역사학 학사학위를 받은 후 베이징대학교 역사학 석사과정에 입학했다. 지도교수인 마오하이젠 선생님의 지도를 받아 청대 중한관계사 연구에 정식으로 뛰어들었다. 마오 선생님은 15~20년은 준비해야 하나의 초보적 작업을 완성할 수 있다고 말씀하셨다. 당시 중국 대학의 석사 과정은 3년 만에 졸업해야 했기에 15~20년이 걸린다는 말에 놀라며 그건 너무 길다고 생각했다.

2007년 미국 코넬대학교 역사학과에 박사과정으로 진학했는데 지도 교수님이신 첸젠 선생님도 서두르지 말고 기초를 튼실히 해야 잘 쓸 수 있다고 말씀하였다. 2014년 박사학위를 받은 논문을 책으로 내려고 많은 부분을 수정했지만, 본질적인 내용은 크게 달라지지 않았다. 책에 담긴 내용 대부분이 박사과정에서 처음 접한 것이 아니라 그 이전부터 수년간 축적된 결과물이었기 때문이다. 2018년 이 영문 저서가 나왔을 때 이미 16년이 지나 있었다. 2022년 가을 내가 중문으로 된 청대 중한관계사 상권을 탈고했을 때(미출간) 정말로 20년이 흘렀다. 물론 300년에 가까운 중한관계의 역사를 생각하고 연구하는 데 20여 년 남짓한 시간은 충분치 않다. 책에서 다루는 모든 문제를 해결할 수도 없다. 따라서 한국어판 출간을 계기로 몇 가지 설명을 하고자 한다.

첫째, 이 책은 청대 한중관계사를 종합적으로 다루지 않으며, 정치와 외교의 시각에서 17세기 초부터 20세기 초까지 청대 중국의 역사에서 조선왕조의 매우 중요한 역할을 분석한다. 유럽과 미국을 차치하더라도 중국과 한국 양국은 유구한 관계를 맺어 왔기에 정치, 외교, 경제, 군사, 문학, 종교, 예술, 의학, 물질문화, 젠더 등 다양한 분야에 수많은 문헌이 존재한다. 따라서 책 한 권으로 종합적인 한중관계사를 쓴다는 것은 비현실적이며, 21세기에 필요하지도 않다. 나는 많은 이가 '조공관계', '책봉관계' 등으로 부르는 양국 간 종번관계의 변천에서 청대 중국과 조선왕조를 관찰하고, 양국이 밀접한 관계를 맺는 과정에서 어떤 중대한 변화를 어떻게 겪었는지 밝히고자 했다. 1부에서는 입관 전 청 정권이 조선과 종번관계를 맺어 자국의 '중국' 인식을 구축하는 과정과 입관 이후 '조선 모델(朝鮮事例)'을 광범위하게 운용하여 "하늘 아래 왕의 땅이 아닌 것이 없다(普天之下莫非王土)"라는 다원적 제국을 건설하는 과정을 고찰하였다. 이 제국은 '천조', '상국', '중국'이었으며, 다층적 정치 형태로 넓게 보면 조선, 베트남, 류큐(유구) 등 중국의 번속국을 포함하고 좁게 보면 단지 대청국을 의미했다.

2부에서는 19세기 후반, 청대 중국이 조선왕조와 관계를 조정하여 점차 서구 국제법의 정의에 따라 명확한 영토 경계를 갖춘 주권국가로 전환하는 과정을 살펴보았다. 청—조선 관계는 대내외에 걸쳐 다층적으로 변화하기 시작했고, 청—베트남 관계 역시 비슷한 과정을 겪었다(상세한 내용은 4장, 5장 참고). 이런 점에서 이 책은 이전 청대 한중관계를 다룬 논저들이 하나같이 양국 관계에 중점을 둔 것과 달리, 양국 관계를 중요하게 다루면서도 300년 동안 청대 중국의 중대한 변화와 이러한 변화가 주변 국가와 지역에 미친 영향에 초점을 맞추었다. 따라서 엄밀히 말하면 이 책은 일반적 의미의 청대 중한관계사가 아니라 중한관계의 관점에서 본 청대 중국사라고 할 수 있다. 이 책에서 다루는 시기도 청과 조선이 종번관계를 맺은 1637년이나 청이 입관한 1644년이 아닌 1616년 만주정권이 일어난 때부터 양국의 종번관계가 종식된 1895년이나 한국이 일본에 강제로 병합된 1910년까지가 아니라 1911년 만주정권이 몰락할 때까지다. 이 책의 영문 표제에 '중화제국(the Chinese Empire)'이 들어가고, 부제에 일반적으로 쓰는 '중한관계(Sino-Korean relations)'가 아닌 '만한관계(Manchu-Korean relations)'를 쓴 것도 마찬가지 이유에서다.

둘째, 이 책은 원래 영어로 썼고 미국학계의 일반적 방식을 따랐으며, 중국이나 한국 독자가 아닌 미국 독자를 우선 고려하였다. 이 책에는 중국, 한국, 일본 등 동아시아에 학계에서 흔히 볼 수 있는 사료의 대량 인용이나 매우 긴 주석이 없다. 이는 제한된 지면에서 매우 명료하게 서술하고(영어 원서는 서문, 본문, 참고문헌, 찾아보기 등 대략 11만 5천 단어임), 주요 학술적 관점을 선명히 하기 위해서였다. 이런 차이로 많은 한국 독자가 이 책을 읽으며 더 자세한 설명을 보길 원할 텐데, 아쉽지만 지면 제약으로 그렇게 할 수 없었다. 나는 2002년 자금성 서화문에 있던 중국 제1역사당안관에서 청대 당안 자료를 보기 시작하여 20여 년 동안 중국국가도서관, 서울대학교 규장각한국학연구원 자료실, 연세대학교 도서관, 일본 국립국회도서관, 도쿄대학 동양문화연구소 도서관, 타이베이 고궁명청문헌관, 타이베이 중앙연구원 근대사연구소 도서관, 미국의회도서관, 미국 국립문서기록관리청 등지에서 평생 다 활용할 수 없을 정도의 원사료를 수집했다. 약수가 삼천리라도 물 한 바가지만 취했다(弱水三千只取一瓢)는 말처럼, 이 책의 모든 문장은 입에서 나오는 대로 푼 것이 아니라 신중하게 고려하여 썼다. 구체적 역사 사건에 대한 평론을 다룰 때는 더욱 그랬다. 나는 중문으로 쓰고 있는 중한관계사 초고에서 영문 저서보다 더 많은 역사 자료를 활용했다. 예를 들어 중문 저서의 1장(대략 이 책의 1장에 해당)은 이미 완성했는데, 한자 8만 자에 달한다. 그 원고는 중국의 『중국역사연구원집간(中國歷史研究院集刊)』 2021년 2기에 「입관 전 청 정권의 대조선 교섭과 정통 관념의 형성(入關前清政權對朝交涉及其正統觀念的形塑)」이라는 제목으로 발표했다. 물론 글자 수가 중요한 것은 아니다. 더 많다고 반드시 더 나은 것도 아니다. 가장 중요한 것은 명확하게 설명할 수 있느냐이다. 나는 이 책의 맥락과 관점이 매우 분명하다고 생각한다.

셋째, 이 책에서는 '근대 중국(modern china)'을 17세기 초, 즉 명·청 교체기로 삼았다. 현재 중국에서 '근대 중국'은 일반적으로 1839~1842년 제1차 아편전쟁을 기점으로 삼는다(중국에서는 관용적으로 1840년을 쓴다). 이러한 시대 구분론은 유럽 중심론 혹은 서양 중심론에서 기원하며, '근대(modern)'라는 말은 더욱 그렇다(미국 역사에서 오늘날까지 이른바 '근대'는 존재하지 않는다). 중국의 이러한 근대사 정의는 오늘날 한국이 '근대사'의 기점을 1876년 조일 「강화도조약」 체결로 보는 것과 동일한 논리이며, 일본 역시 마찬가지다. 이러한 방식은 자국의 민족주의 배양과 주권국가 개념의 형성에 중요한 역할을 했다. 하지만 이러한 서사는 역사상 청조와 조선왕조가 자신을 정의한 것과는 매우 다르다. 역사의 시간관념, 공간관념, 정치 합법성 등 여러 측면에서 20세기 이래 중국과 한국 정권이 자신을 정의한 것과도 지대한 차이가 존재한다. 청대 중국과 조선왕조의 역사만 놓고 보면 1840년과 1876년으로 근대사를 구분하는 방식은 본래 하나의 체계를 이루던 중국과 조선왕조를 인위적으로 나눠 둘로 만드는 것이다. 이는 많은 문제를 낳을 수밖에 없고, 중국은 줄곧 동아시아 지정학에서 중심이었기에 여기서 초래된 파열은 더욱 두드러진다.

이러한 점을 고려해 나는 연구와 교육에서 중국 근대사의 기점을 17세기 명청 교체기로 두었다. 이 시기에 있었던 중요한 다층적 변화는 이후 300년 동안 중국과 동아시아 세계의 변화에 중대한 영향을 미쳤다. 예를 들어, 청은 영토에서 명대 중국의 강역을 변화시켰고, 새로운 중국을 만들었으며, 만주에서 굴기하여 중원을 점령하였다. 이후 신장과 티베트 지역까지 영토를 확장하였으며, 내몽골과 외몽골을 신하로서 복종시켰다. 이는 명대에 없었던 일이다. 청은 '중국'의 개념을 좀 더 다원적으로 변화시켰으며 만주족, 한족, 몽골족, 장족, 회족 등 여러 민족이 그 안에 포함되었고, 팔기 안에는 조선인, 베트남인 등이 있었다. 청대에 유럽 예수회 선교사가 중국에 왔으며, 명 멸망 이후 아담 샬(Johann Adam Schall von Bell, 1591~1666) 등 예수회 선교사들이 계속 청 조정에서 일했다. 그들은 유럽의 수학과 천문학, 물리학 등의 지식을 중국의 전통 역법에 접목하여 새로운 역법인 『시헌력』(건륭제 때는 피휘로 『시헌서』)을 간행하였다. 중국과 서양 간 시간의 초보적 융합(1912년 이후 중국에서 그레고리력을 전면적으로 수용하는 기초를 마련함)이 이루어졌으며, 새로운 역법은 조선에도 전해졌다. 종교적 측면에서 천주교 역시 예수회와 조선 연행사의 교류로 한반도에 한 걸음 더 전파되었다. 우리는 17세기 초부터 중국을 관찰하기 시작해 1912년과 1949년 이후 중국 본연의 변화까지 지난 400년 동안 중국의 변천을 거시적으로 이해할 수 있다. 게다가 한국의 중요한 작용도 간과하지 않으며, 이러한 양국의 밀접한 연관 관계가 종번관계로 제한된 차원을 초월해 1895년 종번관계 종식 이후 중국과 한국의 여러 변화에 여전히 영향을 미쳤다는 사실을 알 수 있다.

연구 과정에서 가족 외에 중국, 미국, 한국, 일본 등지의 많은 선생님과 친구로부터 지지와 도움을 받았다. 영문판 저서에 실린 감사의 글에서 감사드렸기에 반복해 언급하지는 않겠다. 한국어판 서문인 만큼 한국 연구 기간에 지지와 도움을 주신 선생님과 친구들에게 재차 감사함을 전한다. 구범진 교수님, 백영서 교수님, 박명림 교수님, 김선민 교수님, 이훈 교수님, 이평수 교수님, 강진아 교수님, 정동훈 교수님, 이선애 교수님, 장팅팅 박사 등에게 감사를 표한다. 서울대학교 도서관, 규장각한국학연구원, 연세대학교 도서관, 고려대학교 도서관, 한국학중앙연구원 장서각 등 여러 기관으로부터 많은 도움을 받았으며, 그곳 선생님들의 도움으로 순조롭게 연구를 진행할 수 있었다. 한국국제교류재단 역시 2005~2006년 내가 연세대학교에서 한국어를 공부할 수 있도록 지원해주었고, 2010~

2011년 서울에서 학술 연구를 할 수 있도록 지원해주었기에 감사의 말씀을 드린다.

이 책의 구체적 내용은 독자들이 읽으며 이해할 수 있기에 여기서 언급할 필요는 없을 듯하다. 영문판이 출간된 이래 『미국 역사비평(The American Historical Review)』, 『아시아 연구저널(Journal of Asian Studies)』 등 여러 저널에서 많은 서평이 나왔다. 2023년 봄에는 코넬대학교 출판사에서 페어퍼백을 출간하였다. 이 모두가 이 책의 학술적 성과를 긍정적으로 평가한 것이며, 나는 여러 전문가의 의견을 겸허히 받아들였다.

한 언어에서 다른 언어로 옮기는 작업은 매우 고된 일이다. 전문 학술서는 사료 원문을 찾아 확인해야 하기에 더욱 그렇다. 고된 번역 작업의 수고를 마다하지 않은 중국사 연구자인 손성욱 교수님의 노고에 진심으로 감사드린다. 저자로서 한국어판 출간은 큰 영광이며, 한국학계 동료 연구자들의 질정을 바란다.

왕위안충

2024년 6월 델라웨어에서

일러두기

1. 중국의 인명과 지명은 한국식 독음으로 표기했고 주요 활동이 신해혁명 이후부터만 있는 경우 중국식 발음으로 표기했다. 지명은 현재의 맥락에서 사용될 때만 중국식 발음으로 표기했다.

2. 만주어 인명과 지명의 경우 만주어 발음을 확인할 수 있는 경우 한글 발음으로 옮기고 밀렌도르프 표기법에 따라 로마자를 병기했으며, 확인할 수 없는 경우는 한국식 한자 독음으로 표기했다.

3. 음력은 정허성(鄭鶴聲)의 『近世中西史日對照表』(北京: 中華書局, 1981)를 참고하여 서력으로 환산해 표기하였다.

4. 한문 자료의 번역은 전체적으로 저자의 해석 방향을 따라 옮겼다. ( ) 안의 한자는 저자가 병기했거나, 독음으로 표기한 단어의 이해를 도우려고 역자가 병기한 것이다. ( ) 안의 한자가 독음과 일치하지 않는 경우는 저자가 병기한 것이며, 역자가 병기했을 때는 [ ]로 처리했다.

5. middle kingdom은 '중국'으로, 중국의 병음 표기인 Zhongguo는 중국(中國)으로, China는 중국, 명, 청 등 문맥에 따라 옮겼다.

6. barbarian은 오랑캐로 번역하되, 夷, 蠻, 戎, 狄, 虜, 北狄, 外夷 등 원자료에서 해당하는 한자를 확인할 수 있는 경우 [ ] 안에 병기했다.

7. 원서에는 인용한 한문 사료의 원문을 주석에 제시하지 않았지만, 참고할 수 있도록 원문을 찾아 미주에 실었으며, 직접 인용된 해당 부분은 밑줄로 표시했다.

8. 주석에서 제시된 문헌의 경우 인용 자료의 출전을 쉽게 확인하도록 재위 기간과 음력 월일, 문건명 등을 찾아 부기했다.

9. 주석에서 저자가 인용한 외국 문헌 중 한국어 번역본이 있는 경우 최대한 찾아 해당 쪽수를 [ ] 안에 병기했다.

10. 마일은 미터법으로 환산해 표기했으며, 이 책에서 1리는 청대 1리로 500미터이다.

중국과 한국의 통치 기간, 1600~1911

중국(명 후기와 청)		한국(조선 후기)	
연호	재위 기간	묘호	재위 기간
만력(万曆) *	1573~1620	광해군(光海君)	1608~1623
천명(天命)	1616~1626		
태창(泰昌) *	1620~1621	인조(仁祖)	1623~1649
천계(天啓) *	1621~1627		
천총(天聡)	1627~1635		
숭정(崇禎) *	1628~1644	효종(孝宗)	1649~1659
숭덕(崇德)	1636~1643		
순치(順治)	1644~1661	현종(顯宗)	1659~1674
강희(康熙)	1661~1722	숙종(肅宗)	1674~1720
옹정(雍正)	1723~1735	경종(景宗)	1720~1724
건륭(乾隆)	1736~1795	영조(英祖)	1724~1776
가경(嘉慶)	1796~1820	정조(正祖)	1776~1800
도광(道光)	1821~1850	순조(純祖)	1800~1834
함풍(咸豊)	1851~1861	헌종(憲宗)	1834~1849
동치(同治)	1862~1874	철종(哲宗)	1849~1863
광서(光緒)	1875~1908	고종(高宗)	1863~1907
선통(宣統)	1909~1911	순종(純宗)	1907~1910

* 표시는 명조의 연호

1644년 4월 25일(명 숭정 17년) 동이 텄다. 첫 햇살이 북경 자금성의 벽을 비추자 대규모 반란군이 성문을 공격했다. 황제는 [이자성의] 반란군이 황실로 몰려들기 직전에 궁전 뒤편에 있는 인공산에 올라 나무에 목을 맸다. 황제가 태어나 서른세 살이 될 때까지 그를 모신 충직한 늙은 환관 한 명도 다른 나무에 목을 맸다. 277년 동안 중국을 지배해온 명조 또는 대명은 이렇게 홀연히 막을 내렸다.

북경에서 벌어진 충돌과 관계없는 전선에서 싸우던 오삼계(吳三桂, 1612~1678)는 예기치 못한 명의 멸망으로 곤경에 처했다. 유목 생활을 하는 만주족이 1616년에 세운 청과 전쟁 중이었던 오 장군은 중국 내지와 만주가 인접한 장성의 전략적 전초기지인 산해관을 방어하고 있었다. 전쟁은 거의 30년 동안 이어졌다. 이 기간에 만주족은 만주에서 명군에 결정적인 패배를 안기고, 인접한 몽골 부족을 복속시켰으며, 중국의 충성스러운 조공국인 조선왕조를 정복하였다. 산해관은 명나라 중국인과 조선인이 무시무시한 오랑캐로 여기던 만주인이 중국 내지로 들어오는 것을 막는 최후의 보루가 되었다. 북경이 반란군의 수중에 넘어가면서 오 장군은 하룻

밤에 조국을 잃었다. 만주에서 만주인 황제는 이 기회를 놓치지 않았다. 장성을 넘어 중국 내지로 들어가고자 황자 도르곤(Dorgon, 多爾袞, 1612~1650)이 지휘하는 군대를 산해관 외곽으로 보냈다. 한편, 북경의 반란군은 오 장군의 아버지를 인질로 삼고 그를 전멸시키고자 산해관을 향해 진군했다. 오 장군은 생사의 갈림에서 만주족을 동맹으로 택했다. 그는 거대한 문을 열어 만주인 군대가 장성을 통과하고 자신을 도와 반란군을 물리치도록 하였다.

만주인 군대와 함께 산해관으로 들어온 사람 중에는 조선 왕세자[소현세자]도 있었다. 그 왕세자는 만주인이 조선을 정복하고 자신과 동생을 인질로 삼았던 1637년부터 만주인과 함께 지냈다.[1] 산해관을 지키는 오 장군의 군대에도 조선 출신이 있었다. 그중 한 명은 조선의 젊은 관원 최효일(崔孝一)이었다. 그는 만주족이 처음 조선을 침략한 1627년[정묘호란] 이후에 오 장군의 반만주 전투에 가담했다. 그는 오래 살지 못했지만 만주족 정복자들의 손에 죽지는 않았다. 1644년 6월 6일, 만주족은 단 한 차례의 전투도 없이 북경을 점령했다. 도르곤은 반란군에게 불탄 자금성의 잔해가 쌓여 있는 황궁에서 조선 왕세자가 지켜보는 가운데 명나라 관원들의 항복을 받았다. 그러나 최효일은 오랑캐라 여긴 만주족 황자 앞에 엎드리기를 거부했다. 그 대신에 그는 명나라 형식의 의복을 입고 문명국인 '중국(Middle Kingdom)' 혹은 중국어로 중국(中國)이라 불린 명을 추도하려고 숭정제의 묘로 갔다. 최효일은 일주일간 단식한 끝에 묘 근처에서 죽었다. 오 장군은 그의 시신을 안장하고 비가(悲歌)를 지어 추모했다.[2]

조선인 최효일은 명 황제뿐만 아니라 중국 왕조에서 구현한 문명과 그의 조국을 위해 죽었다. 그러나 그는 자진할 당시 만주 정권이 같은 문명의 이념적·정치적·문화적 규범을 수용하여 스스로 변화하고 있다는 사실을 깨닫지 못했다. 더 중요한 사실은 1644년 입관 전부터 청은 조선과의 위계적 관계를 이용해 자신을 중화로 만들기 시작했다는 것이다. 그 관계는 1895년 청일전쟁으로 끝날 때까지 258년 동안 지속되었으며, 그 이후에도 한중관계에 강력한 영향을 미쳤다. 17세기 초부터 20세기 초까지 청은 '중국'으로서 정체성을 공고히 하고, 다른 주변국, 만주, 몽골초원에서 투르키스탄과 히말라야에 이르기까지 새로 정복한 정치체를 관리하고자 조선과의 관계를 이념적 도구로 삼았다. 1911년 유라시아 제국이 붕괴했을 때까지 청은 다민족, 다문화의 근대 국가로 발전하여 20세기 중국의 국가 건설에서 공고한 기반을 마련하였다. 청이 중화제국을 다시 만드는 데 일조한 여러 요소 중 특별히 두드러지는 것은 만주와 조선의 교류에서 도출된 정치-문화적 담론과 제국 규범이다. 이는 내가 '종번'이라 하는 위계 구조에서 이루어졌으며, 이 용어는 아래에서 설명하겠다. 만주-조선 관계에 대한 미시사는 3세기 동안 이루어진 중국의 전환에 대한 거시사를 생생하게 반영하며, 한중관계를 중국과 다른 국가와의 관계와 구별해준다.

이 책에서는 1616년부터 1911년까지 중국과 한국의 정치적 역학관계를 바탕으로 중국이 제국에서 근대국가로 발전하는 과정을 밝혔다. 국가 간의 세력, 이익, 안보 등과 관련된 양국의 상위정치(high politics)를 고찰하여 청의 역사 서술에 조선을 포함시켰으며, 만주 정권이 조선과 지속적으로 교류하며 중화이자 세계제국 그리고 근대 주권국가로서 확립한 정체성을 정당화·공고화했음을 보여준다. 이 책은 장기적인 역사적 시각과 국경을 초월한 시각으로 양국 관계를 관찰함으로써 청대 중화제국의 부상과 내부의 변화, 중국의 대외관계 시스템과 서양의 충돌, 동아시아에서 근대 주권 국가의 형성을 새롭게 조명한다.

후기 중화제국의 서술에서 '종번' 개념의 활성화

나는 후기 중화제국(late imperial China)과 한국을 포함한 번속 간 위계 관계의 본질을 나타낼 때 흔히 사용하는 영어 번역어인 '조공(tributary)'이 아닌 중국어 종번(Zongfan)을 사용하거나 경우에 따라 '중국적 세계질서(Chinese world order)'라는 영어 표현을 사용한다. '조공'이라는 용어는 이 시스템의 관련 부분에서만 사용한다.[3] 이 책에서 '후기 중화제국'은 1368년부터 1911년까지의 중국이며, 몽골제국의 원(1271~1368) 붕괴 이후인 명대(1368~1644)와 청대를 말한다. 아래에서 설명하겠지만, 종번체제는 중국과 번속 간의 정치적 정통성을 확립하는 데 중요한 역할을 했다. 유교의 핵심 개념인 정통(正統)은 중화세계의 위계질서 안에서 정치체의 정통성을 뒷받침하는 보편적인 이념적·도덕적·문화적·사회적 근거를 제공한다. 후기 제국 시기에 이러한 정통성은 '명분(名分)'과 '대일통(大一統)'을 수반했으며, 명과 청, 조선(1392~1910), 일본 도쿠가와 막부(1600~1868)의 지배 엘리트와 유학자 중에는 이에 헌신하는 이들이 있었다.[4]

정치-문화적 구조로서 종번체제는 서주시대(기원전 1046~기원전 771)에 성립된 것으로 여겨진다. 이는 당시 친족 기반의 종법 봉건 제도와 관련이 있었다. 이 체제는 종(宗)과 번(藩) 사이에서 작동했다. 종은 중국 군주의 왕족 가계를 지칭하며, 중국 군주는 '천명(天命)'의 대리인으로서 절대적인 가부장적 권위와 독점적 정통성을 가지고 '중국'에 거처하는 '천자(天子)'라고 주장했다. 번은 본래 중국 변경에 전초기지를 세운 왕실 일족을 의미한다. 그 지역 제후의 정통성은 천자의 책봉에 따랐다. 친족의 양측인 종과 번은 가족주의적인 위계와 이 정치체의 사람들에게 만유(萬有)로 알려진 천하 질서를 이루었다.[5]

중국 주변부는 중국 밖의 모든 국가와 정치체를 번의 범주로 통합하며 봉건제 모델 내에서 발전해왔다. 이상적 교리에 따르면, 번은 정기적으로 배신(陪臣)을 사절로 파견하여 중조(中朝)에 세금이나 조공을 바치고, 그곳에서 천자에게 합당한 복종을 표한 뒤 후한 대우나 선물을 받았다. 그 대가로 조정은 사절을 파견하여 군주를 책봉하고, 필요할 때마다 번을 보호했다. 이러한 상호작용은 '사대(事大)'와 '자소(字小)'라는 이중 정책의 기초가 되었다. '중국'이 정한 의례 규정에 따라 사신이 왕래하며 종번체제를 지속했다. 이 모델은 이후 후기 중화제국 대외정책의 기본 철학으로 발전했다.[6]

번은 중조(中朝)로부터 지리적 거리에 따라 정의될 뿐만 아니라, 내번과 외번이라는 친족 용어로 특징지을 수 있다. 내번은 황제와 강한 혈연관계를 유지했으나 외번은 그렇지 않았다. 한국은 상황이 복잡했다. 역대 중국 왕조의 통념은 한중 친족관계의 시초가 기자(箕子)에 있다고 보았다. 기자는 서주의 왕이 고조선 땅에 봉했다고 여겨지는 상(기원전 약 1600~기원전 1046)의 왕족이었다. 이 전설은 중국이 깊이 믿는 독특한 문화적 동질성의 전제가 되었고, 중국 통일왕조가 한국이 중국 영토에 속한다고 여기는 데 일조했다.[7] 한(기원전 206~기원후 220)과 당(618~907)은 한국 영토의 일부를 중국에 편입하였다. 1260년대 원의 몽골군이 고려(918~1392)를 점차 지배하게 되었다. 1270년대 몽골 황실은 쿠빌라이칸의 제국대장공주와 결혼한 충렬왕(재위 1274~1308)을 제국의 부마이자 고려왕으로 책봉했다.[8] 이후원을 타도한 명은 몽골과 고려 왕실 사이에 국혼으로 맺은 강한 사적 유대를 바탕으로 한 원의 고려 정책을 더는 펼치지 않았다.

명은 1368년 건국 이후 주의 봉건 원칙과 원의 종번 관례를 따라 자국영토 안에 종번체제를 수립했지만, 이 체제를 고려에 확대할 생각은 없었다. 새로운 왕조의 창업자[주원장]는 명이 고려를 비롯해 주변의 14개국을 침략하지 않겠다고 공표했다. 1392년 고려를 대신한 한반도의 새 정권은 즉시 명에 사신을 파견해 왕위 책봉을 추진했다. 명은 새 정권에 기자조선을 좇아서 '조선'이라는 국호를 내렸지만, 1401년 건문제가 조선 3대 국왕태종(이방원, 재위 1400~1418)을 책봉하여 종번 질서를 확대할 때까지 조선국왕을 책봉하지 않았다. 명은 황제의 고명에서 중하(中夏)의 울타리가 되며 '영원히 중국을 도우라(永輔于中國)'고 강조했다.[9] 1403년 영락제는 태종에게 친왕에 해당하는 관복을 하사해 조선을 명의 종번체제로 더욱 통합했다.[10]

원—고려 관계에서 명—조선 관계로 전환하는 과정에서 명은 대조선 정책에 중대한 변화를 일으켰다. 명은 실제 외국으로서 조선의 독립을 허용했지만, 가족적 봉건제 관념과 이념적 차원에서 종번 규범을 참조하여 양국 관계를 규정했다. 명은 가족주의적·문화적으로 동질성을 지닌 종번의 맥락에서 조선을 기자로부터 내려온 외번으로 묘사했다. 조선은 스스로명 조정의 제후로 여겼으며, 그들의 관계를 부자관계이자 군신관계라고 생각했다.[11] 이와 함께 원대에 유교적 사회 위계를 받드는 성리학이 통치이념이 되었고, 이는 한반도에도 전해져 양국 관계의 확립과 안정에 일조했다.[12] 1590년대 명이 일본의 침략[임진왜란]으로부터 조선을 구해주자 조선은 명을 '부모의 나라(父母之邦)'로 여기며 명에 더욱 매달렸다.[13] 이러한 체제는 중세 유럽이나 도쿠가와 막부의 봉건제와 유사해 보이지만, 국경을 초월한 체제로 유교에 기반한 중화세계의 고유한 특징을 지닌다. 이 책 2부에서 설명하듯 한중관계의 이러한 성격은 19세기 유럽과 일본의 외교관들을 혼란에 빠뜨렸다. 그들은 자신들의 세계에서 이에 대한 역사적 선례를 찾지 못했다. 그러나 학자들이 지적한 것처럼 명-조선 위계 관계를 1,400년 이전의 한중관계나 중국의 대외관계에 적용하는 것은 비역사적이다.[14]

청은 조선과 교류하면서 명의 종번 기제를 계승했지만, 만주족이 몽골 부족과 맺은 친족관계는 제국의 외번 범주를 복잡하게 만들었다. 이 점은 외번의 다층적 성격과 청의 정치 담론에서 다양한 용어로 사용되었으며, 특히 청에 조근(朝覲)하는 정치체와 섬라(暹羅, 태국) 같은 동남아시아 국가들을 지칭하는 데서 잘 드러난다.[15] 그럼에도 만주 조정은 조선과 다른 번속을 청 중심의 가족구성원으로 이해했으며, 이들 정치체의 지위는 몽골과 비슷하거나 심지어 동등했다.[16] 1763년 예부가 건륭제에게 조선 국왕의 손자[이산(李祘)]를 왕위계승자로 책봉하는 맥락을 설명하면서 "중조(中朝) 관계에서 외번과 종번은 같다(外藩之與宗藩, 事屬相同)"라고 설명했다. 1790년 건륭제는 베트남 국왕 응우옌후에(재위 1788~1792)에게 종실의 종번만 쓸 수 있는 황금색 가죽띠(金黃鞓帶)를 하사했다.[17] '종번'이라는 용어는 청대 중앙과 주변, 가장과 가족구성원의 관계를 적절하게 함축하고 있다. 따라서 이 책에서는 '종번'을 활성화하고자 한다.

청-조선 관계로 본 중국 근대국가 형성의 재해석

조선은 명과 청의 전쟁에 휘말려 들어 1627년[정묘호란]과 1636년[병자호란] 두 차례에 걸쳐 만주인의 무시무시한 침략을 당했다. 1637년 초 청은 조선을 정복하고 명의 가부장적 지위를 대신하여 조선과 종번관계를 맺었다. 학자들은 중국의 후기 제국 시기 한중관계를 중국 중심 질서의 전형적인 모습으로 널리 간주해 왔다.[18] 어떤 학자들은 이 관계의 고유성을 양국이 공유한 유교 문화, 특히 성리학에서 찾는 경향이 있다. 또 다른 학자들은 패권적 의미에서 중국의 정치적 또는 군사적 영향이나 통제를 강조하는 경향이 있다.[19] 이 책에서는 문화적 시각을 받아들이면서도 17세기 초 청-조선 관계 수립과 유지에서 만주족의 무력행사가 미친 중대한 영향을 강조한다. 더 중요한 것은 청-조선 관계를 서주 이래 전해진 한중관계에 대한 중국의 신화적 서사에 포함하기를 피하고, 명-조선 관계와 아우르는 것을 삼간다는 사실이다. 오히려 나는 이러한 결합이 중화제국의 재구축과 중국 근대국가 탄생에 정치적·사상적·이념적 토대를 제공했다는 점에서 그 독특하고 중요한 역할을 탐구한다.

청 제국 담론에서 상상된 청과 다른 국가 간 중국 중심적 위계질서를 분석하는 핵심 용어는 이(夷)이다. 중국어(또는 다른 언어)의 많은 추상적 용어와 마찬가지로, 이의 의미 역시 문맥에 따라 달라지지만, 나는 보통 'barbarians'로 번역해 왔다. 다음 장에서 알 수 있듯이 이는 중국과 외부의 교류에서 외부인을 지칭할 때 주로 쓰였지만, 반드시 경멸적 의미를 담고 있는 것은 아니었다. 또한 나는 만주 정권의 시각에서 이의 의미 변화를 보여준다. 청–조선 관계는 '화이지변(華夷之辨, 중화와 오랑캐를 구분한다는 뜻으로, 문명인 중화는 중국의 주변에 대한 우월성을 보여준다. 중화와 오랑캐는 문화, 종족, 지리로 구분되며, 양자의 길항과 중원의 주인이 누구냐에 따라 화이지변을 둘러싼 담론의 변화가 있었다.—옮긴이)'이라는 정치–문화적 환경 속에서 청이 정통성을 입증해야 하는 전례 없는 도전에 직면해 펼친 광범위한 노력 속에서 전개됐다.[20] 조선인 무장 최효일이 만주족이 점령한 북경에서 자진한 데는 이러한 화이지변의 이분법적 배경이 있다. 명 이후 그의 조국이 '소중화'로 정체성을 강화한 것도 화이지변을 고려할 수 있다. 한편, 청은 문명의 중심이자 '천조'로서 '중국'의 계보 안에 스스로 자리매김했다.

1637년 청–조선 종번관계의 수립은 청이 스스로 재정의하고 중화세계를 재편하려는 거대한 사업의 역사에서 전환점이 된 사건이다. 학자들은 일반적으로 명청 교체를 1644년 만주족이 북경을 점령한 시기로 보지만, 만주 정권은 적어도 10년 전부터 종번 구조에 내재된 정치–문화적 담론을 활용하여 '중국'의 지위를 확보하려고 노력했다. 1637년 이후 청은 조선을 한문으로는 '외번'이나 '속국', 만주어로는 '툴러르기 구룬(tulergi gurun, 외국)'이나 '하랑가 구룬(harangga gurun, 예하 국가)'으로 알려진 '외부 번속(outer subordinate)'의 전형으로 점진적으로 변화시켰다. 매우 중요한 점은 청 제국의 용어가 조선을 청의 변방에 있는 오랑캐로 묘사하여 명대 만주와 조선의 위계를 엄연히 바꾸었다는 것이다.

1637년부터 1643년까지 청은 조선과 빈번히 교류해 양자 간 새로운 정치 제도를 강화하고, 새로 정복하거나 예속된 다른 국가들과의 관계를 관리할 성숙한 모델을 개발했다. 나는 이를 '조선 모델(朝鮮事例)'이라고 한다. 1부에서 설명하듯 이 모델은 다른 국가나 정치체가 조선을 따라 청으로부터 책봉을 받고, 청의 연호와 역법을 채택하며, 청에 정기적으로 사신을 파견해 조공하면서 청 중심의 종번체제 안으로 들어오도록 만들었다. 이 모델의 이면에는 중심에서 멀리 떨어진 지역들이 청을 중화로 받아들이게 하고, 정치적·문화적으로 청의 최고 위상을 확립하려는 의도가 있었다. 1644년 이후 서쪽으로 진격하여 중국 내륙을 정복하면서 소프트파워를 앞세운 청은 다른 나라와 정치적 관계를 관리하고 천하의 중심이라는 새로운 정체성을 공고히 하고자 조선 모델을 활용하였다.

청과 조선의 위계질서가 단순히 오랜 한중 종번 역사의 마지막 장에 불과한 것은 아니다. 오히려 만주 정권이 제국의 중심부에서 제국을 통제하고 재편하는 동안 중화제국의 주변부에 대한 지식을 갖추고 규정하면서 종번체제 전반의 이론적 근거를 뒷받침했다. 청과 최초의 유교적 외번인 조선의 역동적 관계는 청 중심 대외관계 체제를 체계화하고 발전시키는 데 중요한 역할을 하였다. 18세기 말, 청은 유라시아 제국 내외부에 새로운 제국 질서를 구축했다. 동시에 영국과 다른 유럽 국가들을 '오랑캐의 나라'로 규정하고 중국의 주변부에 위치시켰다. 그렇지만 이들 국가는 19세기에 안남(베트남), 유구, 조선과 같은 청의 외번을 통해 중화세계와 접하면서 포함외교(砲艦外交, 군함을 앞세워서 하는 외교—옮긴이)와 조약으로 중국에 대한 자신의 지위를 변화시켰다. 중화세계에서 국제법의 도입·번역·보급이 중국, 중국의 외번, 유럽 국가들을 국가 주권의 측면에서 대등한 지위로 만들었다. 그러나 청과 외번의 관계는 19세기 말까지 변함없이 유지되었다. 그들은 자신들만의 세계에서 여전히 상호 합의로 구축되고 규정된 정통성을 얻으려면 서로가 필요했다.

19세기 후반 서양 국가들은 중국의 외번과 교류할 때 혼란스러워했다. 종번 규약으로 유일하게 외부와 외교를 할 수 있었던 북경과의 교섭을 끊임없이 복잡하게 만드는 종번 기제의 모호성 때문이었다. 중국 주변부에서 발생한 분쟁은 제국의 중심으로 전이되었고, 그곳에서 축적된 힘은 중국 내부에서 모종의 개혁을 촉발한 뒤 다시 주변부로 퍼져 깊은 영향을 미쳤다. 중국 모델은 근대 유럽 열강과 그들의 해외 식민지 간 관계와 비슷해 보이지만, 이후 상세히 설명하듯이 근본적으로 다른 구조가 존재했다. 이와 관련한 복잡하고 다양한 분쟁 중 가장 전형적인 사례가 조선에서 일어났다.

5장, 6장에서 살펴보듯이 조선의 국제적 지위에 대한 정치적·외교적 난제는 청과 조선을 법적으로 곤경에 빠뜨렸고, 내부와 외부의 이중 네트워크 맥락에서 그들의 유구한 전통적 관계를 변통하도록 유도했다. 그러나 1880년대 혼란스럽던 10년 동안 양측 관계가 다양하게 조정되었지만, 종번의 근간은 그대로 유지되었고, 양측 모두 유교 세계의 높은 정치 수준에서 상호구성적 정통성으로 야기된 이념적 딜레마를 극복할 수 없었다. 이러한 이중적 속박은 1894년 청일전쟁 발발 전 격동의 시기에 조선의 식민지화가 청의 선택지가 아니었음을 의미한다. 중국, 한국, 일본, 서양 국가들 사이에 격렬했던 논쟁은 결국 1895년 한중 종번관계의 종식으로 마무리되었다. 이에 따라 세계제국으로서 중화제국의 지위는 번속에 대한 정치적·문화적 영향력을 포기하고 국제법에 따라 정의된 중국과 동일해졌다. 전쟁 후 중국과 한국은 대등한 국가 대 국가 관계를 수립하려고 새로운 조약을 맺었다. 그러나 이 새로운 조약[대청국·대한국통상조약]은 1910년 조선왕조가 멸망하고 1911년 청 왕조가 멸망하면서 몇 년만 이어졌다. 조선왕조와 청조는 각각 1910년과 1911년에 멸망했다. 이 책은 이런 다양한 관계의 궤적을 설명하고 근대 중국과 동아시아의 발전에서 그 관계의 중요성을 보여준다.

청대 중화제국 재론

이 책에서는 청을 제국이자 중화제국으로 정의한다. 다음에서 설명하는 바와 같이, 이 제국에는 정치-문화적 의미에서 조선이 포함되어 있다. 로마제국까지 거슬러 올라가는 유럽의 개념으로 '제국'이라는 용어는 1895년 체결된 「시모노세키조약」에서 청을 '대일본제국'에 대응하는 용어로 '대청제국'이라고 한자로 표기하기 전까지 중국의 정치 용어에는 존재하지 않았다.[21] 청 말기 이전 한족이든 아니든 어떤 지배 왕조도 중국어를 비롯한 다른 언어로 스스로를 제국이라고 주장한 적이 없다. 심지어 지금도 중국 역사학자들이 중국의 왕조를 제국이라고 표현하는 경우는 드물다. 그러나 제국을 다른 민족이 다르게 통치되는 정치체라고 넓게 정의한다면 진이 중국을 다민족 정치체로 통일한 기원전 221년부터 지금까지 중국의 역사는 분명 제국의 역사다.[22] 이 책에서 중화제국은 화이지변을 배경으로 '중국'이 정치적·문화적 중심을 대표하고, 정통(正統)과 유교적 정통성인 대통(大統)을 확립하고자 '천명'과 '천하' 관념을 근본이념으로 삼는 다민족·다문화 정치체를 말한다. 빈 웡(R. Bin Wong)이 "이 제국의 사상과 제도는 시대에 따라 일정하지 않았고 공간에서도 균일하지 않았다"[23]라고 지적한 것처럼 이 정의가 '중국'이라는 이름을 주장한 모든 왕조에 적용되지 않을 수 있다. 하지만 중국 역사에서 당, 남송·북송(960~1279), 요(907~1125), 서하(1038~1227), 금(1115~1234), 원, 명, 청에는 적용된다.

청이 자신을 중화제국이라고 표현하는 데 황실의 만주인은 장애물이 되지 않았다. 1644년 이후 '중국인'이라는 말이 다민족적 성격을 띠게 되면서 더욱 그랬다. 일찍이 청은 1689년 러시아와 체결한 「네르친스크조약」에서 스스로 중화제국이라 칭했다. 만주 조정에서 일하던 프랑스 예수회 소속의 장 프랑수아 제르비용(Jean-François Gerbillon, 1654~1707)은 라틴어로 쓴 조약문 원문에서 러시아제국(Ruthenicum Imperium)에 대응해 청을 중화제국(Empire de la Chine)이라 불렀다. 조약문의 프랑스어판에서는 모스크바제국(l'Empire de Moscovie)에 대응하는 표현으로 중화제국(l'Empire de la Chine)이라고 표현했다.[24] 청 황실은 만주어 번역문에서 자신을 중국으로 정의하려고 둘림바이 구룬(Dulimbai gurun, '중앙의 국가'라는 뜻)이라는 말을 사용했으며, 이 용어는 조약문의 다른 판본에서 '중화제국'과 동일하게 사용되었다.[25]

'중국인'이 다민족을 지칭하는 용어가 되면서 청은 중국 문화, 특히 제국 정치 담론의 핵심인 유교를 대표하게 되었다. 1712년 강희제는 만주인 관원 툴리셴(Tulišen, 圖理琛, 1667~1740)을 러시아에 있는 토르구트(Turgūt, 명나라 말기 몽골 북서부 지방에 살았던 오이라트족의 한 종족―옮긴이)에 사절로 파견하면서 만약 '러시아의 칸(만주어 Cagan han)'이 중국에서 받드는 것이 무엇이냐고 묻는다면, "우리나라는 충, 효, 인, 의(義), 성(誠)을 기본으로 삼는다"

라고 답하라 지시했다.[26] 이러한 개념은 모두 유교에서 비롯했지 만주족의 관념에서 나온 것이 아니다. 결국 청이 '중국'으로서 청의 정치적 정통성을 결정하고 대통(大統)을 획득하여 정당화할 수 있었던 것은 청의 만주족 특성이나 새로 정복한 내륙아시아의 변경에서 행해진 현실 정치에서 나온 것이 아니라 유교에 기반한 유교적 정체성과 정치-문화 담론이 있었기 때문이다. 이러한 국가 차원의 유교적 정체성은 이후 청이 중화성을 발휘하고 19세기 거센 반만(反滿) 반란을 진압하는 데 조력한 한족 사대부들의 강력한 지지를 얻어내는 데 일조했다. 이 책에서 '중화성'은 중국의 정통성을 지닌 존재로 광범위하게 정의하며, 민족성이 아닌 통치술을 의미한다.

나는 청의 중화제국을 영토 제국과 정치-문화 제국이라는 두 가지 차원에서 해석한다. 영토적 중화제국은 주로 만주 조정, 직성(直省), 이번원(理藩院)의 관리를 받는 외번의 제I그룹으로 이루어진 대청(大淸)과 동일하다. 외번은 차하르(Cahar Mongols, 察哈爾), 티베트, 몽골, 신강(新疆)의 회부(回部) 부족을 포함한다. 한문으로 이번(理藩)은 '번의 사무를 관리하는 부서'라는 뜻이며, 만주어로는 툴러르기 골로 버 다사라 주르간(Tulergi golo be dasara jurgan)으로 '바깥 지역을 담당하는 기구'라는 뜻이다. 학자들은 일반적으로 이를 영어로 'Court of Colonial Affairs' 또는 'Mongolian Superintendency'라고 번역했는데 이 책에서는 후자를 택했다. 정치-문화적 중화제국은 이러한 정치체뿐만 아니라 예부를 통해 중국과 교류하고 중국의 천자를 세계 최고의 군주로 여기는 인식을 공유하는 제II그룹의 외번도 포함한다(표 I.1).

정치-문화적 중화제국 내에서 중국과 외번 관계의 세 가지 핵심 문제

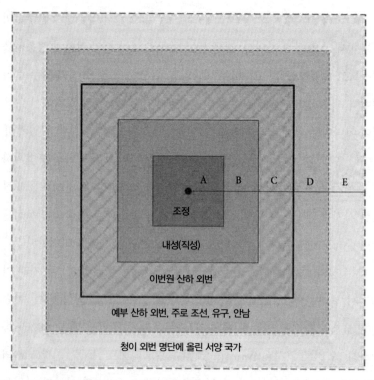

표 I.1 청대 중화제국의 구조
AB: 중국 내지 또는 중국 본토, ABC: 대청 또는 영토적 중화제국, ABCD: 정치-문화적 중화제국, ABCDE: 천하

인 주권(sovereignty), 국경(borders), 신민(subjects)에 대한 정교한 접근이 필요하다. 이 문제들은 제국 시대에 천하라는 세계주의 관념과 얽혀 있으며, 19세기 말과 20세기 국민국가 질서의 맥락에서 비판적 의문이 제기되었다. 중국은 역사적으로 항상 주변국과 관계, 즉 중국 자신에 대한 인식과 중국 문명에 대한 주변국의 의부(依付)로 상호 정의되어왔다. 중국의 정체성이 지닌 모호한 이중성은 19세기 말과 20세기 초 유럽 국가와 비교해 중

국을 새롭게 정의하고자 했던 중국 문인들에게 하나의 도전이었다. 그들은 역사상 조국에 대한 확고하고 일관된 명칭을 찾지 못했다. 예를 들어, 저명한 외교관이자 문인이었던 황준헌(黃遵憲, 1848~1905)은 전통적인 화이담론을 재검토해 중국을 '화하(華夏)'라고 부르기를 선호했다. 중국 근대화에서 지식인 지도자였던 양계초(梁啓超, 1873~1929)는 중국이 쇠약해진 원인을 탐구한 논고인 「중국적약소원론(中國積弱溯源論)」에서 오랫동안 중국인은 '국가'와 '천하', '국가'와 '조정'의 차이를 인식하지 못했다고 지적했다.[27] 황준헌과 양계초의 주장은 주권, 국경, 신민이 서양과 다른 형태로 나타나는 중화세계의 세계주의적 성격을 반영했다.

중화세계에서 외번의 주권이 지닌 특성은 두 가지로 나뉘는데, 영토적 중화제국 측면에서 완전히 독립적이지만 정치—문화적 중화제국과의 관계에서는 완진히 의존적이었다. 외번은 그 경계 안에서 독립권, 즉 자주(自主)를 누렸다. 1790년대 장 밥티스트 그로지에(Jean-Baptiste Grosier, 1743~1823)와 조지 N. 커즌(George N. Curzon, 1859~1925)이 관찰한 바와 같이, 조선 국왕은 자국에서 독립 군주이자 최고 통치자였다.[28] 심지어 19세기 전반 베트남 응우옌 왕조(1802~1945)의 국왕도 자신을 '황제'라 칭했고 베트남을 '중국'이라고 불렀다.[29] 그렇지만 번의 왕권은 본질적으로 중국 황제에게 종속되어 있었다. 건륭제가 베트남의 국왕 레 주이 끼(Lê Duy Kỳ, 黎維祁, 1765~1793)를 폐위하고, 1789년 새로운 국왕을 책봉했듯이 그는 국왕에 대한 절대적인 가부장적 권력을 가지고 있었다. 그리고 이는 조선의 유교적 왕권에서 더욱 그러했다.[30] 이 관계를 결정짓는 것은 19세기 서양과 일본 외교관들이 이해한 것처럼 중국의 군사력, 지정학적 중대성, '종주권

(suzerainty)'이 아니라 공고한 종번 원칙과 유교 정신에 기반해 상호합의로 구성된 정통성이었다. 그 결과 1830년대부터 1870년대까지 조선 국왕은 '번신무외교(藩臣無外交, 신하 된 자인 번은 '외교'를 할 수 없다—옮긴이)'를 이유로 서양 대표들과 교섭하기를 거부했다.[31] 베트남도 1880년대 초까지 같은 이념을 고수했다.[32] 이 체제 안에서 조선 국왕은 생전에 자신의 연호를 갖지 못했고 사후에 시호나 묘호를 받았다. 따라서 조선 국왕을 그들의 묘호('인조', 이종의 묘호)로 부르기보다 '국왕'이나 그들의 이름(예를 들어, 이종)으로 지칭하려고 한다. 국왕을 묘호로 부르는 것은 관념적으로나 사상적 의미에서 중국으로부터 독립된 것처럼 보일 수 있으나, 실제로는 중국의 가부장적이며 신성한 황제 권력은 항상 현실적이고 유효했다.[33]

청과 외번을 구분하는 국경 양편의 민족 간 차이는 분명했지만, 강희 연간 청의 지도 제작과 청—안남, 청—조선 간 사법 사건에서 볼 수 있듯이 이러한 차이가 국민국가의 언어로 옮겨지지는 않았다.[34] 중국과 외번 사이의 영토 경계는 종번 구조 안에서 천하 관념에 따라 희석되고 모호해질 수 있었다. 이러한 문화적 맥락에서 청 조정은 조선 같은 번을 황조(皇朝) 또는 천조(天朝)의 일부로 다뤘다. 대부분 학자는 조선 같은 나라들을 청대 중화제국의 구성 요소로 보지 않는다. 이러한 견해는 19세기 말부터 동아시아에 민족주의 역사학이 보급되면서 등장했으며, 중화제국의 영토적 정의와 밀접한 관련이 있다. 그러나 정치—문화 단위로서 중화제국은 중국 국경 너머의 외번을 포함했고, 중국의 중심성은 중국 통치자의 신성한 권위가 외번 지역에서 발현되어 더욱 공고해졌다. 이런 의미에서 외번의 모든 땅이 자신의 지배 아래에 있다고 믿었던 옹정제는 1727년 안남과 영토 분쟁을 끝내려고 안남 영토를 중국으로 20킬로미터(40리) 더 확장하는 새로운 국경을 정했다.

1710년대부터 1880년대까지 두만강 지역의 국경 분계를 둘러싸고 중국과 벌인 오랜 협상에서 볼 수 있듯이 조선은 국경을 다시 획정하려는 노력을 멈추지 않았다. 하지만 조선 조정은 여전히 명대 이래 내려온 천조라는 중화제국의 담론을 받아들이고 있었다.[35] 예를 들어, 1593년 조선 국왕(선조, 재위 1567~1608)은 조선이 중국의 제후이며 기자 이래로 중국 왕조의 '내복(內服, 천자가 직할하는 사방 천리의 지역—옮긴이)'으로 여겨졌다고 주장했다. 국왕은 심지어 조선이 "실제로 중국 땅이었고 우리나라에 그곳을 다스리게 하였다"라고 강조했다.[36] 1730년대 청의 사가(史家)들은 『명사(明史)』에서 "조선이 명의 속국이지만 중국의 역내(域內)와 다르지 않다"라고 설명했다.[37] 중화제국의 일부로서 조선의 지위는 청대 법도에서도 변함이 없었다. 1784년과 1788년에 건륭제는 조선이 청의 '내신(內臣)'과 거의 동등하다고 언급했다.[38] 황제의 조서를 반포하는 의식에서 조선의 지방 관원들은 청 법전에 따라 "직성과 같은 의식(如直省之儀)"을 행해야 한다는 점을 분명히 했다.[39]

조선의 지위를 보여주는 또 다른 지표는 흠천감(欽天監, 만주어 Abka be ginggulere yamun)에서 매년 발행하던 시헌력(또는 시헌서, 만주어 Erin forgon i ton i bithe)으로, 조선 재자관이 북경에서 받아왔다. 시헌력에는 청의 '각성(만주어 yaya golo)'과 청이 관할하는 '각 몽골과 회부(各蒙古回部, 만주어 Gerenmonggobe, Hoiseiiman)'의 일출 시각, 일몰 시각, 절기가 포함되어 있었다. 청이 역법을 제정한 1645년부터 조선은 섬서성, 산동성 등과 같이 내성 목록에 포함되어 있었고, 이후에는 성경, 네르친스크(만주어 Nibcu), 삼성(三姓, 만주어 Ilan hala), 백도눌(伯都訥, 만주어 Bedune), 흑룡강(만주어 Sahaliyan ula), 길림 등과 함께 나타났다. 조선에 이어 1789년에는 안남이, 1810년에는 유구가 추가됐다.[40] 요한 엘버스콕(Johan Elverskog)이 지적한 바와 같이, "황제의 기본적인 역할은 역법을 만들고 의례와 의식을 통해 문화적 힘으로 시간의 흐름을 정확하게 지배하는 것이다."[41] 18세기 청과 조선의 지도 제작자들이 만든 많은 세계지도, 예를 들어 「황여전람도(皇輿全覽圖)」는 조선을 제국의 일부로 포함해 이러한 세계주의적 관념을 제시하고 뒷받침했다.[42] 청은 미묘하지만 분명히 외번을 중화제국으로 편입시켰다.

세계주의적 관념은 국경 안팎의 신민에 대한 인식에서 강하게 나타났으며, 심지어 1860년대 국제법이 중국에 전해진 이후에도 그러했다. 예를 들어, 1643년 청은 조선에 대해 "양국은 한 가족이 되었으며(兩國一家)", "조선인들 또한 우리"[43]라고 강조했다. 1882년 만주 지역의 지방관이 북경에 많은 조선 빈농이 국경을 넘어와 중국 땅을 개간하고 있다고 보고했을 때 광서제는 "지방 관리들의 눈에는 그들과 우리 사이에 분명한 경계가 있지만(彼此之分), 조정의 눈에는 내외의 차이가 없다(內外之別)"[44]라고 주비(硃批, 황제가 붉은 글씨로 쓴 비답―옮긴이)했다. 1882년 천진에서 서양 기술을 배운 조선 유학생들도 중국 관리들로부터 "천조의 충직한 아이들(天朝之赤子)"로 대우받으며 무료로 교육을 받았다.[45] 1886년 광서제는 조선이 북경과 가깝고 "내지 행성과 특별히 차이가 없다(尤與內地行省無異)"라고 강조했다.[46] 청에 조선은 내신(內臣)과 같았고, 이는 1880년대 많은 관원이 '우리 조선(我朝鮮)'을 구하려고 조선을 중국의 군현으로 편입―내가 '지방화

(provincialization)'라 칭하는—하자는 제안을 한 동력이었을 것이다.

종번 구조 안에서 주권, 국경, 신민은 청과 외번 사이에 복잡한 문제가 아니었다. 그러나 1860년대 국제법과 그 안에 내재된 주권, 종주권 등 규범이 동아시아에 전파되고 독립의 촉매제 역할을 하면서 논쟁적 문제가 되었다. 중국과 외번 모두 수입된 법적 용어로 재고되고 재정의되기 시작하였다. 그러나 이 책 2부에서 보여주듯이 '중국'과 외번으로 연결된 정치-문화적 중화제국은 당시에도 변함이 없었다. 국제법은 양측에 필요한 정치적 정통성을 부여할 수 없었기 때문이다.

따라서 1883년 베트남에서 프랑스와 벌인 청프전쟁, 1894년 조선에서 일본과 벌인 청일전쟁에 중국을 끌어들인 것은 영토적 중화제국이 아닌 정치-문화적 중화제국이었다. 1895년 일본이 패배시킨 것도 드러나지 않는 영토적 중화제국이 아니라 실재하는 정치-문화적 중화제국이었다. 이런 점에서 이 책은 청의 중화제국이 지닌 이중적 표상의 복잡성, 특히 청과 조선이 일본과 서양 국가에 조청관계를 법적으로 정의하려고 노력한 19세기 후반의 복잡성을 드러낸다. 1895년 이후 정치-문화적 제국은 번속에 확장된 변경에서 중국의 지리적 국경으로 후퇴하기 시작했고, 결국 영토적 제국과 동일해졌다. 정치-문화적 제국의 쇠퇴로 중국 근대국가가 등장했다.

프레더릭 쿠퍼(Frederick Cooper)는 제국과 국가에 관한 연구에서 "프랑스가 1962년 제국 구조의 마지막 중요 요소였던 알제리를 포기했을 때 국민국가가 되었다"라고 주장했다.[47] 중국은 프랑스가 아니고 한국은 알제리가 아니지만, 조선은 수 세기 동안 정치-문화적 중화제국의 핵심 요소였으며, 청 제국의 법도에서 조선은 제국의 '외성(outlying province)'으로 역할을 했다.[48] 그러므로 중국이 제2차 세계대전, 특히 1950년대 한국전쟁 이후 한국의 절대적 독립과 주권을 인정한 후에야 비로소 한국이 근대 국민국가가 되었다고 해도 지나친 말이 아니다. 1950년대 중화인민공화국에서 청 중화제국의 일부였던 몽골인민공화국의 독립을 공식 승인하는 동시에 제국의 북서부 지역인 신강과 티베트를 신중국의 영토로 통합했고 한국은 비로소 기나긴 탈중국 과정을 이루어 중국과 대등해졌다.[49] 이 책에서는 이와 같은 개념 틀 위에 한국이 중화제국에서 벗어나 근대국가로 나아가는 역사적 과정을 추적한다.

청 제국주의 재고

중국과 동아시아의 학자들은 일반적으로 제국주의를 서양이나 일본과 연관해 생각해 왔다. 제국주의는 개념적으로 일본과 서구 열강이 다른 국가에 행한 일련의 공격적인 정치·경제 또는 외교 정책에 기반한 시스템을 의미한다. 이러한 정책으로 제국주의 열강은 불평등조약으로 종속당한 국가로부터 최대한 이익을 얻으려 노력하면서 우위를 점하기 위해 서로 경쟁하였다. 따라서 제국주의는 1800년 이후 공격적으로 중화세계에 진출한 자본주의와 식민주의의 유산으로 간주된다.[50] 또한 이러한 해석은 학자들이 세계경제사에서 중국과 서양 간의 '대분기'라고 부르는 현상을 반영한다.[51] 1894~1895년 청일전쟁은 동아시아에서 제국주의의 부상을 상징하며, 제국주의 시대에 청 역시 심각한 피해를 보았다. 이러한 역사 서술은 20세기 중국인의 피해자 의식을 고취하였고 중국 민족주의를 키웠다. 특히 제국주의를 자본주의의 최고 단계로 보는 레닌주의의 제국주의 정의가 학문적으로 널리 퍼진 이후 그 경향은 더욱 두드러졌다.[52]

　20세기 후반부터 두 그룹의 학자들은 이러한 상식에 의문을 제기하며 문제를 복잡하게 만들었다. 첫 번째 그룹은 내륙아시아와 민족적으로 접근해 다민족과 다문화의 청을 해석하는 신청사 패러다임을 주창한 강건성세(康乾盛世)기 연구자들이다.[53] 두 번째 그룹은 19세기 후반 청의 조선 정책을 제국주의라고 서술하는 한중관계사 연구자들이다. 첫 번째 그룹의 접근 방식을 '강건성세기 제국주의', 두 번째 그룹의 접근 방식을 '청 후기 제국주의'라고 할 수 있다.

　강건성세기 제국주의 학파는 강건성세기를 제국주의의 제도적 행위자, 즉 제국의 핵심 영역을 확장하고 기능을 유지하려는 강압적 수단 체계로 설명한다. 이러한 청 제국주의는 청과 내륙아시아의 몽골 칸국, 회부, 중국 남서부의 토사와 국경을 넘나드는 부족, 러시아제국, 대영제국 간 지정학적·국제적 경쟁 속에서 나타났다.[54] 중국과 유럽의 식민주의와 자본주의는 이러한 치열한 경쟁 속에서 자리 잡았다.[55] 청이 무력으로 영토를 확장하고 새롭게 정복한 국경지대에서 정치적·문화적 헤게모니를 장악했다는 사실은 청 제국주의론을 뒷받침한다. 하지만 만약 청이 제국주의 행위자라면 한, 당, 원, 명, 중화인민공화국 등 중국의 국경을 확장한 모든 정권이 동일한 범주에 속할 것이다. 이런 맥락에서 강건성세기 제국주의론은 그 이전 중국의 역사적 맥락에서 청을 분리해 더 넓은 맥락에서 유럽 중심의 제국주의 서사를 보완하는 것으로 해석될 위험이 있다.

　이에 반해 청 후기 제국주의론은 19세기에 청이 권력정치와 경제 확장을 특징으로 하는 강압적 수단으로 제국주의를 행했다고 주장하며 청을 중국 역사에서 이전 왕조와 구별한다. 이 접근법의 주요 옹호자들은 청대 후기 청이 서양과 일본 제국주의의 희생자였음을 인정하면서도 약소국에 독자적인 제국주의를 행했다고 주장한다. 이 해양 제국주의는 역사가들이 로마제국의 역사에서 도출한 "지배국이 약소국에 대해 종종 강제로 다양한 형태의 통제권을 행사하는 양국 간의 불평등한 권력관계"라는 일반적인 해양 제국주의의 정의에 부합한다.[56] 강건성세기 제국주의론은 1637년 만주의 조선 정복을 고려하지 않고 조선을 제국주의의 희생자 명단에서 제외하는 반면, 청 후기 제국주의론은 조선을 청이 조선에 군대를 파견하고 치외법권을 인정하는 불평등조약으로 개항장과 거류지를 얻는 등의 활동으로 구현한 제국주의의 유일한 희생자로 본다. 본래 '비공식 제국(informal empire)'의 개념은 19세기 대영제국의 강력한 경제 확장을 설명하고자 만들어진 것으로, 이러한 주장에 지적 뒷받침을 더해준다.[57] 돌이켜보면, 청 후기 제국주의 논의는 19세기 서양 외교관들과 관찰자들이 조선에서 청의 행위를 해석한 것과 상당히 유사하다. 프레더릭 넬슨(M. Frederick Nelson)이 지적한 것처럼, "중국은 한국과 종교적이고 의례적인 관계밖에 없다는 가정하에, 서양인들은 중국이 한국에 실질적 지배력을 강화하는 것을 독립 국가에 대한 부당한 권력정치로 보았다."[58] 청 후기 제국주의론은 청을 서양 제국주의에 비유하여 유럽 중심 세계사의 주요 참여자이자 강력한 포식자로 동질화하며, 이에 따라 타국 역사를 그 지역의 맥락에서 해석하는 대신 서양 역사를 참조하여 해석하는 접근 방식을 강화한다. 이 책이 보여주듯이 19세기 말 조선에서 청의 활동은 제국주의가 아니라 종번 경험주의의 현시였다.

　강건성세기 제국주의와 청 후기 제국주의를 포함한 청 제국주의 주장은 다양한 형태로 지속해서 변화한 중국을 해석하는 규범적 도구로 기능한다. 이 책은 이러한 변화를 설명하고자 청을 중국적 세계에서 정치적 권위와 문화적 위상을 구축하고 공고히 하기 위해 이념적 도구, 즉 조선 모델과 그 모델이 구현한 일련의 제국적 규범을 활용한 제국으로 제시하여 청 제국주의를 재검토한다. 이 책에서 '종번주의(Zongfanism)'라고 하는 것은 청대 유라시아 중화제국의 흥망성쇠와 중국 및 그 주변 국가에서 근대 주권국가의 부상을 이해하는 데 다른 관점을 제공할 수 있다. 종번주의는 문화적으로 자신을 유일한 문명의 중심지로 인식한 정치체와 그 중심이 덜 문명화되었다고 여기거나 심지어 야만이라고 보았던 주변 정치체 사이에 이루어진 정치적·외교적 교류에 기반한 중화체제를 의미한다. 중화의 군주는 하위 독립체의 군주에 대해 절대적인 가부장적 권위를 지닌 반면, 양자는 상호 공유하는 정치─문화적 규범을 기반으로 한 상호구성적 정당성을 지녔다.

　종번주의는 전근대와 근대 중국 역사 사이에 고착된 간극을 초월한다. 역사가들은 일반적으로 1839~1842년 아편전쟁을 전근대 중국의 황혼과 근대 중국의 여명으로 규정해 왔다. 이러한 맥락에서 청에 대한 주류 서사는 전근대 중국의 대외관계 시스템과 결국 이를 대체한 근대적 조약체제는 양립할 수 없었다고 주장한다. 이 패러다임의 주요 문제점은 유럽 중심주의 (실제로 '근대'는 유럽 역사에 뿌리를 두고 있다) 자체에 있는 것이 아니라 현저한 변화 없이 전근대에서 근대로 이어진 중국의 대외정책에서 지속된 요소를 간과한 데 있다. 다시 말해, 역사가들이 널리 밝힌 산업화한 서양을 만나기 이전 중국의 '정체' 요인들이야말로 후기 중화제국을 이해하는 매우 중요한 열쇠다.[59] 중화제국은 수입된 것이 아니라 고유의 규범으로 유지됐다.

종번의 시각은 청 제국주의 시각을 대체하려는 것이 아니며, 17, 18세기 만주인 정복의 전성기에 한반도, 신강, 티베트에 이르는 청의 활동을 완벽하게 설명할 수도 없다. 그 대신 중심에서 주변으로 이루어진 제국 이념의 구축·전파와 하향식 통치술의 실제 작동 간의 중요한 관계를 밝히는 것을 목표로 삼는다.[60] 21세기 초, 중국은 다민족·다문화 국가인 중국의 정당성과 통일성을 유지하고 주변국과 세계의 관계를 다루고자 최근세사(recent history)에서 도출된 정교한 아이디어를 활용하기 시작했다. 이와 같은 당대적 맥락에서 볼 때, 내부의 시각으로 중화세계의 변화 궤적을 살펴보는 것은 도움이 될 수 있으며, 이어지는 다음 장들에서 이를 밝히고자 한다.

1부

위대한 황제에게
고두하기

1장

조선을 정복하다:

1616~1643년 '중국'으로서 만주 정권

만주 정권은 1610년대 후반부터 1640년 초반까지 만주에서 권력을 공고히 하고 다른 정치체들에 대한 인식을 새롭게 하면서 오래전 고착된 야만스럽다는 이미지에서 벗어났다. 이 정권은 조선과의 관계에서 상당한 정치적·문화적 자원을 얻어냈으며, 새로 수립된 다국적 위계체제 내에서 '중국'으로서 만주족 왕조의 지위를 확립해 강화했다. 만주족은 명의 종번 담론을 전유하여 다른 정치체를 오랑캐로 규정함으로써 내가 타자를 대상으로 한 오랑캐화(barbarianization)라고 부르는 장기적 과정을 시작했다. 1644년 장성을 넘은 만주 정권은 중화세계에서 자신의 정체성과 지위를 근본적으로 재개념화하였다.

오랑캐, 반란, 전쟁

만주에서 여진이 봉기하다

1616년 2월 17일, 음력 설이자 명 만력 44년의 첫날, 자금성의 오문(午門)에 중국의 많은 고위 관원이 조선과 명의 다른 외번 조공 사신과 함께 모였다. 그들은 황제에게 정조 하례를 드리려고 황궁으로 들어가길 기다렸다. 마침내 황제가 그들에게 알현을 윤허할 마음이 없다는 사실을 알게된 관원들과 사신들은 오문 앞에서 그들의 의식을 거행했다.[1] 오랫동안 황제가 이런 의식에 관심이 없었기 때문에 놀라운 일은 아니었다. 북경의 많은 고위 관원은 거의 30년 동안 은둔자처럼 지내는 천자를 보지 못했다.[2] '중국'과 그 무기력한 천자는 잠들어 있는 듯했다.

하지만 이날은 북경에서 북동쪽으로 약 1,100킬로미터 떨어진 작은 만주족 마을 허투알라(Hetuala)에서 건주여진이 누르하치(1559~1626, 재위 1616~1626)의 지도하에 건국을 선포한 중요한 날이었다. 누르하치는 자신을 "모든 나라와 백성을 보살피는 현명한 칸(만주어 abka geren gurun be ujikini seme sindaha genggiyen han)"이라고 선포하고 여진과 몽골 관원, 장군의 축하를 받았으며, 연호를 천명(天命, 만주어 Abkai fulingga)이라 정하고 자신의 나라를 [후]금이라 명명했다.[3] 이렇게 그는 자신의 정권을 여진족 조상들이 세운 금의 계승자로 규정했다.[4]

누르하치의 정치적 야망은 지역 부족을 통합하는 데 그치지 않았다. 1618년 5월, 그는 '칠대한(七大恨, 만주어 Nadan amba koro)'을 선포한 후 명군을 공격했다. 누르하치는 북경을 세 번이나 방문해 공물을 바쳤고, 명 조정으로부터 명이 '동북 오랑캐(東北夷)'라 여긴 건주여진을 다스리도록 임명받았었다.[5] 칠대한에서 누르하치는 건주를 대대로 명의 국경을 지켜온 신하로 규정하고 그의 부족, 다른 부족, 명의 지방 지도자 사이의 다양한 갈등이 그를 반란으로 내몰았다고 선언했다.

명은 누르하치를 진압할 자신이 있었다. 이를 위해 여진족의 오랜 강적인 여허족과 조선의 지원을 받기로 했다. 조선은 충성스러운 번으로서 지난 2세기 동안 '사대(事大)'정책을 따랐다. 따라서 조선은 누르하치의 반란을 용납할 수 없었으며, 명에 대한 군사적 지원을 '법적·도덕적 의무(義憤)'라고 여겼다. 비록 조선 국왕 이혼(광해군)은 부하들이 패배할까 우려하였지만, 1619년 강홍립(姜弘立, 1560~1627) 장군에게 병사 13,000명을 이끌고 압록강을 건너 만주의 명군에 합류하도록 명했다.[6]

1619년 4월 17일 사르후 전투에서 6,000명이 넘는 조선 병사가 죽었고, 강홍립은 누르하치에게 항복했다. 이번 항복은 전쟁에서 조선의 군사 개입을 종식하고 누르하치와 조선 군주가 공식적인 교류 채널을 열 절호의 기회를 제공했다. 누르하치는 동쪽의 군사적 위협을 완화하고자 조선과 평화 협정을 추진했을 뿐만 아니라, 그의 새 정권이 여진-조선 관계에서 오랫동안 전제되어온 조선의 하위 지위가 아닌 조선과 대등한 관계로 변화되길 원했다.[7] 이러한 정치적 야망은 화이관의 맥락에서 조선에 심각한 도전이었다. 양자 사이에 보이지 않는 격렬한 정치 담론의 투쟁이 시작되었다.

여진-명 전쟁에서 조선의 역할

여진과 조선의 교류는 서신 교환으로 시작되었다. 1619년 5월 누르하치는 사로잡은 무관 한 명을 조선으로 보내 국왕[광해군]에게 '국서(國書)'와 칠대한의 사본을 전했다. 누르하치는 자신이 왜 '대국(大國)'인 명에 맞서 싸우는지 설명한 후 국왕에게 함께 명에 맞서자고 요청했다. 1600년대 조선은 북부 국경 마을인 만포진의 지방관을 통해 누르하치와 서신으로 교신했지만, 이번에는 누르하치의 '오랑캐의 서신(胡書)'이 직접 조정에 전달되어 국왕에게 골치 아픈 문제를 던졌다.[8]

국왕은 신하들과 격렬하게 논쟁한 끝에 평안감사 박엽(朴燁, 1570~1623)에게 누르하치에게 답신하도록 명하였다. 하지만 답신의 형식, 특히 누르하치를 어떻게 부를지는 여전히 어려운 문제였다. 누르하치의 서신에 찍힌 인장의 몽골 문자를 역관은 '후금천명황제(後金天命皇帝)'로 판독했고, 명 황제를 유일한 황제라고 믿는 국왕과 비변사는 충격에 빠졌다. 그 문자는 중국어와 한국어로 황제가 아닌 몽골어로 칸(汗)을 의미했을 가능성이 높았다. 조선은 누르하치를 항상 '노추(老酋)', '이추(彝酋)', '노추(奴酋)', '도추(盜酋)'라고 불렀기에 그가 스스로 황제라고 칭한 것을 인정할지는 의문의 여지가 없었다. 국왕은 누르하치의 인장에 쓰인 문자를 이해할 수 없는 척하며 박엽에게 '건주위마법(建州衛馬法)'에게 서신을 보내라고 지시했다.[9] 비변사는 이전에 여진이 보내온 서신에서 '마법(馬法)'이라는 단어를 알게 되었고, 그것이 편비(編裨, 각 군영의 부장(副將)—옮긴이)를 지칭한다고 추정했다. 사실 그 말은 '할아버지'를 뜻하는 만주어 마파(mafa)에서 온 것이다.[10] 게다가 서신의 수신자를 이인칭 '각하(閣下)'로 지칭했다. 이는 군주가 아니라 지위가 동등한 관리에게 사용하는 표현이었다.[11] 결국 서신에는 국왕의 어보가 아니라 박엽의 인장이 찍혔다. 이렇게 국왕은 후금과의 교류를 지방 차원으로 격하하고 여진 정권의 정통성이라는 민감한 문제를 피해 갔다.

조선은 서신에서 200년 동안 조선과 후금은 '천조'의 신하였다고 밝히고, 조선과 누르하치의 화해 조치로 '명 황제'에게 충성을 맹세할 것을 누르하치에게 제안했다. 이처럼 강력한 친명 태도가 후금을 성나게 만들었다. 누르하치는 답신에서 자신을 한문에서 오로지 군주가 자칭할 때만 사용하는 '고(孤)'로 부르고, 조선이 칭한 천조는 필시 '남조'일 것이라며, 후금이 더는 명의 신성한 지위를 지지하지 않음을 보여주었다. 누르하치는 국왕에게 자신과 동맹을 맺을 것을 분명하게 요청하면서 양국이 백마와 흑소를 죽여 천지에 바치고 향을 피워 맹세하자고 제안했다.[12] 누르하치는 1597년 여허, 하다, 울라, 호이파 부족과 함께 이 의식을 치렀고, 1608년에는 명과 함께 거행했으며, 이후 그들이 맹세를 어겼다는 이유로 전쟁을 시작했다.

조선은 누르하치의 제안에 관심이 없었다. 특히 조선과 여진의 접촉에 대한 명의 잠재적 반응을 고려했기에 더욱 그랬다. 이탈리아 예수회 사제 마테오 리치(Matteo Ricci, 1515~1610)와 그의 절친한 친구인 서광계(徐光啓, 1562~1633) 같은 명 관리들은 조선이 명에 대항하는 여진의 반란에 가담하리라 의심해 조선을 견제하는 것이 바람직하다고 여겼다. 1619년 8월, 서광계는 만력제에게 올린 상주문에서 주와 한의 역사적 선례를 따라 조선을 '감호(監護)'하기 위한 관리를 파견해야 한다고 건의했다. 서광계는 적극적으로 자신이 그 직책을 맡겠다고 했지만, 1590년대 일본의 침략을 막고자 명군을 조선에 파견한 적이 있는 만력제는 그 건의를 받아들이지 않았다.[13] 실제로 조선은 여전히 '오랑캐'라 부르는 여진과 협력하지 않았지만, 북경에 대한 정치적·도덕적 충성심을 지킨다고 해서 여진이 공격해 올 위험이 줄어드는 것은 아니었다. 이러한 상황에서 조선 국왕[광해군]은 전략적으로 후금과 관계를 유지하면서 그들을 지방 차원에 국한하는 현실적 방법을 취했다.

한편 명−조선 동맹의 전망은 밝지 않았다. 1620년 두 달 사이에 명 황제가 두 명이나 죽었고, 새로 등극한 천계제는 국사보다 목공에 더 많은 관심을 보였다. 명은 전장에서 후금에 더 많은 영토를 빼앗겼다. 1621년 5월, 여진은 만주의 중요한 군사 요새인 요양을 점령한 뒤 이를 후금의 새로운 수도로 삼아 조선과 명의 육상 교통로를 끊었다. 일련의 극적인 변화에 직면한 국왕은 1622년 10월 한성의 예조 관원을 통해 누르하치에게 첫 국서를 보내는 위험한 행동을 했다. 국서에서는 후금을 '이웃 나라[隣國]'라 부르고 누르하치를 '후금국 칸(後金國汗)'이라고 칭했다. 국서는 조선의 교린정책에 따라 일본에 보내는 서계 형식을 택했다.[14] 국왕은 누르하치 정권의 국가 지위를 인정하여 누르하치와의 교신을 다른 군주 수준으로 격상시켰다.

이러한 현실주의 정책은 명에 대한 국왕의 충성심을 의심케 했으며, 1623년 5월 국왕의 조카 이종이 국왕을 폐위하려고 일으킨 유혈 쿠데타[인조반정]를 정당화하는 명분으로 이용되었다. 새로운 국왕[인조]으로 권력을 잡은 이종은 자기 삼촌이 명과의 군신관계와 부자관계를 부정했다고 비난했다. 이종은 누르하치와 서신 교환을 중단하고 후금에 무역 제재를 가하는 한편, 자신의 옹호자들과 함께 후금과 전쟁을 치를 준비를 하고, 심지어 직접 군대를 이끌고 여진을 공격한다는 계획까지 세웠다.[15] 이종은 찬탈자로서 자신의 왕권을 정당화하는 명의 책봉을 받고자 열렬하게 친명 태도를 보였다. 또한 새 국왕은 여진이 요양을 점령한 이후 조선으로 도망쳐 조선 본토와 가까운 가도에 주둔하던 모문룡(毛文龍, 1576~1629)이 여진의 산해관 진입을 저지하려고 펼친 게릴라전을 지원했다. 조선의 새로운 정책은 여진에 상당한 군사적·경제적 위협을 가했지만 여진의 팽창을 막지는 못했다. 1625년 여진은 만주의 정치적 심장이자 경제 중심인 심양을 점령한 뒤 그곳을 새로운 수도로 삼았다. 1626년 누르하치가 죽은 후 그의 아들 홍타이지는 천총(天聰, 만주어 Abkai sure)을 연호로 정하고 새로운 칸이 되어 신속하게 조선 침략을 결정했다.

조선에 형 되기: 후금과 제1차 만주족 침략

1627년 봄, 홍타이지는 조선을 공격했다. 여진 정권이 스스로 칭한 후금의 군대가 조선 북부를 휩쓸고 2주 만에 평양을 점령하자 강화도로 피신한 국왕[인조]은 화친을 청할 수밖에 없었다. 군사 철수의 전제 조건으로 후금의 사령관 아민(?~1640)은 조선이 명과 관계를 단절하고 후금과 형제 관계를 맺어 후금의 지배적 역할을 인정할 것을 하늘에 맹세하라고 요구했다. 조선에서는 많은 관리와 유생들이 국왕에게 야만적인 침략자와 협상을 중단하고 그들의 사절을 죽인 뒤 죽을 때까지 싸우자고 간청했다. 비록 국왕은 신하들에게 '여진족 야인(野人)'과 화친 협상을 하는 것은 시간을 끌려는 전술 또는 '기미(羈縻)' 정책이라고 말했지만, 다른 선택의 여지 없이 협상을 계속해야만 했다.

국왕은 홍타이지에게 보내는 국서에서 홍타이지를 '금국 칸(汗)'이라고 칭하며 그의 정치적 지위를 받아들였지만, 후금과 조선에 대해서는 일부러 중립적 용어를 선택했다. 국왕은 후금을 '귀국(貴國)'이라고 부르고, 명에 보내는 표문에서 조선을 '[아(我)]폐방(弊邦)', '아소방(我小邦)'이라고 부르는 것처럼 하지 않고[폐방과 아소방은 저희 나라라는 뜻으로 자신을 낮추는 표현임 – 옮긴이] '아국(我國)'이라고 했다. 서신 첫머리에 홍타이지에 대한 존경의 표현은 등장하지 않았다.[16] 국왕은 조선이 후금에 대해서는 '교린' 정책을, 명에 대해서는 '사대' 정책을 따를 것이라고 전했다. 국왕은 국서에서 일자를 표기할 때 일부러 명의 연호인 천계를 사용하여 명을 배신하지 않겠다는 뜻을 내비쳤고, 명의 연호를 고수하면서 협상은 교착 상태에 빠졌다. 이후 국왕은 교신 방법을 '게첩(揭帖, 3품 이상 관청에서 사용하던 상행문서 – 옮긴이)' 형식으로 바꿨는데, 이는 연호가 필요하지 않았기 때문이다. 새로운 형식은 양측이 맹세 합의에 도달하는 데 도움이 되었다.

1627년 4월 18일, 강화도 행궁에서 맹약 의식이 거행되었다. 국왕은 내키지 않았지만 향을 피우고 관리 가운데 한 명에게 후금이 요구한 내용을 담은 맹세문을 큰 소리로 읽게 한 뒤 하늘에 맹세했다. 또한 조선의 고관 9명과 후금의 고관 8명도 각각 맹세문을 낭독했다. 그러나 국왕과 여진 관리 사이에 이러한 의식이 거행된 일은 만주나 조선의 기록에 언급되지 않았다.[17] 이후 또 다른 맹약 의식이 평양에서 아민과 국왕의 형제 사이에 거행됐다. 평양 맹세에는 여진족 침략자가 추가한 몇 가지 조건이 포함되었다. 국왕은 칸에게 선물을 바치고 명에게 한 것처럼 금의 사신을 접대하며, 성벽을 보강하거나 군사훈련을 하지 않아야 한다는 점이 강조되었다.[18] 이 두 의식은 10년간 양국의 평화를 이끌었다.

여진은 조선 침략을 통하여 정치적·이념적으로 상당한 이익을 얻었다. 조선은 여진 정권을 최고 통치자가 있는 나라로 공식 인정했으며, 지정학적 영역에서 여진 정권의 정치적 정통성 강화에 일조했다. 후금을 형으로 모시는 '소중화' 조선의 지지로 후금의 정치-문화적 자아정체성은 명 중심의 국제질서 담론으로 강요된 오랑캐에서 문명으로 바뀌었다. 전쟁 후 조선에서는 여진에 대한 분노가 치솟았지만, 조선 조정은 새로 수립된 형제관계에서 벗어날 수 없었다. 경제적으로도 조선은 여진의 요구에 굴복해 북쪽 국경의 여러 마을에서 시장을 열고 여진 조정에 세폐(歲幣, 해마다 바치는 공물의 일종으로 송나라가 거란에 바친 것에서 기원했으며, 명대에는 없었으나 조선이 청과 조공책봉 관계를 맺으며 방물에 세폐가 추가되었음 - 옮긴이)를 바쳤다.

후금 중심의 준종번체제 구축: 후금의 새로운 위상

후금-조선 준종번 질서의 부상

홍타이지는 조선에서 철수하며 국왕[인조]에게 보낸 국서에서 왜 '남조(南朝)'인 명과 싸우고 조선을 공격했는지를 설명했다. 그는 "남조는 자신만을 천자로 여기고, 다른 나라 사람은 하등한 신하로 여긴다. ······ 천명은 우리를 도와 남조를 벌하는 것이니 참으로 의롭다. ······ 앞으로 우리 두 나라는 영원히 형제가 되어 남조처럼 다른 나라를 괴롭히지 말아야 할 것이다"[19]라고 적었다. 홍타이지는 천명론을 인용하여 천하의 중심인 명에 도전했고, 명과의 전쟁을 정당화했다. 이후 10년 동안 후금은 조선을 비롯한 주변 나라와 교류에서 후금 중심의 준종번체제를 구축하며 자신의 위상을 점차 변화시켰다.

후금은 전쟁으로 심각한 경제적 어려움에 직면하자 조선에 국경 도시인 의주에 무역을 위한 시장을 열 것[開市]을 요구했다. 조선은 후금의 압박에 굴복했지만, 후금의 바람대로 일 년에 세 번이 아닌 봄과 가을 두 번만 시장을 열기로 합의했다. 1628년 3월 31일 의주에서 처음 시장이 열렸고, 후금의 사절 잉굴다이(Inggūldai, 英俄爾岱, 1596~1648)는 장수 8명과 백성 1천여 명을 데리고 의주에 왔다. 의주의 중강개시가 후금의 수요를 충족하지 못하자 홍타이지는 동북쪽 국경 도시인 회령에 또 다른 시장을 열어달라고 촉구했다.[20] 후금은 물자가 부족한 상황에서 조선이 해마다 봄과 가을에 사신을 심양으로 보내 전한 예물에 크게 의존하였다. 1627년부터 1636년까지 보내야 하는 예물은 85종에 이르렀지만, 각 항목의 양은 후금의 요구나 조선의 우려에 따라 계속 변했기 때문에 양국 관계를 보여주는 지표가 된다.[21] 1631년 비변사는 "심양에 사절을 파견하는 것은 그곳에서 시장을 여는 것[開市]과 다를 바 없다"라고 국왕에게 불만을 토로했다.[22] 한편, 의주와 회령 개시와 마찬가지로 심양 개시는 양측이 제공한 소비재 가격의 격차가 커서 어려움을 겪었다. 조선인들이 판매하는 단자(緞子)와 인삼은 비쌌지만 여진이 파는 가죽이나 모피는 그렇지 않았다. 이러한 차이로 여진 측은 이익을 내기 어려웠다. 후금의 군사적 패권은 조선 자본을 복종하게 만들 수 없었고, 이는 후금의 제2차 조선 침략[병자호란]으로 이어졌다.

후금은 군사적·경제적 상황을 고려해 조선에 북경과 교류를 단절하라고 강요하지 않았다. 홍타이지는 명의 정치적 승인을 조건으로 화친을 맺을 수 있는 선택지가 있었다. 1630년 한족 학자 고홍중(高鴻中)은 후금이 "조선 사례에 따라 명의 책봉을 받고 명의 연호를 쓸 것(比朝鮮事例, 請封王位, 從正朔)"을 제시했다.[23] 이 건의는 명 중심의 세계에서 조선이 모범적인 조공국의 위치에 있다는 중국인의 일반적 인식을 반영했다. 명이 여진 정권에 조선과 같은 지위를 부여하는 협상에 동의했다면, 여진은 조선을 따라 명의 외번이 될 수도 있었을 것이다. 그러나 전쟁은 계속되었고, 후금은 명을 대체한다는 더 큰 목표를 향해 나아갔다. 이를 위해 후금은 조선과의 위계 관계를 바꾸기 시작했다.

1627년 이후 조선은 교린정책을 후금에 적용함으로써 후금을 조선과 대등한 위치에 놓으면서도 명의 중심성을 계속 유지하였다. 국왕은 후금에 파견하는 사신을 북경에 보내는 사신처럼 '공사(貢使)'라고 하지 않고 신사(信使)라고 했다. 해마다 심양에 보낸 물품은 북경에 바치는 '공물(貢物)'이 아니라 '예물(禮物)'이었다. 1633년 국왕이 홍타이지에게 "우리 두 나라가 사절을 통해 교류할 때 서로 토산품을 주고받는 것이 올바른 예(禮)이다"라고 언급한 바와 같았다.[24] 이러한 용어는 조선이 적절한 겸손을 드러내면서 후금을 명보다 낮은 나라로 다뤘음을 시사한다.

이와 극명히 대조적으로, 후금은 조선보다 우월한 정치적 실체로 정체성을 제고하고자 새로운 담론을 전개했다. 1627년부터 만주어로 작성된 문서에서 후금은 조선 군주를 '조선의 왕'(만주어 Solgo i wang, or Coohiyan gurun i wang)'으로 격하했다.[25] 특히 1631년 말, 1632년 초 대릉하 전투에서 승리한 후 후금의 군사력이 꾸준히 증가하면서 홍타이지는 정치 구조를 대대적으로 개혁하여 조정에서 최고위층의 권력 공유 체제를 폐지하고 자신을 독점적 통치자로 만들었다.[26] 1632년부터 홍타이지는 명과 조선에 보낸 국서에서 자신을 이전에 쓰던 '금나라의 칸(만주어 Aisin gurun i han)'이 아닌 '만주국의 현명한 칸(만주어 Manju gurun i sure han)'으로 부르기 시작했다.[27] 더 중요한 점은 심양에 육부를 설치하고 달해(達海, 1595~1632)와 같은 만주인 관원에게 중국 고전을 만주어로 번역하도록 지시하는 등 명의 관료제를 모방했다는 것이다.[28] 이후 정권은 영완아(寧完我, 1593~1665), 범문정(范文程, 1597~1666), 고홍중, 포승선(鮑承先, ?~1645) 등 한족 관리와 문인 그룹의 제도 구축 노력을 바탕으로 위로부터 제국 법도의 중국화(Sinicization)를 가속화했다. 이러한 엘리트들의 아주 중요한 행동 중 하나는 홍타이지를 설득하여 한문과 만문으로 군주와 정권의 실록을 제작하도록 한 것이다.

한족 학자들이 후금과 조선 사절의 왕래와 외교 관계를 표현하려고 채택한 한문 용어는 후금의 정치적 정체성을 바꾸는 데 매우 중요한 역할을 했다. 만주인 학자들이 쓴 만주어 기록에 따르면 조선 사절(만주어 Solho i elcin)이 "심양에 도착하여 토산품을 선물로 전했다(만주어 baci tucire doroi jaka benjime isinjiha)"라고 되어 있다. 그들이 떠날 때 칸은 그들에게 선물을 '주었다(만주어 unggihe)' 또는 '수여했다(만주어 šangnaha).'[29] 이러한 만주어 용어는 대부분 고유어로 정치적 의미가 강하지 않았으나, 한문 기록에 등장하는 용어는 매우 달랐다. '공물(貢物)' 또는 '방물(方物)'을 가지고 온 '공사(貢使)'의 방문을 '내조(來朝)'라고 묘사하였다. 이는 사절의 방문이 후금의 강력한 군사력이 아닌 그 뛰어난 공적에 따른 것임을 암시한다.[30] 이들 용어는 군주(중국적 의미로 황제)와 그 신하(조선, 베트남, 유구, 명의 다른 번, 중앙아시아의 정치체)의 위계 관계를 떠오르게 한다.[31] 한편, 후금은 조선에 대한 정치-외교적 담론을 차하르의 알락초트(Alakcot of Cahar), 바르 바투르(Bar Baturu), 노문 달라이(Nomun Dalai), 초이르 잠수(Coir Jamsu), 명 장수 공유덕(孔有德, 1602~1652) 등 후금에 망명하거나 항복한 세력과 정치체에 적용했다.[32]

1634년 홍타이지는 심양의 이름을 만주어로는 묵던(Mukden), 중국어로는 번성한 수도라는 뜻의 성경(盛京)으로 바꿨으며, 그의 신민에게 나라를 '여진'이 아닌 '만주'라 부르라고 명했다. 이처럼 정권의 제도 구축은 명확한 민족적 정체성에 따라 추진되었으나, 이 구조의 배후에 있는 이론적 근거는 민족적 요인보다 정치-문화적 요인에 더 초점이 맞춰졌다. 이 시기 후금의 관리들, 특히 한족 관리들은 홍타이지를 '황제' 또는 '황상'이라고 부르기 시작했다. 일부는 홍타이지가 한족 왕조에 의해 만들어진 전통적인 의식을 거행해 중국적 의미에서 스스로 천자로 주장할 것을 건의했다. 더 중요한 것은 이 관리들이 화이론을 이용하여 명을 '만자(蠻子)'로, 후금에 항복한 이들을 '한이(漢夷)'로 낙인찍어 세계의 중심인 명의 언어를 전유해 '화이' 관계를 완전히 전도했다는 사실이다.[33]

이러한 세계관의 변화로 만주 정권은 "천하 사방의 모든 오랑캐가 기꺼이 복종(四夷咸服)"하는 천명의 대리인 역할을 하기 시작했다. 1633년 명 장군 공유덕(孔有德, ?~1652)과 경중명(耿仲明, 1604~1649)이 홍타이지에게 항복했을 때 후금은 기뻐하며 "멀리서 사람들이 교화를 위해 기꺼이 우리 조정에 왔다(遠人來歸)"라고 표현했다.[34] 이 말은 만주가 세계의 중심이며 "멀리서 온 오랑캐" 또는 명을 비롯한 주변에 비해 자신들이 우월하다는 천하 중심의 정체성을 의도적으로 구축하고 있음을 보여주었다.[35] 이러한 후금 정치 담론의 중대한 변화는 『논어』와 『중용』 같은 유교 경전에 명시된 중국 정치 이론인 정통론에 뿌리를 두었으며, 만주 정권의 중국화와 타자에 대한 오랑캐화가 지닌 중요한 의미를 보여준다. 단순히 홍타이지를 기쁘게 하고자 명의 담론을 모방하여 중국적 정치 수사를 사용한 것이 아니다. 오히려 후금이 지배하는 세계에서 만주 정권을 새로운 중심축으로 전환하려는 정치적 목적이 있었다. 이는 1632년에 만들어진 새로운 만주어(만주어 ice manju hergen)를 비롯한 오래되지 않은 고유 만주어로는 이룰 수 없는 목표였다.

만주 정권은 조선과의 관계를 준종번체제의 위계적 원칙에 따라 다루었다. 일부 역사가들은 이때 만주족이 제국 지배의 정치 개념을 중국보다는 몽골의 동맹국들로부터 가져왔다고 주장한다.[36] 그러나 만주와 조선 관계의 변화와 함께 일어난 주변 유목 국가, 유교 국가와의 관계에 대한 만주 정권의 인식 변화는 만주 정권이 중국의 정치–문화적 담론을 수용하고 활용하여 새로운 정치–문화적 자기 정체성을 열정적으로 구축했음을 보여준다. 또한 연구자들은 한화(漢化)론 또는 만주족의 한화를 두고도 오랫동안 논쟁을 벌여왔다. 지금까지 이 문제에 대한 주류 논의는 한족이 어떻게 만주족을 문화적으로 동화했는지 또는 만주족이 어떻게 민족 정체성을 유지하려고 노력했는지에 초점을 맞추었다.[37] 이 장에서는 만주족이 아닌 만주 정권이 어떻게 자신을 문명화된 유일의 '중국(中國)'으로 만들어 갔는지 살펴보며, 그런 의미에서 '중국화'라는 용어를 사용한다.

중국(中國)으로 전환하려는 만주 정권의 전략적 목표

준종번 담론은 만주 정권의 자아상을 중국 계보로 재구성하는 데 일조한 반면, 만주어는 후금과 다른 정치체의 관계를 국가 대 국가가 상호작용하는 구조로 재구성하는 데 국제적 기반을 제공했다. 만주어 기록에서 후금과 명, 조선, 코르친 같은 몽골의 정치체들은 모두 구룬(gurun)으로 정의되었다. 구룬은 '나라', '부족', '부족의 사람', '인종' 등 여러 의미가 있다. 이 중 '사람'과 '나라'라는 두 가지 의미가 가장 중요하다. 예를 들어, 암바 구룬(amba gurun)은 '대국' 또는 '성인'을 의미할 수 있으며, 아지거 구룬(ajige gurun)은 '소국' 또는 '아이'를 뜻할 수 있는 반면 하하 구룬(haha gurun)은 '남성'을, 허허 구룬(hehe gurun)은 '여성'을 지칭한다.[38] 아이신 구룬(Aisin gurun, 금국), 니칸 구룬(Nikan gurun, 한족의 나라, 즉 명), 다이밍 구룬(Daiming gurun, 대명국), 솔호 구룬(Solho gurun) 또는 초오햔 구룬(Coohiyan gurun, 조선국), 차하르 구룬(Cahar gurun, 차하르국)과 같이 구룬은 정치적 맥락에서 주로 '나라'를 나타낸다.[39] 당시 몽골 문헌에서 이 단어에 해당하는 몽골어는 울루스(ulus, 나라)였다.[40]

만주족 통치자들은 만주 정권과 다른 나라 사이에 지리적·사회적·문화적 경계를 명확히 하면서도 공통점을 강조했다. 누르하치는 1619년 칼카(Kalka Mongols, 喀爾喀)에 "명과 조선은 언어가 다르지만, 의복과 머리 모양이 같기에 한 나라처럼 보인다. 마찬가지로 우리 두 나라도 한 나라처럼 보인다"라고 강조했다.[41] 국가 의식은 정권의 정치적 규범, 특히 한문 기록에서 점점 더 선명해졌다. 예를 들어, 1628년 홍타이지는 차하르를 '다른 나라(異國, 만주어 encu gurun)'나 '먼 나라(遠國)'로 불렀다.[42] 이듬해 홍타이지는 후금, 코르친(Korcin Mongols, 科爾沁), 명, 조선 '4개국'의 가무를 베풀어 '코르친국' 왕공을 대접했다.[43] 1632년 홍타이지는 명 관리에게 보낸 서신에서 자국과 차하르를 "명 국경 밖에 있는 두 나라(邊外之國, 만주어 jasei tulergi gurun)"라고 불렀다.[44]

새로운 정치 담론은 만주 정권을 다민족 공동체의 중심에 있는 국가로 표현하여 세계관의 근본적인 전환을 가져왔다. 이러한 전환의 전략적 목표는 1633년 영완아가 명의 제도를 일부 수정한 금전(金典)을 제안했을 때 언급한 바와 같이 명의 관례와 단절하고 "중국의 제도를 점진적으로 발전시키는 것(漸就中國之制)"이었다. 다시 말해, 후금은 명의 제도를 대체하는 독자적인 '중국의 제도'를 만들고자 했다. 영완아에 따르면, 오직 이 방법으로만 '남쪽 오랑캐 지방(蠻子地方)'인 명을 정복한 후에야 정권은 대업을 이룰 수 있었다. 영완아는 "새로운 군주와 그 관료들은 그들만의 제도적 작업을 해야 한다"라고 강조하며 자신의 제안을 정당화했다.[45] 이러한 전략적 계획은 만주 정권이 정치-문화적 정체성으로서 중국(中國)을 수용하고 주장할 수 있음을 보여준다. 또한 이는 중원(中原) 지배가 반드시 자신을 중국이라고 주장하는 전제 조건이 아님을 시사한다.

누르하치는 산해관과 요하를 '중화(중국, the Chinese)'와 '여진 국가(만주어 nikan, jušen meni meni gurun)'의 경계로 삼아 종족 국가(ethnic nation) 또는 만주족다움(Manchuness)을 지키고자 했다. 그는 요·금·원 왕조의 건국자들이 그들의 고향을 떠나 '한족의 내지(漢地, 만주어 nikan i dorgi bade)'로 들어가 "방식을 바꿔 모두 한족이 된 것(만주어 doro forgošoro jakade, gemu nikan ohobi)"처럼 "한족 방식으로 돌아서거나(效漢俗, 만주어 nikan i doro de dosimbi)" 한화되는 것을 피하고자 애썼다.[46] 비록 만주족 지도자들은 전통 의상을 입고 만주 활쏘기와 말타기를 연습하며 일상에서 '옛 방식(만주어 fe doro)'을 지키도록 만주인들을 열심히 훈계했지만, 만주 정권은 1630년대 급변 속에서 '한족 방식'을 따르는 것을 피할 수 없었다. 만주 정권은 만주에 남아 1644년 장성을 넘지 않았더라도 중국이 될 수 있었을 것이다.

만주 정권은 새로 채택된 중국의 정치 담론을 이용하여 중국의 정치 철학인 종번 질서를 서서히 흡수하고, 정치적 틀 안에서 자신의 위치를 재조정했다. 명을 제외한 다른 나라들은 중국 황제와 비슷한 지위를 점한 칸에게 공물을 바쳐 후금의 외번 역할을 하였다. 이 준종번 제도는 1636년 후금의 통제 아래 있던 몽골의 16개국 왕공 49명이 조선에 보낸 한문 서신에서 자신들을 '금국외번몽고(金國外藩蒙古)'라고 부를 정도로 발전했으며, 이는 만주어로 툴러르기 골로이 몽고(tulergi goloi monggo, 외번으로서 몽골)와 같다.[47] 같은 해 후금은 중국의 행정 개념에 근거하여 몽고아문(만주어 Monggo jurgan)을 세웠다. 이 부서는 예부와 유사한 기구로 정권이 몽골과의 관계를 변화시키고 신흥제국을 건설하여 통치하는 데 일조하였다.

이러한 준종번 담론의 구축은 주로 후금 국경 안에서 이루어졌지만, 후금은 조선을 담론의 변혁을 뒷받침할 수 있는 최고의 외부 자원으로 여겼다. 양국 관계에서 후금은 최고 권력의 역할을 맡았고, 조선을 동생에서 속국 또는 외번으로 전환했다. 한중관계 연구자들은 만주족이 조선에 명확한 종번 조건을 부과한 1637년 제2차 만주족 침공[병자호란] 이후 위계 담론을 채택했다고 보는 경향이 있다. 하지만 실제 그 과정은 훨씬 이전에 시작되었다. 1630년대, 후금 학자들은 후금의 중화성을 확립하려고 중국 역사에서 화이지변을 조작할 수 있는 사상적 자원을 발굴하였다.

종번 구조에서 '화하(華夏)'와 그에 대응하는 '오랑캐'는 '중국'과 외번의 지위를 설명하는 두 가지 핵심 개념이다. 이 두 용어는 하(약 기원전 2070~기원전 1600), 상(기원전 1600~기원전 1046), 주 시대에 발전한 천하 개념에서 유래했으며, 세 왕조는 이로써 자신들의 통치를 신성한 것으로 정당화하고자 했다. 동시에 중국의 영토에 걸쳐 있던 정치체들은 하(하 왕조를 지칭하는 것이 아니라 과거 정권이 거주했던 더 넓은 지역을 지칭)를 천명을 지닌 문명 공동체의 상징, 즉 중국(中國), 중원(中原) 또는 중토(中土)로 인식했다. 당시 '오랑캐[蠻夷戎狄]'라는 용어는 기원전 3세기 진과 초의 국가 관계에서 볼 수 있듯이 주로 중원 주변부에 거주하며 '문명화된 중국' 개념을 확인하고 수용하길 꺼리는 집단을 가리켰다.[48] 원래 지리적 개념이었던 '오랑캐'는 공자(기원전 551~기원전 479)가 이상적 질서로 서주의 '예(禮)'를 회복하라고 요구하던 혼란했던 동주(기원전 770~기원전 256) 시대에 '존왕양이(尊王攘夷)' 운동에서 적대 세력을 경멸하는 도구로 사용되었다. 국가 간 치열한 경쟁으로 화이지변은 1911년까지 2천 년 동안 중국의 왕조 정권이 지속해서 재해석한 정치-문화적 이데올로기로 발전했다.

한대 이후, 유교가 공식적으로 제도화되고 천하 관념이 확대되면서 화이지변은 중국 조정의 대외관계에서 중요한 이론적 틀이 되었다. 북송(960~1127) 시기 '북쪽 오랑캐[北狄]'가 득세하면서 중국 엘리트들은 특정 정권을 '정사(正史)'의 계보에 넣고, 그 서사로부터 경쟁하는 다른 정치체를 배제하는 데 화이지변을 필수적인 문화적 도구로 제시하였다.[49] 「중국론(中國論)」을 쓴 석개(石介, 1005~1045), 『정통론(正統論)』의 저자 구양수(歐陽

脩, 1007~1072)와 같은 일부 학자들은 송을 세계 유일의 문명 중심으로 보고 송 북쪽 국경의 여러 정권을 미개하다고 묘사했다. 매우 영향력 있는 역사서 중 하나로 사마광이 편찬한『자치통감』은 기원전 403년부터 서기 959년까지 '중국'으로 식별된 국가의 명확한 계보를 그렸다. 정통성을 정당화하는 서사를 개념화하고자 한 이들의 노력은 결국 성과를 거뒀다. 특히 정호(程顥, 1032~1085), 정이(程頤, 1033~1107), 주희(朱熹, 1130~1200)와 같은 송대 선구적인 지식인이 성리학을 창안하여 정교화했을 때 그들의 담론은 북방 정권을 압도했으며, 원대 중국의 공식 이데올로기가 되었다.

이러한 사상사는 중화인민공화국의 공식 역사 서술이 왜 송을 중국 정통의 지위로 칭송하고 요, 서하, 금을 '소수민족'이 세운 비주류 정권으로 대하는지 설명해 준다. 1630년대 만주 정권의 학자들이 정권의 정통성을 구축하기 시작했으며, 이러한 역사적 배경을 바탕으로 만주족이 적법한 중국(中國)으로서 거대한 제국을 통치하는 기틀을 마련했다.

만주-조선 준종번 질서의 실천

만주 정권은 명과 조선의 교류를 모방하여 조선과의 사신 왕래 의례를 통해 준종번 담론을 구현했다. 조선 사절은 성경에서 홍타이지에게 다섯 번 절을 했다. 그들은 그 도시에서 편하게 머물며 환영 연회인 하마연과 환송 연회인 상마연을 즐겼다. 홍타이지는 조선 국왕[인조]과 사절, 역관, 하인들에게 선물을 하사했다.[50] 이에 후금은 해마다 봄과 가을에 만주족 사절을 한성에 파견했다. 만주인 사절은 조선의 수도에 들어가기 전 명 사절이 사용했던 모화관에 머물렀다. 그들은 궁궐에서 국왕을 알현하고 공식적인 환영 연회와 환송 연회로 대접받았다. 조선은 만주족 사절을 명 사신처럼 대접하고 싶지 않았지만, 일반적 의식 절차는 거의 같았다. 만주족 사절은 오직 명 사신들처럼 '칙사', '천사(天使)'라는 지위만 없었을 뿐이다.

이러한 사실상의 종번관계는 법률상 형제의 대등한 관계와 상충되며, 이는 그들이 서로에게 보낸 각자 다른 문서 형식에서 두드러졌다. 조선은 후금에 보낸 문서에서 양국을 완전히 동등한 정치적 위치에 놓았는데, 이는 위계적으로 명보다 낮은 지위였다. 중국의 관례에 따르면, 천(天)이나 명 황제를 뜻하는 글자가 등장할 때마다 행을 바꿔 새로운 행의 최상단에 놓으며, 조선을 나타내는 글자나 다른 행보다 두 글자 높게 배치했다. 이러한 존칭의 격상은 황제를 세상에서 가장 높은 영적 지위를 지니는 하늘의 최고 대리인으로 인정한 것이다. 홍타이지 역시 서신에서 존칭을 격상하여 사용했지만, 명 장군 원숭환(袁崇煥, 1584~1630)에게 보낸 서신에서 볼 수 있듯이 그는 다른 위계 배열을 채택했다. 홍타이지는 서열을 네 단계로 나누었다. 그의 지위는 천(天)과 황제보다는 낮았지만 명 관리보다는 높았다(그림 1.1 참조). 원숭환은 명의 관례에 따라 홍타이지에게 서신을 보냈다(그림 1.2 참조). 원숭환의 용법에 불만을 품은 홍타이지는 자신을 "타국의 군주 또는 칸(만주어 encu gurun i ejen han)"이며 "하늘과 부처의 아들(만주어 abka fucihi i jui)"이라고 했다. 그는 명 관리들이 자신을 대등하거나 낮게 부르는 어떤 서신도 받지 않겠다고 선언했다.[51] 그럼에도 홍타이지는 조선 국왕과 교신할 때는 조선 국왕의 기분을 상하지 않게 하려고 국왕을 거의 대등한 호칭으로 부르는 실용적인 태도를 취했다(그림 1.3).

조선 국왕은 답서에서 홍타이지에게 받은 서신과 같은 형식을 따랐지

그림 1.1 1627년 홍타이지가 원숭환에게 보낸 서신 격식

이 표와 그 뒤에 나오는 표 세 개에서 숫자는 위에서 아래로 행을 나타내고, 영문자는 열을 나타내며, 글의 방향은 오른쪽에서 왼쪽으로 되어 있다. 'X'는 한자를 나타낸다.

					천(天)	1
				황제		2
			칸			3
		명 관원				4
X	X	X	X	X	X	5
X	X	X	X	X	X	6
X	X	X	X	X	X	7
f	e	d	c	b	a	

『滿文老檔』, 北京: 中華書局, 1990, 821쪽, 847쪽; 『滿文老檔』 4, 東京: 東洋文庫, 1955, 28, 72쪽.

그림 1.2 1627년 원숭환이 홍타이지에게 보낸 서신 격식

				황제	천(天)	1
		칸	명 관원			2
X	X	X	X	X	X	3
X	X	X	X	X	X	4
X	X	X	X	X	X	5
f	e	d	c	b	a	

『滿文老檔』, 北京: 中華書局, 1990, 821쪽; 『滿文老檔』 4, 東京: 東洋文庫, 1955, 28쪽.

그림 1.3 홍타이지가 조선 국왕에게 보낸 서신 격식, 1627~1636

					천(天)	1
	爾國	금	국왕	황제		2
X	X	X	X	X	X	3
X	X	X	X	X	X	4
X	X	X	X	X	X	5
f	e	d	c	b	a	

『朝鮮國來書簿』 冊1, 2.

그림 1.4 조선 국왕이 홍타이지에게 보낸 서신의 격식, 1627~1636

					명	천(天)	1
	爾國	我國	금	국왕			2
X	X	X	X	X	X	X	3
X	X	X	X	X	X	X	4
X	X	X	X	X	X	X	5
g	f	e	d	c	b	a	

「朝鮮國來書簿」册1.

만, 강요된 형제 관계에 대한 언급은 피했다(그림 1.4). 홍타이지는 국왕을 '제(弟)'라고 불렀지만, 국왕은 홍타이지를 '형(兄)'이라고 부르지 않았다. 1629년 홍타이지가 국왕에게 이와 같은 불일치에 관해 묻자 국왕은 친구 간 표현으로 바꿨다. 그는 "이 서신을 후금의 칸에게 바친다(朝鮮國王奉書金國汗, 만주어 Coohiyan gurun i wang ni bithe, Aisin gurun i han de unggimbi)"라고 썼다. 이러한 용법은 "후금의 칸이 조선의 국왕에게 서신을 보낸다(만주어 Aisin gurun i han i bithe, Coohiyan gurun i wang de unggimbi)"라는 홍타이지의 용법과 일치했다. 이후 국왕은 '바친다(奉, 만주어 jafambi)'는 단어를 보내다(致, 만주어 unggimbi)로 바꿔 이전 용어의 위계적 의미를 지웠다. 이 같은 미묘한 변화는 후금을 자극했지만, 조선은 두 용어 모두 '이웃 국가(鄰國)' 간에 사용되었다고 설명했다.[52] 후금에 대한 조선의 뚜렷한 친명 태도는 형제 관계가 불안정하다는 것을 의미했다. 조선이 명의 충성스러운 신하로 있는 한 후금의 안전을 보장할 수 없었다. 후금은 조선과 다시 전쟁을 벌이는 것이 이 문제를 해결할 방법이라고 믿었다.

형에서 아버지로: 제2차 만주족 침공[병자호란]

정통성을 둘러싼 만주-조선의 충돌

1630년대 중반 후금의 많은 한족과 만주인 관원들은 홍타이지가 황제의 칭호를 갖도록 설득했다. 1636년 2월 4일 관원들은 홍타이지에게 천명에 따라 황제의 자리에 오르라고 촉구하는 상소를 올렸다. 중국의 의례 관례에 따라 홍타이지는 표면적으로는 거절하고 신하들에게 조선 국왕과 논의하자며 사절을 보내자고 제안했다.[53] 그러나 홍타이지의 진정한 동기는 조선 관리 홍익한(洪翼漢, 1586~1637)이 기민하게 알아챘듯이 조선의 소중화 정체성을 이용하여 조선이 자신을 천자로 숭배한다는 사실을 다른 나라에 주장하려는 것이었다.

잉굴다이와 마푸타(Mafuta, 馬福塔, ?~1640)는 3월 30일 몽골 왕공 47명, 장군 30명, 병사 98명과 함께 한성에 도착했다. 그들은 서한을 다섯 통 가져왔다. 앞의 세 통은 홍타이지가 조선 왕비의 죽음을 애도하는 내용을 담았다. 네 번째 서신은 호쇼이 버일러(만주어 hošoi beile, 누르하치로부터 구사(旗)를 하사받은 아들과 조카, 旗主―옮긴이) 8명과 만주인 고위 관원(만주어 gūsai amban, 구사 관원) 17명이 썼다. 다섯 번째 서신은 금국외번몽고(金國外藩蒙古) 명의로 몽골 왕공 49명이 쓴 한문 서한으로, 조선 국왕이 홍타이지에게 천명(만주어 Abkai gūnin)을 따르고 '위대한 칭호(만주어 amba gebu)'를 주장하는 상소를 올리도록 설득하려는 것이었다. 이 서신들은 후금이 이제 천하를 다스릴 '덕(만주어 erdemu)'을 갖추었다고 강조했다.[54] 그러나 3월 31일, 조선 유생 139명은 국왕에게 "오랑캐 사신(虜使)을 죽이고 오랑캐의 서한을 불

태울 것"을 청하는 상소를 올렸다. 잉굴다이와 그 수행원들은 공황에 빠져 도시를 떠났다.[55]

조선의 입장은 4월 말 국왕이 나덕헌(羅德憲, 1573~1640)을 춘추사로, 이확(李廓, 1590~1665)을 회답사로 성경에 파견했을 때 더욱 강화되었다. 5월 15일, 후금은 홍타이지가 '관온인성황제(寬溫仁聖皇帝)'(관대, 인자, 자애, 광휘의 황제, 만주어 gosin onco huwaliyasun enduringge han)라는 존호를 받고 숭덕(崇德, 덕을 숭상한다, 만주어 Wesihun erdemungge)을 연호로 채택하는 성대한 의식을 거행했다. 후금은 국호를 '대청국(大淸國, 만주어 Daicing gurun)'으로 바꿨다. 홍타이지의 좌우에 모인 후금의 만주족, 몽골족, 한족 관원들은 청대 최고 수준의 고두인 세 번 무릎을 꿇고, 무릎을 꿇을 때마다 세 번 엎드리는 삼궤구고두(三跪九叩頭, 만주어 ilan jergi niyakūrafi uyun jergi hengkilembi)를 행했다. 나덕헌과 이확은 도착하자마자 접견례에 참석해 홍타이지 앞에서 네 번 고두를 올렸지만, 두 번째 의식인 황제 즉위식에서는 "황제 칭호 찬탈(僭號)"이라며 홍타이지의 정치적 야망에 강한 반대를 표명했다.[56] 조선은 만주 정권의 정치적 통제 밖에 있었지만, 만주 정권과 정기적·공식적인 외교적 교류를 하는 유일한 유교 국가였다. 홍타이지가 중국의 예법을 준수하며 천자라고 주장했기에 만주족을 오랑캐로 규정하는 것을 막고, 중국적 의미에서 황제권을 정당화하려면 조선의 지지가 절실했다. 따라서 조선 사절과의 의례 갈등은 그에게 심각한 정체성 위기를 초래했다. 조선의 지지가 없다면, 만주 정권의 정치적 변화는 주로 국경에 국한되어 지역 정치에 큰 영향을 미치지 못할 것이다.

홍타이지는 나덕헌과 이확을 돌려보내며 한문 서신 두 통을 조선 국왕에게 보냈다. 홍타이지는 서한에서 자신을 '금의 칸'이 아니라 '대청국황제(大淸國皇帝)'라고 불렀고, 조선을 '귀국(貴國)'이 아니라 '이국(爾國, 너희 국가)'이라고 칭하며 양국 간 형제 관계의 종식을 알렸다. 홍타이지는 "하늘은 한 사람의 것이 아니라 천하 만민의 것(만주어 abkai fejergi emu niyalmai abkai fejergi waka, abkai fejergi niyalmai abkai fejergi)"이라는 오랜 관념을 상기시키며, 이전 왕조의 선례에 따라, 즉 '동북 오랑캐(東北夷, 만주어 dergi amargi jušen)'가 세운 요, '동쪽 오랑캐(東夷, 만주어 dergi jušen)'가 세운 금, '북쪽 오랑캐(北夷, 만주어 amargi monggo, '북쪽 몽골')'가 세운 원처럼 자신의 정권이 천하(만주어 abkai fejergi)를 통치할 수 있음을 보여주었다. 홍타이지는 이러한 왕조의 흥망성쇠를 연대기로 기록하여 만주족 '오랑캐' 왕조인 청을 천하 통치의 계보에 넣고 자신을 천자로 자리매김했다. 그는 명이 잃은 덕을 청이 지녔기에 청의 통치가 정당하다고 주장했다.[57] 이러한 주장은 "하늘은 특별히 가까이 하는 바가 없고, 오직 덕 있는 이를 가까이한다(皇天無親, 惟德是親)"라는 중국의 정치관에 기반한 것으로, 30개가 넘는 왕조에 정당성을 부여한 역사서인 『상서』에 명시된 이론이었다. 요컨대, 홍타이지는 조선이 중국의 이전 왕조를 섬겼던 것처럼 대청의 외번이 되길 바랐다.

조선은 새로운 청 중심 종번주의의 첫 번째 대외 표적이 되었다. 그러나 홍타이지의 태도는 유교 국가의 정치적·사회적 원칙에 기반한 정통성과 충돌했으므로 조선에서는 그에 대한 평이 좋지 않았다. 명보다는 만주 정권의 성장을 염려했던 몇몇 고위 관리를 제외하고 대다수 지배 엘리트는 '존주의리(尊周義理)'에 따라 "중국을 숭상하고 오랑캐를 배척해야(尊中國, 攘夷狄)" 한다고 단호하게 요구했다.[58] 엄청난 압력에 직면한 국왕은 조선이 홍타이지의 황제권을 지지하지 않는다고 재확인했다. 그러자 청은 자신의 명성과 정통성을 위해 전쟁을 선포했다.

만주—조선의 종번관계 수립

1636년 12월 28일, 청군이 조선을 공격했다. 그들은 1637년 1월 9일 큰 저항 없이 한성을 점령했다. 조선 국왕[인조]은 세자, 일부 신하들과 함께 남한산성으로 피했고, 나머지 왕족은 다른 신하들과 강화도로 피신했다. 청군은 남한산성을 포위하고 협상의 전제 조건으로 세자를 인질로 보내라고 요구했다. 국왕은 이를 거부했으며, 침략에 저항하고 '천하대의'를 지키고자 군사를 동원했다. 1월 19일 홍타이지가 증원 병력을 이끌고 남한산성으로 진격하는 동안 국왕과 신하들은 명 숭정제의 탄신을 경축하는 의식을 거행했다. 그러나 국왕은 이제 조선의 운명이 갈림길에 있음을 깨달았다. 1623년 반정으로 국왕의 즉위를 도운 최측근 최명길(崔鳴吉, 1586~1647)은 1627년 만주족이 조선을 처음 침공했을 때와 마찬가지로 청과 화의 교섭을 주장했다. 최명길의 방책은 대다수 동료에게 환영받지 못했지만, 부인할 수 없는 실용적 방법이었다. 1월 26일 음력 설날 국왕은 북경을 향해 망궐례를 거행하며 명에 신하로서 조선의 의무를 다했다. 국왕은 의식이 끝나자 협상을 위해 두 신하를 보냈다.

이틀 후 국왕은 홍타이지에게 서신을 보내 홍타이지를 '관온인성황제(寬溫仁聖皇帝)'라 칭하고 청을 '대국'으로, 조선을 '소방(小邦, 작은 나라)'으로 칭했으며, 서신은 '상서(上書, 윗사람에게 서한을 올리는 것)'라고 규정했다.[59] 홍타이지가 국왕이 직접 항복해야 한다고 주장해 양측은 2주 더 협상했다. 그동안 청군은 남한산성을 포격하고 지방에서 올라온 조선의 근왕군을 물리쳤다. 2월 15일 국왕은 홍타이지를 '폐하'로, 자신을 '신하(臣)'로 칭한 서신을 또 보냈다. 그는 서신에서 청의 연호인 '숭덕'을 사용하여 일자를 썼다.[60] 그의 서신은 강화도가 함락되기 전 국왕이 항복을 결정했다는 사실을 암시했다.[61] 2월 17일 국왕은 홍타이지에게 국서를 보냈고, 조선은 "영원한 대청의 신하이자 번방(藩邦)으로서 표문을 바치며", "대국을 섬기는 모든 의식은 정해진 형식으로 행할 것"이라고 선언했다.[62]

1637년 2월 22일, 잉굴다이는 황제의 칙서를 가지고 와서 조선 국왕과 관리들에게 '남조(명)'의 칙서를 받을 때와 같은 의식을 거행하라고 요구했다. 이는 청이 조선 땅에서 명을 대신해 조선과 의식을 주고받은 첫 사건이었다. 홍타이지는 칙서에서 항복 조건 10가지를 열거했다. 그중 두 가지가 주목된다. 첫째, 국왕은 명에서 받은 황제의 조서와 인장을 청에 반납하고, 명과 교신을 중단하며, 모든 문서에서 일자를 표기할 때 명의 연호 대신 청의 연호를 사용해야 한다. 둘째, 국왕은 해마다 청에 신하를 보내 '표문'과 선물을 바치며, 황제·황후·황태자의 생일과 청에 기쁜 소식이 있을 때 축하하고, 청 황실 구성원의 죽음에 애도를 표하는 의식을 행해야 한다. 이와 같은 기념 형식은 조선이 명에 행했던 형식을 따르라고 요구했다. 칙서를 받고, 조선에서 사신을 맞이하고, 조공 사신을 통해 청 황제를 공식 방문하는 의식은 '명의 구례(明國舊例)'에 정확하게 맞추도록 했다. 또한 홍타이지는 조선이 바쳐야 할 공물의 품목과 금액을 열거하고 공물은 1639년부터 바치기 시작해야 한다고 명시했다.[63]

국왕은 홍타이지의 모든 요구를 조건 없이 받아들였다. 1637년 2월 24

그림 1.5 1637년 2월 조선 국왕이 홍타이지에게 보낸 서신 형식

숫자는 위에서 아래로 행을 나타내고, 영문자는 열을 나타내며, 글의 방향은 오른쪽에서 왼쪽으로 되어 있다. 'X'는 한자를 나타낸다.

	대청			청 황제	천(天)	1
						2
X	X	조선	X	왕	X	3
X	X	X	X	X	X	4
X	X	X	X	X	X	5
f	e	d	c	b	a	

『朝鮮國來書簿』 冊2, 26~38면.

일, 국왕은 청이 항복을 받으려고 제단을 세운 한강 부근 삼전도로 가서 홍타이지 앞에 모습을 드러냈다. 청 예부가 주관한 이 의식에서 국왕은 삼궤구고두를 행하고 명이 하사한 인장을 바쳤다. 이 의식은 1637년 12월 16일 국왕이 홍타이지에게 올린 표문에서 확인할 수 있듯이 청과 조선의 종번관계가 공식적으로 성립됐음을 알렸다.[64] 청군은 바로 조선 세자 이왕(李汪, 소현세자, 1612~1645)과 국왕의 둘째 아들 이호(효종, 1619~1659)를 인질로 삼아 성경으로 돌아갔다. 1637년 3월 24일부터 조선은 청의 연호를 사용하여 날짜를 표기해 청의 시간 영역으로 편입되었다.[65] 이로써 조선은 청의 외번이 되었다.

1401년 공식적으로 제도화된 명-조선 관계를 대체한 청-조선 종번관계의 수립은 청에 매우 중요한 의미를 지녔다. 주대 종번제도에 대한 명의 열렬한 지지는 청에서도 이 제도가 고전적이고 이상적인 교리와 직접 연결되어 있음을 의미했다. 1644년 이후 정치적 담론이 점차 발전하면서 만주 조정은 주대 종번제도와 관련된 좀 더 정교한 언어를 사용하여 조선과 관계를 규정하기 시작했다. 1649년 순치제는 효종을 책봉하는 고명(誥命)에서 '왕실'을 위한 '외번(外藩)'으로서 조선을 강조했다.[66] 1659년 순치제는 현종 책봉 고명에서 주대 종번 책봉을 비유하는 전통적 용어인 '분모(分茅)'를 사용하기 시작했다.[67] 한편 만주 조정은 조선을 전통적인 주대 오복(五服)론에 따라 조선을 '후복(侯服, 만주어 jecen i golo)'으로 규정했다.[68] 이러한 정의는 국왕의 지위를 중국의 모든 왕대신(王大臣), 각 성 총독과 순무의 지위와 동일시했다.[69] 같은 맥락에서 청 황제와 관리들은 모두 조선 사신을 '외번 배신(外藩陪臣)'으로 간주했다.[70]

이렇게 확립된 종번주의는 청-조선 관계의 가족주의적 성격을 결정지었으며, 1763년 왕권의 위기에서 구체적으로 실현되었다. 그해 8월 이금(영조)은 세자를 포함한 두 아들이 죽자 건륭제에게 손자 이산(정조)을 왕위 계승자로 책봉해달라고 주청했다. 청 조정은 이러한 상황을 겪어본 적이 없었으므로 건륭제는 내각과 예부에 세손이라는 칭호에 대한 적절한 선례를 찾도록 지시했다. 예부는 『예기』에 나온 공자의 해석과 남조 시기의 송부터 명에 이르기까지 제후의 손자를 세손으로 책봉한 선례를 인용했다. 대신들은 "외번은 종번과 같다"라고 강조하며 이산을 왕세손으로 책봉하도록 건의했고, 황제는 그렇게 했다.[71] 명이 그랬던 것처럼 청은 조선을 천자가 사는 '중국'의 확대된 황실 종친으로 여겼다.

이러한 관념은 19세기 청-조선 관계에 깊은 영향을 미쳤다. 1882년 조선은 청의 권도(勸導)와 중재로 미국 대통령과 동등한 주권을 가진 독립 국가로 기술한 미국과의 조약에 서명했다. 그러나 국제법에 근거한 이 조약의 법적 의미와 상관없이, 1883년 직예총독이자 북양대신 이홍장(李鴻章, 1823~1901)은 사실상 중국의 외무장관으로서 조선을 대신하여 미국과 협상했고, 서주의 종번 원칙을 인용하여 국왕이 중국 천자의 '외제후(外諸侯)'라고 선언했다. 더욱이 이홍장은 국왕이 중국의 총독과 지방 관원인 '내제후(內諸侯)'와 동등하며, 조선 하급 관리의 지위는 중국 관리의 지위와 일치한다고 지적했다.[72] 1886년 이홍장의 제자이자 중국의 흠명 주차관으로 조선에 상주했던 원세개(袁世凱, 1859~1916)가 이홍장에게 국왕 앞에서 어느 수준의 의례를 행해야 하는지 물었을 때, 이홍장은 친왕(親王)이나 군왕(郡王)을 방문할 때 중국 지방 관리들이 행하는 의례를 따르면 충분히 예를 갖춘 것이라고 답했다.[73] 1894년 이전 조선은 광서제에게 올린 표문에서 여전히 조선을 중국의 '후복(侯服)'이라 칭했다.[74] 19세기 후반 중국과 조선은 서로를 대할 때 서주부터 명에 이르는 종번 전례를 따랐으며, 국가 간 교류는 가족주의적인 조정 대 조정의 위계에 종속되어 있었다. 이 모든 이야기는 1637년 청이 조선과 종번관계를 공식화하면서 시작되었다.

여기서 이 책이 흔히 사용되는 영어 표현인 '조공체제(tribute system 또는 tributary system)'보다 한문 용어인 '종번(宗藩)'을 선호하는 이유를 더 설명할 필요가 있다. 20세기에 '조공체제'라는 용어가 '종주국'과 '속국'이라는 개념과 함께 널리 쓰이게 된 것은 미국 역사학자 존 킹 페어뱅크(John King Fairbank)가 제안한 '중국적 세계질서'라는 좀 더 중립적인 표현의 인기에 힘입은 바가 크다. 1940년대부터 1960년대까지 페어뱅크는 많은 역사학자와 정치학자들이 후기 제국 시기 중국의 대외관계에 대한 이론적 근거를 연구하도록 자극했다. 비록 페어뱅크는 중국 중심적 세계주의 또는 '중화주의'의 복잡성을 알고 있었지만, 이 시스템을 보여주고 다양성을 강조하고자 광범위하게 사용한 '중국적 세계질서'라는 용어는 '조공체제'와 대략 동일한 의미가 되었다. 이 영어 번역을 받아들인 다양한 분야의 학자들은 이를 '조약체제' 또는 '조약항체제'에 대응하는 개념으로 다루었다. 일부 학자들은 '조공체제'와 '종번관계'라는 용어의 적합성에 의문을 제기하며 그것들은 "상징적이며 비대칭적인 국가 관계의 오랜 형태를 19세기와 20세기에 재해석한 것"이라고 비판했고, 다른 학자들은 영어 용어로 발생할 수 있는 오해를 피하고자 세계사적 맥락에서 '팍스 시니카(Pax Sinica)' 같은 새로운 용어를 제안했다.[75] 그러나 이들의 노력에도 불구하고 고착된 표현이나 패러다임은 바뀌지 않았다. 전통적인 영어 표현은 여전히 후기 제국 시기 중국의 대외관계에 대한 학자들의 이해에 깊은 영향을 미치고 있다.[76]

2장에서 알 수 있듯이 '조공체제'라는 용어의 근본적 문제점은 종번체제에 함축된 의미의 일부만을 전달한다는 것이다. 중국에 조공 또는 공물을 바치려고 사절을 파견하는 것은 청과 번의 정기적인 의례 교류에서 지속된 활동으로 종번체제의 가장 가시적이고 과장된 부분이다. '조공체제'라는 용어는 전체 메커니즘을 중국 중심의 무역 구조로 축소한다. 피터 퍼듀(Peter C. Perdue)가 청-준가르 관계 연구에서 지적했듯이 "청의 '조공체제'를 과도하게 일반화하는 것은 청의 무역에서 발견되는 다양한 의례적·경제적·외교적 요소의 거대한 다양성을 무시하고 하나의 무역 관계를 정통적·규범적 관계로 단정하게 만드는 경향이 있다."[77] 조공을 전체 구조와 핵심적 성격을 나타내는 만능 개념으로 느슨하게 사용해서는 안 된다. 물론 '조공체제'라는 용어가 개념적 해석 도구로 분석적 유용성이 없다는 것은 아니다. 이는 중화질서의 관례가 명·청대에 그랬던 것처럼 성숙하고 제도적이며 체계적이었는지에 대한 논쟁에서 명확하게 드러난다.[78]

소국을 소중히 여기기: 중국으로서 정체성을 구축한 청

'대국'으로 전환하는 청

새로운 종번관계에서 청은 조선의 군주이자 청, 조선, 몽골 국가로 이루어진 대가족의 가장이었다. 최고 권위를 가진 청은 조선의 종속을 유리하게 활용할 수 있었다. 그 관계의 가장 중요하고 직접적인 효과는 양국이 새로운 군사 동맹을 맺은 것이었다. 청은 조선을 정복하여 명과 벌이는 전쟁에서 동쪽의 잠재적 군사 위협을 제거해 자국의 전선을 강화했다. 또한 조선으로부터 군마, 곡식, 군함, 대포, 병사 등 물질적 지원도 받았다. 조선을 굴복시킨 두 달 후 만주 군대는 가도를 정복하여 조선에 있는 명의 마지막 군사 기지를 파괴했다. 그 후 몇 년 동안 많은 조선인 병사, 특히 포수(砲手)들이 강제로 만주 군대에 합류하여 명에 맞서 싸웠으며 금주와 만주에서 청이 새로 정복한 도시를 지키려고 주둔했다.[79]

청은 조선과의 관계를 군신 또는 부자 관계로 전환하여 청의 지리적 경계 밖에 있지만 청의 정치·문화적 영역 안에 있는 유교 국가인 조선으로부터 정치적 정통성을 얻었다. 중국인들이 중국을 중심으로 한 모델 안에서 '중국'으로서 다른 국가나 정치체와의 종번관계를 인식했던 점을 고려할 때, 청–조선 종번관계의 성립이 청을 '중국'으로 규정했다. 다시 말해, 종번 구조 안에서 중국과 주변 국가들의 정체성은 상호 의존적인 필수 구성 요소였다. 이러한 근거는 청이 중화세계에서 자신의 중심성을 정당화하는 데 절실히 필요했던 정치·문화적 토대를 제공했다.

실제로 청의 지위 변화는 1637~1643년 집중적으로 이루어진 양국 간 사신 왕래로 입증되었다. 1637년 5월 13일, 조선은 성경에 첫 사행단을 파견했는데, 이때 조선은 청에 제출한 문서에서 이전에 북경을 지칭하던 '경사(京師)'라는 말로 성경을 불렀다. 이러한 용어 선택은 적어도 표면적으로는 조선이 성경을 세계의 새로운 정치 중심으로 인정했음을 보여준다.[80] 사신단은 정사, 부사, 서장관 등 주요 구성원 3명을 포함해 315명이었다. 이들은 한성과 북경 사이의 전통적 조공로를 따라 832킬로미터를 이동하여 7월 8일 성경에 도착했다.[81] 다음 날 조선 관리들은 홍타이지 앞에 나아가 최고 수준의 고두를 행했다. 황제 앞에서 청의 관리들은 명 황제에게 사용하던 위계 형식으로 작성된 조선 국왕의 표문을 낭독했다. "조선을 다시 살아나게 한" "대국"의 미덕을 칭송하는 표문은 청에 '중국'의 지위를 부여했고, "청 주변에 있는 모든 먼 나라는 기꺼이 복종한다(荒服咸賓)"라고 덧붙이면서 '자소'하는 청의 덕행을 칭송했다. 황제는 국왕에게 내린 칙서에서 청의 지위를 스스로 확인했으며, '사대', '자소'와 같은 종번 원리를 언급하면서 그 관계를 명확히 규정했다. 조선은 새로운 문명 중심의 주변부에 있는 '원국(遠國)', '소방(小邦)', '원방(遠邦)'이 되었다.[82] 양국의 상호구성적 정체성을 구성하는 틀에서 조선은 문명화된 '중국'인 청을 둘러싼 오랑캐의 범주로 분류됐다.

동시에 몽골족과 이번원 관할하에 있던 다른 소수민족 정치체의 조공 사신들은 성경을 자주 방문하면서 청 중심의 종번 범위가 확대되는 것을 목격했다. 지난 20년 동안 만주 정권은 명 주변부에서 명의 종번 네트워크를 점차 무너뜨리고 축출된 영역을 이용해 자신을 중심으로 유사한 모델을 구축했다. 조선과 종번관계를 수립한 청은 명의 정책을 모방해 청의 필요에 맞게 개선하여 종번체제의 제도화를 도모했다. 이는 예부를 통해 이루어졌으며 호부, 병부, 형부 또한 재정·군사 지원이나 불법 월경 관련 사건으로 조선 국왕과 공식 문서를 주고받았지만, 예부는 사신단과 청 조정 사이의 가장 중요한 채널이었다. 예부는 국왕의 표문을 황제에게 상주, 사신단의 알현 관리, 사신단에 연회 대접, 성경의 사신단 전용 관소와 40일 동안 숙식 제공, 황명 전달, 국왕에게 보내는 공식 회자문 발급의 업무를 담당했다. 조선 사신들은 예부의 지도에 따라 황제에게 최고 수준의 고두를 하고 공물을 바쳤으며, 황제의 칙서(edict)와 하사품을 받았다. 이토록 수준 높은 의례 관례는 양국 관계에서 엄격한 위계를 보여주고 이를 제도화하며 공고하게 만들었다.

청은 종번관계를 공식화하려고 만주족 칙사를 조선에 파견하여 국왕과 왕실의 핵심 구성원들을 책봉했다. 1638년 1월 4일, 잉굴다이, 마푸타, 대운(戴雲)이 이끄는 첫 칙사가 한성에 도착하여 공식적으로 국왕을 책봉했다. 국왕[인조]은 수도 서문 밖에 있는 모화관에서 칙사를 맞이했다.[83] 이후 국왕은 궁궐에서 책봉 조서와 금인, 하사품을 받고 정해진 의식을 거행했다. 칙서에서는 청과 조선 사이의 '번봉(藩封)' 관계가 성립되었으며 이후 조선은 "황하가 띠와 같이 작아지고, 태산이 숫돌과 같이 평평해질 때까지(帶河礪山)" 대청의 '번병(藩屛)' 역할을 다하라고 언급했다. 황제는 양측이 "만 년의 관계와 위계를 규율할 명분과 지위를 확립한다(立一時之名分, 定萬載之綱常. 한때의 명분을 세워 만세의 강상을 정하니 천지가 변하지 않고 위아래가 바뀌지 않을 것이다—옮긴이)"[84]라고 적었다. 의식이 끝난 후 국왕은 칙사가 거처하는 남별궁을 찾아 연회를 베풀었다. 이 모든 의례 절차는 조선과 명 사이에 거행했던 것과 같았다. 청의 책봉은 258년 동안 지속될 양국 간 종번관계를 정당화했다.

대청황제공덕비

청은 1637년 조선 국왕이 홍타이지에게 복종을 맹세한 삼전도의 바로 그 자리에 홍타이지의 업적을 기리는 비석을 세우라고 강요하였다. 조선인들은 굴욕적인 침략을 기념하기를 꺼렸지만 청은 계속 그 사업을 추진했다. 결국 조선 관리 이경석(李景奭, 1595~1671)이 전쟁 중 청에 보낸 한글 서한을 바탕으로 한문 비문을 초안하였다.[85] 중국 관원 범문정이 비문을 승인하자 청은 번역자를 한성으로 보내 이를 만주어와 몽골어로 번역했다. 1639년 세 언어로 새겨진 '대청황제공덕비(大淸皇帝功德碑, 만주어 Daicing gurun i enduringge han i gung erdemui bei)'가 세워졌다(그림 1.6 참조).

이 비문에서는 조선의 관점에서 1619~1637년 양국 간 역사를 검토하고 "조선을 다시 살려낸" 청의 위대한 덕을 칭송했다. 비문은 그 덕이 "먼 곳의 모든 [백성]이 스스로 기꺼이 복종하게 만든 것(만주어 goroki ci aname gemu dahambi)"이며, 국왕은 1637년 "[청의] 힘이 아니라 [청의] 덕(만주어 horon

그림 1.6 대청황제공덕비

이 비석은 현재 서울 롯데월드 옆의 작은 공원에 있다. 저자 촬영, 2015.

de gelere teile waka, erdemu de dahahangge kai)"에 따라 항복한 것이라고 주장했다. 또한 양국 관계가 '황제의 미덕'으로 만 년 동안 이어질 것이라고 언급했다. 가장 중요한 부분은 특정한 용어로 표현된 만주 정권의 정체성이 공식적으로 변했다는 것이다. 비문은 청을 '대방(大邦)'과 '대조(大朝, 만주어 amba gurun)' 또는 '상국(上國, 만주어 dergi gurun)'으로 칭했고, 조선을 '소방(小邦, 만주어 ajige gurun)'이나 '먼 나라'로 불렀다. 양국이 지리적으로 국경을 맞대고 있다는 사실이 청이 조선을 정치·문화적 의미에서 '먼 나라'로 재정의하는 것을 막지는 못했다.

조선과 명 사이에 사용되다 청과 조선 관계에 계승된 용어 중에서 만주어 암바 구룬(amba gurun, 대국)이 특히 중요하다. 이 용어는 중국어의 대방(大邦)이나 대조(大朝)를 문자 그대로 옮긴 것으로, 한때 오직 명만을 지칭했다. 더 중요한 점은 2장에서 보여주듯이 1644년 이후 청은 암바 구룬을 한문의 중국(中國, 만주어 Dulimbai gurun)과 천조(만주어 abkai gurun)에 대응하는 주요 용어로 채택했다는 것이다. 삼전도비 비문은 아마도 청이 자신을 공개적이고 공식적으로 암바 구룬이라고 부른 최초의 사례일 것이며, 이후 2세기 반 동안 이는 오직 청만을 지칭하게 될 것이었다.

멀리서 온 사람을 소중히 여기다: 청의 중심성 공표, 1637~1643

조선에서 '병자호란'으로 알려진 1636년 만주족의 침략과 홍타이지에 대한 국왕의 항복은 조선인들에게 굴욕적이었고, 조선에 만연한 반만 정서를 자극했다. 예를 들어, 1637년 12월 조선을 방문한 만주족 사신들은 조선 지방 관리에게 기생의 수청을 요구했지만, 기녀들이 "저항을 보여주려고 자결(以死拒之)"하였다.[86] 단순한 감언이설을 넘어 조선의 충성을 얻으려고 청은 '소국을 소중히 여긴다', '멀리서 온 사람을 소중히 여긴다(懷柔遠人, 만주어 goroki niyalma be bilume gosimbi)' 등 중국의 전통적 정책을 신속하게 채택했다.[87]

청은 성경에서 조선 사신단에게 더 나은 관소를 제공하고 국왕과 사신에게 더 많은 하사품을 주었다. 명에 대한 군사적 승리의 결과로 더 많은 자원을 확보하게 된 1640년대 초부터는 조선에 요구하는 공물을 점차 줄였다. 예를 들어, 1640년 청은 조선이 공물로 바치기로 한 쌀 포대의 양을 만 가마니에서 천 가마니로 줄였다. 1643년 청은 연간 공물을 더 줄였고, 더 나아가 조선이 만주인 칙사에게 주는 선물의 수도 절반 이상 줄였다. 순치제는 "양국이 한 가족이 되었다"라고 선언하면서 조선이 칙사에게 관기를 제공해야 한다는 것을 비롯해 많은 조공 관례를 영원히 폐지했다. 황제는 이러한 면제 조치가 청이 '자소'를 구현한 것이라고 설명했다.[88] 조선으로부터 최대한 경제적·군사적 이익을 취하려고 했던 명 말에 비해 청은 많은 면제로 대표되는 조치로 외번에 대한 의도적인 유화적 접근 방식을 취했다. 이러한 우호 정책은 청이 중국(中國)으로 전환하는 것을 상당히 쉽게 만들었다.

청은 말보다 행동에서 더 큰 특징을 보였다. 속국에 호소하는 정책은 무엇보다 조선과의 빈번한 교류에서 나타났다. 1637~1643년 청은 12차례에 걸쳐 칙사를 28명 보냈는데, 이는 연평균 1.5회였다. 조선은 56차례 102명의 사신을 파견해 연평균 7회였다.[89] 이러한 맥락에서 일부 조선인들의 대청 인식이 변화했다. 예를 들어, 1643년 봄, 경상도 출신의 이정해(李

挺海)는 한성에서 청나라 칙사에게 성경으로 가서 청과 '우리 황제'를 섬기길 원한다는 서한을 보냈다.[90]

청은 조선과의 집중적인 교류를 다른 정치체와의 관계를 다루는 강력한 도구로 사용했다. 조선을 아우에서 외번으로 전환하고 1년 뒤인 1638년, 청은 몽고아문의 한문 명칭을 이번원으로 바꾸고, 조선 모델을 적용하여 몽골도 청 중심의 '대가족' 번에 추가했다. 이러한 움직임은 만주족 지도자들이 청이 지배하는 세계에서 몽골의 지위에 대한 개념을 차츰 변형하려는 계획의 일환이었다.[91] 이러한 의미에서 만주-몽골 관계의 극적 변화는 1630년대 초부터 만주 정권이 한족 관원들이 선전한 종번 개념에 깊이 뿌리를 두었다고 주장할 수 있다. 이러한 변화는 청이 자신의 중심성을 강화하고 만주를 넘어 제국 사업을 추진하려고 외번 관리를 강화했음을 보여준다.

2장

조선을 오랑캐로 만들다:
조선 모델과 중화제국, 1644~1761

1644년은 청이 국경 안팎에 새로운 제국 질서를 구축하고자 제도화된 정책으로 '조선 모델'을 활용하는 새로운 단계가 시작된 해다. 청의 전형적인 외번으로서 조선의 지위에서 제공한 정보로 조선 모델은 청과 외번 사이의 교류를 정립하고 고도로 구성된 형태로 만들어졌다. 청의 통치자들은 조선 모델로 화이지변 담론을 전복하고 제도화하여 이중의 전환을 시작했다. 청을 천지의 중심에 있는 새로운 천조로 받아들이고, 조선과 다른 나라들은 주변부의 오랑캐 국가로 바꾸었다. 청은 18세기 중반 『황청직공도(皇淸職貢圖)』를 간행하면서 확실하게 이러한 전환을 이뤘다.

이 장에서는 17세기 전반부터 18세기 후반까지 대외관계에서 청이 조선 모델을 바탕으로 중국(中國)과 천조라는 새로운 이중 정체성을 정당화하고 강화하며 실천함으로써 명 이후 중화제국을 점진적으로 재구성하는 장기적 과정을 밝힌다. 한 세기 반 동안 세계주의의 정치·문화적 맥락에서 만주 정권의 정체성이 거시적으로 변화한 것은 만주—조선의 틀에서 이루어진 작은 변화와 관련이 깊다. 명 이후 중국의 주변국 사이에 '중국'에서 벗어나려는 경향이 있었다면, 이 장에서는 청이 '중국'을 다시 중심화하는 과정을 조명한다.[1]

이중 정체성의 확립: 중국과 천조로서 청

1644년 10월 30일, 순치제는 청의 새로운 수도 북경에서 하늘과 땅에 웅장한 제사를 지냈다. 그는 청이 "중국을 평정하고(綏中國)" "만국의 모범이 될 것(表正萬邦)"이라고 표명했다.[2] 이는 많은 사람에게 청이 중국(中國)과 같은 존재로 부상했음을 보여주는 사건이었다. 1767년, 운남성의 한 관원이 면전(緬甸)의 '외국 오랑캐(外夷)'에게 보내는 공식 문서에서 청을 '천조' 또는 '중국'으로 표기하지 않은 것을 발견한 건륭제는 "먼 곳에서 온 사람(遠人)에게 조정을 언급할 때는 '천조' 또는 '중국'으로 표기하는 것이 규칙이다. 우리나라는 중심 지역과 외지를 통일했고, 심지어 오랑캐[蠻荒]도 대청의 덕과 문명을 안다"라며 격노했다.[3]

건륭제의 언명은 '천조'와 '중국'을 서로 바꿔 쓸 수 있음을 나타낸다. 청과 현대 중국의 역사학자들은 건륭제의 견해를 따르거나 건륭제가 발전시킨 청의 정치 담론을 따르는 경향이 있다. 그러나 건륭제는 17세기 초 청이 명을 대체했을 때 '천조'와 '중국' 두 칭호를 동시에 획득하지 못했다는 사실을 깨닫지 못했거나 언급하지 않았다. 건륭제가 지적했듯 청은 일반적으로 외국인을 지칭하는 "먼 곳에서 온 사람(遠人)" 또는 "외국 오랑캐(外夷)"와의 대외관계 맥락에서 '천조'와 '중국'을 거의 독점적으로 사용했다. 국내적 맥락에서 이러한 용어는 '대청', '우리 왕조(我朝, 本朝, 國朝)', '우리 국가(我國家)', '황조(皇朝, 聖朝)'와 같은 용어로 대체되었다. 1644년 이후 처음 몇 년 동안 일부 청나라 관원들은 대외 교류의 맥락에서 새로운 정권을 '명조'의 계승자인 '청조'로 표현했다. 이러한 용법은 1653년 광주와 섬라의 관원이 주고받은 서신에서 발견된다. 그러나 '천조'는 청의 문서에서 드물게 사용되었다.[4]

청은 1644년 북경을 점령한 이후 중국 내지 통치를 강화하면서 중국으로의 전환을 완성했지만 천조로 개조하는 일은 이제 막 시작되었다. 1640년대 후반 만주 팔기가 중국 화남, 서남, 서북으로 진군하던 시기에 청은 조선을 이용해 천조라는 새로운 이미지를 구축하기 시작했지만, 그 과정은 어렵고 심지어 당혹스럽기까지 했다. 청 초기 기록에 따르면, 청나라 학자들이 최초로 청을 '천조'로 부른 것은 1649년 이호(李淏, 효종)를 조선 국왕으로 책봉하는 조서로 추정된다. 조서 초안은 1645년 청의 첫 과거에서 장원을 차지한 산동 출신의 한족 문인 부이점(傅以漸, 1609~1665)이 작성했다.[5] 부이점은 조선 국왕은 "천조를 섬기는 중요한 신하(屏翰天朝)"여야 하고 '화하(華夏)'에 충성해야 한다고 강조하며 중국이 된 청을 천조와 문명국으로 동일시했다. 그러나 조선에 보낸 조서의 최종본에는 후자의 두 용어를 빼고 청을 지칭하는 '상국'이라는 용어를 계속 사용했다. 이는 청이 아직 천조를 자처할 준비가 되지 않았음을 보여준다.[6]

'중국'은 국경이 어떻게 확장되고 다시 그려졌는지와 상관없이 청이 명의 영토 또는 적어도 중원을 지배하는 한 일반적인 지리적 의미로 청나라 국경에 따라 정의될 수 있었다.[7] 실제로 1644년 이후 청나라 통치자들은 역사 편수를 시작하면서 명을 중원으로 지칭하는 일부 만주어 용어를 의도적으로 삭제했다. 예를 들어, 홍타이지는 1632년 7월 29일 명에 보낸 서한에서 "요동의 명 관원들이 중국의 길을 따르지 않았기 때문에(만주어 Liyoodung i hafasa Dulimbai gurun i doroi tondoi beiderakū)" 후금이 명과 싸웠다고 설명하면서 명확하게 중국을 지칭하는 만주어 둘림바이 구룬(Dulimbai gurun)을 사용했다. 이후 한문 서술에서 "중국의 길(中國之道, 中原之道)"은 "올바른 길(正直之道)"로 대체되었다. 1632년 홍타이지가 명을 "당신의 중국(만주어 suweni Dulimbai gurun)"이라고 했지만, 1644년 이후 한문 판본에서는 이 용어를 "당신의 나라(爾國)"로 대체하고 '중국'이라는 단어를 삭제했다.[8] 용어의 변화는 1644년 이후 청이 자신을 중국과 깊이 동일시했음을 보여준다.

청 지배층의 민족적 배경을 고려할 때 청 조정이 언제부터 자신을 중국으로 정의하려고 만주어 둘림바이 구룬을 사용했느냐에 많은 학자가 관심을 가져왔다. 어떤 이들은 1689년 청이 러시아와 체결한 「네르친스크조약」을 제시하기도 한다. 사실 청 조정은 1662년 대만을 점령한 정성공(鄭成功, 1624~1662)의 장남 정경(鄭經, 1642~1681)과의 교섭에서 자신의 정체성을 드러내려고 좀 더 일찍 만주어를 사용했다. 정경은 중국으로서 청의 정체성에 의문을 제기하지 않았지만, 조선처럼 독립적 지위를 확보하고자 대만은 중국의 일부가 아니라고 주장했다. 하지만 강희제는 1669년 칙유에서 정경은 "중국 사람(中國之人, 만주어 Dulimbai gurun i niyalma)"이라고 거듭 강조했다.[9] 강희 말, 청은 호의적이고 단호한 방식으로 자신을 중국으로 표현했다. 예를 들어, 1712년 토르구트에 사신으로 파견된 만주인 관원 툴리셴은 그의 여행기에서 보통 청을 둘림바이 구룬(Dulimbai gurun, 중국) 또는 메니 둘림바이 구룬(meni Dulimbai gurun, 우리의 중국)이라고 불렀다. 이러한 용어들은 1723년 툴리셴의 일기가 두 언어로 출판됐을 때 한문으로 중국 또는 중화로 번역되었다. 또한 툴리셴은 '우리 땅(만주어 meni bade)'을 일관되게 '우리 중국(我中國)'이라고 번역했고 만주족, 한족, 몽골족 등 대청의 모든 사람을 '중국 사람'이라고 했다. 더 중요한 사실은 강희제의 지시에 따라 툴리셴은 "우리나라는 충, 효, 인, 의, 신을 근본으로 한다(我國家以忠孝仁義信爲根本, 만주어 meni gurun i banjire tondo hiyoošun, gosin, jurgan, akdun be fulehe da obumbi)"라고 주장하며 러시아에 중국의 유교적 성격을 강조했다는 것이다.[10]

반면 천조는 지리적 의미의 국경과 무관한 중국 중심의 정치 문화적 용어인 천하라는 개념에 기반했으므로 동일한 방식으로 설명할 수 없다. 즉, 청은 내부적으로는 스스로 중국이라고 칭할 수 있었지만, 외부의 지지 없이 스스로 천조라 칭할 수 없었다. 새로운 정권은 우선 청을 중심으로 한 다국적 종번체제를 구축해야 했다. 청이 새로운 제국 권력이 되고자 한다면, 그 정권은 명이 번으로 표현했던 나라들에 청의 판도 안에 있는 번이 되도록 요구해야 했다. 명은 1368년 "중국의 통치자가 되었을(主中國)" 때 같은 정책을 취해 전 왕조인 원에서 번 역할을 하던 나라들에 즉시 사신을 보내 이들을 명의 번으로 전환하려고 노력했다.[11] 그러나 1644년 만주족 통치자들은 명과 달리 화이지변으로 정의된 오랑캐라는 이전 지위를 극복해야 하는 엄청난 도전에 직면했다. 청을 중국으로 그리고 청나라 국경 내에서 정통성 있는 명의 계승자로 인정받아야 하는 임무에 비해 국경을 넘어 새로운 천조를 건설해야 하는 임무는 큰 노력이 필요했다.

비교언어학의 관점에서 '천조'라는 중국어는 만주어에서 널리 사용되지 않았고, 만주어로는 압카이 구룬(abkai gurun, 하늘 나라)으로 표현되었다.[12] 만주족 통치자들은 이 용어와 그 이면에 있는 정치적 관념을 파악하는 데 어려움을 겪었다. 예를 들어, 1637년 7월 홍타이지는 조선 국왕을 책봉하는 조서의 초안을 검토한 후, 명처럼 자신을 천(天)과 동일시하고 싶지 않다고 언급해 그의 관원들이 초안에서 한문으로 천(天)이나 만주어로 압카(abka, 하늘)를 썼음을 시사했다.[13] 그럼에도 17세에 청을 새로운 중국으로 재구축하는 임무는 만주족 통치자들에게 그 용어와 이면의 원리를 받아들일 수밖에 없도록 했다.

청 지배층의 지적 변화는 1652년 말에서 1653년 초 달라이 라마 5세(1617~1682)가 북경을 방문했을 때 분명하게 드러났다. 청의 만주족 관리들은 티베트를 군사적으로 지배하던 오이라트가 황제의 자애로운 행동으로 평화를 이룰 수 있을 것이라며 내몽골의 다이가(Daiga, 大噶)에서 달라이 라마를 맞이하려는 순치제의 계획을 지지했다. 그러나 한족 관리들은 황제는 '천하만국의 통치자(天下國家之主)'이기에 설령 달라이 라마라도 수도 밖에서 직접 그를 만나는 것은 관례에 어긋나는 일이라고 주장했다. 다이가에 가기를 주저하던 황제는 북경의 국자감에서 공자를 기념하는 성대한 의식에 참석하여 두 번 무릎을 구부리고 매회 세 번 절했다. 만주족, 몽골족, 한족 고위 관원과 장군이 대거 참석한 이 의식에서 황제는 유교의 최고 대리자라는 역할을 받았다. 의식이 끝난 직후 한족 대학사 홍승주(洪承

嶹, 1593~1665)와 진지린(陳之遴, 1605~1666)은 황제에게 흠천감이 관측한 천문 현상에 따르면 침입자가 황권을 위협할 수 있으니 달라이 라마를 맞이하고자 다이가에 가지 말라고 상주했다. 두 대학사는 "하늘의 도는 무궁하다(天道深遠)"라고 강조하면서 앞일을 예측할 수 없다고 말했다. 상주문을 읽은 황제는 즉시 다이가 방문을 포기했다.[14] 이 일화에서 알 수 있듯이 만주족 황제는 내륙아시아 서쪽 변경의 심각한 종교적·군사적 우려에도 1644년 이후 정치−문화적·이념적 맥락에서 천자로서 역할에 적응해야 했다.

중화제국 다시 만들기: 조선 모델의 부상

동아시아에서 동남아시아와 내륙아시아로: 청의 조선 모델 제시

청은 새로운 이중 정체성을 구축하려고 노력하는 과정에서 혼자가 아니었다. 청의 첫 번째 유교적 외번인 조선은 만주족 정복자에게 청이 새로운 정체성을 만들어 표명하는 자원을 제공하는 데 독보적 역할을 했다. 1650년 초, 조선 국왕이 순치제에게 올린 표문에서는 청을 청 조정도 쓰길 꺼리는 '천조'로 불렀다.[15] 청 중심의 종번 세계에서 조선의 본질적 역할은 1637년부터 1643년까지 7년과 1644년부터 1894년까지 251년의 두 부분으로 역사적 단계를 구분할 수 있다. 첫 단계에서 조선은 명과 조선 사이에서 2세기 이상 작동해 온 중한 종번체제를 분명하게 공식화하고, 제도화된 원칙을 준수함으로써 청의 외번 역할을 시작했다. 1장에서 기술한 바와 같이, 청은 중한관계의 틀에서 명의 자리를 차지해 정체성을 전환하는 중요한 움직임을 만들어 갈 수 있었고, 조선의 조공 사신이 심양을 자주 방문하면서 청은 중심성을 대외적으로 강조하고 실천하는 기회를 마련했다.

1644년 이후, 청은 명나라식의 전국적 정권으로 급부상했고, 영토를 광범위하게 확장하면서 명의 번속으로 역할을 했던 안남, 유구, 남장(南掌, 라오스), 섬라, 소록(蘇祿, 필리핀), 면전(緬甸, 미얀마) 같은 여러 주변국과 관계를 관리해야 하는 처지에 놓였다. 명으로부터 종번을 물려받은 청이 이제 해야 할 일은 종전 제도를 자신의 기준에 따라 재개하고 재구성하는 것이었다. 이 점에서 청은 1630년대부터 조선과의 제도화된 교류로 귀중한 경험을 쌓았고, 청 중심의 성숙한 종번체제 모델을 개발했다. 조선 모델은 주변 국가나 정치체가 청으로부터 책봉을 받고, 청의 책력과 연호를 채택하고, 청에 조공 사신을 파견하여 조선을 따라 청 중심 체제에 편입되는 길을 제시했다.[16] 조선 모델은 의례를 중심으로 한 것이었다.[17] 청-조선 종번관계는 1637년 만주족의 군사적 정복으로 시작되었다. 그 결과 세자와 또 다른 왕자, 고위 관원의 아들이 심양에 인질로 억류되었지만, 1644년 청이 인질을 풀어주면서 불편한 상황이 변화하기 시작했다. 또한 청은 조선에 요구하는 공물을 점차 줄여 1730년대 말에는 공물이 1630년대 말의 10분의 1도 되지 않았다. 이제 공물은 정치적 종속의 상징에 불과했다.[18] 공물과 함께 위계화된 종번질서와 청의 새로운 정체성을 드러내는 고도화되고 점점 정교화된 의례로 이행하는 것이었다.

1644년 이후 몇 년 동안 청은 조선 모델이 다른 나라와 관계를 관리하고 영향력과 권위를 확장하는 데 가장 강력하고 실용적인 방법이라고 생각했다. 1647년 청군이 절강성, 복건성, 광동성을 점령한 후 순치제는 유구, 안남, 섬라, 일본과 관계 수립을 준비하면서 조선 모델의 역할이 중요하다고 분명히 밝혔다. 3월 17일과 8월 25일 순치제는 "이들 국가가 '문명'에 복종하고 조정에 조공을 바치면(傾心向化, 稱臣入貢)" "조선처럼 우대할 것(與朝鮮一體優待)"이라고 공표했다.[19] 이같이 만주족 통치자들은 번(藩)의 전형으로 조선의 지위를 널리 알리고 청-조선 관계를 청과 다른 국가 또는 정치체 간 관계의 척도로 확립했다. 청은 원의 공격적인 식민 정책 대신 명의 종번 기제를 배워 정교하고 뚜렷한 유교적 조선 모델을 활용해 국경의 안정을 유지하고 국경을 넘어 새로운 중화제국을 건설했다.[20]

1644년 이후 조선 모델을 추진한 청나라 통치자의 노력으로 청의 통제에서 벗어난 정치 단위들도 조선 모델을 자신의 특권을 유지하면서 청과 갈등을 해결하는 이상적 방법으로 여기게 되었다. 예를 들어, 1622년과 1669년 청이 대만의 정경을 항복시키려 할 때 정경은 "신하를 칭하고 조공(稱臣納貢)"을 하지만 청나라 두발 모양은 하지 않겠다며 종번체제의 "조선 모델을 따르겠다(照朝鮮事例)"라고 제안했다.[21] 정경에게 조선 모델은 청과의 교착상태를 해결할 가장 유리하고 가능성 있는 방법을 제시한 것처럼 여겨졌다. 강희제는 조선은 "항상 외국이었던(從來所有之外國, 만주어 daci bihe encu gurun)" 반면 정경은 '중국인'에 속한다는 이유로 그 제안을 거부했다.[22] 이러한 교섭은 독립이나 완전한 병합과 같이 즉각적으로 받아들일 수 있는 해결책이 없는 상황에서 조선 모델의 적용 가능성과 적용 범위를 보여준다.

조선 모델은 만주족 지배층에 다른 정치체를 다루는 청사진을 제공했다. 청대에는 유사한 중앙기구 두 부문이 외번 사무를 담당했다. 이번원은 북쪽과 서쪽에 위치한 외번을 관리했고, 예부는 동쪽과 남쪽, 서쪽의 번을 담당했다. 비록 청이 내륙아시아로 확장하고 유라시아제국을 건설하던 초기에는 두 유형의 외번이 조선 모델을 통해 연관되었을 수도 있지만, 이 책에서는 이번원이 관리한 외번보다 예부가 관리한 외번에 초점을 맞췄다.

청 제국의 동쪽과 서쪽 국경 사이의 눈에 띄지 않는 연관성은 적어도 청이 5대 달라이 라마와 오이라트의 구시 칸(Gusi Khan, 固始汗)을 책봉하여 청 지배하의 확장된 가족에 편입시킨 1653년 두드러지게 나타났다. 당시 이번원과 예부는 행정적으로 여전히 서로 밀접하게 연결되어 있었다. 만주족 예부상서 랑쿄(Langkio, 郞球, 1594~1666)와 이번원시랑 석달례(席達禮)는 달라이 라마와 구시 칸에게 책봉 문서를 함께 주었다. 구시 칸에게 내린 조서에 적힌 내용은 1649년 조선의 국왕에게 내렸던 것과 놀라울 정도로 흡사했다. "황하가 띠와 같이 작아지고, 태산이 숫돌과 같이 평평해질 때까지(帶礪山河)" 청의 '신하' 또는 '울타리(屛輔)' 역할을 해야 한다고 공표했다.[23] 게다가 1654년 달라이 라마와 구시 칸이 황제와 황후에게 바친 '지역 특산품'과 공물, 그 대가로 그들이 황제의 하사품을 받는 방식은 청과 조선 사이에 이루어진 것과 매우 유사했다.[24] 마지막으로 청이 달라이 라마와 판첸 에르데니(Panchen Erdeni)에게 내린 고명(誥命, 만주어 g'aoming)에는 조선의 새로운 국왕을 책봉하는 고명과 동일한 황실 인장, 즉 "황명을 공표하는 인장(制誥之寶, 만주어 hese wasimbure boobai)"을 찍었다.[25]

이번원과 예부에 관한 『대청회전(大淸會典)』의 내용을 비교하면 전자는 후자의 제도적 규정을 차용해 만주족 통치자와 내륙아시아의 몽골 번부 사이의 교류를 공식화한 것으로 보인다. 청 중심의 종번체제에서 조선의 전형적 역할은 내륙아시아의 정치체와 군사 집단을 청의 확대된 가족으로 통합하려는 청의 정책에 일조했을 것이다.[26] 1743년 청나라 관원들이 확인했듯이 예부의 지리상 책임 범위는 이번원과 겹치지 않기에 표면적으로 청과 조선의 교류는 청과 내륙아시아의 교류와 관계가 없었다.[27] 그러나 정치적 차원에서 1644년 입관 이후 바로 청의 통치자들은 조선 모델 이면의 종번 원리를 내륙아시아에 적용하기 시작했고, 만주 조정이 공표한 '천하'와 '내외 구별이 없는 사람'은 "덕과 문명 너머에" 있는 사람들로 여겨진 준가르 몽골을 굴복시키는 오랜 과정에서 활용된 담론이었다.[28] 행정적으로 예부는 1740년대까지 감숙성과 섬서성에서 일부 라마들의 사무를 담당했고, 이후 이 관할권은 이번원으로 이관되었다.[29] 이런 의미에서 조선 모델은 점차 청의 외번 정책에서 규범적이고 표준적인 강력한 비강압적 무기가 되었다. 만주족 통치자들은 이 모델을 이용해 내륙아시아에서 강력한 팔기가 정복한 지역을 통치할 수 있었고, 이로써 옹정제와 건륭제 시대에 이 지역에 민정체제를 순조롭게 도입할 수 있었다.

누가 오랑캐였는가? 회전(會典)과 청의 개혁

청대 종번질서는 청과 일반적으로 '외이속국(外夷屬國)'으로 표현되는 '속국(屬國, 만주어 tulergi gurun or harangga gurun)'의 교류로 유지되고 구체화되었다. 모든 교류는 예부가 정리한 '조공통례(朝貢通例)'에 따라 이루어졌으며, 제반 사무는 예부의 주객청리사(主客淸吏司)가 관장했다. 이 규정의 주요 사항은 다음과 같다.

1. 책봉: 청 황제는 칙유(敕諭)와 서신 왕래에 사용할 공식 인장으로 각 번의 새로운 국왕을 봉한다.
2. 연호: 번은 연도를 명시할 때 청의 연호를 채택한다.
3. 삭력(朔曆): 번은 조선 역법을 사용하고 중국의 절일(節日)을 축하한다.
4. 청이 개별적으로 정한 빈도에 따라 청에 조공 사신을 파견한다.
5. 국왕이나 왕실의 특권을 가진 종친에게 작위를 수여한다(封諡).
6. 주사(奏事): 각 번은 국내의 중요한 사건을 황제에게 보고하나 지시를 청할 필요는 없으며, 청은 내정에 개입하지 않을 것이라 여긴다.
7. 무역(貿易 또는 互市)은 국경에서 하는 교역과 북경의 회동사역관에서 (會同四譯館, 만주어 Acanjime isanjire tulergi gurun i bithe ubaliyambure kuren) 하는 교역을 포함한다.[30]

청은 명에서 계승한 종번제도에 상당한 변화를 주었다. 명나라 역시 예부가 운남, 광서, 귀주, 사천, 호남, 호북 등 토관 또는 토사와 관계를 관할한 것처럼 조선, 유구, 안남, 여진, 몽골 그리고 이외의 국가와 정치체 등 번국 또는 사이(四夷)와의 정기적 교류를 '조공통례'에 따라 관리했었다.[31] 그러나 새로운 청의 규정은 '외국 오랑캐 국가' 목록에서 명과 구별되는 두 가지 중요한 변화가 있었다. 첫째, 청은 남서부 '오랑캐 족장(夷目)'에 대한 정책으로 '토사/토관'을 조공국 명단에서 제외했다. "세습된 토사/토관을 순회 관리로 대체한다(改土歸流)"라고 알려진 이 정책은 원과 명에서 시작되었지만, 청 옹정 연간에 이르러서야 대대적으로 시행되었다.[32] 족장의 통제 아래 있던 지역과 인구는 청의 영토와 호적으로 통합되었다.[33] 따라서 토사/토관들은 예부의 관할 밖에 있게 되었다. 조정의 만주족 통치자들과 그들의 대리인에게 이러한 정치 단위에 속한 오랑캐와 다른 나라에서 온 오랑캐 사이의 경계는 분명했다.[34] 둘째, 서양 국가들은 조공 규정의 외국 오랑캐 목록에서 점차 사라졌다. 14세기 말까지 명은 15개 외번에서 조공을 받았는데 조선, 유구, 안남, 남장, 섬라, 소록, 면전 등 대부분이 청의 조공국이 되었다.[35] 1760년대부터 1840년대까지 청대에는 네덜란드와 서양 국가도 조공국에 포함되었지만 1890년대에는 이들 7개 아시아 국가만 조공국으로 남았다.[36]

건륭 연간 이번원의 관리하에 있던 몽골, 티베트, 회족 지역이 "[청의] 판도에 들어갔고(咸入版圖)" "군현처럼(有如郡縣)" 존재했지만[37] 예부가 관할하는 '외이속국'들은 청의 핵심 영토로 통합되지 않았다. 또한 이들 국가는 20세기에도 중화민국이나 중화인민공화국의 일부로 취급되지 않았다. 청의 이번원과 예부로 나뉜 외번에 대한 이중 관리 체제는 그 제도적 기제 밖에 있는 외부 사람들이 양자를 명확히 구분하기 어렵게 만들었다. 이는 5장에서 논의하듯 19세기 후반 청의 일부 관원이 조선과 관련된 복잡한 문제에 대해 북경이 건륭 연간의 몽골과 티베트 정책같이 이를 조선에 적용하여 조선을 군현으로 전환하라고 건의한 이유일 것이다. 이러한 건의의 근거는 청 제국의 서부 국경에 대한 기본 구조를 동부 국경의 관리에 적용하여 제국 내 조선의 종속적 위치를 강조하려는 것이었다.

따라서 청-조선 종번관계의 역할은 매우 중요하다. 이 관계는 학자들이 당연하게 여기듯 종번체제의 특정 사례로 단순하게 다뤄서는 안 된다. 오히려 그것은 만주 정권이 중화세계를 재편하는 과정에서 중심성을 주장하고 정통성을 확보하고자 전개한 정치적 정체성 변용에 일조했으며, 청의 종번체제를 형성하는 원형으로 이해해야 한다. 요컨대, 청-조선 관계는 청과 외번의 정치적 정당성이 발원된 청 전체 종번체제의 모태였다.

중화로 문명화하기: 조선 모델의 실천

청의 조선 모델 실천의 다섯 가지 측면은 의례 관례와 문서의 담론으로 구현되어 문명화된 중심으로서 청의 정체성을 보여주었다. 이러한 측면은 사행의 빈도와 구성, 육로와 한중 간 지리적 경계, 표문, 칙서와 조서의 정통성, 공물, 하사품, 조정 대 조정의 상호작용, 영접과 의례에 관한 것이다.

칙사와 조공 사신의 빈도와 구성

청과 조선의 사신 교류는 1637년에 시작해 1894~1895년 청일전쟁이 일어날 때까지 끊이지 않았다. 조선이 청에 사신을 파견한 빈도는 다른 어느 국가보다 높았다. 다른 조공국들이 격년(유구), 3년(섬라), 4년(안남), 5년(소록), 10년(남장, 면전)에 한 번씩 조공 사신을 파견했지만, 조선은 해마다 여러 차례 사신단을 파견하였다.[38] 청 회전에 따라 조선은 해마다 연말 동지, 성절, 정조를 겸한 사신단을 파견해야 했지만, 조선은 청과 관계를 돈

독히 하려고 다른 명목으로 더 많은 사신을 파견하는 데 주저하지 않았으며, 심지어 다른 사신단이 돌아오기도 전에 새로운 사신단을 파견하기도 했다.[39] 1637년부터 1894년까지 조선은 26가지 다른 목적을 위해 청에 약 698회 사신단을 보냈다. 이는 연평균 2.71회 파견한 것이다.[40] 이러한 점에서 1784년과 1788년 건륭제는 조선이 청의 내번과 같다며 기뻐했다.[41]

청 규정에 따라 조선 사신단은 정사, 부사, 서장관, 역관 3명, 군관 24명 등 30명으로 구성되었다. 정사, 부사, 서장관 3명은 핵심 구성원이다. 조선에 대한 우대로 사신단에 소속된 수행원과 하인 수는 제한이 없었다. 반면 유구, 남장, 면전, 네덜란드 사신단은 20명을 넘을 수 없었고, 다른 서양 국가는 22명, 섬라는 26명, 안남은 30명으로 제한되었다.[42] 많은 조선 문인과 상인들이 중국 문화를 경험하거나 부를 좇아 사신단의 수행원이나 하인으로 북경에 와서 조선 사신단은 종종 수백 명에 달하기도 했다. 예를 들어, 1653년 정기 사신단은 225명, 1777년 사은사는 310명, 1803년 사은사는 213명, 1889년 진하사는 311명이었다.[43] 1829년에는 총 600명이 넘는 두 사신단이 동시에 북경에 도착하는 바람에 예부와 공부에서는 내무부로부터 대형 천막을 20개 빌려야 했다. 19세기 말까지 조선 사신단은 해마다 많은 공물과 말을 가지고 북경 사행을 계속했다.[44]

반면 청이 조선에 파견한 칙사의 횟수는 훨씬 적고 규모도 작았다. 1637년부터 1894년까지 청은 한성에 칙사를 172회 파견했다. 이는 연평균 0.67회에 불과하다. 청 초기 만주 조정은 종종 사행단을 파견하여 국경에서 발생한 살인·밀수 사건을 조사하고 국왕과 이에 대한 해결책을 찾으려고 협상했으며, 때로는 청을 만족시키지 못한 조선 관원들의 처벌을 논의했다.

순치 연간 초기에 만주 조정은 사신 수를 줄이기 시작했다. 그 변화의 이유는 '자소(字小)'라는 종번 사상이었다. 예를 들어, 1653년 5월, 예부는 월경해 사람을 죽인 사건을 조사하는 과정에서 "조선국은 먼 곳에서 온 사람이다(朝鮮國系遠人)"라는 이유로 칙사를 파견하는 대신 북경에 머물던 조선 사신에게 칙서를 국왕에게 전달하라고 하였다. 순치제의 이러한 방안은 "앞으로는 사소한 일로 번방(藩邦)을 번거롭게 하는 사절을 파견하지 말라"라고 공표한 것이다.[45] 강희 연간 중기에 이르면 이러한 사신은 한성에 더는 파견되지 않았다.[46]

이때부터 조선에 파견된 칙사는 크게 두 가지 유형으로 나뉜다. 먼저 중국 황제가 정당성을 부여하는 권력 이동과 관련된 책봉과 시호를 내리는 칙사였다. 초기에 칙사 사행단에는 약 100명이 포함되었으며, 이들 중 상당수는 무역을 목적으로 하는 만주족 팔기였다. 1658년에 순치제가 한성에서 이루어지는 만주족 무역을 금하면서 사행단 규모는 크게 줄어들었다. 그 후 사행단은 정사, 부사, 통관 4명, 수행원 18명으로 구성되었다.[47] 1845년과 1846년에 도광제는 핵심 구성원 숫자를 4명으로 더 줄였다.[48] 수행원을 고려하면 19세기 초 칙사 사행단 구성원은 30명 미만이었다. 1876년 사행단은 20명이었고, 1890년 마지막 사행단은 28명이었다.[49]

1637년 첫 칙사 잉굴다이부터 1890년 마지막 칙사 속창(續昌, 1838~1892)에 이르기까지 조선에 파견된 모든 칙사는 만주인 관원이었다. 몽골과 한족 팔기가 일부 포함되었지만, 팔기가 아닌 한족이 포함된 적은 없었다. 반면 안남과 유구에 파견된 칙사는 주로 만주족도, 팔기도 아닌 한족이었다. 적어도 1760년대까지 한족 문인들은 이러한 민족적 차이를 충분히 인식했지만, 그들이 상대하는 일부 조선 문인들은 그렇지 않았다.[50] 한족이 조선 칙행에 참여할 문은 열리지 않았다. 이러한 배제는 화이지변의 암묵적 요구와 1644년 이전 만주—조선 관계를 뛰어넘으려는 청의 필요성, 즉 만주 조정이 천명의 인간적·제도적 대리인으로서 그 정당성을 입증·유지하고 공고히 하여 위계 관계를 바탕으로 문명화된 중심성과 중화성에 관한 주장을 강화해야 한다는 필요성에 뿌리를 두었을 것이다. 그럼에도 1717년 아극돈(Akdun, 阿克敦, 1685~1756) 같은 일부 만주족 사절은 문화적 관점에서 거리낌 없이 자신을 '중화(中華)/중하(中夏)'에서 온 '한절(漢節)'로 여겼다.[51]

육로, 유조변, 지리적 경계

1644년 이후 양국 사행단은 약 82개 역참을 경유하여 한성과 북경을 잇는 약 1,530킬로미터(중국 단위 리로 3,000리)의 육상 사행로를 따라 이동했다. 이 길은 평양, 의주, 압록강, 봉황성, 심양, 산해관, 풍윤, 통주를 거쳤다(지도 2.1 참조). 1890년에 마지막 칙사 사행단이 특수한 상황으로 해로를 선택한 것을 제외하고는 1644년부터 1894년까지 조선과 만주 사행단은 모두 육로를 이용해야 했다. 일반적으로 한성에서 출발해 북경에 도착하는 데는 40~60일이 걸렸고, 북경에서 출발한 칙사도 한성까지 같은 여정을 거쳐야 했다.[52]

만주의 육로는 버드나무를 심어 가지를 서로 묶고 제방과 참호를 만들어 조성한 통로인 유조변(柳條邊)을 따라 봉황성에서 시작해 장성과 거의 연결된 산해관까지 이어졌다. 1630년대 후반부터 1680년대까지 만주족

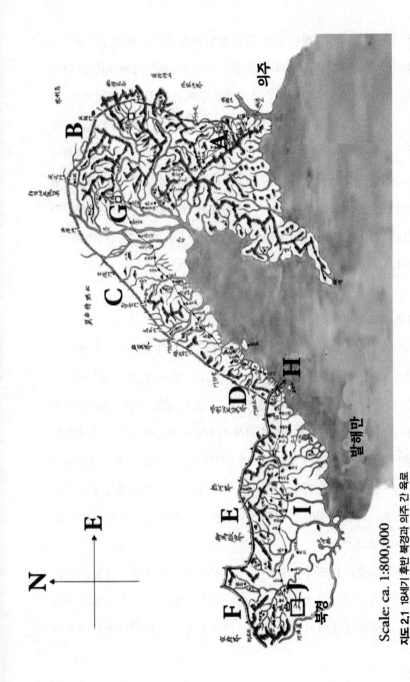

Scale: ca. 1:800,000

지도 2.1 18세기 후반 북경과 의주 간 육로

지도의 A, B, C, D 지점을 잇는 선과 봉황성(A)에서 시작하여 장성 근처에, E, F 지점을 잇는 선에서 끝나는 유조변을 표시한다. A, G(심양), H(선해관), I(통원), J(통주)를 잇는 선은 조선 사신이 압록강을 건너 북경으로 향한던 육로를 형성한다. 서울대학교 규장각한국학연구원이 소장하고 있는 「여지도」 필사본.

102

통치자들은 만주족, 몽골족, 한족 지역 간의 국내 경계를 구분하여 자신들의 경제적 특권을 지키고자 유조변을 건설했다. 강희 연간 초기 서쪽에 산해관과 동쪽에 봉황성을 연결하는 울타리는 구변(舊邊, 노변老邊, 구책舊柵)으로 알려졌다. 길이는 약 950킬로미터(1,900리)로 책문(柵門)이 16개 있었으며, 북쪽의 위원보(威遠堡)에서 파트하(Fatha, 法特哈)를 잇는 신변(新邊)은 346킬로미터(690리)로 책문이 4개 있었다.[53] 구변의 동쪽 끝 동남쪽 구석에 위치한 봉황성은 심양의 성경장군 관할하에 있었다. 봉황성 남동쪽으로 약 4.8킬로미터(8리) 떨어진 곳에 봉황문으로 알려진 책문이 있었다.[54] 청은 1638~1639년에 봉황문을 건설했고, 1685~1690년에 압록강을 향해 남동쪽으로 확장하여 봉황성에서 약 14킬로미터(30리) 떨어진 곳까지 연장했다.[55] 이 문은 조선 사신이 만주에 있는 청나라 "선조의 영토(根本重地)"에 들어갈 수 있는 유일한 통로였다.

봉황성 책문과 경계가 되는 강 사이에는 청이 지배하는 지역이 있었다. 이 지역에는 아무도 살 수 없었다. 17세기 후반 이 지역은 폭이 약 55킬로미터에 달했다.[56] 조선 사신단은 이 지역을 자유롭게 통과할 수 있었고, 봉황문에 도착할 때까지 검문을 받지 않았다. 만주팔기인 봉황성 성수위(城守尉)는 조선 사행단을 성문 밖에서 환영이나 환송, 검문하지 않았다. 이는 왜 조선 사행단이 성문 밖에서 종종 중국 도적에게 강탈당했는지 설명하는 데 도움을 준다.[57] 비록 지리적 국경선은 압록강 중류를 따라 흘렀지만, 조선인 방문객들에게 압록강보다 봉황문이 더 국경에 가까웠다.

조선인들은 봉황문에 들어온 후 청군의 호위를 받으며 39개 역참(貢使館舍, 만주어 alban jafara elcin i tatara guwan i boo)을 거쳐 28일 안에 북경에 도착해야 했다. 그러나 방문객들이 이 경로를 너무 잘 알았기 때문에 일반적으로 북경까지 청군이 호송하지 않았다. 청군이 감시하지 않았기에 조선인들은 그 경로를 따라 자유롭게 여행하고 현지인을 만나 얘기를 나눌 수 있었다. 그들은 여행기를 많이 써 연행록으로 알려진 방대한 여행기 문헌군이 만들어졌다. 청나라 번의 모든 사신은 특정한 조공로를 따라야 했고, 그 경로를 벗어나는 것은 허용되지 않았다. 예를 들어, 유구의 사신들은 복건 민안(閩安)으로, 소록은 복건 하문(廈門)으로, 서양 각국은 복건 마카오로, 섬라는 광동 호문(虎門)으로, 안남은 광서 태평으로, 면전은 운남 영창(永昌)으로 도착하도록 지시를 받았다. 사신단이 지정된 장소에 도착하면 총독과 순무는 이를 예부에 보고하고, 예하 관원에게 그들을 북경으로 보내도록 지시했다. 조선 사신이 지나는 지방의 관원들은 이와 관련이 없었으며, 조선 사신은 예부와 직접 소통했다. 즉, 조선과 청의 교류는 북경에서 직접 관리했으므로 청은 필요할 때마다 조선을 활용해 종번체제의 화합을 보여줄 수 있었다.

양국 상인들은 육로를 따라 이루어지는 대규모 조선 사신단의 잦은 사행으로 상당한 수익을 낼 상업적 기회를 얻었다. 조선과 일본의 상품 외에 은이 청으로 유입되었다. 예를 들어, 1712년 사신단은 북경으로 20만 냥 이상의 은을 가져왔고, 1777년 사신단은 9만 3천 냥 이상을 가져왔다. 대부분 은은 쓰시마와 조선 사이의 무역으로 얻은 일본산이었다. 한성-봉황성-북경 육로 무역로는 교토-오사카-쓰시마-부산-한성 육로와 해로 무역로의 연장선이었으며, 한성과 북경은 두 경로의 주요 거점이었다. 재정적으로 삼국은 통합된 국제 은 네트워크를 형성했다. 18세기 조선에서 청으로 유입된 은의 양은 연간 50만~60만 톤에 달해 청의 번영에 기여했지만, 조선 관원들의 심각한 우려를 낳았다.[58] 이런 점에서 북경—한성 육로 무역로는 1870~1800년대 조선이 개항하기 이전 동아시아에서 가장 번성하고 수익성 높은 장거리 국제 무역로였다고 해도 지나친 말이 아니다.

표문, 칙서, 조서 그리고 정통성

북경의 황실 조정과 한성의 왕실 조정은 고도로 제도화된 위계 규범에 따라 쓰인 세밀한 형식의 조정 문서로 서로 소통하였다. 1637년부터 조선이 청에 제출한 문서 중 가장 중요한 것은 국왕의 표문이었다. 1705년 북경 예부는 이후 190년 동안 조선이 지킨 표문 형식의 기준을 마련했지만, 국왕은 여전히 다른 종류의 표문을 작성할 때 자신의 용어를 자유롭게 사용할 수 있었다.[59] 표문은 황제와 국왕 사이의 위계 관계를 반복하고 확인함으로써 청의 권위를 강화하려는 목적이 있었다. 강희 60년인 1721년 4월 14일, 조선의 왕세자이자 대리 국왕인 이윤(경종)이 황제의 생일을 축하하려고 올린 표문이 대표적이다. 이 표문은 질 좋은 한지 한 장에 가늘고 작은 한자로 왼쪽에서 오른쪽으로 23줄 쓰였으며, 때때로 표문은 50줄을 넘기도 했지만 1705년에 청이 정한 높임 규칙을 철저히 따랐다.[60] 이윤은 자신을 황성 대궐 안의 뜰(闕庭)에서 떨어져 견디지 못하는 번부의 '신(臣)'으로 칭하고 "폐하께서는 천명을 받들어 천하 만민을 보살피십니다. 세상이 평화롭고 제국의 문명은 사방으로 퍼져나갑니다. 폐하께서는 사해를 평정하시어 만국이 폐하를 공경합니다(四海一而萬國來王)"라고 밝혔다.[61]

이렇게 고도로 형식화된 표문에서 국왕은 자신을 '신(臣)'으로, 조선은

'소국', 청은 '상국', '대국', '대조', '중조'라고 칭했다.[62] 청이 명한 이러한 용어는 18세기 초 청의 중심성을 강조하고자 조선의 종속적 지위를 이용한 것이다. 다른 번속의 전형으로서 조선은 해마다 문서로 복종을 표하며 청의 패권뿐만 아니라 정점에 있는 청의 문화적 정체성을 공고히 하는 데 일조했다. 황제는 국왕의 표문을 받으면 보통 표지에 붉은 글자로 "왕이 정중하게 바친 감사하는 표문을 알았다. 관련 부처(예부)에 알겠다고 전하라"라고 썼다. 이 말은 만주어로 "왕 시니 커시 더 헝킬러머 워심부허 버 사하, 하랑가 주르간 사(Wang sini kesi de hengkileme wesimbuhe be saha, harangga jurgan sa)."이며 한문으로는 "남왕주사. 지도요. 해부지도(覽王奏謝. 知道了. 該部知道)."이다.

죽은 국왕에게 시호를 내리거나 새로운 국왕을 책봉하는 칙서도 청의 위계를 강화하는 역할을 했다. 이러한 칙서에 사용되는 특수 용어는 고유한 규정이 있었으며, 1644년 이후 제도화되는 과정을 거쳤다. 1638년 1월 청이 이종을 국왕으로 책봉했을 때(청이 실시한 첫 책봉) 칙서에는 조선이 영원히 청의 번이 된다는 내용만 적혀 있었다.[63] 하지만 1644년 만주 조정은 종번의 맥락에서 정치적 의미가 강한 용어를 추가하기 시작했다. 예를 들어, 1649년 조서에서는 조선을 '먼 지역(遐荒)'의 외번으로 명확히 규정하였다. 1675년 "동국(東國)을 회유한다(懷柔於東土)"라는 문구가 조서에 등장했다.[64] 이러한 용어는 청의 정치적·문화적 이데올로기의 범위를 크게 확장하고 화이지변의 맥락에서 청의 정체성을 변화시켰다.

1725년 3월 6일 옹정제는 이금[영조]을 국왕으로, 그의 아내를 왕비로 책봉하는 칙서와 고명을 내렸다. 봉천고명(奉天誥命, 만주어 abkai hesei g'aoming)

은 오른쪽에서 왼쪽으로 적색, 남색, 흑색, 황색으로 염색한 모시 다섯 장을 연결하여 이루어졌다. 다섯 부분은 각각 하늘을 나는 용 무늬(그림 2.1, 2.2 참조)에 둘러싸여 있었다. 옹정제는 칙서에서 "위대한 방책은 멀리 떨어진 나라(海邦, goroki gurun)까지 교화(만주어 tacihiyan wen))를 넓히는 것이다. …… 대대로 너희 왕실은 진심으로 충성하며 성심껏 조공했다(職貢勤修, 만주어 tušan alban be kiceme faššambi)." 황제는 이금을 '조선 국왕(朝鮮國王, 만주어 Coohiyan gurun i wang)'으로 책봉하면서 국왕은 "동쪽 땅의 울타리 역할을 해야(屏翰東藩, 만주어 dergi bade fiyanji dalikū)" 하고 경건히 황력(虔恭正朔, 만주어 forgon ton be olhošome ginggulembi)을 쓰라고 강조했다. 황제는 국왕에게 "순수하고 진실한 마음으로 천실(天室, 만주어 abkai gurun)을 섬기라"라고 충고했다.[65] 국왕에게 내린 고명에서 "영원히 충성하고 후복으로 그 땅을 잘 다스리고, 충직하고 순종적으로 천조의 집안(天家, 만주어 gurun boo)의 울타리(屏翰, 만주어 fiyanji dalikū)가 돼라"라고 말하여 이 점을 다시 한번 명확히 했다.[66]

고명의 한문과 만문 용어는 국왕을 청 황실 가족의 일원으로 묘사했으며, 건륭 연간에는 더욱 정교해졌다. 예를 들어, 1757년 국왕에게 내린 고명은 조선을 '중조(中朝, 中邦, 만주어 Dulimbai gurun)'의 '울타리', '속국(만주어 harangga gurun)', '원복(遠服, 만주어 goroki i jecen)', '하국(下國, 만주어 fejergi gurun)'으로 정의했다. 칙령은 국왕의 왕실(만주어 wang ni boo)은 '천실(天室, 만주어 han i hargašan)'에 충성하고 그로부터 특별한 대우를 받았다고 강조했다.[67] 이러한 규범을 동원하여 청은 한문과 만문 용어로 자신을 중화로 명확하게 드러냈다.

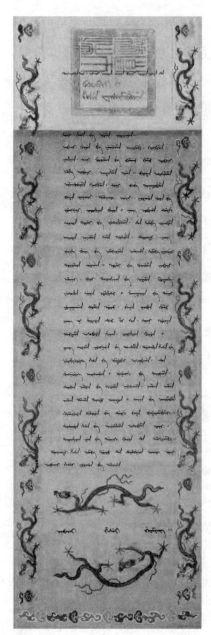

그림 2.1 1725년 조선 국왕을 책봉하는 고명의 만문 부분

1725년 영조(英祖) 조선국왕책봉고명(朝鮮國王冊封誥命). 한국학중앙연구원 장서각 소장

그림 2.2 1725년 조선 국왕을 책봉하는 고명의 한문 부분

1725년 영조(英祖) 조선국왕책봉고명(朝鮮國王册封誥命). 한국학중앙연구원 장서각 소장

황제에게 보내는 표문에서 국왕은 청으로부터 받은 금인(金印)을 사용했다. 1637년 초부터 1653년 초까지 그 인장에는 "Coohiyan gurun i wang ni doron(조선 국왕의 인장)"이라는 만문만 있었다. 1653년 4월 22일 순치제는 인장에 한자가 없는 것에 불만을 표시하고 '한자'가 포함된 새로운 인장을 제작하라고 지시했다. 그 결과 朝鮮國王之印(조선국왕지인)이라는 글자가 인장에 추가되었다.[68] 황제는 이같이 바꾼 이유를 설명하지 않았지만, 그 결정은 새 왕조의 중화성을 강조했다. 청나라 황제들은 조선에 칙유를 내릴 때 항상 이를 공표하는 인장을 사용했다. 한문 '제고지보(制誥之寶)'와 만문 허서 워심부허 보오바이(Hese wasimbure boobai)가 함께 새겨졌으며, 이는 티베트의 달라이 라마와 판첸 에르데니에게 내린 칙유와 동일했다. 이러한 언어 조합은 다민족 제국의 다언어 정치를 반영했다.[69]

청대 국왕 책봉은 청의 모순을 설명하는 데 도움이 된다. 일부 유교 국가, 특히 조선과 안남은 청을 중국 문화의 최고 대표자로 인정하기를 사적으로는 꺼렸지만, 실제 청의 상국 지위에 도전하지 않았으며, 경의를 표하려고 자주 조공 사신단을 북경에 보냈다. 이러한 모순에 대한 설명은 사신단이 청의 정통성뿐만 아니라 번의 군주로 정통성을 확립하는 이중 목적을 달성했다는 사실에 있다. 청과 번속의 종번관계는 공생적이고 상호 보완적인 정당성을 구현하는 것이었다. 다시 말해, 그 정통성은 고도로 구성된 사신 교류의 의례로 구현되었다. 이러한 정통성은 아유타야 정권(1350~1767) 몰락 이후 섬라 톤부리 정권의 국왕 탁신(재위 1767~1782)이 북경에 조공 사신단을 보내 책봉을 받은 목적이었다. 탁신은 이를 '진공(進貢)'으로 이해했지만, 청의 그것과는 매우 달랐다.[70] 정통성의 필요성은 안남의 레 왕조

(1428~1788)에 대항한 농민 반란의 지도자 응우옌후에(Nguyễn Huệ)가 1789년 청군을 물리쳤지만, 1790년 청의 책봉을 받아들인 이유도 설명할 수 있다. 1770년대 초 청과 벌인 전쟁에서 승리한 면전도 1790년 청의 책봉을 받아들였다.[71] 지정학과 중국의 군사력이 반영된 현실적 고려 외에도 중국으로부터 정치적 정통성을 확보하는 것은 이들 정권의 통치에 매우 중요했다.

공물, 예물, 조정 대 조정 상호작용

청나라의 의례 규정은 각기 다른 목적에 따라 공납의 종류와 양을 명확하게 열거했다. 1644년 이후 이는 크게 여덟 가지로 분류되었다. '정공(正貢)'으로 정해진 가장 공식적인 연공(年貢) 공물 이외에 성절, 정조, 동지 등 7가지 범주에 속하는 품목을 '예물(禮物)' 또는 '토산품'으로 정했다. 청은 열거된 모든 물건을 받았고, 그 물건들을 '공물'이라고 부르기를 선호했지만, 국왕이 어떻게 용어를 선택하는지에는 이의를 제기하지 않았다.[72]

연공은 국가 대 국가의 관계를 나타내지만 황제, 황후, 태후에게 특별히 바치는 모든 종류의 공물은 강력한 조정 대 조정의 관계를 시사했다. 예부는 연공을 일상 사무로 받아들였지만, 황제에게 공물을 어떻게 처리할지 상주하였다. 청 초기에 예부는 모든 공물을 호부에 전달했고, 이후에는 호부가 관리하는 재정 시스템에서 독립되어 만주 황족의 사무를 담당하는 내무부에 전달했다.[73] 따라서 청-조선 종번관계는 주로 국가 간 상호작용에서 나타나는 것처럼 보였지만 실제로는 두 나라 조정이 관여하는 이중 체제였다.

칙사가 조선에 가져온 예물은 국왕, 왕비, 왕세자, 왕대비 등 왕실의 특정 구성원에게 전해졌다. 칙사들은 일반적으로 예복을 만드는 일등급 비단을 가져왔다. 주요 왕족의 죽음에 애도를 표하려고 칙사가 파견될 때 일부 선물은 장례에 사용되었고, 나머지는 호부에서 은 150~300냥으로 환산하여 조선 왕실에 전달했다. 17~18세기 칙사는 조문과 예물을 전달하려고 정해진 절차를 따랐다. 마지막 사절은 1890년 조선에 갔는데, 이는 5장에서 자세히 살펴본다.

연회, 의식 거행, 문명화된 청

조선 사신들은 중국에 들어온 후 각 역참에서 좋은 숙소를 제공받았지만, 북경에 도착할 때까지 스스로 음식을 준비해야 했다. 사신들은 북경의 회동사역관에 도착하면 우선 예부에 가서 국왕의 표문과 예단을 제출했다. 조선과 다른 나라에서 온 모든 사신은 그들의 국왕을 대신해 예부를 통해 황제에게 문서를 바쳐야 했다. 사신들은 자문을 통해 예부와 소통할 수 있었다. 그들은 예부 대청에서 당관(堂官)에게 표문을 바쳤고, 당관은 표문을 대청 가운데에 있는 탁자 위에 올려놓았다. 그런 다음 사신들은 예부 대신들에게 한 번 무릎을 꿇고 세 번 고두했으며, 예부상서는 왼손과 오른손을 마주 잡아 얼굴 앞으로 들고 사신들에게 허리를 굽혀 세 번 인사를 올렸다[作揖]. 이 의식이 끝나면 사신들은 탁자 앞에서 삼궤구고두를 행했다.[74] 예부 당관은 다음 날 황제에게 문서를 올렸고, 사신들은 관소로 돌아와 황제를 알현하기를 기다렸다.

청나라의 보군통령아문(步軍統領衙門) 도통(都統)에서는 사신단 관소를 경비할 병사를 보냈다.[75] 광록시(光祿寺)는 사신단 일원에게 매일 지위에 따라 음식과 음료를 제공했고, 호부는 조선인들이 타고 온 말의 먹이를 가져왔으며, 공부는 땔감을 제공했다. 이러한 세심한 규정은 "멀리서 온 사람을 소중히 여긴다(懷柔遠人)"라는 청의 정책을 구현했다.

사신들은 북경에 머물면서 다양한 임무를 수행해야 했다. 자금성에서 대조(大朝)가 열리면 사신들은 청나라 관원이 선 줄의 끝에서 경의를 표해야 했다. 주요 임무는 북경의 원명원이나 열하(승덕)의 피서산장에서 황제를 공식적으로 알현하는 것이었다. 황제를 알현한 후 사신들은 자금성에서 열리는 연회, 중국식 가극이나 원명원의 불꽃놀이 등 행사에 초청받곤 했다.[76] 모든 의식 절차, 특히 최고 수준의 고두는 세세하게 규정되고 엄격하게 실시되었다. 중국 황제와 외국 사신 간의 이러한 의례는 적어도 8세기 『대당개원례(大唐開元禮)』에서 '대의례'가 명시된 이래 규정되고 제도화되었다.[77] 명·청 시대에는 그 의례가 매우 정교해졌고, 더 나아가 조선 사신들은 충성심의 상징이자 "사방의 오랑캐를 교화(風四夷)"하는 과정의 일부로 복잡한 의식을 미리 연습해야 했다.[78] 의례는 정치체제를 유지하고 참여하는 모든 이의 정체성을 강화하는 데 일조하였다.[79] 1675년 2월 9일 원소절 때 조선 사신이 러시아, 칼카, 오이라트 사신보다 앞서 강희제에게 하례를 올린 것처럼, 황제에게 올리는 의식 거행에서 조선은 외번의 대표가 되는 것이 일반적이었다.[80] 전형으로서 조선의 역할은 18세기 후반 건륭 연간에 특히 두드러졌다.[81] 청은 안남, 유구, 섬라와의 교류를 관리하면서 "조선 모델을 따른(照朝鮮國之例)" 경우가 많았다. 당시 중국 문인들도 조선을 "다른 나라의 모델(諸國之長)"로 널리 간주하였다.[82]

조선 사신들은 예부에서 열리는 연회와 사신 관소에서 열리는 공식 연회에 참석했다. 광록시, 정선청리사(精膳淸吏司), 호부, 공부, 병부, 순천부, 양익세무감독(兩翼稅務監督) 등 놀라울 정도로 많은 부서가 연회 준비에 참여했다. 황실 도급업자에게도 특정 업무가 부여되었다. 사신단의 핵심 구성원인 삼사(三使, 정사, 부사, 서장관)는 각각 만주족 연회의 5등급으로, 다른 인원들은 6등급으로 다른 나라 사절들에게 주어지지 않는 특별한 대우를 받았다. 많은 연회 비용은 청이 충당했고, 당연히 연회는 양국 간 위계질서를 강화하는 의식으로 가득했다.[83] 청 법령(『欽定禮部則例』)에는 '조선공사연도(朝鮮貢使宴圖)'가 포함되어 있었고, 다른 사신들을 위해 열리는 연회의 좌석 배치는 조선 사신의 사례에 따라야 한다(各國貢使仿此)고 명시했다.[84]

북경에 체류하는 동안 사신들, 특히 공식 지위나 책임이 없는 학자들은 청나라 문인들과 교제하는 데 적극적이었다. 이러한 상호 교류의 전통은 명대에 시작되었지만, 조선에 팽만했던 반청 태도로 명청 교체기에 중단되었다. 실제로 18세기 이전에 삼사는 중국 관원이나 학자들을 만나려고 관소를 벗어나는 일이 없었다. 성리학을 수용했던 많은 조선 학자가 청을 야만적인 나라로 여겼기 때문이다.[85] 그러나 1760년대 들어 조선 사신들이 참여하는 문인 모임이 활발해졌고, 이는 1890년대까지 이어졌다. 1860년대에는 서예와 금석문으로 유명했던 한림원의 동문환(董文渙, 1833~1877) 등 많은 중국 관원이 조선인과 활발히 교류했다.[86] 조선 측에서는 1872년 북경을 방문한 박규수(朴珪壽, 1807~1876)가 사교 문인 모임에서 중국의 저명한 학자 100여 명과 친분을 맺었다.[87]

유교 경전에 정통하고 성리학을 고수하며 한자를 사용한 청과 조선의 문인들은 서로 수준이 동일한 사람을 쉽게 알아볼 수 있었다. 그들은 술을 마시고, 시를 짓고, 서로의 문장과 서화를 주고받았다. 조선이 '소중화'로 알려졌던 것도 이렇게 국경을 초월한 사교 문인 모임에 동질적인 문화적 정체성을 부여했을 수 있다. 이 문인들은 비공식적으로 지속되는 모임을 결성하고 역사와 문학에 대한 생각을 교환하며 서로의 나라에 대한 이해를 증진했다. 김기혁에 따르면 그들의 교제는 "조선이 중국의 최신 지적 흐름에 대한 정보와 지식을 끊임없이 접할 수 있도록 보장했다"라고 한다.[88]

조선인들은 한족 문인과 모임을 할 때 만주족 스타일 관복과 두발 모양 등 만주족 풍속에 혐오감을 보였고, 화이지변에 따라 명나라 스타일 의관과 모자를 무척 자랑스러워했다. 그러나 1766년 홍대용(洪大容, 1731~1783)은 자신이 만주족의 중국 지배에 경멸을 표했을 때 엄성(嚴誠, 1733~1767) 같은 한족이 반만 감정을 이해하지 못하고 엄성은 물론 그의 친구들까지 청의 문명 지원에 박수를 보내는 데 놀랐다. 홍대용은 중국인 친구들과 깊은 대화를 나눈 뒤 조선인은 "바다 위의 오랑캐(海上之夷人)"에 속한다는 것을 인정하며 "중화인과 오랑캐는 같다(華夷一也)"라고 결론 내리고 청의 문명적 지위를 인정했다.[89] 이러한 교류로 조선과 중국의 많은 문인이 친구가 되었고, 사신단이 조선으로 돌아온 후에도 계속 연락을 주고받았다. 엄성은 죽음을 앞두고 홍대용에게서 받은 편지를 자기 배 위에 올려놓았다고 하는데, 두 사람의 우정이 얼마나 깊었는지 보여준다. 엄성의 죽음이 한성에 전해지자 홍대용은 눈물을 흘리며 오른팔처럼 붙어 있던 형제를 잃었다고 말했다.[90]

한성에서 북경으로 가는 동안 고생스러움과 편안함을 함께 경험한 조선 사신처럼 청나라 칙사들 또한 봉황성을 지나 의주로 갈 때 불편함을 감내해야 했다. 그곳에서 그들은 조선 측의 좋은 대접을 받았다. 비록 봉황문과 압록강 사이의 땅은 청나라 영토였지만 의주부윤은 그 지역 안에 있는 세 역참에 조선의 군관, 만주어 역관, 하인을 보내 칙사를 맞이할 수 있었다. 세 역참에서 조선인은 칙사를 위해 임시 거처를 마련하고 30가지가 넘는 요리로 식사를 대접했다. 의주에서는 의주부윤이 칙사에게 130여 가지 음식과 함께 연회를 베풀었다.[91] 의주에서 평양을 거쳐 한성까지 가는 길에 열리는 연회는 훨씬 더 호화스러웠고 비용도 많이 들었다.[92]

북경의 조선 사신과 달리 한성의 만주인 칙사는 의례적 교류에 머물렀다. 북경식 사적 문인 모임은 유구의 수도 수리성(首里城)에서도 열렸지만 한성에서는 열리지 않았다. 칙사는 수행원과 함께 관소를 떠나 현지 관원이나 학자들과 교류하지 않았다.[93] 북경에서와 같이 국경을 초월한 문인 모임은 만들어진 적이 없다. 순치제가 한성에서 만주족의 무역을 폐지한 1658년 이후 칙사는 항상 임무를 마치자마자 귀국하는 일시적 방문객이었다. 또한 18세기 초 이전에는 거의 모든 칙사가 한성 남부 교외에 있는 삼전도비를 방문하였다. 조선인들은 만주족의 조선 정복을 기념하는 삼전도비를 굴욕으로 여겼고, 일부 유학자와 유생들은 이를 파괴해야 한다고 주장했기에 칙사의 방문은 민감한 사안이었고 양국 관계를 가늠하는 잣대가 되었다. 1723년 청의 두 칙사는 여러 조선 관원과 함께 삼전도비를 공식 방문했다. 이 자리에서 부사는 삼궤구고두를 했다. 1724년과 1729년 칙사들 또한 일군의 조선 관원을 대동하고 공식적으로 삼전도비를 방문했다. 이때 만주인 칙사와 조선 역관 모두 고두를 했다. 그러나 1731년 칙사는 삼전도비를 방문하는 대신 비문의 사본만 요청했고, 1762년 이후에는 비문 사본조차 요구하지 않았다. 19세기 후반까지 청나라 관리들은 비석을 막연하게 이해했을 뿐이며, 비석에 만주족의 비문이 있는지조차 확신하지 못했다.[94]

청 칙사가 한성에 체류하는 동안 거행되는 네 가지 의식에 국왕이 참석하였다. 첫째는 도성 서문 밖에 있는 영은문에서 거행하는 교영의(郊迎儀, 칙사 영접 의례—옮긴이)였다. 국왕은 조칙안(詔勅案)에 한 번 절을 한 후 도성의 궁궐로 돌아갔다. 두 번째는 궁궐 내부에서 거행되었는데, 조칙안과 기타 물품을 국왕에게 전달하는 것이었다. 국왕은 조칙에 네 번 고두를 행했다. 또 국왕과 칙사는 왼손과 오른손을 마주 잡아 얼굴 앞으로 들고 한 번 또는 두 번 허리를 굽혀 인사했다. 국왕이 자기 영토에서 조칙이나 기타 문서, 예물에 북경의 대신들이 하는 것처럼 가장 수준 높은 고두를 수행할 필요는 없었다. 세 번째 의식은 국왕이 칙사들의 거처인 남별궁을 방문하는 것이었다. 그곳에서 조선인들은 여러 차례 칙사와 다과를 나누며 그들을 예우했다[다례(茶禮)]. 마지막으로 모화관에서 국왕이 떠나는 사신들을 위해 다과를 나누는 전별연을 열어 환송했다. 양측의 교류는 항상 조선 예조에서 진행했다. 이 의식의 모든 절차는 예법으로 규정되었고, 1890년대 초까지 시행되었다. 조선 측은 사신에게 국내 문제를 보고할 의무가 없었고, 사신도 내정에 개입하지 않았다. 오히려 한성에서 이렇게 양식화된 상호작용은 조선 군주에게 정당성을 부여하여 양국 간의 호혜적이고 위계적인 종번관계를 지속적으로 공고히 하였다.

관계 기념하기: 종번체제에서 청 황제의 역할

황제는 종번위계에서 가장 수준 높은 제도적 행위자로서 알현 의례와 자신의 가부장적 권위를 이용하여 하향식으로 종번 기제를 조정하고 원활하게 할 수 있다. 다음에서 보듯 황제는 조공 사신에게 다양한 추가 선물을 자유롭게 하사하고, 조선으로 보내는 만주인 칙사와 만주 국경의 만주족을 감독하고 훈계하며 국경 분쟁에 대한 최종 결정을 내릴 수 있었다.

황실 하사품과 추가 하사품을 이용한 체제의 공고화

조선 사신들이 황제에게 공물을 바친 후 황제는 사신과 국왕에게 '정례 하사품(例賞)'을 주었다. 적어도 순치 연간부터 청은 조공 사신에게 세세히 계산해 산출한 공물 이상의 가치가 있는 하사품을 주었다.[95] 하사품의 종류와 양은 사신의 종류에 따라 달랐다. 조선 사신 중에 왕실 일원이 있으면 하사품의 양이 많아지고 질이 더 높아지기도 했다. 하사품 중 단자(段子, 비단의 일종—옮긴이)는 국왕에 대한 황제의 개인적 호의를 보여주고자 호부가 아닌 내무부에서 제공했다. 성절과 정조를 맞아 청은 국왕에게 굴레를 씌운 2등마를 하사하고 두 사신에게는 각각 굴레를 씌운 3등마를 하사해 청 정권의 만주족 성격을 부각했다. 청은 또한 사신에게 다른 선물과 함께 평균 은 680냥(연공과 동지의 경우) 또는 850냥(성절과 정조의 경우) 이상을 제공했다.[96]

일부 학자들은 정례 하사품이 전체 종번 기제의 제도화된 일부였으므로 유연성이 거의 없다고 주장했다.[97] 그러나 황제는 재량에 따라 사신단에 가상(加賞, 규정에 없는 추가 하사—옮긴이)했다. 예를 들어, 1795년 초 건륭제는 한자 '복(福)' 자를 쓴 작은 정사각형의 붉은 종이 100장을 국왕에게 하사했다.[98] 이러한 종류의 하사품은 겉보기에 무작위로 보이지만, 단순히 황제의 특권을 드러내려는 것이거나 의례 규범에서 벗어난 것은 아니었다.[99] 오히려 1736년 건륭제가 조선에 설명한 것처럼, 후한 선물을 주는 것은 "손님에게 더 많이 주고 덜 받는 것(厚往薄來)"이라는 청나라의 정책을 부각했다.[100] 황제는 유연하고 참신하게 제도를 운영했다. 18세기 후반 건륭제가 주는 가상은 점점 늘어났고, 조선이 보내오는 공물은 매우 안정적으로 유지되었다. 특히 건륭제가 천조의 이미지를 강화하고자 했던 1790년대에 황실의 가상이 정점에 이르렀다. 이렇게 무엇을 우선에 두느냐를 고려할 때 청 조정은 공물과 하사품이 지닌 가치의 균형을 유지하는 데 신경 쓰지 않았다. 1793년 한 조선 사신은 청이 조선에 매우 호의적이며, 사신들을 위한 관소와 다양한 황실 하사품의 가치가 조선의 '방물(方物)' 가치보다 월등히 높다고 인정했다.[101]

청에 대한 긍정적 이미지 구축과 칙사의 만주족 정체성 강조

청 황제는 조선에 파견된 만주인 칙사와 만주 국경에 거주하는 기인(旗人)이 공공연한 일탈 행위로 천자의 위엄을 훼손하지 않도록 조치해 조선과의 교류에서 청조의 이미지를 더욱 빛내고자 했다. 예를 들어, 건륭제는 만주족의 전통과 정체성을 지키려고 청이 오랫동안 해온 군사행동을 청–조선 교류의 장으로 확대할 필요가 있다고 생각했다.

건륭제의 첫 개혁은 만주 칙사들이 조선을 방문하는 동안 부패행위를 막아 청렴성을 강화하는 것이었다. 1763년, 황제는 조선인들이 칙사에게 제공하는 예물의 양을 절반으로 줄인 후 새로운 규칙을 위반한 칙사 두 명을 처벌했다. 건륭제는 앞으로 심양과 산해관의 수비대장[盛京將軍, 山海關副都統]들이 한성에서 돌아오는 칙사들의 짐을 검사해서 허가받지 않은 선물을 받았는지 확인하도록 명령했다.[102] 1890년대 마지막 칙사까지 후임 황제들은 조선에 가는 칙사에게 곧고 정직한 자세를 유지하도록 계속 훈계했다. 특히 강희제 이후 만주 칙사들은 최대한 더 많이 조선을 착취했던 1637년 이전 명 칙사들과 비교했을 때 조선 파견에서 좋은 행동을 보였고, 이는 1630년대 청의 침략에 따른 양국 간 긴장 완화에 일조하였다. 조선 문인 홍대용은 1766년 청이 명보다 조선에 훨씬 관대하고 친절하다고 인정했다.[103]

또한 건륭제는 만주의 만주족 군관과 병사들이 경비에 집중해야 한다고 믿었다. 1737년에는 "멀리서 온 사람을 소중히 여긴다"라는 명분으로 만주인이 압록강 중강(中江) 일대에서 조선인과 교역하는 것을 금지하였다. 그 대신 '중국 내지 상민'에게 이 무역을 맡기기로 결정했다. 중강 개시는 1592년 조선과 명 사이에 세워졌으며, 명−청 전쟁 중 거의 열리지 못했지만 1646년 이후 청과 조선의 주요 무역 중심으로 복원되었다. 이후 봉황성 인근 만주 기인과 상인들이 시장에서 교역을 하자, 건륭제는 갑자기 기인들이 "장사에 소질이 없다"라고 결론짓고 만주인 전사들을 군사 영역으로 돌려보내려 했다. 조선 국왕은 '중국 내지' 사람들이 오는 것을 심각하게 우려하여 기인들과 교역을 유지하도록 해달라고 건륭제에게 청원했다. 하지만 건륭제는 '중국 내지' 사람들은 장성 남쪽이나 북경이 아닌 만주인 주둔지 부근 사람들만을 의미한다고 설명했다.[104] 이 일화는 국경 지역에서 만주 조정이 지역 기인의 경제적 이익보다 정치적 중요성과 국경 안전에 더 관심이 많았음을 보여준다. 또한 적어도 1730년대에는 청이 만주를 '중국 내지'라는 개념에 통합하여 다민족 제국 내에서 장성의 국경 기능을 더욱 무력화했음을 시사한다.

건륭제의 더 극적인 개혁은 1763년에 이루어졌다. 앞으로 조선에 가는 만주인 칙사는 조선에서 가마 대신 말을 타라고 명했다. 건륭제는 조선이 '천조의 칙사'에 대한 복종과 존경을 표하고자 칙사에게 가마를 제공하지만, 만주인 관원들은 전문 기수이므로 가마를 타서는 안 된다고 했다. 그리고 칙사를 가마로 맞이하는 관례를 영구히 폐지하고 말만 제공하라고 지시했다. 청 문서에는 황제가 오랜 관례를 갑자기 바꾼 이유가 설명되어 있지 않다. 하지만 훙잉(Hūng ing, 弘暎, 1707~1771)이 이끄는 사행단의 통관으로 선조가 조선인이며 북경 거주자인 서종현(徐宗顯)에 따르면, 황제는 원래 다른 만주족 관리를 칙사로 선정했으나 그가 비만한 것을 알고 어떻게 조선까지 먼 길을 갈 수 있겠냐고 물었다고 한다. 그는 가마를 타고 가므로 체중은 문제가 되지 않을 것이라고 답했다. 화가 난 건륭제는 만주족의 무예 정신을 강조하고자 즉시 칙사를 훙잉으로 교체했으며, 그에게 번에 '정대(正大)'함을 드러내고 '추하고 천함(猥瑣)'을 피하라고 훈계했다. 한편 건륭제는 조선 사신들에게는 새로운 규칙을 적용하지 않아 북경에 오는 관례대로 마차를 타고 오도록 하였다.[105] 건륭제는 자신의 감독 아래 만주족다움을 지키고 강화하고자 노력하여 번속의 눈에 비치는 청의 이미지를 개선하고 실제로 덕을 드러내는 데 일조했다.

국경 분쟁 중재

청 황제는 국경 분쟁과 월경 분쟁의 최고 중재자 역할도 했다. 조선과의 국경 분쟁에서 최종 결정은 조선 국왕이나 역사적 선례, 국경 규칙이 아니라 황제가 했다. 양국은 지리적으로 가까워 17세기 초부터 19세기 후반까지 상당히 많은 불법 월경이 일어났다. 이러한 까다로운 사건들은 청, 특히 황제가 종번 담론과 현실적 문제 사이에 균형을 맞추기 어렵게 만들었다. 청나라 정책의 이러한 측면은 강희 연간에서 건륭 연간으로 넘어오며 큰 변화를 겪었다. 순치 연간과 강희 연간 초기에 만주 황제들은 국경 분쟁을 일으킨 왕이나 관원을 가혹하게 처벌하는 경우가 많았고, 조선에 특사를 파견해 직접 조사하기도 하였다. 청 황제들은 남명(1644~1662)의 부활로 아직 통치를 공고히 하지 못했고, 청에 대한 조선의 반란 가능성을 우려하였으므로 이러한 방식을 받아들였다. 그러나 1680년대 강희제가 삼번의 난을 진압한 후 청은 조선의 충성심을 높이 사서 조선과의 국경 분쟁에서 완화된 정책을 채택하였고, 마침내 특사의 파견을 중단했다.

강희제 이후 옹정제와 건륭제의 청 조정은 1644년 이후 전례 없는 통일된 국가를 통치했다. 조정은 대외관계에서 천하라는 세계주의적 이데올로기를 강화하는 데 초점을 맞췄다. 황제들은 청의 지리적 국경에 대해 명확한 견해가 있었지만, 조선과의 국경 분쟁을 해결할 때는 전통적인 종번 규범에 기대기를 선호했다. 청의 대조선 국경 정책은 공격적이기보다 더욱 보수적으로 변했다. 이는 새로운 제국이 계속 영토를 확장하던 서남과 서북에서 펼친 정책과 뚜렷이 대조되었다. 조선 측의 현명한 국왕과 지방 관원들은 청 측 교섭 상대와 복잡한 협상을 할 때 종번 규범을 동일하게 적용했고, 북경에서 떨어져 있는 황제는 조선의 제안을 조건 없이 승인할 수밖에 없었다.

망우초(莽牛哨) 사건이 이 좋은 사례이다. 1745년 성경장군 달당가(Daldangga, 達爾當阿, ?~1760)는 건륭제에게 조선인들이 만주에서 곡물을 매매하거나 인삼을 구하려고 국경인 강을 불법으로 건너는 것을 막고자 압록강 근처 망우초에 국경 초소를 설치하자고 건의했다. 1731년에 달당가의 전임자 나수투(Nasutu, 那蘇圖, ?~1749)도 망우초에 전초기지를 설치하자고 건의했지만 옹정제는 조선 국왕의 반대를 이유로 거부했다. 1715년 이래 이 지역에서 모든 건설을 금지한 아버지 강희제의 정책을 유지한 것이다.[106] 불법 월경이 증가하자 달당가는 나수투의 계획을 부활시켜 부서진 책목을 보수하고 성벽 밖의 땅을 개방하여 경작하도록 건의했다. 처음에 건륭제는 달당가의 계획을 지지하고 몽골족 대신 반디(Bandi, 班第, ?~1755)를 파견하여 망우초가 실제로 중국 국경 안에 있으며, 그곳에 전초기지를 세우는 것이 적절한지 확인하였다. 하지만 마지막 순간에 건륭제는 1715년 조부와 1731년 부친이 내린 결정, 1737년 자신이 다른 사건에 내린 결정을 선례로 들어 태도를 바꾸었다. 그는 거부를 정당화하려고 '자소'의 의무를 언급했다. 또한 황제는 달당가에게 조정에 그런 건의를 더는 해서는 안 되며, 달당가와 그의 후임으로 오는 성경장군들은 조선과 국경 문제를 처리할 때 확립된 규칙을 따라야 한다고 말했다.[107] 이런 방식으로 황제는 국경 지역에서 추가 분쟁이 일어날 우려를 줄이고 양국 관계를 하향식으로 안정시키는 데 기여했다.

주변의 오랑캐화: 청나라의 제도적 종번 담론

옹정제에서 건륭제로 이어지는 오랑캐의 의미 변화

화이지변에 대한 청의 해석은 옹정제에서 건륭제로 넘어가는 시기에 급격한 변화를 겪었다. 1720년대 후반, 옹정제는 증정(曾靜, 1679~1735) 사건에 대한 대응으로 청나라 학자들 사이에서 청을 야만스럽다고 여기는 문제를 공론화했다. 화이담론에 고무된 증정은 만주족 '오랑캐'에 대항해 반란을 일으킬 음모를 계획했으나 체포되어 재판에 넘겨진 후 태도를 바꿔 청을 지지했고, 황제는 그를 감옥에서 풀어줬다. 1733년 6월 증정이 지방을 돌며 왕조의 덕목을 강연하는 동안 옹정제는 '오랑캐'라는 뜻의 한자 호(胡), 이(夷), 적(狄), 노(虜)를 바꾸는 행위를 금하는 칙유를 내렸다. 만주족 군주는 '오랑캐'라는 용어를 지리적으로 정의하고 현 왕조의 선조들을 고대 중국의 성인처럼 '동이(東夷)'라고 부를 수 있다고 고백했다. 이러한 기조는 1636년 그의 증조부 홍타이지가 조선 국왕에게 보낸 서한에서 정해졌으며, 옹정제 자신도 1729년 『대의각미록(大義覺迷錄)』에서 이를 거듭 언급했다.[108] 옹정제는 "중국과 외국은 한 집안이다(中外一家)"라고 선언하고, 화이지변을 문화적 의미로 이해해서는 안 되며, 그렇다고 하더라도 준가르(Zunghar)처럼 "문명 밖에(王化之外)" 있는 사람들만 진정으로 '오랑캐(胡虜)'라 부를 수 있다고 주장했다.[109] 이 정의에 따르면 청의 외번도 오랑캐의 범주에서 제외된 것으로 보인다.

옹정제의 이러한 주장은 만주족 통치자들이 다민족 제국 내에서 문화적 자원을 재분배하려고 문화적 평등주의를 수용했다는 걸 보여준다.[110]

만주족 황제는 만주 정권의 정통성을 공고히 하는 과정에서 한족 지식인에게 내재된 화이지변의 정형화된 편견을 극복하고자 노력했다고 해도 지나친 말이 아니다. 이러한 지속적 노력은 옹정제의 부친과 조부가 '중국'과 동일시되던 이전 왕조의 정통성을 지닌 계승자로 확립하려는 목표를 가지고 역대제왕묘(歷代帝王廟)에 모셔진 중국 군주의 명단을 크게 확대하려 했던 움직임에서도 엿볼 수 있다.[111] 옹정제의 정책으로 '오랑캐'를 판단하는 기준이 갑자기 무너졌고, 이제 통치 왕조는 고대 통치자들과 동이를 동일시하였다.

1735년 즉위한 건륭제는 아버지의 사면을 재빠르게 취소하고 증정을 처형했을 뿐만 아니라 '문명화된' 청과 주변의 '오랑캐' 국가를 명확히 구분하여 옹정의 접근 방식을 뒤집었다. 따라서 건륭제는 화이담론을 옹정 이전의 의미로 되돌렸는데 여기에는 문화적 요인이 중요한 역할을 했다. 그는 '오랑캐'를 지칭하는 모든 한자를 자유롭고 공개적으로 사용하도록 허용한 아버지의 유산을 활용하여 전혀 상반된 메시지를 선전했다. 즉, 오랑캐의 범주에서 청을 제외하는 화이담론의 맥락을 이용해 옹정제 정책의 메시지를 반대로 뒤집은 것이다. 청은 자신을 더는 오랑캐로 격하하지 않았다.[112] 결과적으로 건륭 연간 공문서에 '외이(外夷)'라는 용어의 사용이 역사상 정점에 이르렀다.[113] 청은 이 용어를 이용해 문명의 중심성과 문화적 우월성을 결합했다. 건륭제는 자신의 통치 아래 있는 대부분 민족과 다른 모든 국가를 공식적으로 오랑캐라 규정하여 이러한 상징적 목표를 이루었으며, 규범 차원에서 오랑캐화의 가장 중요한 대상의 하나가 조선이었다.

옹정제가 '오랑캐'의 정의에 관한 책[『대의각미록』]을 출간할 당시 조선에 파견된 일부 만주인 칙사는 한성에서 귀국하는 길에 평양의 기자묘를 방문했다.[114] 「들어가며」에서 언급했듯이 기자는 고대 한국의 제도를 만든 시조로 알려졌으며, 주나라 왕이 조선 땅에 기자를 제후로 봉하여 중앙조정과 가족적인 조공 관계를 유지했다. 옹정 연간 후기에 화이지변을 둘러싼 격렬한 논쟁이 벌어진 상황에서 만주인 칙사가 기자묘를 방문했다는 사실은 만주 정권이 중화성을 강조하고 국경 너머로 정통성을 주장하는 데 도움이 될 수 있었다. 건륭 연간 초기에 중국 내에서 화이지변의 도전을 극복하자 기자묘 방문은 중단되었지만, 중국의 역사 기록은 중국인과 한국인의 가족 관계를 계속 기념하였다.

청의 체계적이고 제도적인 조선 및 기타 국가 오랑캐화

1751년 6월 건륭제는 국경을 접하는 여러 성의 총독과 순무에게 '국내외의 오랑캐(內外苗夷, 外夷番眾)'를 그림으로 그려 제출하라고 지시했다.[115] 황제는 청 이전 가장 번성한 시기를 만들었다고 여겨지는 당 태종(재위 627~649)의 선례를 따랐다. 당 태종은 "만국이 내조한다(萬國來朝)"라는 위대한 순간을 기념하고자 오랑캐의 그림을 주문했고,[116] 건륭제 역시 이 같은 방식으로 왕조의 업적을 기념할 이유가 충분히 있었다. 청이 중앙아시아로 확장하던 시기에도 건륭제는 "중국의 힘이 중앙아시아로 확대하려는 한과 당의 노력"을 자신의 진전을 측정할 수 있는 '역사적 이정표'로 삼았다.[117]

명백한 정치적 요인 외에 당시 대중문화도 청의 제국 확장을 그림으로 기록하고자 한 건륭제의 열망을 자극했을 것이다. 중국식 가극의 열렬한 팬으로서 경극 탄생에 기여한 건륭제는 중화가 지닌 미덕을 찬양하는 인기 가극에 영향을 받았을 수 있다. 이 가극은 적어도 원대까지 거슬러 올라가지만, 명나라와 청나라 초기에도 북경 등의 도시에서 상연했다. 대본에서는 명을 '천하', '상국' 또는 '중국'으로 묘사했으며 '사이(四夷, 주로 조선, 안남, 내륙의 정치체로 표현됨)'가 중국의 위대한 황제에게 조공을 바치고 표문을 제출하는 장면을 표현하였다.[118]

건륭제가 그림 제작을 명하고 10년 후인 1761년 『황청직공도(皇淸職貢圖)』 초판이 4권으로 출간되었다. 이 총서에는 청의 영토, 외번 그리고 주변 '오랑캐의 땅'에서 온 600여 명의 그림이 실려 있다. 이 총서의 첫 번째 그림은 명나라 양식의 관복을 입었지만 '조선국이관(朝鮮國夷官)'이라고 표시된 조선 관원의 그림이었다(그림 2.3 참조). 이 총서에서 조선은 다시 한번 다른 이들의 모범이 되었으며, 그 전형적 역할은 『사고전서(四庫全書)』에서 청나라 학자들에 의해 명확히 드러났다.[119] '소중화' 조선은 청의 정치적 담론과 제국 문서 메커니즘에서 제도적으로 오랑캐의 나라로 바뀌었다.

조선에 이어 유구, 안남, 섬라, 소록, 남장, 면전, 영국, 프랑스, 일본, 네덜란드, 러시아 등 다른 나라 사람들도 청 영토 내 다양한 민족처럼 청의 명명법에 따라 오랑캐가 되었다. 거의 모든 경우 청나라의 서사는 주대부터 명대에 이르기까지 외'국(國, 만주어 gurun)' 또는 국내 '부락(部落, 만주어 aiman)'과 역사적 종번관계를 검토하여 강조하였고, '오랑캐'들이 "사신을 보내 공물을 바치거나(遣使入貢, 만주어 elcin takūrafi albabun jafanjimbi)" "조공(조정에 와서 고두, 만주어 albabun jafame hengkilenjimbi)"하도록 한 것은 청의 공덕이라고 강조했다.[120] 이런 방식으로 청은 이들 외국과 부족들의 종번관계

朝鮮國夷官

그림 2.3 「황청직공도」에 수록된 조선 관원

를 이전 왕조의 역사적 정통성으로 동화하고, 중화 또는 '중국(中國, 만주어 Dulimbai gurun)'으로서 정통성을 공고히 했다.[121] 또한 1761년 청은 황후의 칠순을 축하하려고 또 다른 거대한 총서인 『여환회경도(臚歡薈景圖)』를 간행했다. 첫 번째 삽화는 정확히 당이 사용했던 문구인 "만국이 황제를 경배하러 왔다(萬國來朝)"라는 제목으로 조선 사신은 그 안에서 특별한 위치를 차지했다.[122] 청의 문명적 정체성 구축이라는 관점에서 청의 '문서 제도화'가 있었다면,[123] 이 과정은 1761년에 실질적으로 이루어졌다.

거대한 다민족 제국의 활력 넘치는 외관 뒤에는 세계 속 청의 중심성에 대한 공리 문제가 놓여 있었다. 물론 그 세계는 청이 종종 부딪치는 한계이기도 했다. '영길리(㖰咭唎, 만주어 Ing gi lii gurun)'로 알려진 영국은 1761년 『황청직공도』에서 오랑캐로 묘사된 국가 중 하나였다. 그해 연말 건륭제는 광동의 지방관에게 '멀리서 온 사람'이자 '외국인 오랑캐(外夷)', 즉 영국 상인들에게 "천하는 모든 것을 갖추고 있으므로 무역을 위해 하찮은 물건을 가져오는 외국인 오랑캐[外夷]가 필요하지 않다"라고 알리라 명했다.[124] 이 칙유는 광동무역체제를 바꾸길 원하는 영국 상인들의 대표인 1759년 제임스 플린트(James Flint)와 1761년 니콜라스 스코토웨(Nicholas Skottowe)의 청원에 답변한 것이었다. 이때 서양의 모든 무역은 그 남쪽 항구[광주]를 통해 이루어졌다.[125]

이들의 노력은 헛수고였을 뿐만 아니라 오히려 중국 내 서양 상인들에 대한 더 엄격한 규제로 이어졌다. 이런 의미에서 1793년 조지 매카트니 사절단이 청 황제에게 거절당한 일은 30년 전 중국 내 영국인을 향한 제도화된 수사를 반복한 것에 불과했다.

제국 담론에서 외국 오랑캐로서 조선 지위의 보편화

청의 새로운 정체성 구축과 타국에 대한 정치적 언설의 방향 전환은 단순히 황제의 개인적 활동이나 정권에 따라 하향식으로 강요한 정치적 동기의 결과 때문만은 아니었다. 또한 만주 조정이 정치적 의지를 구현한 결과로만 이해해서는 안 된다. 오히려 현에서 부로, 부에서 성에 이르는 지방 차원의 청나라 관원들은 상향식 구축에 기여했다. 그 결과 18세기 청의 대외관계 규범 안에서 조선의 '외이'라는 지위가 널리 알려졌다.

이 점은 해안을 따라 중국 현지 관리가 구조한 조선, 유구, 안남, 기타 국가 표류 어민들에 대한 청의 정책을 보면 알 수 있다. 적어도 건륭 초기부터 청나라 관원들은 피해자들을 "풍랑에 시달린 오랑캐(遭風難夷, 만주어 edun de lasihibufi jobolon de tušaha i niyalma)"라고 부르며 북경이나 가장 가까운 성도로 보내 각국 사절과 함께 귀국할 수 있도록 했다. 1730년대부터 1880년대까지 청 당안(檔案)에는 표류한 어민을 돌본 지방 관원들의 보고서가 많으며, 특히 조선 어민에 관한 보고서가 두드러졌다.[126] 청은 인도주의적 차원에서 이러한 피해자들을 수용하여 '회유원인' 정책을 강조하고 "천조의 심원한 인을 드러내고자(昭天朝柔遠深仁)" 했다. 이러한 수사는 천하체제(天下體制, 만주어 abkai gurun i doro yoso)를 정당화하고 공고히 하려고 건륭 연간 절정에 이르렀다.[127]

조선은 청과 조선 간 교류의 많은 부분에 스며든 '천조의 도(道)'를 다시 한번 보여주기 가장 좋은 예였다. 예를 들어, 1776년 심양 부근에서 조선 사신단이 중국 도적에게 은화 천 냥을 도난당하는 사건이 일어났다. 건륭제는 성경장군 홍상(Hūngšang, 弘晌, 1718~1781)에게 "천하의 도(天下之道)"를 지키고자 사신단의 손실을 보상해 주라고 지시했다. 황제는 한문 칙유에서 "조선은 외이의 사람이다(朝鮮乃外夷之人)"라고 강조했으며, 만문 칙유에서도 "조선국 사람은 외국 오랑캐의 사람이다(만주어 Coohiyan gurun i niyalma serengge, tulergi aiman i niyalma)"라고 설명했다.[128] 이 사례는 예외적인 것이 아니었으며, 유사한 사례가 많아 청 종번 담론이 성숙했음

을 보여준다.[129]

청이 그린 조화로운 제국의 그림에도 불구하고, 그 모범이 되는 번은 동시에 다른 방향을 만들어냈다. 조선은 황명이 요구하는 이상으로 북경에 사신단을 보내 공개적으로 청에 대한 복종을 계속 보여줬지만, 조선의 국왕과 관원, 지식인들은 개인적으로 청을 중국 문화의 전형으로 인정하기를 꺼렸다. 이에 대해서는 다음 장에서 살펴본다.

중화로 정당화하다:
청과 조선·안남·영국의 교류, 1762~1861

조선은 표면적으로 청에 대한 정치적 종속을 조심스럽게 유지했다. 만주족 통치자들은 이를 청의 중심성과 중화성을 강화하는 데 활용했지만, 조선은 동시에 청을 오랑캐로 묘사하여 국내에서 자신만의 중화성을 구축했다. 화이담론은 조선에 널리 퍼져 17세기 후반과 18세기에 교육받은 사람들 사이에서 강한 친명과 반청 태도의 자양분이 되었다. 조선은 문화적 의미에서 문명의 지위를 다투는 경쟁에 뛰어들었고, 청에 지속해서 파견한 사신단은 국내에서 이러한 정체성을 구축하는 데 일조하였다. 청이 명 이후 중화임을 선포하였기에 조선 역시 명의 유일한 정통 계승자로서 지위를 확립하고자 하였다. 그러나 18세기 후반 청의 번영과 양국 간 경제 격차를 목격한 일군의 조선 문인들은 청의 문명적 지위를 지지하는 목소리를 내기 시작했다. 이들의 주장은 조선 학자들 사이에 팽배했던 반청 감정을 상쇄하고 조선이 화이담론의 역설에 실질적으로 대응하는 데 일조하였다.

이 장에서는 1762~1861년 청, 조선, 다른 나라 사이에 이루어진 외교 사절의 의전과 의례에서 청의 '회유원인' 원칙이 어떻게 작동했는지를 제시하여 종번질서의 내부적 측면과 기능을 살펴본다. 또한 양국이 자국 내 정치–문화적 정당성을 위해 집중적으로 활용했던 화이담론의 급반전을 배경으로 청과 조선 간에 이루어진 몇몇 사신 왕래 사례를 논의한다. 즉 청이 조선보다 우월했음을 드러낸다. 이 장에서는 안남과 영국이 중국에 보낸 사절단과 조선 사절단을 비교 소개하고, 더 나아가 이로써 만주족 통치자들이 세계에서 내세운 중국의 우월성에 맞는 중화적 수사와 청이 다른 국가와 교류하면서 나타난 실제적 결과 사이에서 어떻게 균형을 잡아 갔는지 살펴본다. 이러한 균형은 청의 통치술을 보여주며, 19세기 후반, 청과 조선 모두 베트남과 유구에 새롭게 적용된 국제법에 따라 양국 관계의 본질을 규정하는 데 아주 큰 어려움을 겪은 이유를 설명하는 데도 도움을 준다. 따라서 2부에서는 이 주제를 살펴본다.

중화의 역사적 기억: 조선의 반만(反滿) 사고방식

1644년 이후 야만스러운 청에 대한 소중화의 인식

1644년 명이 돌이킬 수 없는 멸망을 맞이하자 조선은 자신을 중화문명의 진정 유일한 계승자로 인식하려는 노력을 강화했다. 성리학을 신봉하던 조선의 지식인들은 일상적인 교육과 실천에서 1644년 만주족의 중국 본토 정복은 '중화의 몰락(中華淪喪)'을 의미한다는 데 인식을 같이했다.[1] 조선의 수많은 문인은 개인 서신과 국내 문서에서 연대를 기록할 때 명나라 마지막 황제 숭정제의 연호를 그대로 썼다. 그들의 태도는 청에 '중국'으로서 정치적 정통성이 있음을 명시적으로 부정하는 대신 유교적 정통성(道統)의 계승을 강조하는 '소중화' 담론을 강화하였다. 그러므로 조선은 국내에서 명 멸망 이후 공자, 맹자, 주희의 계승자로 자신을 내세웠다.

청에서 소중화로서 조선의 지위는 한족과 만주인 문인들 모두에게 널리 받아들여졌다. 중국 관원과 지식인들은 많은 유럽인을 대하듯 조선인을 오랑캐로 취급하지 않았다. 때때로 청 조정은 조선을 "예의와 문화가 있는 나라(文物之邦, 만주어 doro yoso i gurun)"라고 분명히 평가했고, 이는 청나라의 많은 문인도 지지했다.[2] 그러나 청의 정치·문화적 담론으로 조선을 천하의 다층적 구조에 위치시킬 때, 조선은 필연적으로 중국의 변방에 있는 오랑캐 나라로 규정될 수밖에 없었다. 이 장에서 살펴보듯이 북경을 방문한 조선 문인들은 조선이 오랑캐로 여겨지는 인식과 우월한 문화적 계보를 모순되지 않게 조정해야 하는 도전에 직면했다.

17세기 후반, 특히 효종과 현종 시기 조선 지식인들 사이에 반청 정서가 만연했다. 당시 대표적 학자이자 효종의 스승이었던 송시열(宋時烈, 1607~1689)은 명을 대신해 "중원을 회복하고자" 만주족을 치자는 북벌을 적극적으로 주장했다.[3] 송시열의 계획은 이루어지지 않았지만, 조선 조정과 유학자들로부터 강한 도덕적 지지를 받았고, 명 말 이후 새로운 인식론을 고민하던 시기에 조선의 국가 정체성을 확립하는 데 기여했다.[4] 또 다른 문인 신유한(申維翰, 1681~1752)은 사신단의 일원으로 북경에 가는 친구에게 보낸 서신에서 "우리 역시 중국인이며(我亦中國人)", 조선은 '중국', 즉 "고전 시와 서책을 지닌 중국(詩書中國)"이자 "(중국식) 옷과 띠를 갖춘 중국 (衣帶中國)"이라고 주장했다. 신유한은 1644년 명이 멸망한 이후 중국에는 천자가 없다고 주장했다. 이는 정치적 정통성이 기자의 계승자인 조선에 있음을 암시한 것이다.[5]

송시열과 신유한의 사례는 굴욕적인 만주족의 침략과 명 멸망 이후 조선의 지배층과 식자층에 뚜렷한 피해자 의식이 존재했음을 보여준다. 멸망한 명에 대한 조선의 효를 강조하는 것은 조선 내 질서를 유지하고 식자층의 도덕성을 고양하는 이념적 도구였다. 국왕은 청으로부터 부여받은 정치적 정통성을 위해 자신을 청의 충성스러운 신하로 내세웠지만, 다른 한편으로는 조선 내부 반청운동의 도덕적 후원자로 자신의 통치권과 신하들 사이의 관계에 내재된 정치적 정통성을 확보하고자 했다. 청 황제와 마찬가지로 조선 국왕들도 화이담론에서 비롯한 심각한 도전에 대처해야 했다.

이러한 불균형 속에서 1680년대 강희제가 삼번의 난 진압에 전념하게 되자 조선에 대한 청의 통제가 완화되면서 조선은 숙종 연간 '명 황실'을 적극적으로 기념하는 급진적인 국면으로 들어섰다. 1704년 4월, 숭정제가 자살한 지 60년이 되던 해 국왕은 한성 궁궐 근처에 제단을 세우고 숭정제를 추모하는 새로운 의식을 거행했다. 강희 43년이었지만, 국왕은 이 순간을 '숭정 77년'이라고 불렀고, 숭정제가 황위에 즉위한 1628년을 연원으로 삼았다. 국왕은 '명 황실'이 "중화와 오랑캐의 주인(華夷主)"이지만, '북방 오랑캐[虜]', 즉 만주족이 "우리 중원을 점령(據我中原)"할 기회를 잡았고,

그로써 문명의 전통적 메타포인 '예악과 의관(禮樂衣冠)'이 야만적으로 변했다고 보았다. 국왕은 조선만이 여전히 '옛 나라(古國)'를 충성스럽게 받드는 유일한 곳이라고 주장했다. 그 의식에서 숙종은 이같이 낭송하며 눈물을 흘렸다. 주변의 신하들도 모두 눈물을 흘렸다.

얼마 지나지 않은 같은 해 10월, 국왕은 여러 대신과 1590년대 일본의 침략으로부터 조선을 구해준 명나라 만력제를 기리는 사당을 짓는 일을 두고 긴 시간 논의했다. 대신들은 국왕의 친명 태도를 지지했지만, '제후'가 '천자'에게 제사를 지내는 것은 부적절하다고 지적했다. 그 대신 국왕은 9층 제단을 건설해 '대보단(大報壇)'이라 명명하고 봄과 가을 일 년에 두 번 제사를 지내게 했다. 제단은 1705년 1월에 완공되었다.[6] 그 후 조선은 청으로부터 독립을 선언한 1895년까지 190년 동안 명을 기념하는 제사를 계속 지냈다. 그 제단은 조선이 일본의 보호국이 되고 3년 뒤, 일본에 병합되기 2년 전인 1908년 영원히 폐쇄되었다.

북경에 파견된 조선 사신들은 명을 강탈한 오랑캐에 대한 목격담을 제공하여 조선 내 청에 대한 민중의 반감을 지속해서 부추겼다. 사신들에게 북경행은 명을 애도하고 청을 경멸하며 소중화로서 조선의 정체성을 강화하는 여정이었다. 그들은 압록강, 봉황문, 요양, 1637~1644년 소현세자가 억류되었던 심양의 조선관, 산해관, 몇 세기 동안 명나라 황제들이 거주했던 북경의 자금성 등 다양한 명소에 이르면 종종 명의 멸망을 애도하는 시를 지었다. 이 시들은 조선에 널리 유통되었고 일반적으로 연행록으로 알려진 그들 일기의 일부가 되었다.[7]

그러나 18세기 후반부터 일부 조선 지식인들은 북경 여행에서 청의 번영을 목격하고 한인, 만주인 문인들과 폭넓은 대화를 나누면서 야만적인 청에 대한 뿌리 깊은 견해를 재고하기 시작했다. 자칭 조선의 문화적 우월성으로 각성한 이들은 청을 중화국으로 인정하고 조선이 '존왕양이'라는 일반적 교조를 넘어 자국의 이익을 위해 청에서 배워야 한다고 주장했다. 이 문인들은 '실학'에 중점을 둔 북학파를 이루었다. 이들은 1644년 이후 120여 년 동안 중단되었던 조선 문인과 중국 문인 간의 교류를 성공적으로 재개했다. 이들 중 특히 홍대용, 박제가(朴齊家, 1750~1805), 박지원(朴趾源, 1737~1805) 세 명이 두드러진다.

대명을 기리다: 홍대용의 대청 인식

홍대용은 1731년 한성에서 조선 세도가의 아들로 태어나 당시 최고 학자인 김원행(金元行, 1702~1772) 밑에서 공부했다. 1765년 말 숙부가 북경으로 가는 연공사에 임명되자 홍대용은 사신단의 자제군관으로 사행에 참여했다.[8] 홍대용은 청을 오랑캐의 나라로 여겼지만, 사행에 대한 기대와 함께 중국인들과 교류하길 열망했다. 1766년 초 북경에 도착한 홍대용은 필담으로 중국 문인들과 교류하는 데 거의 모든 시간과 정력을 쏟았다. 이러한 대화에서 그는 청이 조선의 눈에 아무리 야만적일지라도 문명화된 '중국'이며, 조선이 아무리 마음속으로 우월하다고 생각하더라도 오랑캐의 범주에 속한다는 결론에 도달했다.

홍대용은 다른 조선인들처럼 명나라 스타일의 옷과 모자를 착용하는 조선의 의관을 매우 자랑스러워했고, 만주족의 두발 모양과 예복을 경시했다. 그의 의관은 그가 중국 문화의 진정한 방식을 지키고 있다는 표식이었다. 북경에 체류하던 초반 몇 주 동안 홍대용은 중국 지식인들과 나눈 대화에서 청에 대한 조선의 문화적 우월성을 강조하고자 자신의 의관을 자주 활용했다.[9] 그러나 얼마 지나지 않아 홍대용은 다른 청나라 지식인, 특히 엄성, 반정균(潘庭筠, 1743~?)과 대화를 나누게 되었고, 잘 배운 문인들은 그의 시각을 극적으로 변화시켰다.

엄성과 반정균은 절강성 항주 출신 한족으로 향시에 합격한 거인이었다. 그들은 관료로서 나라를 위해 봉사하려는 꿈을 이루고자 북경에서 마지막 단계의 시험에 합격하겠다는 결의를 다졌다. 둘은 홍대용과 소통을 강화하려고 자신들의 향시 답안지를 공유했다. 홍대용, 엄성, 반정균 그리고 조선과 청의 동료들 사이에 있었던 첫 대화에서 또 다른 조선인 김평중(金平仲)은 주나라를 받들어야 하는 이유를 물었다. 이는 명에 대한 향수의 표현이자 만주족에 대한 저항으로 비춰질 수 있다고 생각했기 때문이다. 반정균은 그가 말한 '중화'는 곧 "무수한 나라의 으뜸(萬國所宗)"을 가리키며, 현재 천자인 건륭제는 위대해서 모든 신하가 복종과 존경을 표해야한다고 강조했다. 반정균은 주나라를 받드는 것은 지금 왕조를 모시는 것과 유사하다고 결론지었다. 홍대용은 태어나서 처음으로 청을 '중화'라 칭하는 말을 들었다. 홍대용은 반정균의 응답을 민감한 만·한 민족 관계에서 비롯한 것으로 생각하여 그의 주장을 무시하고 대신 소중화로서 조선의 정체성을 강조하며 대응했다. 그러나 대화가 끝나갈 무렵 양측은 "천하는 한 가족이다(天下一家)"라는 청의 자부심을 칭송한다는 공통점을 발견했다.[10]

홍대용은 조선인이 머무는 곳에서 엄성, 반정균과 두 번째 대화를 나눌 때까지 그의 문화적 우월감을 드러내지 않았다. 이 대화에서는 의관에 대해 길게 토론했으며, 조선인 주인과 청나라 손님은 명·청 교체기와 중국 역사에서 청의 지위에 대한 각자의 이해를 분명하게 드러냈다. 홍대용은 조선인들이 명나라 양식의 의복을 입는다고 몇 차례 강조했다. 당시 중국에서는 명나라 복식을 중국식 가극 무대에서만 착용했다. 홍대용은 이 의복이 "한족 관리의 위엄(漢官威儀)"을 시각적으로 상기시키는 역할을 한다고 얘기했다. 조선인 주인은 반정균과 엄성에게 만주족의 두발 모양, 의복, 모자, 명나라 이야기에 관한 아슬아슬한 질문을 했다. 대화 기록을 맡은 반정균은 그들의 질문에 신중하게 대답하고 청나라를 상찬했다.[11] 반정균은 뒷날 북경의 관리가 되었고, 홍대용이 한성으로 돌아온 후 요청한 왕래 서신의 사본을 주지 않았지만 두 사람은 좋은 관계를 유지했다.[12]

엄성과의 또 다른 긴 대화에서 홍대용은 다시금 조선인의 복식 양식을 이용해 청을 비판하고 명을 애도했다. 홍대용은 엄성에게 중국이 만주족의 두발 모양과 복식을 받아들이며 자신을 잃게 되어 매우 슬프며, 그가 보기에 중국의 상황은 금조나 원조의 통치 때보다 훨씬 더 나빠졌다고 말했다. 이와 비교해 홍대용은 자신이 '부모 국가'라고 하는 명에 대한 충성심을 자랑스럽게 얘기했다. 그러나 엄성은 1644년 청이 반란군을 쓰러뜨리고 정의를 수호해 바로 세워 정통성 있는 나라의 통치자가 되었다고 주장했다. 대화 말미에 홍대용은 명이 부당하게 조선을 이용한 반면, 청은 조선에 훨씬 관대하다는 사실을 인정했다.[13] 홍대용은 한족 문인들이 청을 정치적 의미에서 명의 정당한 계승자이자 문화적 의미에서 유교의 정통 계승자로 인식하고 있음을 깨달았다. 비록 한족이 만주족의 관습과 의

관을 받아들였지만, 홍대용은 그들이 여전히 "중화의 오래된 후예(中華故家之裔)"라고 결론지었다. 이와 대조적으로, 홍대용은 조선인이 명나라 방식의 의관에 자부심을 느끼지만, 근본적으로 여전히 "바다 위의 오랑캐(海上之夷人)"에 속한다고 인정했다. 그는 "중화와 오랑캐는 같다"라고 주장하여 청의 문명적 지위를 인정했다.[14] 홍대용은 새로운 대청 인식으로 조선에 돌아와 북학파에 크게 기여했다.

북학: 청을 향한 조선인 방문객의 새로운 어조

화이담론을 다시 논하다: 박제가의 북경 방문

1766년 홍대용이 한성으로 돌아온 후 반정균, 엄성을 비롯한 중국인 친구들과 맺은 돈독한 관계와 그들과의 지속적인 서신 왕래는 조선 동료 문인들 사이에서 전설적 이야기가 되었다. 그중 한 명은 1750년 한성에서 태어난 박제가로, 그의 아버지는 조정 대신을 지냈다. 어머니가 첩이었으므로 과거에 응시할 수 없었지만, 젊은 시절 시로 명성을 얻어 상류층, 지식인들과 폭넓은 사회적 관계를 맺었고 홍대용과도 친분을 쌓았다. 박제가는 홍대용과 중국 문인 간 교류에 매료되어 북경을 직접 방문하길 원했다. 1778년 봄, 그에게 기회가 찾아왔다. 정사 채제공(蔡濟恭, 1720~1799)은 그와 또 다른 젊은 문인인 이덕무(李德懋, 1741~1793)에게 북경으로 가는 그의 조공 사신단에 합류하라고 요청했다. 이 사행은 박제가가 '실용적 지식'이라는 실학의 주요 지지자로 변화하는 데 일조했다.

박제가는 북경에서 기윤(紀昀, 1724~1805), 반정균, 철보(鐵保, 1752~1824), 풍신은덕(豊紳殷德, 1775~1810) 등 저명한 한인, 만주인 문인 50여 명과 시를 주고받거나 필담을 나눴다. 이들은 대부분 조정의 고위 관리였다. 또한 중앙아시아에서 온 회족 왕공과도 대화를 나눴다. 그는 조선으로 돌아온 후 3개월 동안 『북학의』라는 제목의 글을 집필하였으며, 다리·도로·배·도시 건설에서부터 도자기·종이·활·붓의 생산, 언어, 의학에 이르기까지 조선이 청으로부터 배울 수 있는 것을 논했다.[15] 박제가는 이를 비롯해 다른 많은 문제에서 청이 얼마나 발전했는지 설명한 다음 조선과 비교했다. 그는 조선이 청의 성취를 인식하지 못하고 청의 정교한 실용 기술을 받아들이지 못하는 것은 화이담론에 따라 자발적으로 고립했기 때문이라고 주장했다. 예를 들어, 그는 북경에 파견된 조선 사신들이 봉황문에서 북경으로 가는 길에 중국 현지 관리들과 직접 교류하지 않고 조선어 통관에게 의지해 큰 불편을 초래했다고 지적했다. 박제가는 동료 문인들에게 중국어, 만주어, 몽골어, 일본어를 공부하라고 적극적으로 권했다. 이와 같은 제안은 조선의 일상적 관행과 통치술에 전면적인 개혁을 요구하는 것과 다름없었다.

박제가는 『북학의』 마지막 부분에 「존주론(尊周論)」이라는 화이담론에 기초한 조선의 대청인식을 다룬 짧은 글을 썼다. 그는 일반적인 반청 풍조를 따라 청이 오랑캐[夷]라고 인정했지만, 조선이 청으로부터 배울 점이 있다고 비판적으로 지적했다. 그렇지 않으면 '중국의 오랑캐'를 몰아낼 수도 없고 '동이(東夷)'를 변화시킬 수도 없다고 경고했다. "오랑캐를 몰아내려면 먼저 오랑캐가 누구인지 알아야 한다"라고 말했다. 박제가는 명의 멸망에 따른 복수는 조선이 먼저 20년 동안 청을 면밀하게 배운 뒤에 해도 늦지 않을 것이라고 강조했다. 그는 「존주론」에 이어 「북학변(北學辨)」을 써서 성리학의 원리에 기반해 청을 배워야 한다는 주장을 정당화했다. 그는 조선을 칭송하면서 청을 멸시하는 조선 문인들을 오곡(五穀)에 중점을 둔 '하사(下士)', 문장을 중시하는 '중사(中士)', 성리학에 집중하는 '상사(上士)' 세 부류로 구분했다. 박제가는 조선의 대청 인식은 청에 관한 매우 불완전한 지식에 기반하며, 실제로 조선은 번영한 청에 비해 낙후했다고 주장했다. 그는 주희를 인용하며 조선에 자신처럼 그 원리를 제대로 이해하는 사람이 더 많길 바란다고 말했다.[16] 조선이 청에 맞서 싸우기 전에 청을 배우자는 박제가의 주장은 "오랑캐의 우수한 기술을 배워 오랑캐를 제압한다(師夷長技以制夷)"라는 위원(魏源)의 전략과 유사하지만, 여기서 '오랑캐'는 유럽인을 가리킨다.

청이 중화라는 박제가의 인식은 많은 동료 문인의 환상을 깨뜨렸다. 박제가는 청을 가본 적이 없는 많은 이에게 청을 상상 이상으로 번영한 사회로 묘사했다. 박제가는 홍대용의 뒤를 이어 상류층 지식인들이 받아들이기 꺼렸던 청의 새로운 이미지를 만들었다. 박제가를 북경으로 데려간 정사 채제공도 그러한 상류층 지식인 중 한 명이었다. 채제공은 만주인 봉황성수위(鳳凰城守尉)를 '야만스럽다'고 얘기했다. 그는 북경에 도착해 자금성 옆 숭정제가 자살한 인공 언덕을 보았을 때 명을 기리는 시를 지었다. 그는 길거리의 중국 아이들이 자신의 명나라 방식 복식을 비웃는 것을 한탄했다. 건륭제는 천단에서 하지 제사를 지낸 후 조선 사신단의 의식 거행이 외번 중 가장 훌륭했다고 칭찬했다. 채제공은 이를 듣고 자신이 종종

'칸'이라고 불렀던 만주족 황제가 자신과 다른 조선 사신단이 착용한 '한족 의복과 모자'를 암묵적으로 승인한 증거로 해석했다.[17] 채제공은 조선으로 돌아와 사행 기간에 쓴 시를 모아 『함인록(含忍錄)』이라는 선집으로 엮었다. 이와는 극명히 대조적으로 중하층 조선 문인들은 '이용후생'이라는 박제가의 주장에 완전히 끌렸다. 현학주의를 피하고자 했던 문인들은 북학의 괄목할 만한 부흥과 보급에 기여했고 그중 한 명이 박지원이었다.

야만적인 청을 재인식하다: 박지원의 북경 여행

양반 출신인 박지원은 1780년 삼종형 박명원(朴明源, 1725~1790)이 건륭제의 70번째 생일을 맞아 북경에 파견되는 사신으로 임명되자 '상국을 여행'할 기회를 얻었다. 박지원은 청과 조선 간 국경의 작은 마을부터 성경, 북경 등 대도시에 이르기까지 곳곳에서 볼 수 있는 청의 부유함에 충격을 받아 조선의 엘리트 지배층 사이에 만연한 청에 대한 고정관념이 발전의 걸림돌이 된다는 걸 깨달았다. 그는 홍대용의 영향을 깊이 받아 열린 마음을 가지고 있었지만, 청의 야만성에 대한 지배적 가정에 뿌리를 둔 편견을 극복하기 어려웠다. 박지원은 『열하일기』에서 친명·반청 원리의 도덕적 올바름과 청을 배우고자 하는 열망 사이에서 많이 고민했다. 청은 문명화했지만 조선은 그렇지 못하다는 박제가의 자조처럼, 그는 청의 성취를 인정하는 데 괴로워하고 심지어 고통스러워했다.

박지원의 놀라움은 여행 첫날 봉황문에 도착해 울타리 안 작은 마을을 본 순간 시작되었다. 그는 마을의 집, 담장, 문, 거리가 잘 설계되어 관리되며 "열악한 시골 풍경의 흔적"을 전혀 찾아볼 수 없다는 사실을 발견했다. 그는 청나라 영토의 '동쪽 끝'에서 이런 광경을 볼 수 있다는 사실에 제국 안쪽은 더 번영했을 거라고 예감했다. 만주족 오랑캐들은 어떻게 그토록 인상적이며 상당한 수준으로 땅을 효율적으로 관리할 수 있었을까? 박지원은 너무 불안해 한성으로 돌아가고 싶었다. 그는 자신의 하인 장복에게 "만약 네가 중국에서 태어난다면 어땠을까"를 물었다. 글을 몰랐던 소년 장복은 "중국은 오랑캐(中國胡也)이기 때문에 중국에서 태어나고 싶지 않다"라고 답했다.[18] 소년의 대답은 그의 주인을 안심시켰다. 이 또한 청을 오랑캐로 보는 인식이 조선인들 사이에 만연했음을 반영한다. 그럼에도 박지원은 자신의 여정이 스스로 바랐던 만큼 평안하지 않을 것을 깨달았다.

실제로 야만적인 청에 대한 박지원의 선입견은 매일 조금씩 무너졌다. 그는 요양, 심양, 많은 작은 마을을 지나면서 아름다운 건물, 활기찬 시장, 번성한 도시와 농촌을 마주쳤고, 그곳의 관리들은 그를 친절하게 대했다. 그는 한인과 만주인 학자, 관리와 필담을 나눴고, 현지의 풍경과 유적지를 즐겼다. 이러한 경험을 하는 동안 박지원의 일기에서 청이 야만적이라는 비난은 완전히 사라졌다. 오히려 박지원은 1644년 이후 조선이 청으로부터 문화적으로 고립되면서 생긴 자신과 중국인 사이의 현실적 격차를 깨닫기 시작했다. 두 마을에서 그가 경험한 일이 이를 생생하게 보여준다.

박지원은 신민둔(新民屯)이라는 마을의 전당포를 방문했을 때 선물로 글씨 몇 자를 써달라는 주인의 청을 받았다. 박지원은 심양과 요양의 일부 점포에서 "서리를 능가하고 눈을 능가한다(欺霜賽雪)"라는 네 글자가 크게 쓰여 있는 것을 떠올리며 상인들의 마음이 서리와 눈처럼 순수해야 한다는 뜻이리라 생각하고 글씨를 썼다. 그러나 이 네 글자는 밀가루의 높은 품질을 비유한 것이었다. 당황한 주인은 고개를 저으며 그 글자가 자기 장사와 무슨 상관이냐고 중얼거렸다. 박지원은 화가 나서 가게를 나왔다. 다음 날 소흑산(小黑山) 마을에서 노숙할 때 그는 한 보석상 주인에게 똑같은 네 글자를 써줬다. 신민둔 상인이 당황했던 것처럼 보석상 주인은 "저는 밀가루가 아니라 여성용 보석을 파는데, 왜 이런 글자를 써주시나요?"라고 물었다. 그제야 글자의 실제 의미를 깨달은 박지원은 당황하지 않고 침착하게 다른 글자를 써서 가게 주인에게 찬사를 받았다.[19]

이 일로 좌절감을 느낀 박지원은 조선의 대청 인식을 비판적으로 바라보고, 동료 지식인들의 청에 대한 의견이 다른 태도를 비교해 '이용후생'의 아이디어를 제시했다. 그는 박제가와 마찬가지로 조선의 학자들을 상사(上士), 중사(中士), 하사(下士)로 나눴다. 그는 청을 가본 적이 없는 조선인들이 북경에서 돌아온 사람들에게 여행에서 인상적이었던 것을 묻는 내용으로 이야기를 시작했다. 박지원에 따르면, 많은 방문객이 요동의 백탑, 중국 시장, 산해관 등을 서슴지 않고 꼽지만 상사는 천자부터 보통 백성까지 중국 사람들은 "변발을 한 오랑캐[胡]"이므로 "인상적인 것은 아무것도 없다"라고 주장했다. "오랑캐[胡虜]가 개와 양"이니 그들의 어떤 것도 칭찬할 것이 없었다. 중사는 "산천이 오랑캐[腥羶]화되어 10만 대군을 이끌고 산해관을 넘어 중국을 회복하기 전까지는 그 어떤 것도 인상적인 것이 없다"라고 주장했다. 박지원은 자신을 상사와 중사의 '존왕양이' 믿음을 공유하는 하사 중 한 명이라고 밝히면서 동료들에게 "비록 오랑캐가 만든 것이라도 우리 민족과 나라에 이익이 된다면, (청의) 좋은 방법과 유용한 제도를 배우자"라고 외쳤다.[20] 그는 "오랑캐를 몰아내려면, 중국의 좋은 제도를 모두 배워 우리의 제도를 바꾸어야 하며, 그 이후에야 중국에는 인상적인 것이 없다고 말할 수 있다"라고 주장했다. 그러나 화이의 경계를 모호하게 만드는 이러한 접근법은 그 자신뿐만 아니라 조국에서의 보편적 도덕을 흔들 수 있는 양날의 칼이었다.

박지원은 1780년 8월 30일 북경에 도착했을 때, 화려한 대도시의 웅장함에 놀라움을 금치 못했다. 그는 일기에서 처음으로 청의 연호인 '건륭 45년 팔월 초하루'라고 표현하여 청을 세계의 중심으로 인식하는 사고방식으로 자신을 끌어들였다. 그날 박지원은 자신이 '오랑캐'의 나라에 있다는 사실을 완전히 간과했다.[21]

조선을 청의 충성스러운 신하로 식별하기

박지원과 그의 동료들은 북경에 도착했을 때 황제가 9월 11일 자신의 생일을 경축하려고 판첸 에르데니(1738~1780, 판첸 라마 6세)와 몽골 왕공이 모이는 열하의 피서산장으로 이동했다는 사실을 알게 되었다. 9월 2일, 황제는 예부에 조선 사신을 열하로 오도록 지시하고, 군기대신(軍機大臣)을 북경으로 보내 그들을 환영하도록 명하였다. 이는 '특별한 황은'을 베푸는 행위였다. 조선인들은 바로 특별 조를 만들어 열하로 향했고, 박지원은 이를 따랐다. 닷새 뒤 이들은 열하에 도착했고 청 측과 미묘한 갈등을 겪었다. 황제와 관원들은 외번의 모범으로서 조선이 복종하는 모습을 보여주길 간절히 바랐지만, 조선인들은 그들의 양가적 대청 인식을 고려해 그러한 역할을 피하기를 간절히 바랐다. 그러나 양자 관계에서 종속적 지위에 있는 조선 사신단은 별다른 방도가 없었다.

이러한 긴장감이 드러난 첫 사건은 사신단이 도착했을 때 발생했다. 성대한 경축일 의식에서 황제는 사신단에게 중국 2품 관원 우반(右班)의 끝에 서도록 알렸다. 이는 황제의 "전례 없는 은혜"였다. 의식 규정에 따르면 일반적으로 사신단은 좌측 열의 끝에 서야 했다. 예부 대신들은 사신에게 진정한 감사를 표하는 정문을 제출하라고 요청했다. 사신단은 국왕의 허락 없이 그런 일을 하는 것은 부적절했기에 망설였지만, 대신들은 사신들을 압박했고 결국 정문을 작성하게 되었다. 박지원은 연로한 황제의 의심이 커지면서 대신들은 그의 뜻을 받들고자 더 열심히 일해야 했다고 일기에 적었다.[22]

이후 황제는 군기대신을 보내 판첸 에르데니를 언급하면서 두 사신에게 "서쪽에서 온 성스러운 승려(西蕃聖僧)"를 예방하고 싶은지 물었다. 조선인들은 '중국 인사들(中國人士)'과 교류를 끊은 적이 없지만 '타국 사람(他國人)'과는 감히 소통하지 못한다고 답했다. 이에 굴하지 않고 황제는 사신들에게 그의 사찰에 있는 라마를 예방하라고 명했다. 사찰에서 조선 사신과 판첸 에르데니 사이의 대화는 미로와 같았다. 에르데니는 옆에 있는 몽골 왕공에게 말하고, 왕공은 군기대신에게 이를 전하고, 대신은 이를 청나라 통관에게 전달하고, 통관은 조선에서 온 역관에게 전달하여 마침내 사신단에게 한국어로 통역해 주었다. 이 대화에는 티베트어, 몽골어, 만주어, 중국어, 한국어가 사용되어 통일 제국의 다민족·다문화적 성격을 강조했지만, 실제로 판첸 에르데니와 조선 사신이 서로 얼마나 이해하고 말 뒤에 숨겨진 정치적 의미를 파악할 수 있었는지는 불분명하다. '흙으로 빚은 인형이나 나무로 깎은 꼭두각시'같이 딱딱했던 사신은 군기대신의 지도에 따라 판첸 에르데니에게 비단 손수건을 선물했고, 판첸 에르데니는 답례로 작은 청동 불상 세 개와 하다(Hada, 哈達, 티베트 불교에서 쓰는 스카프─옮긴이), 풀루(Pulu, 氆氇, 야크 털로 짠 모직물─옮긴이), 티베트 향을 선물했다. 불상은 유교적 신념에 어긋났기에 조선으로 가져가는 대신에 은으로 교환해 하인들에게 나눠줬다.[23]

조선 사신은 의례상 고두 문제가 있어 판첸 에르데니를 예방하길 꺼렸고, 라마에게 예를 올리기를 거부했다. 박지원은 나중에 만주인 관원과 나눈 필담에서 "저희 나라(弊邦)는 대국을 한 가족처럼 섬기며, 우리 사이에는 내외가 없습니다. 그런데 라마는 서역 사람인데 어떻게 우리 사신이 감히 그를 예방할 수 있겠습니까? 신하는 외교를 할 수 있는 권한이 없습니다(人臣無外交)"라면서 그들의 행동을 옹호했다.[24] 조선은 중국의 번이자 속국으로 충성심을 행동으로 보여줬다. 1830년대부터 1870년대까지 서양 국가들이 조선과 직접 교류를 시도했을 때 조선 국왕은 속국은 외교를 할 권리가 없다는 원칙을 거듭 강조했다. 이렇게 의견을 올리는 것은 조선 문인에게 극복할 수 없는 엄청난 딜레마를 안겨주었다. 조선은 청을 오랑캐로 여기면서 명의 문명적 계승자라고 자처했지만, 다른 정치 주체가 접근해오자 바로 청을 중국으로 인식하는 태도를 보이며 종번 노선을 따라 청이 소중히 여기는 '먼 곳에서 온 사람들'의 대표로서 자기 역할을 받아들였다.[25]

청의 번속 대표들을 위해 연회가 열렸는데, 몽골 왕공, 신강의 회부 왕공, 중국 서남부의 토사 등이 참석했다. 황제는 연회에서 조선의 충성을 칭찬하고 "조선은 대대로 번으로서 역할을 해왔고 항상 충성스러웠다. 조선은 해마다 조공을 제때 바치니 진정으로 칭찬할 만하다"라고 언명했으며 "우리, 군주와 신하들은 서로를 전적으로 신뢰하고 중국 안팎에서 한 가족에 속하니 이같이 지나친 의례에 얽매이지 말아야 한다"라고 덧붙였다. 그는 조선은 오직 연공 공물만 바치면 되고, 다른 모든 공물과 표문은 영원히 취소한다는 칙령을 내렸다. 이는 "수사보다는 실질적 조치로 멀리서 온 사람을 소중히 여긴다(柔惠遠人, 以實不以文)"라는 청의 정책을 반영한 것이었다.[26] 다시금 조선 사신들은 청의 문명과 중심성을 찬양하는 제국 담론의 목적을 위해 먼 곳에서 온 전형적인 사람 역할을 하였다.

박지원은 귀국 후 박제가와 마찬가지로 동료 문인들에게 청을 배워야 한다고 촉구했다. 1781년 그는 박제가의『북학의』서문을 쓰면서 조선이 청에 대한 잘못된 추정을 버려야 한다고 거듭 강조했다.[27] 다른 조선 문인들이 박지원의 뒤를 이어 북경을 방문하면서 명과 청에 대한 조선인의 인식은 계속 진화했다.

천조의 도(道): 청과 1790년, 1793년 조공 사신

황실 대연회와 1790년 조선 사신단

조선의 엘리트 지배층은 중국에서 명을 회복할 수 없다는 사실을 점점 깨달았고, 이 인식은 '사대'라는 명분 아래 청을 섬기는 것을 정상으로 되돌리는 데 도움을 주었다. 1778년 박제가와 1780년 박지원에 비해 1790년 건륭제의 팔순을 축하하려고 파견된 조선 사신단의 부사로 열하를 방문한 서호수(徐浩修, 1736~1799)는 조선의 청과 종번 교류를 매우 온건한 용어로 묘사했다. 정사 황인점(黃仁點, ?~1802), 부사 서호수, 서장관 이백형(李百亨, 1733~?)이 이끄는 사신단은 7월 9일 한성을 출발해 2주 후 의주에 도착했으나 홍수로 압록강을 건널 수 없었다. 의주에 머무는 동안 서호수는 자신이 지은 시 한 편에서 "압록강은 중화와 이적의 경계[華夷分界鴨流汀]"라고 말했지만, 일기에서는 청의 연호를 썼다.[28]

건륭제는 조선 사신들이 열하에서 열리는 경축 행사에 도착하는 데 걸리는 시간을 걱정했다. 청의 외번과 내번의 대표들이 열하에 다시 모였을 때 황제는 조선 사신의 참석을 대가족의 '시스템', '방법', '기본 원칙'에 없어서는 안 될 요소라고 보았다. 8월 1일, 아직 의주에 머물던 조선 사신단은 성경장군을 통해 북경 예부로부터 자문을 받았다. 이 자문은 하루에 약 196킬로미터(500리)를 이동했다. 이는 청나라 역참 체계에서 매우 빠른 속도 중 하나였다. 건륭제는 조선인들이 안남 국왕과 남장, 면전 사신에게 정해준 8월 19일까지 도착해야 했기에 바로 열하로 오라고 지시했다. 다음 날 사신단이 강을 건넜을 때 북경으로부터 두 번째 자문이 도착했고, 조선의 존재가 "체재에 특히 중요(殊與體制有關)"했기 때문에 사신단은 기한을 지키라고 재촉했다. 이후 사신단은 완전히 다른 어조의 세 번째 자문을 받았다. 사신단이 제때 열하에 도착하지 못해도 괜찮다는 내용이었다.

조선 사신은 그러한 반전을 멀리서 온 사람을 소중히 여긴다는 뜻으로 받아들였다. 즉시 특별 조를 꾸려 표문과 공물을 가지고 열하로 가도록 하고, 나머지 사신단은 계획대로 북경으로 향했다. 성경을 지나 418킬로미터 이상을 달려 8월 24일 열하에 도착한 사신단은 황제가 조선 사신단을 위해 대연회를 8월 25일로 바꿨다는 사실을 알게 되었다. 몽골과 회족 왕공, 면전과 남장 사신, 대만의 토사, 안남의 국왕은 며칠 전에 모두 도착했다.[29] 황제의 결정은 청 중심의 세계에서 조선의 자리는 대체될 수 없다는 사실을 명백하게 보여줬다.

다음 날, 예부는 건륭제를 알현하도록 조선 사신을 피서산장으로 인도했다. 황제는 사신들의 이름과 직급을 물은 후 그들에게 연회에 참석하고 중국식 가극을 보도록 지시했다. 조선 사신은 '타국 사신'과 함께 한 줄에서 첫 번째 자리에 배치되었고, 두 번째는 안남 사신, 세 번째는 남장 사신, 네 번째는 면전 사신, 다섯 번째는 토번이 배치되어 조선의 두드러진 위상을 보여주었다. 게다가 조선의 잘 작성된 표문은 모범적인 것으로 간주되었다. 군기처에서 가장 영향력 있던 만주족 대신 허션(Hešen, 和珅, 1750~1799)은 안남 국왕 응우옌후에게 조선 표문 중 하나를 보여주면서 "조선은 다른 번의 모범이 될 정도의 훌륭한 방식으로 사대한다"라고 평했다. 안남 국왕은 여러 차례 표문을 살펴보며 매우 높게 평가하였다.[30]

9월 초, 연회가 열하에서 북경으로 옮겨갔고 조선 사신은 원명원과 자금성에서 개최된 모든 의식에서 중요한 역할을 유지했다. 황제는 종종 사신의 알현을 허락하고 연희를 감상하도록 초대했으며, 그들에게 만주 연회를 대접하고 선물을 주었다. 10월 11일, 조선 사신단은 성공적인 체류 활동을 끝내고 마침내 북경을 떠나 고국으로 향했다.

1790년 지방 연회와 베트남 사신단

청은 다른 번의 사신들도 조선 사신처럼 황실 예절을 쉽게 받아들이고 따르기를 기대했다. 규정된 관례에서 벗어나는 것은 청과 특정 번 사이의 갈등을 일으킬 뿐만 아니라 청 군주와 지방 관원들 사이의 내부 긴장을 초래할 수 있었다. 이러한 사례는 1790년 안남 국왕 응우옌후에가 북경을 방문했을 때 일어났다.

안남은 18세기 말 격동의 시기를 겪었고 청은 그 혼란에 휘말렸다. 1771년 이른바 떠이선(Tây-so'n) 난으로 응우옌후에와 그의 두 형제는 베트남 남부를 지배하던 응우옌 왕조를 무너뜨리고 레 왕조(1428~1788)를 다시 세웠다. 1788년, 응우옌후에의 권력이 커지는 것을 우려한 어린 국왕 레주이끼(Lê Duy Kỳ, 1765~1793)는 수도에서 도망쳤다. 레(Lê)의 요청에 건륭제는 '100년 이상 청의 외번'이었던 안남에 군대를 보냈다. 양광총독 손사의(孫士毅, 1720~1796)의 지휘 아래 청군은 신속히 하노이를 점령했고 레주이끼 정권을 재건했다. 그러나 청군은 1789년 1월 예기치 못한 응우옌후에의 공격에 패했고, 레는 다시 하노이에서 달아났다. 건륭제는 그가 좋아하고 직전에 대만 반란을 평정한 만주인 장군 푸캉안(Fuk'anggan, 福康安, 1753~1796)을 손사의 대신 임명해 반격하도록 하였다. 그러나 황제는 대규모 전쟁을 벌여 베트남을 정복하는 데 관심이 없었고, 푸캉안과 손사의에게 응우옌후에의 화친을 요구하는 어떠한 시도도 받아들이라고 지시했다. 황제는 청나라 이전 역사에서 "베트남을 중국의 군현으로 전환(郡縣其地)"했을 때 중국이 좌절했던 경험을 되새기며 군사 정복 이후, 특히 준가르 몽골과 전쟁한 이후 청이 많은 관원을 파견하여 관리했던 신강의 경우처럼 "안남을 중국의 판도에 통합해 넣지(收入版圖)" 않을 것이라고 강조했다.[31] 따라서 청의 정책 입안자들은 청 국경의 여러 지역에 유연하게 정책을 적용해야 한다는 것을 분명히 이해했다. 결과적으로 응우옌후에는 청과 다시 싸울 준비가 되어 있지 않았기에 같은 달 손사의에게 '천조'의 신하가 되겠다는 의지를 표명하는 표문을 제출하여 전장에서 있었던 갈등이 종식되었음을 알렸다.

응우옌후에가 청에 항복한 동기를 파악한 건륭제는 5월 15일 '안남의 오랑캐'를 위해 무력을 쓰지 않겠다고 공포했다. "하늘이 레를 버렸다"라고 믿은 황제는 레와 그의 충성스러운 추종자들을 베트남과 국경을 접한 광서성 계림에 정착시켰다.[32] 이러한 조치는 청이 새로운 베트남 정권을 지원할 준비를 하고 있다는 신호였다. 이를 위해 황제는 응우옌후에가 직접 북경에 온다면, 그를 국왕으로 책봉할 수 있음을 내비쳤다. 황제에 따르면, 이것이 바로 그가 자비와 규율로 외국 오랑캐를 관리하는 방법이었다. 또한 황제는 레와 그의 추종자들을 안남으로 돌려보내지 않을 것이며, 자신의 의도를 증명하고자 그들에게 청나라 방식에 따라 머리를 자르고 청나라 의복을 입도록 명령했다. 계림에서 푸캉안과 손사의는 절망에 빠진 어린 국왕에게 "당신은 중화의 땅에 있으니 중국의 제도를 따르고 머리 모양과 옷을 바꿔야 한다"라고 말했다.[33]

국경 교섭의 책임자였던 푸캉안은 북경에 있는 늙고 허영심 많은 주인의 분위기를 잘 알았으므로 황제에게 응우옌후에가 기꺼이 북경을 방문하고자 한다는 강한 인상을 심어주었다. 8월 황제는 안남을 안정시키고 통치하는 데 필요한 정통성을 부여하려고 재빠르게 응우옌후에를 새로운 국왕으로 책봉했다. 고명에서 황제는 외번의 '사대'와 중국의 '자소' 원칙의 중요성을 강조하며 조선과 청 사이에 존재하는 것과 같은 이념적 상호관계를 강조했다. 황제는 북경에 오는 새 국왕을 환영하려고 네 단계를 밟았다. 첫째, 그는 내각과 예부에 국왕과 청의 총독, 순무 간의 "손님과 주인 의례(賓主之禮)"를 만들도록 지시했다. 그는 또한 국왕에게 '종번'에만 주어지는 황금색 가죽띠를 하사했다.[34] 둘째, 폐위된 레를 북경으로 이주시킨 뒤 한군팔기의 좌령직(佐領職)에 임명하고 세습삼품관함(世襲三品官銜)을 주었다. 레를 수행한 추종자 376명은 기적(旗籍)에 등록되었고, 많은 사람이 강남, 절강, 사천, 기타 지역으로 옮겨졌다. 셋째, 황제는 새로운 응우옌 정권이 해마다 시헌력을 북경에서 수령하는 대신 광서총독으로부터 받도록 했다. 넷째, "그 나라의 오랑캐들은 모두 천자의 충성스러운 자식"이라는 생각에 따라 응우옌후에가 북경을 방문한 후 국경 시장을 열겠다고 약속했다. 이 모든 조치는 응우옌후에의 "중화의 신화로 변모하려는 진정성(向化之誠)"을 격려하려는 것이었다.[35]

1790년 5월 26일 응우옌후에를 비롯해 150명으로 구성된 사신단은 청나라 국경에 도착해 황제의 조칙과 하사품을 받고 최고 수준의 고두를 하였다.[36] 푸캉안은 응우옌후에와 동행해 광서성, 광동성, 호남성, 강서성, 호북성, 하남성, 직예성을 지나 열하로 향했다. 6월 초 사신단은 광주항에 도착했고, 공행(公行, 서양 상인들이 중국 측과 거래했던 허가받은 현지 상인 조합-옮긴이)의 '서양 오랑캐'들은 모여서 외번의 국왕이 청에 경의를 표하는 것을 목격했다.[37] 두 달 후 청나라 조정은 응우옌후에의 아들을 왕세자로 책봉했고, 황제는 응우옌과의 부자관계를 치하했다. 황제는 조선 국왕과 코르친 칸을 영접하는 전례에 따라 예부 대신을 파견하여 북경에서 남쪽으로 몇 킬로미터 떨어진 양향(良鄕)에서 국왕을 환영하는 다례를 마련했다.

7월 하순 열하로 온 보고가 황제를 불편하게 만들기 전까지 '회유원인' 정책은 순조롭게 진행되었다. 강서성 관리들은 강서성에서 베트남 사신단을 받아들이고 영접하는 데 하루에 은 4천 냥이라는 놀랄 만한 비용이 든다고 비공식 보고(傳單)를 했다. 관원들은 사신단이 열하에 도착하기까지 덜 호화롭게 대접하는 것을 걱정했지만, 주어진 자금으로만 일할 수밖에 없었다. 몽골 왕공과 타국 사신들은 은 천 냥 미만으로 대접했기에 황제 역시 이 비용에 충격을 받았다. 하루에 은 4천 냥이 든다는 것은 국왕과 그 신하들이 중국에 머무는 200일 동안 그들을 위해 써야 할 돈이 총 80만 냥에 달한다는 것을 의미했다.

황제는 이 문제가 "천조의 도와 관련이 깊다"라고 생각하고 신하들에게 "위대한 천조는 멀리서 온 신하 한두 명을 호화롭게 맞이해서는 안 된다"라고 훈계했다. 또한 황제는 만일 국왕이 지방에서 너무 사치스럽게 대접받는다면, 열하에서 덜 풍족한 대접을 받았을 때 황제의 은혜에 충분히 감사하지 않을 것이라고 얘기했다. 조선 사신은 황제가 얘기하는 핵심을 잘 보여준다. 조선 사신은 각 역참에서 직접 식사를 준비했지만, 북경이나 열하에 도착하면 청나라 사람들이 숙식과 일상적 물품의 공급을 맡았고, 사신을 호화롭게 대접했다. 지방과 북경의 이러한 환대 차이는 황제가 추구했던 효과를 만들었다. 안남 사신의 여정에서 호화로운 대우는 조선 모델에 익숙한 황제가 사신단의 최종 목적지에서 장대한 광경을 보여주고자 했던 황제의 관대함을 훼손할 위험성을 내포했다. 따라서 황제는 강서성, 호북성, 하남성, 직예성 지방 당국에 접대할 때 사치를 줄이도록 지시했다. 이는 "풍요와 부족 사이의 중용(豐儉適中)"을 실현할 유일한 방법이었기 때문이다. 건륭 연간 황제가 외국 귀빈을 대접할 때 호화로운 수준을 낮추라고 명령한 것은 이번이 처음이었다.[38]

이 사건은 황제가 관원을 징계할 기회를 주었다. 그는 이토록 놀라운 비용에 대한 두 가지 가능성을 제기했다. 지방 관원은 황실 금고로부터 이익을 얻으려고 너무 많은 돈을 썼거나 중국 호위대가 그들이 지나간 지방에서 너무 많은 돈을 갈취한 것이다. 두 가지 가능성은 모두 '천조의 도'를 해칠 수 있었다. 황제는 광동성, 강서성, 호북성, 안휘성, 직예성 총독과 순무에게 어떻게 은 4천 냥이란 숫자가 나오게 되었는지 조사하라고 명령했다. 어느 관원도 책임을 인정하지 않았지만, 황제는 비공식 보고의 출처를 밝혀야 한다며 직예성에서 나왔을지도 모른다고 지적했다. 직예총독 양긍당(梁肯堂, 1715~1802)은 즉시 이 종이가 자신의 지역에서 잘못 인쇄되었다고 보고했다. 황제는 양긍당을 비난하고 사건을 종결했지만, 황제의 체면을 살리려고 희생양이 된 양긍당을 처벌하지는 않았다.[39]

1790년 8월 20일 안남 사신단이 열하에 도착했을 때 응우옌후에는 중국 남서부와 대만 토번, 카자흐칸, 몽골과 회부, 남장과 면전 사신과 함께 황제를 알현했다. 황제는 국왕과 그의 수행원들에게 관복을 하사했다. 앞선 절에서 설명했듯이, 조선 사신이 늦게 도착하는 바람에 8월 25일에야 먼 곳에서 온 모든 사람이 황궁에 모여 성대한 연회를 개최할 수 있었다. 그곳과 이후 북경에서 청나라 주변국 사신들은 천자에게 고두를 했다. 이는 건륭제가 보고 경험한 정말로 조화로운 천상의 그림이었다.

천조의 방식: 1793년 영국 사절단

3년 후 황제는 멀리서 온 전혀 다른 일군의 사람들을 맞이하였다. 이 사절단은 중국에서 영길리로 알려진 영국에서 왔다. 1792년 9월 매카트니 경(1737~1806)은 건륭제의 생일을 축하한다는 명목으로 더 큰 상업적 기회를 모색하고자 포츠머스를 떠나 중국으로 향했다. 1793년 7월 사절단은 천진의 대고(大沽)항에 도착했고, 양광당과 장로염정(長蘆鹽政) 징서(徵瑞)의 환영을 받았다. 9월 14일 '영길리국공사(暎咭唎國貢使)'로 불린 매카트니와 그의 수행원들은 열하에서 건륭제를 알현한 후 육로를 이용해 광주로 돌아갔다. 학자들은 이 방문을 두 개의 다른 문화적·사회적·제국적 시스템의 새 시대를 여는 충돌이며, 결국 1839~1842년 아편전쟁으로 이어진 동서 충돌의 시작으로 설명한다.[40] 이 절에서는 이미 충분히 다룬 사건을 전반적으로 살펴보기보다는 청이 영국을 포함한 다른 모든 국가를 제도적으로 오랑캐화한 역사적 배경에서 1790년 안남 사신단이 남긴 영향과 영국 사절단의 연관성에 초점을 맞춘다.

1793년까지 청은 인도 내 영국의 존재를 명확히 인식하지 못했고, 티베트 변경에서 영국의 활동을 인도 내 활동과 연관해 생각하지 못했다.[41] 청 조정은 1793년 영국 대사를 외번에서 온 조공국 사신으로 간주했기에 양자의 교류는 조선, 안남, 유구에 적용되는 것과 마찬가지로 청 법령에 따라 진행되어야 했다. 황제는 현지 관원들에게 영국 조공 사절단의 '외국인 오랑캐(外夷)'를 "풍요와 부족 사이"에서 적절하게 대우하라고 지시했다. 황제는 그러한 대우가 '상국'의 '방식'에 맞고 '멀리서 온 사람들'이 중국을 경멸하지 않도록 할 것이라고 말했다. 1790년 안남을 지나치게 호화롭게 대접한 사건으로 속이 상한 양궁당은 사절단을 맞이하는 데 관여한 관원 중 황제의 뜻을 제대로 이해한 유일한 사람이었을 것이다. 황제 역시 안남의 사례를 기준으로 신하들을 시험했을지 모른다. 황제와 신하들 간의 게임이 다시 시작되었다. 8월에 절강성, 산동성, 천진이 영국 사절에게 호화로운 음식을 대접했다는 사실을 알게 된 황제는 신하들에게 멀리서 온 이들을 환영하는 데 지켜야 할 적절한 균형에 대해 훈계했다. 관대함이 너무 박하면 "그들이 교화되는 변화를 막을 수 있고", 너무 과하면 "천조의 방식과 존엄에 대한 그들의 경멸을 초래할 수 있다"라고 설명했다. 핵심은 "박하지도 과하지도 않게 도를 지키며 소중히 여기는 행위를 강조"하는 것이었다. 그는 양궁당에게 "적절한 방식"을 거듭 상기시켰다.[42]

9월 8일 열하에 도착한 매카트니와 그의 수행원들은 황제 앞에 엎드리기를 거부했다. 다음 날 황제는 양궁당과 그의 동료들에게 칙유를 내려 영국 사절단에 대한 실망감을 표했다. 그 칙유는 사절단의 존경심이 결여된 충격적 이유를 그들이 지방에서 받은 호화로운 대우로 돌렸다. 그것이 오랑캐의 오만함을 부추기고 열하에서 그들에게 주어야 할 인상을 가렸기 때문이라고 지적했다. 이 문제를 해결하고 지방관을 처벌하고자 황제는 사절단이 육로와 내륙의 강을 따라 광동으로 돌아가라고 명했고, 역참에서 모든 숙식은 '무례한 외국 오랑캐(外夷)'에 대한 조공 전례를 엄격하게 준수하여 제공하도록 명령했다. 또한 황제는 이러한 처벌로 중국의 체제를 강조하고 "외번을 관리하는 적절한 방법(駕馭外藩之道)"을 보여주려고 북경에서 사신에게 제공되는 환대는 삼가야 한다고 강조했다.[43] 황제의 관점에서 볼 때 숙식은 왕조의 방식을 반영하는 것이었으며, 영국 방문객과 많은 현지 중국 관리가 완전히 놓친 부분이었다. 황제에게 외번 사신단 통제에서 필수적 측면은 관료 기구를 능숙하게 배치하여 멀리서 온 사람들을 적절히 대접하는 것이었다.

의식 거행에 관한 협상 끝에 매카트니, 부대표 조지 스톤튼(George Staunton, 1737~1801), 조지 스톤튼의 열두 살 된 아들 조지 토마스 스톤튼(George Thomas Staunton, 1781~1859), 사신단의 다른 인원으로 구성된 일군의 영국인에게 9월 14일에 황실 장막에서 황제의 알현이 허용됐다. 사절단은 절을 하는 대신 한쪽 무릎을 꿇고 고개를 아홉 번 숙였다. 영국은 황제의 생일인 9월 17일과 그 후 며칠 동안 열하와 북경에서 타협된 의식을 다시 거행했다.[44] 동시에 만주 왕공, 몽골 왕공, 면전 사신들이 제국 규범을 엄격하게 준수하여 의식을 행했다. 의식이 끝난 후 황제는 조선의 연공으로 북경에 쌓여 있던 조선 의복을 비롯해 많은 선물을 영국 사절단에 하사했다.

영국은 황제에게 그들 버전의 '표문'을 제출했으며, 무엇보다 북경에 상주 대표를 두고 광주 밖에서 무역을 개시할 것을 황제에게 요청했다. 이에 황제는 조지 3세에게 장문의 칙유를 내리면서 그들의 모든 요청을 거부했다. 칙서는 이에 대해 '정해진 규칙'에서 벗어난 전례가 없어 영국이 중국의 "천조 사방에 오랑캐와 멀리서 온 자를 소중히 여기는 도(天朝加惠遠人撫育四夷之道)"를 바꿀 수 없다고 설명했다. 황제는 영길리가 중국에서 멀리 떨어져서 '천조체제'에 익숙하지 않은 것을 이해하지만, "화이의 구분이 엄격해(華夷之辨甚嚴)" 영국인이 북경에 살거나 무역을 할 수 없다고 강조했다. 황제는 북경의 예수회 선교사들도 중국인들과 접촉하는 것이 허용되지 않는다고 말했다.[45] 매카트니는 무역에서 어떠한 양보도 얻어내지 못했고, 따라서 그에 앞서 있었던 1759년 제임스 플린트와 1761년 니콜라스 스코토웨의 전철을 밟았다. 그 대신 청이 조공으로 간주한 영국 대사의 중국 방문은 중화로서 청의 입지를 강화하고 대외관계에서 제도화된 규범을 강화했다. 결국 리천(Li Chen)이 지적한 바와 같이, "중국과 서양의 경제, 문화, 정치적 관계의 조건을 결정하는 데 지배적 위치를 유지한 것은" 청나라였다.[46]

따라서 영국은 청의 세계관에 아무런 영향을 미치지 못했다. 1794년 1월 8일, 매카트니는 광주에서 콜카타로 출발했다. 다음 날 유구에서 온 세 사신은 자금성에서 건륭제를 알현하고 평소처럼 황제에게 고두를 했다. 1월 22일에는 몽골 왕공, 회부 왕공, 중국 남서부 토번의 토사가 황제를 알현했다. 이들도 전통적 방식으로 천자에게 고두를 했다. 사흘 후 조선 연공 사신단은 황제 앞에 엎드렸다. 그리고 새해 첫날이 되자 모든 왕공과 조공 사신들은 중국 관원들과 함께 대조회와 호화로운 연회에 참석하려 자금성에 모였고, 최고 수준의 고두를 행했다.[47] 영국 사절단이 떠난 후에도 청과 외번 사이의 종번 기제는 익숙한 방식을 계속 원활하게 작동했다.

|840년대 반항적인 서양 오랑캐와 충성스러운 동쪽 오랑캐

제1차 아편전쟁과 청의 외교적 역설

영국은 포기하지 않았다. 1816년 애머스트 경(Lord Amherst, 1783~1857)이

사절로 중국을 방문했다. 매카트니 사절단의 일원으로 건륭제를 만났고, 이후 광주에서 영국 동인도회사의 디렉터로 일했던 조지 토마스 스톤튼이 애머스트의 부대표를 맡았다. 이 무렵 중국은 건륭제의 아들 가경제가 통치하고 있었다. 영국 사절단이 천진에 도착하여 현지 관원들과 접촉했을 때 직예총독 서리 토진(Tojin, 托津, 1755~1835)은 1790년 베트남 사신단과 1793년 영국 사절단 때 지방 관리의 어조로 외국인들이 중국을 경멸하는 것을 막고자 전례를 준수하고 조공 사신단을 환대할 것이라고 가경제에게 장담했다.

그러나 양측 사이에 고두를 둘러싼 위기가 다시 불거졌다. 8월 말 사절단이 북경에 도착할 때까지 분쟁이 해결되지 않았기에 영국인은 바로 황제를 방문하지 못했다. 황제는 이를 "중국이 천하의 공주(共主)"임을 받아들일 수 없다는 경멸의 표시로 이해했다. 황제는 스톤튼이 1793년 건륭제에게 어떤 의식을 거행했는지 기억해야 한다며 그를 신뢰하지 않았다. 결국 황제는 애머스트의 '표문'을 거절했고, 영국의 '공물'을 돌려보냈으며, 사절단에게 중국의 선물을 주어 고향으로 돌려보내라고 명했다.[48] 영국의 두 번째 사절단도 실패로 끝났다.

1821년 스톤튼은 1712년 청나라 사절로 러시아를 방문했던 툴리셴의 여행기를 번역하여 출판했다. 그는 서문에서 중국 정부가 다른 국가와의 교류에서 '반사회적 시스템'을 따르며, 그 결과 중국은 "문명국 등급에서 낮은 순위를 차지할 것"이라고 지적했다.[49] 스톤튼의 유럽 중심적 문명 위계는 당시 영국의 대중국 전략에 유용했다. 영국이 주도하는 아편무역이 새로운 정점에 달하면서 중국은 아편의 대량 유입과 은의 급격한 유출로 재정 위기를 야기했고, 북경이 아편 무역 금지를 고려하지 않을 수 없게 되었다. 1840년 4월 당시 영국 의회 의원이었던 스톤튼은 동료 의원들에게 중국에 무력 사용을 촉구했다.[50] 그 후 이어진 양국 간의 아편전쟁은 건륭제의 손자 도광제가 스물두 살이 되던 1842년 「남경조약」으로 끝이 났다. 「남경조약」과 그 보충 조약인 「호문조약」은 서양의 규범에 따라 협상되어 1843년에 체결되었으며, 영국은 중국에서 치외법권과 '최혜국' 지위를 얻었다. 따라서 이 조약들은 새로운 조약항 체제를 바탕으로 중화세계에 유럽 제국주의의 씨앗을 심었다.

1844년 청은 영국, 프랑스, 미국과 기타 서양 국가와 교류를 관리하려고 오구통상대신(五口通商大臣)을 신설했다. 표면적으로 이 새로운 직책은 체약국을 예부의 영향과 종번체제에서 벗어나게 했다. 그러나 이 직책을 맡은 첫 관리는 만주족이자 「남경조약」 체결 때 서명한 기영(耆英, 1787~1858)이었다. 그는 곧 양광총독에 임명되었고, 광주의 서양 국가들뿐만 아니라 안남, 섬라, 기타 여러 외번과의 교류를 담당했다. 따라서 이 새로운 직책은 종번체제의 근본적 성격의 변화 없이 기존 체제에 추가된 것이다. 마찬가지로 전쟁 이후 청나라 주변의 다른 지역도 달라진 것이 없었다.

의례에서 서양 배제하기: 조선에 간 청나라 사신

1843년 말 왕후 김씨(효현황후)가 세상을 떠나자 도광제는 한성에 조의를 표하려고 만주인 관원 버기윤(Begiyūn, 柏葰, ?~1859)과 헝힝(Henghing, 恒興, 1786~1862)을 칙사로 임명했다. 1844년 2월 두 칙사는 조문과 기타 물품을 가지고 북경을 떠나 조선으로 향했다. 이후 봉황문을 넘어 압록강을 향해 가던 두 사신은 조선인들이 그들을 환영하려고 설치한 가건물 여러 개를 발견했다. 의주에서는 국왕의 차관(差官)이라는 명첩(名帖)을 든 관원 등 더 많은 조선 관원이 칙사를 맞이했다. 4월 7일, 칙사는 한성 교외의 홍제원에 도착했고, 그곳에서 명첩을 든 고위 관원과 의정부의 대신이 그들을 맞이했다.

다음 날 성대한 의식이 거행되었다. 아침에 칙사는 수도 성문 밖에 있는 영은문으로 호위를 받으며 왔다. 국왕[헌종]은 서문으로 나와 조칙을 맞이한 뒤 먼저 궁궐로 돌아갔다. 그런 다음 칙사는 호위를 받으며 남문을 거쳐 들어와 궁궐로 들어가는 문 부근에 도착하여 말에서 내렸다. 버기윤은 찬례자(贊禮者-의식 거행 때 절차에 따라 의례의 진행을 돕는 사람—옮긴이)의 인도에 따라 명정전(明政殿)으로 갔고, 그곳에서 조의를 표하는 칙서와 물건을 동쪽 책상 위에 놓고 그 옆에 섰다. 국왕은 대청 계단 아래에서 고두를 한 후 혼전(魂殿, 왕실 국장에서 산릉에 장사지낸 후 신위를 종묘에 배향되기 전까지 봉안하는 장소—옮긴이)으로 향했다. 두 칙사는 차례로 죽은 자의 영령에 폐물을 바쳤다. 국왕은 종친을 이끌고 혼전의 칙사 앞에 무릎을 꿇은 채 황제의 조의 칙서를 받았다. 의식의 마지막 단계로 통곡을 끝낸 후 축문을 불태웠다.[51]

이후 국왕은 사행단을 대전으로 초대하여 다과를 대접했고, 칙사는 그들의 관소인 남별궁으로 돌아갔다. 다음 날 국왕은 다례(茶禮)를 위해 칙사를 방문했고, 조선 관원도 칙사를 찾아가 글자를 써달라고 부탁해 손님들을 바쁘게 했다. 칙사는 은 300냥과 털모자를 현지 하인들에게 나눠주었다. 4월 12일 국왕은 칙사를 배웅하며 각각 은 2,500냥을 선물하였다. 칙사는 북경으로 돌아와서 황제에게 복명하고 은 5,000냥을 예부에 보관하였으며, 이 은은 멀리서 온 사람을 소중히 여기는 황실의 호의를 보여주고자 북경에 오는 다음 조선 사신에게 돌려주자고 건의하였다.[52] 칙사는 한성에 머무는 3일 동안 아편전쟁, 서양 국가들과의 조약, 중국 남부의 외국에 관한 정책에 대해서는 국왕에게 일절 언급하지 않았다. 국왕도 이를 묻지 않았다. 그들의 교류는 중국과 외번으로서 정통성에 대한 오랜 상호의존을 바탕으로 세세하게 규정된 의식 수행에 국한되었다. 이러한 의식의 우위는 얼마 지나지 않은 1845년에 다시 한번 입증되었다.

1845년 4월, 도광제는 새로운 왕비를 책봉하려고 만주인 호부우시랑(戶部右侍郎) 화사납(花沙納, 1806~1859)과 부도통(副都統) 덕순(德順)을 칙사로 해서 한성으로 파견했다. 국왕은 성밖으로 나가 칙사를 맞이했다. 칙사는 견여(肩輿)를 타고 궁궐로 갔고, 대전 앞에서 내려 고명을 가지고 이동했다. 국왕은 대전으로 들어가 고두를 행하고 칙서를 받았다. 찬례자가 대전 밖에서 조선 관원들에게 내용을 큰 소리로 읽었으며, 국왕은 "산호만세(山呼萬歲, 나라의 주요 의식에서 군주의 만수무강을 축원하여 만세를 부르는 것으로 여기서는 조선 국왕이 황제를 향해 부름 ─ 옮긴이)"라고 세 번 외쳤다.[53] 3일 후 칙사는 수도를 떠났다. 칙사가 북경에서 복명할 때 황제가 여행한 거리, 국왕의 의복, 국왕이 보낸 선물에 대해 물었지만, 조선 내정은 언급하지 않았다. 황제에게 영국과의 전쟁, 중국 동남부의 조약항 개방으로 인한 위기와 도전은 청과 조선 관계의 범위를 완전히 벗어난 것이었다. 청 조정의 최고위층에서 중국 중심의 세계질서와 천조로서 청의 정체성은 훼손되지 않았다. 전형적 외번인 조선은 여전히 청에 대한 충성심을 유지했다.

공사와 사신: 1860년과 1861년 북경에 온 영국과 조선의 사절단

북경 주재 서양 대표

1856년 광주에서 제2차 아편전쟁이 일어났다. 중국 총독 겸 흠차대신으로 외교 사무를 담당하던 엽명침(葉名琛, 1807~1859)은 엘긴 경(Lord Elgin, 1811~1863)이 지휘하는 영프 연합군에게 성안 자신의 집무실에서 체포되었다. 엽명침은 북경에서 조선인 방문객들과 가깝게 접촉했던 일원으로 화이지변 담론을 조선인들과 공유했다.[54] 그는 영국 대표와 상인들이 성벽으로 둘러싸인 도시에 들어오는 것을 가장 강력하게 반대하던 사람의 한 명으로 광주에서 10년 이상 일했다. 그는 체포되기 전 함풍제에게 올린 상주문에서 영국, 프랑스, 미국 공사들과 있었던 교섭을 분석하며 "비밀리에 위기에 대비하고 공개적으로 야만인을 소중히 여기는" 전략을 강조했다.[55] 갈등, 교전, 심지어 전쟁까지 종번체제의 틀에서 해석했던 엽명침은 서구 식민국가들의 동아시아 확장을 이해할 수 없었다. 엽명침보다 더 이해하지 못했던 황제는 영국과 프랑스의 행동을 '반란'으로 간주했고, 중국이 우선 해야 할 일은 제멋대로인 신하들을 "소중히 여겨" 국체를 지키고 그들의 요구를 거절하는 것이라고 강조했다. 이는 1793년 건륭제가 매카트니 사절단에 대해 지시를 내렸을 때와 동일한 논리였다. 황제나 조정 대신들, 국경의 총독들은 몇몇 강대국이 아프리카에서 동아시아에 이르기까지 포함외교를 벌이고 있다는 사실을 깨닫지 못했다.

전쟁 상황은 더욱 악화되었다. 1858년 4월 영국, 프랑스, 미국, 러시아 공사는 천진에 모여 북경에 '전권대신(便宜行事)'과 협상하기를 요구하며 최후통첩을 보냈다. 중국 내지로 무역을 확대하고 더 많은 항구를 개항하는 등 이들 국가가 내놓은 요구 가운데 청이 가장 불쾌해했던 것은 1793년 매카트니가 제안한 대로 북경에 상주사절을 두자는 것이었다. 조정은 유럽 공사들과 협상을 진행하던 직예총독 담정양(譚廷襄, ?~1870)에게 "중국과 외국 사이의 모든 교류는 항상 국경에서 이루어졌고, 중국의 속국만이 북경을 방문하여 조공할 수 있다. 이들 국가로부터 온 그 어떤 흠차도 북경에 상주가 허용된 적이 없다"라는 점을 분명히 하라고 지시했다. 조정은 전권대신 임명도 거부했다. 황제는 자신의 태도가 외국인 혐오 때문이 아니며 "중국은 오랑캐들[夷]의 북경 방문을 두려워하지 않지만, 많은 사람이 오는 것이 체제에 부합하지 않기" 때문이라고 주장했다. 그는 같은 맥락에서 미국 공사 윌리엄 리드(William Reed, 1806~1876)의 북경 방문을 거부했다. 그 이유는 "미국은 우방국(與國)이지만 황실의 전례에는 여국을 어떻게 대해야 하는지 기록이 없어 접대하는 예가 적절하지 않을 수 있다"라고 말했다.[56] 황제는 공사들에게 광주로 돌아가서 그곳의 총독과 관세 등의 문제를 논의하고, 북경이 아닌 오구통상대신과 함께 진행하라고 제안했다. 협상 장소는 중국 중심의 세계질서에서 떼낼 수 없는 일부였으므로 청나라 통치자들의 눈에는 매우 중요했다.

5월 20일, 영국과 프랑스 연합군은 황제의 지시를 무시하고 대고(大沽) 포대를 점령한 후 담정양에게 4개국이 중국 전권대신과 협상하도록 천진 입국을 허용하고 북경에서 황제나 군기대신을 예방할 수 있도록 해달라는 서한을 전달했다. 5월 28일, 황제는 만주족 군기대신 구이리양(Guiliyang, 桂良, 1785~1862)과 화사납을 흠차대신으로 임명한 뒤 교섭을 하도록 천진으로 보냈다. 1845년 조선에 파견된 칙사로 천자의 대리자 역할을 했던 화사납은 이제 영국과 프랑스의 군주와 동등한 중국 군주의 외교 대표가 되었다. 황제는 특히 담정양이 공사들에게 북경을 방문할 필요가 없다는 점을 알리라고 지시했다. 한편, 그는 코르친 왕공 셍게린첸(Senggerincin, 僧格林沁, 1811~1865)에게 몽골 군사를 이끌고 천진과 북경 사이의 수비대를 강화하라고 명령했다.

중국과 영국의 교섭은 북경 상주사절 문제를 두고 교착상태에 빠졌다. 조정에서는 이친왕 재원(怡親王 載垣, 1816~1861)을 비롯한 많은 고위 관리가 북경에 상주사절을 두자는 서양의 요청을 단호히 거부했다. 그 대신 '러시아 오랑캐(俄夷)'의 관행을 따라 북경에 관원을 대신해 학생들을 주재시킬 수 있다고 제안했다. 학생들은 '중국 의관'을 입고 현지 규칙을 지키며 공무에 관여하지 않아야 했다. 영국은 조약항에서 무역 문제에 대해 중국 총독, 순무와 교섭할 수 있었다. 황제는 영국 사절이 북경 방문을 요청할 경우 중국이 모든 숙식을 제공하며 중국 관원의 호위를 받아 상해에서 육로로 이동해야 한다고 말했다. 그들은 매년이 아니라 3년 혹은 5년에 한 번 북경을 방문할 수 있었다.[57] 공교롭게도 이 제안은 기존의 조공 의례 규범과 정확히 일치했다. 청은 영국을 기존의 종번체제로 편입하려 했다. 1761년부터 1793년 그리고 1858년까지 청의 제도화된 종번 규범이 변하지 않았으므로 청 조정의 영국에 대한 이해는 변하지 않았다.

이 이상적 모델은 이내 1858년 6월 18일 천진에서 미국과 체결한 조약에서 불투명하게나마 부분적으로 실현되었다. 이 조약의 제5조는 미국 사절단이 북경을 방문할 때 청의 외번에 대한 의례 규정을 따르도록 했다.[58]

이 규정은 미국 사절단의 북경 방문 횟수, 천진에서 북경까지 이동하는 육상 경로, 지방 당국의 접대, 예부에 서면 통보, 특히 사절단의 규모를 명시했는데 유구, 남장, 면전, 네덜란드에 허용된 최대 인원수였다. 이 조약은 미국에 최혜국 지위를 부여했지만, 중국은 이러한 지위를 중국의 국가 지위, 주권과는 무관한 외국 오랑캐에 대한 특별한 호의로 간주했다. 이런 의미에서 청 조정은 미국을 조공국으로 다뤘지만, 이를 실현하는 데 완벽하게 실패했다.

국내의 유교 중심 지식 체계 안에서 청나라 집권층이나 과거시험에 합격한 대다수 관료는 화이지변의 틀에서 벗어나 사고하지 못했다. 동남아시아와 중국 남부에서 활동하던 미국과 유럽 선교사들이 들여온 새로운 지식은 건륭제 이후 제도화된 질서의 배후에 있는 중국 지식인에게 영향을 미치지 못했다. 1858년 6월 23일, 청나라 대신 주조배(周祖培, 1793~1867)와 그의 동료 30명은 북경에 '오랑캐 사절'이 상주하는 것을 반대하는 상주문을 올렸다. 주조배는 상주문에서 '8가지 해악' 중 하나로 외국인들이 복음을 전파하여 "우리의 의관과 예악을 짐승에나 적합한 것으로 바꿀 것 (衣冠禮樂之族, 夷於禽獸)"이라고 강조했다. 또한 그는 "오랫동안 중국에 충성하고 성실하게 사신단을 보내 조공하는 조선과 유구 같은 나라들이, 이 (서양) 오랑캐들이 순종하지 않는 것을 본다면 그들 역시 천자를 멸시할 것이다"라고 경고했다. 이 주장은 "중국과 외국 사이의 근본적 차이(中外之大防)"를 강조한 진준(陳潘)에 의해 더욱 강화되었다.[59] 그들의 생각은 당시 영국에 의해 콜카타에 억류된 엽명침과 다르지 않았다.

이러한 극렬한 저항에도 불구하고 구이리양과 화사납은 중국이 통제

할 수 있는 상황이 아니라는 것을 깨닫고 영국이 작성한 조약 초안을 수용했다. 6월 26일에 영국과 체결된 조약은 영국이 북경 조정에서 황제에게 고두를 하지 않는 외교 사절을 임명하도록 허용했다. 제3조에 따르면, 영국 공사, 대신 또는 기타 외교 사절은 "중국과 동등한 지위에서 독립 국가의 군주를 대표하며, 그에게 어떠한 모욕적 의식도 수행하도록 강요받지 않는다. 반면, 그는 독립적이고 평등한 유럽 국가의 군주에게 행하는 것과 동일한 의식을 하고 황제 폐하를 존중해야" 했다.[60] 비록 부분적이지만, 오랜 의례 규범을 근본적으로 바꾸지 않았던 대청은 결국 베스트팔렌조약 이후의 정치·외교 규범에 따라 세계주의 제국에서 영국과 동등한 국가로 변모하는 방향으로 나아갔다.

역사적 변화였지만 중국인들은 언어적 불일치로 그 조약의 중요성을 완전히 이해하지 못했을 수도 있다. 예를 들어, 그 조약의 한문 버전은 "영국은 자주 국가이며, 중국과 평등하다(英國自主之邦, 與中國平等)"라고 명시되었다. 자치와 자율을 의미하는 자주(自主)라는 용어는 종번 맥락에서 주로 사용되었다. 중국은 그것을 '독립'이라는 용어로 이해하는 영국과 달리 외번이 그러한 권리를 지녔다고 여겼다. 이러한 차이는 중국이 서양 국가, 일본과 한중관계의 본질, 조선의 국제적 지위를 규정하고자 할 때 분명해졌다. 따라서 중국 종번체제와 유럽 국제법 규범 간 충돌의 씨앗이 이 조약에 직접 심어졌다.

화이담론의 토대를 더욱 흔든 것은 1858년 중국과 영국이 체결한「천진조약」의 제51조이다. 이 조항은 "중국 당국이 수도나 지방에서 발행하는 모든 공식 문서에서 '이(夷)'(오랑캐)라는 글자를 영국 폐하의 정부나 신민에게 적용해서는 안 된다"라고 규정했다.[61] 이로써 최혜국 조항을 가지고 있던 영국과 다른 서양 국가들은 중국 외교 담론 속 오랑캐의 범주에서 법적·제도적으로 벗어났다. 이후 중국의 공문서에서 '이(夷)'라는 글자는 점점 '양(洋)'('해외', '외국')이라는 글자로, '이인(夷人)'은 '양인(洋人)'으로 대체되었다.

그러나 이 수정안은 종번체제에서 한 번도 중요한 위치를 점한 적이 없던 서양 조약국에만 적용되었다. 청은 여전히 조선, 베트남, 유구 같은 주요 외번을 오랑캐의 나라로 간주했다. 이런 의미에서 조약항체제는 1850년대 말 급속히 확대되었지만 '서양' 국가들에 대한 청의 인식을 복잡하게 만들었다. 즉, 1858년 조약의 결과가 야기한 중국 중심주의의 붕괴는 청의 주요 외번에 의해 대표되는 지적 이념 구조의 핵심에서 일어난 것이 아니라, 그 주변부에서 일어난 것이었다. 북경에 상주하는 조약국의 공사들은 이내 이러한 차이의 복잡성과 당혹스러움에 직면하였다.

이제 오랑캐는 누구인가? 북경에 파견된 영국과 조선의 사절단

조약을 거머쥔 영국, 프랑스, 러시아, 미국의 공사들은 천진을 떠나 상해로 향했고, 그곳에서 중국 대표들과 관세에 관한 추가 조약을 체결했다. 1859년 여름에 영국과 프랑스 공사가 조약을 비준하고자 천진에 도착한 후 청이 정한 경로를 따라 북경으로 갔다면 전쟁은 끝났을 것이다. 하지만 공사들은 청의 지시를 거부했고, 1858년 대고 포대 부근의 북하(北河)로 성급하게 진입했다가 청의 포격을 받았다. 1858년 8월, 영국 왕실이 영국 동인도회사를 국유화하여 인도를 직접 통치한 지 일 년도 채 되지 않아 전쟁이 재발했다. 중국을 상대로 함포외교를 펼치기로 한 엘긴 경의 지휘 아래 영국과 프랑스 연합군은 1860년 여름 중국으로 돌아와 대고 포대를 다시 점령했다. 그곳에서 연합군은 영국이 제작해 최초로 전투에 사용한 암스트롱포를 써서 셍게린첸의 몽골 기병대를 거의 전멸로 몰아넣었다. 청은 유럽 국가들이 연대한 식민주의뿐만 아니라 크림전쟁 이후의 혁신적인 유럽 군사 기술에 굴복했다.

북경 조정은 인근 통주에 대표단을 파견하여 협상을 제안했고, 9월 18일, 셍게린첸은 협상을 위해 광주 주재 영국 공사 해리 파크스(Harry Parkes, 1828~1885)와 엘긴의 개인 비서 헨리 로크(Henry Loch, 1827~1900) 그리고 영국인 24명과 프랑스 장교와 병사 13명을 사로잡았다. 연합군이 북경 교외를 장악하고 원명원을 약탈하기 시작한 10월 8일에 이들 중 절반만 살아서 풀려났다. 겁에 질린 천자 함풍제는 9월 22일 동생 공친왕을 특사이자 전권대신으로 임명한 후 열하로 도망갔다. 10월 13일 서양 군대는 안정문을 점령했다. 열하의 조정과 북경의 임시 행정기구는 유럽 연합군의 공격에 극도로 취약했다. 서양 군대의 강력한 대포가 북경의 오래된 성벽 위에 배치되어 있었기 때문이다. 이는 중국 남부에서 계속되던 태평천국의 난보다 더 심각한 위협으로 여겨졌다.

10월 12~16일 전쟁 포로 중 생존자와 시신은 연합군에게 돌아왔다. 형체를 볼 수 없을 정도로 아주 잔인하게 훼손된 시신은 엘긴과 그의 동료 지휘관에게 충격을 주었다. 엘긴은 "일어난 일에 너무 공포를 느껴 황제와 지배층에게 어떠한 엄청난 징벌이 내려지기 전까지는 이런 배신과 유혈 사태의 죄를 지은 정부와 더는 소통할 수 없다고 즉시 공친왕에게 알렸다.

······ 연합국은 그러한 행위를 혐오스럽게 여겼다.” ‘엄청난 징벌’은 원명원의 화형으로 나타났다. 연합군이 시신들을 매장한 이튿날인 10월 18일, 유럽 예수회 선교사들이 설계한 웅장한 황실 정원은 화염에 휩싸였다. 로크는 “19일(금요일) 하루 종일 원명원이 불탔고, 바람에 실려 온 연기구름이 북경 하늘에 거대한 검은 장막처럼 드리웠다”라고 기록했다.⁶² 청 황제들과 항상 조선을 포함하고 때로는 영국 사절이 포함된 외번 사신을 접견하던 수많은 건물이 불탔다. 10월 20일 공친왕은 동맹국의 요구에 중국이 항복하겠다고 엘긴에게 제안했다. 수도는 연합군에 완전히 개방되었다. 역설적이게도 파크스와 로크는 다음 날 북경에 들어와 예부의 대청을 조약 체결 장소로 택했다.

10월 24일 엘긴은 황제만 누릴 수 있는 영예인 중국인 병사 16명이 메는 가마에 올라타 호위병 600여 명과 함께 예부 대청으로 향했다. 로크에 따르면 행렬이 대청에 도착했을 때 공친왕은 “머뭇거리며 엘긴을 맞이하려 앞으로 나아갔고”, 엘긴은 “고개를 숙여 인사한 후 곧바로 자신의 자리로 걸어가면서 공친왕에게 오른쪽 자리에 앉으라고 손짓했다.” 조약에 서명해 교환하고 우호 유지에 대해 짧게 이야기를 나눈 후 “엘긴 경이 일어나 자리를 떠나려 하자 공친왕은 그와 짧은 거리를 동행하다 멈췄다. 엘긴 경도 그처럼 하자 수행하던 주요 고위 관료들은 공친왕에게 앞으로 움직이라고 다급하게 손짓했고, 공친왕은 잠시 머뭇거리다 엘긴 경과 함께 계단 가장자리까지 걸어갔다.” 공친왕은 이전에 해본 적이 전혀 없는 새로운 예법에 적응하고 있는 것 같았다. 이 모든 과정을 목격한 로크는 “4억 명의 인류가 문명국의 가족(the family of civilized nations)으로 편입되어 중화제국의 역사에서뿐만 아니라, 세계의 역사에서 새로운 시대를 여는 사건이 행복하게 마무리되었다"라고 열정적으로 외쳤다.[63] 조지 토마스 스톤튼처럼 로크의 문명에 대한 인식은 철저히 유럽 중심적이었다.

중국이 새로운 시대에 들어섰다는 로크의 주장은 옳았다. 1861년 청 조정은 공친왕의 감독하에 임시로 '총리각국사무아문(總理各國事務衙門, 이하 총리아문)'을 세웠다. 총리아문은 영국, 프랑스, 미국, 러시아, 기타 조약국과의 외교 관계만 담당했으며 조선, 유구, 베트남, 기타 외번과 북경의 교류는 맡지 않았다. 이 새로운 기구는 위기 상황에서 문제를 신속하게 해결하려고 만들어졌으며, 군기처를 모델로 삼았다.[64] 총리아문에서 근무하는 관원은 비상근으로 일했다. 총리아문 정문에 걸려 있는 현판에는 '중외제복(中外禔福, 중앙과 외부 간의 선과 복)'이라고 쓰여 있었다. 이는 유교의 핵심 교리인 중용을 강조한 것이다. 더 중요한 사실은 총리아문이 회동사역관을 모방한 것으로 여겨져 결과적으로 기존 종번체제의 일부로 분류되었다는 점이다. 조정의 계획에 따르면, 일시적 위기가 지나가면 외교는 평소처럼 "외번을 소중히 여기고자" 예부의 관리로 돌아갈 것이었다.[65]

그러나 군기처와 마찬가지로 총리아문은 위기 이후에도 계속 조정에서 운영되었고, 1901년 외무부가 되었다. 중국의 조약체결국은 총리아문을 서양 외교관들이 중국 측과 협상할 때 국제법 개념을 적용할 수 있는 외교 부문처럼 여겼기에 총리아문은 살아남았지만, 외교관들은 총리아문이 서양의 외교부와 다르다는 사실을 모르지 않았다.[66] 조정은 특히 1861년 3월 프랑스, 영국, 러시아, 미국의 공사들이 자금성 옆에 공사관을 마련하자 총리아문 해체가 불가능하다는 사실을 깨달았다. 이에 대응하여 북경은 천진과 상해에 해관도(海關道)를 임명하여 위에서부터 아래까지 신속하게 외교 체계를 조직했다. 이렇게 새로운 시대가 시작되었다.

앞서 언급했듯이 이러한 제도적 변화는 조약국과 관계를 규율하는 부분에만 영향을 미쳤고, 그 외에는 종번체제가 그대로 유지되었다. 종래와 같이 조선은 기존 체제 내에서 청의 우위를 유지하는 데 모범적 역할을 했다. 1860년 연공사로부터 황제가 열하로 몽진했다는 소식을 접한 조선 국왕은 열하에 있는 황제를 알현하여 황조의 충직한 신하로서 조선의 걱정을 드러내고자 별사를 즉시 파견했다. 1861년 초 조선 사신단은 다양한 공물을 들고 전쟁이 끝난 북경에 도착했다. 예부는 1790년 안남 사신, 1795년 남장과 면전 사신, 1803년 안남 사신의 전례에 따라 사신이 열하로 가야 할지 황제에게 물었다. 황제는 조선 사신이 열하까지 올 필요가 없다고 답했지만 "호의로 번을 소중히 여기는 최상의 다정함"을 보여주고자 사신에게 연회를 베풀고 국왕과 사신에게 후한 선물을 주는 등 관례를 따르라고 지시했다.[67]

사실 1858년 11월과 1861년 5월 사이에 중국이 전쟁 중임에도 조선은 북경에 다섯 차례나 사신을 보냈다. 1790년대 초 조선과 영국의 사절단은 청의 눈에 오랑캐 나라였던 두 외번을 대표해 열하와 북경에 모였다. 그러나 영국 사절단이 1860년대 초 대포를 앞세워 북경에 입성하여 중화세계에서 자신의 지위를 격변시켰다면, 조선 사신은 표문과 공물로 제국의 수도에 다가갔다. 비록 조선 사신은 중국의 상황을 조선 조정이 파악하도록 정보를 수집하는 비밀 임무를 수행하기도 했지만, 북경에 자주 머물면서 청이 전통적 의례 규범, 정치─문화적 위계질서, 제국 규범을 유지하도록 자원을 꾸준히 제공했다. 그러나 조선 사신은 8월 열하에서 사망한 함풍제를 다시는 보지 못했고, 함풍제는 서양 오랑캐가 고두하지 않고 자신 앞에 서는 것을 허락하지 않은 마지막 황제가 되었다.[68]

　1873년에 이르러서야 함풍제의 아들 동치제가 외국 공사의 접견을 받아들였지만, 공사들은 고두를 하지 않았다. 이 접견은 자금성의 자광각에서 진행되었다. 자광각은 청이 1761년부터 외번 사신을 접견하던 바로 그 장소였다. 1761년은 2장에서 설명했듯이 청이 자국의 제국 규범 안에서 다른 모든 국가의 지위를 제도화한 해였다. 1873년 고두 의식을 더는 자광각에서 볼 수 없었지만, 알현의 정치-문화적 의미는 본질적으로 동일하게 유지되었다. 흥미로우면서도 역설적이게도 1949년 이후 청 황궁의 일부를 그들의 관소와 집무실로 개조한 중화인민공화국의 국가 지도자들은 천하의 의미는 이제 없지만 이 누각을 세계의 다른 동등한 국가들로부터 온 외국 손님을 맞이하는 데 사용했다.

2부

조선 구하기

4장

조선을 정의하다:
조선의 지위에 대한 청의 묘사, 1862~1876

청나라 지배층과 지식인들에게 '일상적 친숙함(everyday familiarity)'은 북경에 영국 외교 대표가 들어온 첫날부터 무너졌다.[1] 1860년대 자강운동이 전개되면서 북경은 중국의 미래를 위해 군사, 기술 역량 강화에 유럽 방식을 도입할 가능성에 점점 더 흥미를 갖게 되었다. 다양한 개혁가가 제안한 혁신은 그들의 상아탑 밖 통치술에 관심이 있는 개방적인 중국 관원들의 관심을 끌었다. 이 엘리트들은 해외에서 들어온 지식을 활용하여 중국 근대화를 개척했으며, 유가적 세계주의 세계관에 내재된 확고한 정치-문화적 개념인 천하가 서양의 규범에 영향을 받은 대외협상으로 만들어진 더욱 현실적인 세계정치에 자리를 내줄 수밖에 없음을 인식했다. 엘리트들은 우선 서양의 규범을 배워야 한다는 사실을 깨달았다. 1864년 총리아문은 1836년 영어로 출간된 헨리 휘튼의 『국제법 원리(Elements of International Law)』의 중국어판인 『만국공법(萬國公法)』을 출간하였다.[2] 북경 주재 미국 장로

교 선교사 윌리엄 마틴(William A. P. Martin, 1827~1916, 중국 이름은 정위량丁韙良)이 번역한 이 책은 중국과 중화세계 최초의 국제법 안내서였다. 중국어판에는 동반구와 서반구를 본래처럼 평범하게 배치한 세계지도가 추가되었다. 이 지도는 중국을 다른 국가들 중 한 국가로 묘사하여 중국 중심적 관점은 더욱 약화됐다.³ 대청은 국제법 개념을 자신의 법적·제도적 시스템에 통합하여 정치와 외교 규범을 변모시키기 시작했다.

그러나 서양 국가들을 오랑캐로 간주하던 청의 오랜 관념이 무너졌다고 해서 만주 조정과 조선 조정을 연결하던 종번체제가 무너진 것은 아니었다. 국제법으로 재정의하거나 제한할 수 없는 공생적 정당성은 19세기 중반에도 여전히 대내외 정책과 행태에 강하게 영향을 미쳤다. 이런 의미에서 1842년부터 1860년까지 두 차례의 아편전쟁과 체결된 조약들은 동양과 서양의 이분법적 구분처럼 '구시대의 황혼'과 '새 시대의 여명'을 의미하는 것은 아니었다.⁴ 오히려 외부로부터 강요된 조약항 네트워크와 청 내부의 오랜 전통인 종번제도가 공존하는 이중 체제를 형성했으며, 많은 학자가 소급하여 추정하듯 전자가 즉시 후자를 대체하거나 통합하기 시작한 것은 아니었다. 1860년대 이후 조선과 서양 국가 사이에 접촉이 빈번해지면서 북경과 한성 모두 종번관계와 조선의 국제적 지위, 국가 주권을 규정하는 것이 점점 어려워졌다. 양국은 모두 조선을 자주의 권리가 있는 중국의 속국 또는 속방이라고 한목소리로 주장했지만, 중국과 조약을 맺은 상대국들은 조선을 중국과 단순한 의례적 관계를 유지하는 독립적 주권을 가진 국가로 다뤘다. 이 장에서는 이러한 외교적 난제와 그 결과를 살펴본다.

중국의 속국으로서 조선: 1866년 중국과 프랑스의 갈등

퍼즐의 시작: 프랑스의 침공과 중국의 대응

1866년 프랑스는 대원군이라는 이름으로 더 잘 알려진 이하응(李昰應, 1820~1898)이 주도한 반천주교 숙청으로 프랑스 선교사들이 살해당한 데 대한 대응으로 조선 원정을 결정했다. 대원군은 1863년 자신의 열두 살짜리 아들 이희[고종]가 1863년 익종(헌종의 부친으로 추존왕)의 가까운 친척이자 합법적 후계자로 왕위에 오른 후 섭정을 하였다.[5] 섭정 기간 10년 동안 대원군은 일련의 국내 개혁을 단행했지만 유교 신봉자로서 서양 종교를 이단 또는 '사학(邪學)'으로 여겼다. 그는 1866년 초 기독교와 천주교로 개종한 이들을 박해하기 시작했고, 단기간에 프랑스 선교사 13명과 현지 개종자 수백 명을 처형했다.[6]

이 소식이 북경에 전해지자 프랑스 공사 앙리 드 벨로네(Henri de Bellonet)는 조선에 대한 징벌적 원정을 결정했다. 1866년 7월 14일, 벨로네는 총리아문에 프랑스가 조선을 침공하여 일시 점령하고 새로운 국왕을 임명할 것이라고 위협하는 서한을 보냈다. 그는 조선이 독자적으로 내정을 한다는 사실을 이전에 총리아문을 통해 알았기 때문에 이번 원정은 중국과 무관하다고 언급했다. 실제로 1865년 벨로네는 총리아문에 프랑스 선교사들이 조선에 들어가 자신들의 가르침을 왕국에 전하길 원한다는 사실을 조선 국왕에게 알리고, 통행증 발급을 요청했다. 총리아문은 이를 거절했고 "조선은 중국의 속국으로서 중국 책력과 중국 연호를 사용하며, 해마다 중국에 조공을 바친다"라고 설명했다. 벨로네는 이러한 답변을 "중국 정부가 조선 정부에 대한 권한이나 권력이 없다"라는 의미로 해석했다.[7] 이후 서양 국가들과 총리아문은 상대방이 정확하게 이해하는 용어로 중국의 속국으로서 조선의 지위를 명확히 하는 데 어려움을 겪었다.

총리아문은 조선이 중국의 속국이라는 주장과 조선은 모든 정사를 스스로 다루는 자주국이므로 중국은 조선에 개입하지 않는다는 주장을 동시에 펼쳤다. 이 주장은 종번 용어로 명확했지만 서양 공사들에게는 모호하고 역설적으로 들렸다. 벨로네는 조선이 "이전에 중화제국의 봉신국으로 맺어져 있었다"라는 것을 인정했지만, 현재 "우리는 조선 왕국에 대한 중국 정부의 어떠한 권위도 인정하지 않는다"라고 주장했다.[8] 이 조회(照會)는 조선을 독립 국가로 인정한 것이지만 총리아문의 중국어 번역본에서는 그러한 정치적 의미를 놓쳤다. 1864년 만국공법은 총리아문에 적절한 서양 용어로 번역할 수 있는 속국의 정의를 제공하지 않았다.

그렇다면 프랑스와 중국 사이에 무엇이 이러한 오해를 불러일으켰을까? 이 질문은 중국 중심주의 정치체제에 대한 서양의 인식과 밀접한 관련이 있다. 적어도 18세기 후반부터 조선과 다른 정치체들이 사신을 파견하여 북경에 공물을 바치는 관행을 목격한 서양 여행자, 관찰자, 외교관들은 중국과 조선, 베트남, 다른 국가 간 관계의 본질을 설명하려고 '조공'이라는 용어를 사용했다.[9] 이들의 설명은 중국과 동아시아에 관한 서양 문헌에서 종번체제를 지칭하는 데 '조공체제' 또는 '조공국체제'라는 용어를 사용하게 된 첫 단계였다. 19세기 전반, 서양 외교관들이 동아시아에 국제법을 가져왔을 때 조공체제에 대한 서양의 이해는 점점 더 왜곡되었다. 서양 국가들은 점차 중국과 일본을 유럽 규범에 따라 규정된 '국제사회(family of nations)'에 통합하면서 조선이 중국과 특별한 관계를 유지한다는 사실을 발견했다. 따라서 프레더릭 넬슨에 따르면 "그들의 국제체제가 열거한 범주를 다시 살펴보면서 동아시아적 관계에 가장 부합하는 종주국과 속국을 생각해냈고, 계속 봉신국(vassalage)의 법적 속성을 속방(subordinate country)의 비법률적 지위에 적용했다."[10] 이처럼 중한관계는 서구의 해석 틀에 맞추려고 종속관계(suzerain-vassal relationship)의 한 형태로 묘사되었다.[11] 이 장과 다음 장에서 살펴보듯이 이집트와 오스만제국의 특수 관계는 교훈적 비유로 보였다. 이는 일본이 유럽의 법적 용어를 사용하여 중한관계를 약화하려는 전략의 결과이기도 했다.[12]

프랑스와 중국 사이의 오해가 보여주듯이 종번질서에서 종주국과 속국이라는 표현은 조선을 법적 수렁에 빠뜨릴 위험이 있었다. 중국과 조선은 모두 조선이 자주권을 가진 중국의 속국이라고 밝혔지만, 서양 국가들과 일본은 이를 조선이 온전한 국제적 권리를 가진 독립 주권국가라는 의미로 해석했다. 『만국공법』에서 영어로 된 법적 용어를 한문으로 번역할 때 중국의 종번 개념을 사용해 혼란이 더욱 가중되었다. 예를 들어, 영어 'colony'는 병번(屛藩, 울타리), 속방(屬邦), 속국으로, 'dependency'는 속방으로, 'vassal state'는 번속(藩屬)으로, 'sovereign states'는 자주국(自主國)으로, 주권(right of sovereignty)은 자주지권(自主之權)으로 표현했다.[13] 중국어와 유럽어 용어의 불일치는 중국의 관점이 본질적으로 가족주의에 머물렀던 반면, 유럽과 미국은 법적 맥락에서 다루었음을 보여준다.[14] 『만국공법』의 번역가인 마틴이 이러한 중국어 용어를 번역에 처음 도입한 것은 아니다. 1830년대 초 프로이센 출신 카를 귀츨라프(Karl Gützlaff, 1803~1851)와 같은 일부 개신교 선교사들은 중국 남부에서 발행하던 그들의 중문 잡지에서 'colony'를 번속(藩屬)으로 표현했다. 예를 들어, 『동서양고매월통기전(東西洋考每月統記傳)』 1833년 9월호에서는 인도를 대영국지번속국(大英國之藩屬國)으로, 시베리아를 아라사번속국(俄羅斯藩屬國)으로 불렀다.[15] 1860년대 이후 용어의 불일치는 종번관계의 본질을 이해하는 데 큰 혼란을 일으켰고 중국과 한국, 다른 국가들 사이에 갈등이 커졌다.

결과적으로 동아시아의 서양 외교관들은 한중관계를 중국이 조선에 '실질적인 권한'을 행사하지 않는 '명목상' 관계로 인식했다.[16] 이러한 오해는 1880년대 말과 1890년대 초까지 지속되었다. 윌리엄 W. 록힐(William W. Rockhill, 1854~1914)은 한국이 "중화제국의 필수적인 부분"인지 "절대적인 국제적 권리를 누리는 주권국가"인지를 분명히 하고자 한중관계를 연구하면서 한국은 "서양 국가들에 퍼즐"이라고 설명한 바 있다. 록힐은 일반적으로 '봉신국(vassal kingdom)' 또는 '봉지'로 잘못 번역된 한문 용어 속국이 "조선의 전체적인 종속체제에서 핵심"이라고 주장했다.[17] 록힐이 한국의 지위를 퍼즐처럼 여긴 것은 당시 유럽의 식민지 경험과는 대조적이었기 때문이다. 영국과 인도, 프랑스와 알제리같이 식민지를 둔 유럽의 강대국과 그들의 해외 식민지의 관계는 의심할 여지 없이 제국의 필수적 부분이었고, 식민지는 완전히 제국의 지배를 받았기 때문이다. 1890년대 초 훗날 인도총독을 지낸 조지 N. 커즌이 제기한 한중관계에 관한 질문도 이와 유사한 식민지 담론을 반영한다.[18] 그러나 유럽인들은 조선의 지위를 유럽 중심의 식민지 관계와 조화시킬 수 없었지만, 한중관계를 합법적 관계로 간주했다. 이로써 1895년 이전 조선이 중국의 속방이라는 사실을 공개적으로 부인하지 않은 이유를 설명할 수 있다. 1866년 조선의 국제적 지위를 둘러싼 중국과 프랑스의 교섭은 중국과 서양 국가 사이에 다양한 개념적·문헌적·이념적·인식론적 갈등이 드러나는 시작점이었다. 따라서 벨로네는 종번질서를 실제로 다루는 데 어려움을 겪은 최초의 서양인 중 한 명이었다.

청의 총리아문은 임시로 설치된 기관으로 조선과 교신할 권리가 없었으며, 1895년 종번관계가 와해될 때까지 그러한 권리를 얻지 못했다. 오히려 예부가 조선 문제에 대한 책임을 계속 졌다. 예부는 조선에 관한 기존의 제국 규범, 절차 또는 전례를 변경할 수 없었으므로 종종 황제와 군기처에 사건을 송부해 추가 지시를 받았다. 이러한 관례에 근거한 교섭은 1882년 중국이 총리아문의 감독을 받는 북양대신 이홍장(李鴻章, 1823~1901)에게 국왕과 교신할 권한을 부여할 때까지 지속되었다. 1860년대 조선과 서양 국가 간의 교류는 총리아문과 예부 사이 미지의 영역에서 중국의 정책적 결점을 드러냈고, 이 결점은 이후 30년 동안 지속되었다. 이러한 맥락에서 총리아문은 조선과 서양 사이의 '중재' 정책을 추구했다. 총리아문은 벨로네에게 프랑스가 조선을 서둘러 공격해서는 안 되며 중국이 프랑스와 조선을 중재하겠다고 답했지만, 프랑스 선교사 살해에 책임을 지지는 않았다. 황제에게 올린 상주와 만주 연해 지방의 총독과 순무, 만주인 장군에게 보낸 비밀 서한에서 총리아문은 조선에 대한 프랑스의 적대감에 심각한 우려를 표명하고 조선이 외국의 공격을 받는다면 중국은 "결코 좌시할 수 없다"라고 언명했다.[19] 또한 예부를 통해 프랑스군이 침공할 수 있다는 사실을 조선에 알렸다.[20]

벨로네는 이에 굴하지 않고 프랑스 극동함대 사령관 피에르 귀스타브 로즈(Pierre-Gustave Roze, 1812~1883) 제독에게 조선 원정에 착수하라고 지시했다. 9월 20일 로즈는 산동반도의 지부(芝罘, 현재 옌타이)에서 군함 세 척을 이끌고 발해를 가로질러 갔다. 그들은 인천 앞바다의 작은 섬에 도착하여 해안선을 따라 해역의 해도를 만들었다. 로즈는 이러한 활동을 하는 동안 지방 관원과 접촉을 거부했다. 조정에서 대원군은 외국의 '이양선'이 도착했다는 사실을 알았음에도 더 많은 개종자를 체포·처형하며 반천주교 운동을 계속했다. 프랑스군이 도착하기 10일 전, 젊은 국왕은 부친의 제안으로「척사윤음(斥邪綸音)」을 내려 반천주교의 분노를 더욱 부추겼다.[21]

10월 1일, 가장 최근 북경에 파견되었던 사신단의 삼사 유후조(柳厚祚, 1799~1876), 서당보(徐堂輔, 1806~1883), 홍순학(洪淳學, 1842~1892)이 한양으로 돌아와 국왕에게 복명했다. 사신단은 청나라에 훗날 왕비 민씨(1815~1895)로 알려지는 고 민치록의 딸을 왕비로 책봉해 줄 것을 주청하는 임무를 맡았다. 유후조는 북경에 있는 외국인들이 청의 관할권을 넘어서 '대국'을 두려워하지 않는다고 국왕과 고위 대신에게 애써 알렸다.[22] 유후조의 설명은 청이 서양 침략자들의 희생양이 되었으며, 조선이 다음 차례가 될 것이라는 인상을 조정에 주었던 것이다. 이 소식은 대원군의 반천주교적이고 서양인을 혐오하는 태도를 강화했고, 대원군에게 '서양 오랑캐(洋夷)'에 저항해야만 조선의 안전을 보장할 수 있다는 확신을 심어주었다.[23]

유후조가 국왕에게 복명한 지 2주 후 프랑스 부대는 인천에 도착해 한성으로 들어가는 한강의 모든 입구를 막았다. 조선이 저항했지만, 프랑스 해병대는 조선 땅에 상륙하여 강화부 중심과 부근 마을을 약탈하기 시작했다. 11월 초에 날씨가 추워지자 그들은 다시 지부로 철수했다. 북경의 서양 공사들은 이 원정이 조선을 근대 세계로 끌어들이리라 생각했다. 예를 들어, 미국의 대리 공사 사무엘 웰스 윌리엄스(Samuel Wells Williams, 1812~1884)는 "조선이 국제사회에 편입되는 것은 시간문제"라고 언급했다.[24] 그러나 윌리엄스와 그의 동료들은 얼마 되지 않아 프랑스가 조선과 어떠한 교섭도 하지 않았고 조선에 '국제사회'에 대한 어떤 생각도 전하지 않았다는 사실을 알았다. 그 대신 군사적 침략은 대원군에게 "오랑캐를 물리치고 나라를 지키겠다(攘夷保國)"는 정책을 더욱 정당화해 주었다.[25]

평행선: 한중 종번 교류의 지속

강화에서 프랑스 해병대와 전투가 한창이던 1866년 11월 1일 국왕은 한성에서 새 왕비를 책봉하려고 온 두 만주인 칙사 쿠이링(Kuiling, 魁齡, ?~1878)과 희원(希元, 1843~1894)을 맞이하려고 성대한 의식을 거행했다. 국왕은 관례에 따라 칙사를 맞이하고자 도성 외곽에 있는 모화관으로 갔다. 이후 국왕은 도성 안에서 책봉 문서를 받는 데 필요한 의식을 거행했다. 책봉에서 왕비가 대대로 중국의 충직한 '번병(藩屏)'이었던 국왕을 도와 나라가 번영토록 해야 한다고 강조했다.[26] 국왕은 책봉을 축하하는 성대한 의식을 치른 후 발표한 교지에서 조선은 '소국'으로 '중조(中朝)'와 '대국'의 관대한 호의에 감사드린다고 강조했다.[27] 칙사가 머문 3일 동안 모든 의례는 전례에 따라 정확하게 수행되었다. 국왕과 칙사가 나눈 대화에서는 불과 40킬로미터 떨어진 곳에서 프랑스와 벌이는 교전은 한 차례도 언급되지 않았다. 종번 문제와 외교 문제 사이의 경계는 두 나라의 조정 대 조정과 국가 대 국가의 관계만큼이나 명확했다.

이 중요한 때 조선에 칙사가 도착하자 프랑스인은 심각한 우려를 표명했다. 공친왕은 칙사가 "오랜 관례에 따른 의례적인 일이며, 프랑스와 조선의 다툼은 언급하지 않았다"라고 설명했지만 벨로네는 의심했다.[28] 공친왕은 벨로네와 주고받은 서신을 외국 공사들에게 회람했다. 이는 중한 관계에 대한 중국의 정의를 알리려는 것이었다. 공친왕이 벨로네와 조선 문제를 두고 논쟁을 벌이는 동안 두 조선 사신단이 연이어 북경에 도착했다.

첫 번째는 한문규(韓文奎)가 이끈 재자행(중국의 관청에 자문과 같은 외교문서를 전달하고, 회답 문서를 접수하여 돌아오는 소규모 사행으로 삼사가 아닌 역관을 파견 - 옮긴이)으로 책력을 받으려고 11월 6일에 도착했다. 한문규가 북경에 가져온 자문에서 국왕은 조선이 외국과 통상을 원치 않으며 천주교와 다른 외국 종교는 조선에서 환영받지 못한다고 밝혔다. 게다가 청나라 예부 상서 만청려(萬靑黎, 1821~1883)에게 이홍민(李興敏, 1809~1881)의 친서를 전했다. 이홍민은 한 해 전 조공 사신으로 북경에 와서 만청려와 친분을 쌓은 인물이었다. 이홍민은 서신에서 대원군의 반천주교 정책을 정당화하려 했고, 만청려가 그의 지위를 이용해 황제, 총리아문과 이 문제를 논의해 외국인들이 조선에 오지 못하도록 설득해 주길 희망했다. 만청려는 이 문제가 관할권을 넘어서고 직분에도 벗어난다는 사실을 깨닫고 서신을 황제에게 상주했다. 그는 이홍민에게 보낼 개인 서신에 답변하는 형식으로 조선에 대한 조정의 의견을 전하자고 건의했다.[29] 조정은 만청려의 건의를 받아들이지 않았다. 황제가 국왕에게 내린 칙유 역시 구체적인 전략을 제시하지 않았고, 단순히 국왕에게 조선을 잘 지키라고만 해서 문제를 회피했다.

한문규가 도착하고 두 달 뒤, 두 번째 조선 사신이 연공을 가지고 음력 설 3일 전인 1867년 2월 1일 북경에 도착했다. 조선 국왕은 음력설을 맞아 황제에게 올린 표문에서 조선에서는 프랑스인과 같은 '외국 오랑캐'와 교 역하거나 그들의 복음을 전파하는 것은 불가능하다고 다시금 언명했다. 게다가 국왕은 이홍민이 '황조의 고위 관원'에게 사적 서한을 보내 규정을 위반했으므로 처벌했다고 보고했다. 청 조정은 국왕에게 더는 지시를 내 리지 않았다. 한편 프랑스는 단기 원정 이후 조선에 대한 추가 작전을 벌 이지 않았다. 조선의 지위 문제는 여전히 해결되지 않았고, 곧 미국을 혼 란스럽게 만들었다.

자주와 독립 사이의 속국:
조선의 지위에 대한 미국의 관점, 1866~1871

난파선과 생번(生番): 조선에 대한 중국의 책임 부인

1866년 7월과 9월, 미국의 스쿠너선 서프라이즈호와 제너럴 셔먼호가 조선에서 난파되었는데, 전자는 평안도 철산 앞바다에서, 후자는 평양의 대동강에서였다. 서프라이즈호의 승무원들은 친절한 대접을 받고 봉황문 을 거쳐 중국 측으로 안전하게 호송되었지만, 제너럴 셔먼호의 승무원들 은 평양에서 잔인하게 살해당했다. 제너럴 셔먼호 사건을 알게 된 북경의 미국 공사 앤슨 벌링게임(Anson Burlingame, 1820~1870)은 "조선이 이전에 중국에 조공했기" 때문에 공친왕에게 이 문제를 제기했다. 공친왕은 "조선에 대한 모든 책임을 단번에 부인하고 양국 간의 유일한 관계는 일종의 의례적인 것"이라고 말해 벌링게임을 놀라게 했다. 벌링게임은 미국 아시아 함대(US Asiatic Squadrone) 사령관 대행인 해군 제독 헨리 H. 벨(Henry H. Bell, 1808~1868)에게 보낸 서신에서 "중국 정부는 조선에 대한 책임과 국민에 대한 모든 지배권을 부인한다"라고 확언했다.[30] 이 사건은 벨에게 전달되었고, 벨은 해군장관 기드온 웰스(Gideon Welles, 1802~1878)에게 보낸 기밀 보고에서 미국이 조선에 징벌적 조치를 취할 것을 건의했다.[31] 실제로 윌리엄 H. 수워드(William H. Seward, 1801~1872)는 워싱턴의 프랑스 대표에게 미국과 프랑스가 조선에 공동 조치를 하자고 제안했지만 프랑스는 거절했다. 벨이 제안한 원정도 이루어지지 않았다.[32] 1867년 초 해군은 제너럴 셔먼호 사건을 조사하려고 로버트 W. 슈펠트(Robert W. Shufeldt, 1822~1895)가 지휘하는 와추셋호(USS Wachusett)를 조선에 파견했다. 그러나 슈펠트가 악천후로 자신의 요청에 대한 공식적 답변을 받기 전에 조선을 떠나는 바람에 그 원정은 아무런 소득이 없었다. 미국에 조선은 미국 학자들이 부르는 '은자의 나라(hermit nation)'로 남게 되었다.[33]

미국 외교관들은 1867년 3월 동아시아에서 또 다른 난파 사건에 말려들었다. 이번에는 대만에서 스쿠너선 로버호(Rover)와 관련된 사건이었다. 로버호는 섬의 남쪽 해안에서 발견되었고, 해변에 상륙한 선원들은 귀자록(龜仔甪, Koaluts)이라고 알려진 곳에서 토착민의 매복 공격에 살해당했다. 하문 주재 미국 영사 찰스 르 젠드르(Charles W. Le Gendre, 1830~1899)는 복주 총독과 대만부 지방 관원, 총리아문에 이 문제를 알렸다. 현지 관원들은 르 젠드르에게 선원들이 "중국 정부가 관할권을 행사하는 해역"이 아닌 "군주의 문명을 벗어난(王化不及)" 곳에서 그들이 죽었고, 살인자들은 '화민(華民)'이 아닌 생번(生番)이라고 알렸다. 따라서 1858년 청과 미국이 체결한「천진조약」제11조와 제13조에서 간주하는 청의 관할권에 적용되지 않으며, 청 정부는 영사가 요청한 대로 귀자록 사람들을 조치할 책임이 없었다. 르 젠드르는 '생번'이 중국의 관할권 내에 있다고 믿었으며, 다른 국가들은 이러한 책임 부인이 '생번의 땅'을 점령하는 구실이 될 수 있다고 중국 관원들에게 경고했다.[34] 결국 중국 당국은 르 젠드르와 동행할 군인을 대만 남부로 파견했지만, 영사 홀로 귀자록 영내에 들어가 족장과 합의했다.[35] 르 젠드르가 중국 측과 협상한 경험은 당시에 주목받지 못했고, 조선과는 무관해 보였다. 그러나 그것은 1870년대 도쿄에서 르 젠드르를 고용해 대만, 유구, 조선, 중국에 대한 일본 정책의 틀을 재구성하는 데 중요한 일로 증명되었다.

'명목상' 연결: 한중관계에 대한 로의 평가

일본이 서양 국가들과 함께 조선의 지위에 도전하기에 앞서 북경 주재 미국 공사이자 전 캘리포니아 주지사였던 프레더릭 로(Frederick F. Low, 1828~1894)는 조난 선원 보호 조약을 교섭하려고 1871년 조선 원정대를 조직했다. 그는 북경에 중국은 중한관계를 어떻게 정의하는지 명확히 하라고 촉구했다. 로는 "조선은 실질적으로 독립 국가"이며 조선의 중국 조공은 "정부 차원의 조공이라기보다는 중국인들과 무역하는 특권에 대한 대가로 보내는 것"이라고 보았다.[36] 그럼에도 로는 조선에 대한 유용한 정보를 얻고자 총리아문에 도움을 청했다. 1871년 2월 로는 총리아문에 조선 국왕[고종]에게 전달하길 원하는 서신을 보냈다. 예부를 통해 조선 국왕에게 서신을 보낸 후 황제에게 올린 상주문에서 "조선은 오랫동안 중국의 연호와 책력을 사용해 왔으며, 가장 충성스럽다는 것을 입증해 왔습니다. 조선의 일체 정교, 금령은 자주이며, 지금까지 어떤 일도 중국이 간섭하지 않았습니다"라고 언급했다.[37] 총리아문 역시 3월 로에게 보낸 조회문에서 이 같은 표현을 사용했다.

로는 다음과 같이 판단했다 첫째, 청의 태도를 조선의 독립 주권을 확정한 것이라고 해석하고 "조선은 비록 중국에 종속된 국가로 간주되지만 정교, 금령, 법률에 관한 모든 면에서 완전히 독립되어 있으며, 이 중 어느 것도 지금까지 중국이 간섭한 적이 없다"라고 말했다. 본질적으로 그는 한문 용어인 자주를 완전한 독립으로 번역한 것이다. 둘째, 청의 조회문이 "외국이 조선과 수교하고자 하는 시도에서 발생할 수 있는 문제들을 방지하고, 적대적이든 그렇지 않든 조선의 행위에 대한 중국 정부의 모든 책임을 없애려는 목적이 있다"라고 결론지었다. 따라서 로는 북경의 조회문을 조선의 행동에 대한 책임을 부인하는 것으로 해석했다. 로는 이제 "페리 제독이 방문하기 전의 일본보다 더 봉인된 책과 같은" 조선으로 항해할 때가 된 것처럼 보았다.[38] 로는 또 다른 페리가 되기로 결심했다.

그러나 로는 그 책을 여는 데 실패했다. 5월 조선에 도착한 그는 조선 측과 공식적인 접촉을 할 수 없었다. 원정대는 서양 국가들에 대한 조선의 적대감을 더욱 강화할 뿐이었다. 조선은 스스로 '외국과 교류'할 권리, 즉 외교를 수행할 권리가 없는 '중국의 신하'임을 계속 확인했다. 이 점은

1871년 6월 조선 국왕이 북경에서 온 로의 서신에 대해 황제에게 올린 표문에서 거듭 강조되었다.[39] 로는 원정의 실패로 좌절했지만, 여전히 북경을 통해 조선과 접촉하기를 희망했고, 총리아문과 대화하며 한중관계를 재인식하였다. 그는 "명나라 때 형성된 양국 관계는 명목상 변함이 없지만, 실질적으로는 거의 강제력이 없다"라고 결론지었다.[40] 공친왕의 날카로운 반박에도 불구하고 로는 자신의 의견을 견지했다.

1866~1871년 서양 공사들의 조선에 대한 인식이 바뀌었다. 그들은 조선을 더는 중국의 조공국으로 여기지 않았고 중국의 관할권 밖에 있는 독립 국가로 간주했다. 비록 몇몇 국제법의 핵심 용어가 중국 중심적 종번질서에 적용되었지만, 이 질서 내부에는 아무런 변화가 없었다. 1871년 청은 일본과 양국을 동등한 국가로 표현한 최초의 서양식 조약을 체결했다. 그 후 5년 동안 메이지 천황(재위 1867~1912)이 극적인 서구화 개혁을 단행한 가운데 일본은 동아시아 사회 내부자의 위치에서 한중관계에 도전하는 선봉장이 되었다. 떠오르는 일본제국의 참여는 근대 동아시아 역사의 새로운 장을 열었다.

중국의 정통성과 국제법 사이의 속국: 중국과 일본의 첫 논쟁

조선과 일본의 교류와 1871년 「중일수호조규」

도쿠가와 막부 시기(1603~1871)에 조선과 일본의 교류는 대마도 지역의 소씨 가문을 통해 이루어졌다. 조선은 준종번체제로 소씨 가문과 교류했다. 소씨 가문의 수장이 조선의 규정에 따라 무역하고자 배를 조선에 보냈고, 국왕에게 서신을 보내 스스로 신하라고 칭했다. 조선은 이에 대한 보답으로 필요할 때 일본에 사신을 파견하여 양국의 우호 관계를 공고히 하는 등 교린정책을 펼쳤다. 사신단은 모두 대마도를 거쳐 교토와 에도를 방문했다. 1868년 메이지유신 이후 일본은 새롭게 채택한 서구 규범에 따라 대외관계를 관리하려고 외무성(外務省)을 설치했다. 다른 국가와의 관계는 꾸준히 발전했지만, 일본은 조선과의 관계를 근대적으로 전환하는 데 실패했다. 조선은 일본의 국서를 거부했고, 이는 비유적으로 일본의 면전에서 문을 닫은 것이었다.

한편 일본은 조선과의 동등한 국제적 지위를 도모하려고 청에 접근했다. 1871년 9월 일본의 전권대신 다테 무네나리(伊達宗城, 1818~1892)는 천진에서 이홍장과 한문과 일문으로 작성된「중일수호조규」에 서명했다. 첫 번째 조항은 "중국과 일본의 우호관계는 앞으로 천지처럼 무궁할 것이다. 양국 영토의 속한 땅(territorial possessions)에 양국 정부는 예로써 대우하며, 조금이라도 침월하는 일이 없이 양국 간 평화가 영원히 방해받지 않도록 한다"[41]였다. 여기서 '속한 땅'이라는 용어와 이것이 조선에 적용되는지가 후일 양국 간 의견 차이의 원인이 되었다. 이 용어는 한문으로 소속방토(所屬邦土)를 거칠게 영어로 표현한 것이다. 소속은 '속하다'라는 뜻이지만 방토는 국제법상 정확하게 정의하기에 너무 모호했다. 문자 그대로 방(邦)은 '국가'를, 토(土)는 '땅'을 의미하지만, 방토는 '국가', '땅' 또는 '속한 땅'을 의미할 수 있었다. 이후 중국과 일본은 이 용어가 중국의 외번 역할을 하는 국가, 특히 조선이 중국의 '속한 땅'에 포함되는지를 확정하지 못한다는 사실을 깨달았다. 양국은 이 용어의 불확실한 정의를 자신들에게 유리하게 사용했고, 1870년대 일본이 조선과 유구에 공격적인 정책을 펼치기 시작하면서 치열한 논쟁이 일어났다.

중국에 대한 매복 공격: 1873년 북경에 파견된 소에지마 사절단

1871년 12월 유구에서 출발한 배가 대만 남부 해안에서 난파되었고, 선원 54명이 토착민에게 살해되었다. 당시 일본은 유구를 일본 영토로 편입했기 때문에 도쿄는 이 사건을 중국과 유구의 종번관계를 단절할 좋은 기회로 생각했다. 1873년 2월 메이지 천황은 1871년 「천진조약」을 비준하려고 특명 전권대사로 파견된 외무대신 소에지마 다네오미(副島種臣, 1828~1905)에게 대만 전체가 중국의 관할권에 속하는지를 알아내고자 유구 선원 살해 사건을 논의하라고 지시했다.[42] 정한론의 핵심 지지자였던 소에지마는 일본과 조선의 통교에 중국이 어떤 태도를 보이는지 정보를 수집할 기회를 갈구했다. 일본사절단에는 새로 임명된 일본의 대만 외교 정책 고문 찰스 르 젠드르가 있었다. 그의 경험은 일본이 중국의 종번체제에 대한 새로운 정책을 수립하고 실행하는 데 귀중한 도움이 되었다.[43] 일본은 주권과 국제법에 관한 근대 서양의 규범에 정통한 르 젠드르와 같은 서양인 고문을 통해 외교 정책에서 동아시아 사회의 외부자로 변모할 수 있었다.

소에지마는 4월 천진에 도착했다. 그의 방문은 일본 관원이 서양식 연미복을 입고 중국에 온 최초의 사례였다. 조약을 비준한 소에지마는 이홍장과 일본-조선 관계를 간단하게 논의했다. 이홍장은 일본이 조선에 우호적이어야 하며, 일본의 조선 원정은 중일조약을 위반하는 것이라고 경고했다.[44] 소에지마는 북경에서 르 젠드르의 도움을 받아 북경 주재 외국 공사관을 방문했다. 당시 영국 공사 토마스 웨이드(Thomas F. Wade, 1818~1895)는 "일본 또한 조선을 노린다는 의심을 받고 있으며" 소에지마는 "조선이 중국으로부터 독립된 왕국이며, 그렇기에 중국은 조선에 닥칠 일들을 간여하지 않을 것이라는 중국의 확답을 받으려고 조바심을 내고 있다"라고 런던에 보고했다. 웨이드는 일본이 조선에 포함외교를 펼칠 것이라고 추측했다.[45] 프레더릭 로에 따르면, 소에지마가 "중국 정부와 논의하고 싶은 중요한 질문은 두 가지"였다. 첫째, 그는 "중국이 대만섬 토착민의 행위에 책임이 있는지" 알고 싶어 했다. 로에 따르면, "만약 답변이 부정적이라면, 일본이 대만섬에 군대를 파견하여 사실상 섬 대부분을 점령하고 있는 생번과 숙번 부족을 정벌하겠다고 제안할 것이었다." 둘째, 소에지마는 "중국과 조선의 정확한 관계, 즉 중국이 조선의 행위에 책임질 수 있는지, 아니면 다른 국가들은 자국민에게 행해진 조선의 잘못과 분노를 바로잡으려면 오직 조선만을 대해야 하는지 확인하고자 했다."[46]

중국과 그 주변 지역인 대만, 조선의 관계에 대한 소에지마의 견해는 이들 지역에 대한 중국의 관할권이 한계가 있다는 서양 국가들의 결론과 일치했다. 로는 소에지마가 조선에 대해 자문을 청하자 앞서 언급한 1871년 3월 총리아문의 조회문을 보여주며 자주 원칙에 따른 중국의 조선 문제 불간섭을 확인해 주었다. 소에지마는 조선이 '완전히 독립적'이라는 로의 주장에 따라 조선이 청의 주권 밖에 있다고 판단했다.[47] 따라서 중국의 속국으로서 조선의 지위에 도전하는 일본의 정책은 미국, 프랑스, 영국, 중국 내 기타 서양 국가들이 추구한 정책들로 수렴되기 시작했다.

소에지마의 결론은 1873년 6월 21일 총리아문에서 일본 측 대표 야나기와라 사키미쓰(柳原前光, 1850~1894), 중국 대신 모창희(毛昶熙, 1817~1882)와 동순(董恂, 1807~1892)이 참석한 회의에서 지지를 얻었다. 야나기와라는 총리아문이 1871년 미국 공사에게 보낸 조회에서 "중국은 조선의 정교, 금령, 법률을 간섭한 적이 없다고 주장한 바" 있는데, 중국이 조선을 속국이라고 주장하는 것이 어떻게 정당화될 수 있는지 물었다. 모창희는 예부에서 근무하면서 얻은 중국과 조선의 관계에 대한 이해를 바탕으로 "이른바 속국은 책봉과 조공만을 의미한다"라고 설명하고 중국은 조선의 전쟁과 화의 협상에 간섭하지 않을 것이라고 설명했다.[48] 모창희의 답변은 로의 주장을 확증했기에 소에지마를 만족시켰다.[49] 소에지마는 서양 공사들과 함께 6월 29일 동치제의 알현을 윤허받았다. 1840년대 이후 서양인 공사가 황제를 접견한 것은 이것이 처음이었으며, 양측의 상호 이해를 증진하는 계기가 되었다.

　　도쿄로 돌아온 소에지마는 정한론 주장을 강화했지만, 미국과 유럽에 파견되었던 일본사절단의 귀환으로 계획이 중단되었다. 사절단의 핵심 멤버인 이와쿠라 도모미(岩倉具視, 1825~1883), 오쿠보 도시미치(大久保利通, 1830~1878), 기도 다카요시(木戸孝允, 1833~1877)는 일본이 "국가 정치를 재편하고 국민을 부유하게 만들려면 국내 개혁에 집중해야 한다"라고 주장했다.[50] 이 정책이 우세를 점했을 때 소에지마, 사이고 다카모리(西郷隆盛, 1827~1877), 이타가키 다이스케(板垣退助, 1837~1919), 에토 신페이(江藤新平, 1834~1874) 등 정한론 지지자들은 내각에서 밀려났다. 1873년 12월, 조선의 젊은 국왕[고종]이 친정을 했고, 대원군의 섭정은 끝났다. 도쿄는 이 기회를 이용하여 한성과 새로운 외교 관계를 도모하려 했지만, 조선인들은 여전히 교린의 틀에서 일본과 통교하는 것을 선호했고 부산 지역 관리들의 매서운 저항에 부딪혀 일본의 노력은 실패했다. 일본은 조선 조정과 새로운 통교의 통로를 여는 데 실질적 진전을 이룰 수 없는 것으로 보였다.

조선의 '주권' 탄생: 제2차 중일 논쟁과 「강화도조약」

중국의 영토 정의: 대만, 강화도, 모리의 북경 방문

1874년 여름, 도쿄는 "중국 정부의 관할권 밖에 있는 문제의 영토"를 처리하려고 대만 남부에 군대를 파병하는 한편 대만에 대한 추가 협상을 하려고 야나기와라 사키미쓰와 오쿠보 도시미치를 북경으로 파견했다.[51] 총리아문은 일본 대표에게 "토착민이 '생번'일지라도, 그들은 여전히 중국의 생번이며, 그들에게 죄가 있다면 처벌한 권리는 오직 중국만이 가지고 있다"라고 말했다. 중국 대신들은 자신들의 주장을 뒷받침하려고 관련 국제법 규정과 지방 관보와 같은 중국의 역사적 증거를 제시했다. 르 젠드르와 같은 서양 고문들의 면밀한 조언이 없었다면 일본은 대만 남부에 있는 토착민들 거주 지역이 중국의 관할권 밖에 있다는 사실을 증명하지 못했을 것이다. 북경 주재 공사들이 모인 북경 외교단의 단장 토마스 웨이드의 중재 아래 중국과 일본은 간명한 협정에 이르렀다. 흥미롭게도 이번 협정의 세 번째 조항은 "이 문제로 양국 정부 간 발생한 모든 공문 교환을 취소하고, 논의를 영원히 중단한다"라고 명시했다.[52] 이로써 일본은 중국의 영토가 미치는 범위에 대한 논의에서 중국보다 낮은 지위를 드러내는 모든 문서를 무효화하면서 향후 협상을 국제법의 궤도로 전환했다. 일본에 이 협상은 유럽의 규범을 갖춘 일본만이 중국의 담론에 도전할 수 있다는 것을 보여줬고, 이는 이후 10년 동안 일본이 서양 고문들에게 주변국에 대한 일본의 대외정책에 대해 자주 조언을 구한 일을 설명하는 데 일조했다.

1875년 9월, 강화도 인근에서 발생한 조선과 일본 간의 소규모 충돌[운요호사건]은 일본에서 정한론에 대한 지지를 다시 불러일으켰다. 이번에 이와쿠라 도모미와 그의 동료 정치인들이 조선 원정을 지지한 것은 일본의 외교 상황이 크게 개선되었기 때문이다. 일본은 대만 사건에 대해 중국과 합의했을 뿐만 아니라, 1875년 5월 상트페테르부르크에서 조약을 체결하여 사할린섬과 쿠릴열도에 대한 러시아와의 영토 분쟁을 해결했고, 조선에서 행동하는 것에 대한 러시아의 묵인을 얻어냈다. 한편, 영국은 중앙아시아에서 러시아와 경쟁하는 동안 동아시아에서 러시아의 남하를 견제하려고 한반도 남해에 있는 조선의 작은 섬인 거문도(Port Hamilton)를 점령할 계획을 세웠다.[53] 이 계획은 일본이 서구 열강의 개입을 받지 않고 조선 원정을 시작할 구실을 제공했다. 1875년 10월, 기도 다카요시는 일본이 중국에 조선과의 관계를 설명하도록 압박해야 하며, 청이 조선 외교 문제에 대한 책임을 부인하면 일본은 자유롭게 조선에 조치할 수 있다고 건의했다.[54]

일본 정부는 모리 아리노리(森有禮, 1847~1889)를 북경 주재 전권대사로 임명했다. 영국에서 교육받고 미국에서 일한 경험이 있는 모리는 서구의 외교 관례에 정통했고, 강화도 사건과 관련해 외무성의 국제법 특별 고문인 미국인 에라스무스 페샤인 스미스(Erasmus Peshine Smith, 1814~1882)의 자문을 받았다. 태정대신 산조 사네토미(三条実美, 1837~1891)는 모리 사절단에 가장 중요한 것은 "청이 조선을 독립국으로 인정하고 일본과 청의 공동이익을 위해 일본과 조선 관계 수립에 협조하도록" 설득하는 것이라고 지시하였다. 즉, 모리의 임무는 "청과 조선의 관계를 단절하는 것"이었다.[55] 외무경 데라시마 무네노리(寺島宗則, 1832~1893)는 북경 주재 임시 대리공사 테이 에네이(鄭永寧, 1829~1897)에게 1873년 소에지마 방문 때 조선이 청의 '번'이 아니라는 것을 확인하지 못했기 때문에 조선에 관한 일본과 청의 모든 교섭을 신중히 하라고 전보를 보냈다.[56]

중국에 대한 또 다른 매복 공격: 모리와 총리아문의 논쟁

1876년 1월 2일, 청 조정은 국왕[고종]의 아들 이척[순종]을 왕세자로 책봉하려고 길화(吉和, ?~1907)와 오랍희숭아(烏拉喜崇阿, 1829~1894) 두 칙사를 조선에 파견했다. 모창희, 이홍장, 좌종당(左宗棠, 1812~1885)은 1875년 겨울 책봉 칙서를 초안했다. 이틀 뒤 모리는 국제법의 관점에서 이러한 중한관계를 부정하기 위해 북경에 도착했다.

모리는 토마스 웨이드가 일본과 청을 중재할 수 있기를 기대하며 그를 찾았다. 웨이드는 모리에게 깊은 인상을 받았지만, 모리를 도울 상황이 아니었다.[57] 웨이드가 직접 선발한 젊은 영국인 통역관 오거스터스 R. 마거리(Augustus R. Margary)가 한 해 전 운남성에서 미얀마로 원정 중 사망한 사건으로 북경과의 관계가 경직되었기 때문이다. 웨이드는 런던에 거듭 전보를 보내 청이 다른 조약을 체결하도록 압력을 가하고자 해군을 더 보내달라고 요청했다. 웨이드를 지지한 벤저민 디즈레일리(Benjamin Disraeli, 1804~1881) 총리는 이 계획을 "국가의 최고 기밀 중 하나"라고 했다.[58] 그러나 외무장관 에드워드 헨리 스탠리(Edward Henry Stanley, 1826~1893)는 이러한 공격적인 접근법을 지지하지 않았다.[59] 이러한 상황에서 웨이드는 조선 문제를 둘러싼 청과 일본의 협상에 관여하고 싶지 않았지만, 모리와 대화한 후 런던에 제출한 보고서에서 "모리의 말보다 태도가 그를 불신하도록 만들었다. 조선 원정이 이미 결정되었으며 그가 비밀리에 연락을 취한 목적은 영국이나 다른 나라에서 원정에 반대하는 조치가 있을지 확인하려는 것이라 사료된다"[60]라고 했다. 웨이드의 말이 이보다 더 정확한 것은 없을 것이다. 1876년 1월 6일, 조선 전권 공사 구로다 기요타카(黑田淸隆, 1840~1900)는 전함 두 척과 스쿠너 네 척을 이끌고 도쿄에서 한반도를 향해 떠났다.[61]

모리는 통역인 테이 에네이와 비서관 2명을 대동하고 1월 10일 총리아문에서 청 대신 5명과 만나 조선의 지위를 논의했다. 청 대신 중 주가미(周家楣, 1835~1887)는 비서 역할을 했다. 모리는 그 테이블에서 나이가 가장 적었지만 국제법을 알고 있으며, 서양 교육과 외교 경험이 있는 유일한 인물이기도 했다. 회담이 시작되고 얼마 후 양측은 서로 견해가 정반대라는 사실을 깨달았다. 대화는 주로 모리와 전에 예부에서 일했던 심계분(沈桂芬, 1818~1881) 사이에 이루어졌다. 모리는 청이 조선을 속국이라고 하면서도 조선의 "정치, 종교, 금령, 법률이 자주의 원칙하에 있다"라고 주장하는 이유를 물었다. 심계분은 "속국은 본래 우리나라가 관할하는 땅이 아니다(原不是我國管轄之地). 하지만 때에 맞춰 조공을 바치고, 우리의 책봉을 받으며,

우리의 책력을 따라 우리의 속국이 된 것"이라고 설명했다. 심계분은 베트남, 유구, 면전도 중국의 속국이며 공물 납부 일정이 다르다고 덧붙였다. 모리가 속국이 중국에 통보하지 않고 외국과 무역 협상을 할 수 있는지 묻자 심계분은, 해당 국가가 스스로 문제를 관리하고 중국은 관여하지 않지만, 속국과 중국의 조약 상대국 사이에 분쟁이 발생하면 법적으로 대응할 것이라고 답했다. 심계분은 중국의 속국을 범하는 어떠한 침략도 받아들일 수 없으며, 1871년 중일 「천진조약」 제1조를 위배하는 것이라고 경고했다.[62]

이 시점에서 양측의 의견 차이가 속국이라는 용어에 대한 서로 다른 정의에 기인한다는 점이 분명해졌다. 모리에게 속국은 식민지, 보호국, 반주권국을 의미한다고 할 수 있다. 특히 그는 이집트의 무하마드 알리 왕조와 오스만제국, 헝가리와 오스트리아–헝가리 제국, 캐나다와 대영제국 간의 관계를 서구의 맥락에서 속국의 세 가지 예로 들었다. 그러나 이 세 가지 예는 양측 간의 국제적 지식 격차로 중국어 번역에서 완전히 사라졌다. 청 대신들은 조선이 모든 면에서 청의 속국임을 입증하려고 중국의 맥락에서 도출한 설득력 있는 사례로 반박했다. 논쟁은 합의 없이 끝났다.

회담이 기대에 미치지 못하자 모리는 양측의 견해차를 인정하고 중국 관료들에게 불만을 표했다.[63] 1860년대 왕조와 전통 질서를 강화하려는 시도였던 이른바 동치중흥(同治中興)의 여파로 청은 국내외에서 점점 더 심각한 도전에 직면하였다. 모리가 총리아문과 논쟁을 벌이던 바로 그날, 자안태후(1837~1881)와 자희태후(1830~1908)는 총리아문에서 약 3킬로미터 떨어진 자금성에서 옹동화(翁同龢, 1830~1904)와 하동선(夏同善, 1830~1880)에게 서태후의 조카인 어린 황제 광서제의 스승이 되어달라고 눈물을 흘리며 부탁했다.[64] 제국의 정치적 심장부는 취약했다. 조선에서 일어난 청일 전쟁에서 일본에 굴욕당하고 3년 후인 1898년에야 옹동화의 강력한 지원으로 개혁에 착수할 수 있었다.

회담이 끝난 후 모리는 총리아문에 청일 회의에 대해 조선에 간 일본 특사에게 알릴 수 있도록 일본인 조수가 심양을 거쳐 조선에 갈 수 있게 여권을 발급해달라고 요청했다. 그는 또한 감사 인사를 표하려고 이홍장의 정치적 본거지인 보정에 있는 이홍장을 방문하고 싶다는 뜻을 밝혔다. 총리아문은 선례가 없다는 이유로 여권 발급을 거부했으며, 조선이 중국의 속국이라는 주장을 되풀이했다. 이러한 반응은 외교 조회로 또 다른 언어적 공방을 주고받는 계기가 되었다. 모리는 "조선은 독립국으로 이른바 중국의 속국이라는 지위는 명목상의 이름에 불과하다. 일본과 조선의 통교는 중일조약과는 무관하다"라고 주장했다.[65] 1871년 로의 발언을 반영한 이 성명은 중한관계의 본질에 도전하는 일본과 서양의 정책이 완전히 일치하는 것을 보여준다. 이러한 동조성을 감지한 총리아문은 천황에게 서신을 보내 "최근 서양의 정치와 관습을 채택하고 고유의 의복과 역법을 바꾼" 일본이 야기할 수 있는 문제에 심각한 우려를 표명했다.[66] 일본은 중국의 눈에 큰 골칫거리가 되었다.

총리아문은 조선에 상황을 알리고자 예부에 모리의 서신 사본을 즉시 한성으로 보내달라고 요청했다. 이 서신은 일본 해군이 부산에 도착하고 나흘 뒤인 1876년 1월 19일 북경에서 발송되었다. 총리아문은 일본이 조선을 향해 전진하고 있다는 사실을 전혀 눈치채지 못하고 모리와 논쟁하느라 바빴다. 양측이 완전히 교착상태에 빠진 상황에서 이홍장이 보낸 두 관리가 북경에 와 모리를 보정으로 안내해 갔다. 총리아문과 모리는 모두 보정에서 유리한 결과를 얻길 바라며 기꺼이 이홍장에게 사안을 넘겼다.

이홍장의 '충고': 보정(保定) 협상

이리하여 이홍장은 지방 관원으로서 조선 사무에 깊이 관여하기 시작했다. 1월 10일, 총리아문이 모리와 논쟁하는 동안 이홍장은 1875년 조공 사신으로 북경에 온 조선 영의정 이유원(李裕元, 1814~1888)이 보낸 서신에 대한 답장에서 조선이 서양과 교류할 가능성을 염두에 두어 '외교의 뜻[外交之意]'을 간략하게 설명했다.[67] 2주 후 서신이 한성으로 가는 동안 이홍장은 보정에서 모리를 맞이했다. 이후 이어진 대화는 중국어나 일본어가 아닌 영어로 진행되어 더욱 복잡했다. 게다가 양측은 영어가 아닌 자국어로 작성하여 각국 정부에 제출한 보고서에서 서로가 상대방보다 우위에 있다고 주장했다. 북경과 도쿄 모두 회담의 실제 진행 상황을 정확히 파악하지 못했다.[68]

1월 24일 이홍장의 집무실에서 열린 첫 번째 대화는 6시간 넘게 계속되었다. 이홍장은 황팽년(黃彭年)과 황혜렴(黃惠廉) 두 관리를 손님이자 보좌관으로 초대했다. 황팽년은 박식한 유학자였다. 황혜렴은 광동 출신으로 상해의 미국 선교사 학교에서 교육받았으며, 그의 이름 혜렴은 학교장인 윌리엄 존스 분(William Jones Boone, 1811~1864, 중국 이름 문혜렴文惠廉)의 이름인 윌리엄을 중국식으로 음역한 것이었다. 윌리엄 황은 영국령 기아나를 방문했고, 제2차 아편전쟁 당시 북경에서 통역관으로 징집된 적이 있었다. 모리는 윌리엄 황의 능숙한 영어 실력을 알게 된 후 조선 문제에 적용된다고 믿는 국제법 원리를 전달하는 데 영어가 더 낫겠다고 생각하여 이홍장과 영어로 대화하기로 결정한 것으로 보인다.[69]

조선이 중국의 속국이 아닌 독립국이라는 모리의 주장에 이홍장은 다음과 같이 답했다.

조선[고려]이 수천 년 동안 중국의 속국이었다는 것은 누구나 아는 사실이다. 중일조약의 소속방토(所屬邦土)라는 문구에서 토(土)는 중국의 성(省), 즉 중국 정부가 세금을 부과하고 정치적 사무를 처리하는 내지(內地)와 내속(內屬)을 의미한다. 방(邦)은 조선과 같이 중국의 외번이자 외속(外屬)인 나라로 그들의 세금과 정사(政事)는 그들의 일이다. 이것은 관례일 뿐 우리 왕조에서 시작된 것이 아니다. 조선은 실제로 중국의 속국이다.[70]

소속방토에 대한 이러한 해석은 조선이 비록 중국의 직접적 영향권에 속하지 않지만, 더 넓은 중화제국의 일부임을 의미했다. 모리는 이에 대해 합의에 도달할 수 없다는 것을 깨닫고 이홍장과 논쟁을 끝냈다. 이후 강화도 사건 논의에서 이홍장은 일본의 1871년 중일 「천진조약」과 국제법 준수를 몇 차례 강조했지만, 일본으로 돌아오기 전 영국의 저명한 철학자이자 사회학자인 허버트 스펜서(Herbert Spencer, 1820~1903)를 만나고 서구 식민지 사업의 급격한 확장을 목격한 모리는 조약보다 국력을 더 신뢰할 수 있다고 답했다. 마지막으로 모리는 이홍장에게 일본과 조선 사이에 전쟁이 일어나면 중국은 어떻게 행동할지 물었다. 이홍장은 중국뿐만 아니라 러시아도 조선을 지키려고 군대를 파견할 것이라고 답했다. 이홍장은 모리에게 '충고(忠告)'라는 제목으로 "도상화기, 호무이익(徒傷和氣, 毫無利益, 화합을 해치는 행동은 전혀 이득이 없다)"이라는 한자 8자를 써서 보냈다. 모리는 도쿄에 보고할 때 이홍장의 경고를 언급하지 않았다. 섣달그믐[1876년 1월 25일]에 이홍장은 모리를 찾아가 조선 문제는 다루지 않았지만, 일본의 개혁에 대해 짧은 대화를 나눴다. 이홍장은 이 대화 내용을 총리아문에 보고하지 않았다. 반면 모리는 영어로 대화 내용을 모두 기록했다. 이는 두 사람과 그들이 대표하고 옹호하는 세계를 구분 짓는 인식론적 차이를 보여준다.[71] 모리와 이홍장이 회담을 마쳤을 때, 일본 함대는 강화도 앞바다에 닻을 내렸다.

모리는 북경으로 돌아와 총리아문과 논쟁을 재개했다. 총리아문은 모리에게 "조선의 어려움을 해결하고 분쟁을 해결하며 안전을 확보하는 것(紓其難, 解其紛, 期其安全)이 중국이 조선에 책임지는 일로, 이는 중국이 자신의 속국을 다루는 방식으로 속국이 원치 않는 일을 강요하지 않으며, 곤경에 처했을 때 방관하는 것이 중국의 오랜 정책이다"라고 강조했다.[72] 그러나 모리는 계속 "조선은 실제로 독립국이므로 일본은 일본과 조선 간의 문제에서 조선과 중국의 관계를 고려하지 않을 것이다. 이른바 속국은 명목상 칭호에 불과하다. 1871년 조약과는 아무런 관련이 없어야 한다"라고 주장했다.[73] 34일간의 강도 높은 협상에서 양측은 어떠한 진전도 이루지 못했다.

오래된 소식과 무소식: 1876년 조선에 파견된 칙사와 종번 통신의 한계

1876년 한성에서 열린 한중 종번 의례는 모리의 열성적인 외교적 언사가 얼마나 무력한지를 잘 보여준다. 북경에서 중일 논쟁이 끝나고 이틀 뒤인 2월 16일, 국왕[고종]은 책봉을 위해 온 두 칙사를 맞이하여 한성에서 성대한 의식을 거행하였다. 모든 절차는 책봉의 전례를 따랐고, 주빈과 하객은 모두 의례 규범에 따라 의식을 진행했다. 국왕은 칙사에게 황제와 총리아문이 북경에서 일본사절단의 활동을 알려준 데 진심 어린 감사를 표했다. 칙사는 일본이 강화도에 도착하여 그곳에 영사관을 설치하려 한다며 정세에 대한 불안감을 표명했다.[74] 사실 국왕은 북경으로부터 소식을 듣기 전 강화도에 두 관리를 파견하여 일본과 교섭을 벌이고 있었다. 국왕은 칙사에게 조언을 구하지 않았고, 칙사도 교섭의 세부 사항에 관심을 보이지 않았다. 일부 역사가들은 청이 일본과 조약을 체결하도록 조선을 설득하고자 칙사를 이용했다고 주장하지만,[75] 국왕과 칙사가 교류한 기록은 이러한 주장과 모순된다.

2월 27일, 조선은 일본과 8년간 계속된 분쟁을 종식하는 조약을 체결했다. 같은 날, 북경 예부는 하루 200킬로미터를 가는 최고 속도로 조선에 이홍장과 모리의 보정 대화 사본을 보냈다. 느린 통신 속도의 제약으로 예부, 총리아문, 이홍장은 일본과 조선 간 협상의 진행 상황을 파악할 수 없었다. 북경은 2월 조선에 보낸 일본과 중국의 회담에 관한 자문의 회신을 「강화도조약」이 체결되고 3개월이 지난 5월 31일까지 받지 못했다. 반면, 모리는 열흘 만에 도쿄의 지시를 전보로 받았고, 협상을 예의주시하던 토마스 웨이드는 8일 만에 보고서를 런던에 전달했다. 근대 기술은 눈에 보이지 않게 구체적으로 국제정치를 변화시켰지만, 청과 조선의 통신 수단에는 그러한 발전이 미치지 못했다.

조약 체결 일주일 후 성경장군 숭실(崇實, 1820~1876)은 총리아문에 예부가 조선으로부터 어떤 응답을 받았는지 물었다. 숭실은 봉성(奉省, 성경장군이 관할하는 지역－옮긴이) 변경 일대가 조선과 국경을 맞대고 있지만, 조선에 대한 정보는 그 지역의 청과 조선 상인들이 퍼뜨린 소문뿐이라고 인정했다. 그는 두 칙사가 그에게 신뢰할 만한 소식을 주길 기대했다.[76] 물론 성경장군은 이러한 기대와 달리 실망했다. 한편 자금성에서 두 황후는 총리아문대신이자 초대 영국 공사로 임명된 곽숭도(郭嵩燾, 1818~1891)와 조선 상황을 논의했다. 두 황후는 모리와 웨이드의 '교활한' 성격을 폄하하고 '일급 악인(一等坏人)'이라고 불렀다.[77] 숭실과 마찬가지로 황후와 곽숭도도 「강화도조약」이 이미 체결되었다는 사실을 알지 못했다.

1861년 일찍이 서양 공사들이 북경에 도착했지만, 당시 중국은 제국 밖과 통신할 공식 채널이 없었다. 초대 일본 공사가 북경에 도착하고 거의 5년이 지난 1877년 12월까지 일본 공사는 일본 땅에 발을 디딘 적이 없다. 곽숭도가 두 황후와 대화를 나누고 일주일 후 만주 조정과 총리아문은 일본이 조선과 조약을 체결했다는 사실을 '일급 악인' 중 한 명인 모리로부터 알게 되었다. 그리고 한 달이 지난 후 총리아문은 북경 주재 독일 공사 막스 아우구스트 본 브란트(Max August von Brandt, 1835~1920)로부터 조약의 내용을 처음 들었다. 모리가 조약 전문을 총리아문에 제출한 4월 17일에야 청은 비로소 조약 내용을 알았다. 조선과 일본의 조약체제에 대한 중국의 소극적 태도가 드러난 것이다. 1876년 이후 20년 동안, 이것이 기존의 틀 안에서 중국의 정상적인 상태라는 것이 점점 명백해졌다.

4월 21일, 북경은 조약 협상을 간략히 보고한 국왕의 자문을 받았다. 국왕은 황제에게 조약 사본을 제출하지 않았고, 황제가 조약 사본을 요청하거나 조약에 의문을 제기하지도 않았다. 국왕은 조선과 일본 사이의 불신이 오랜 우호 관계의 시작 덕분에 사라졌다고 보고했다. "양국 간 교류는 두 나라의 고위 관리들이 대등한 지위에서 할 것입니다. 우리가 일본과 무역을 한 것이 처음이 아니기에 일본인이 우리의 규칙을 따라야 하는 우리 항구에서 무역하도록 허용했습니다."[78] 이 조약으로 일본에 영사재판권이 부여되고 이전의 모든 무역 협약과 세견선(歲遣船) 무역이 폐지되었지만, 조약에 대한 조선의 인식은 여전히 국제법이 아닌 전통적인 교린 규범에 기초하고 있었다. 따라서 이 조약을 진정한 근대적 조약으로 정의하기는 어려웠다.[79]

일본의 발명: 텍스트의 파생어로서 조선 '주권'의 탄생

1876년 3월 22일, 일본 외무성은 「강화도조약」의 내용을 공개하고 도쿄에 있는 각국 공사에게 영문판을 배포했다. 제1조의 영어 번역은 다음과 같다.

독립국인 조선은 일본과 동등한 주권을 가진다. 양국 간에 존재하는 우호의 진정성을 증명하기 위해 앞으로 양국 간 교류는 평등과 예의를 기반으로 이루어져야 하며, 오만하거나 의심을 드러내어 공격하는 것을 피해야 한다. 우선 우호적인 교류를 방해하는 모든 규칙과 전례는 완전히 폐지되어야 하며, 대신에 확고하고 영구적인 평화를 보장하기에 적합한 자유롭고 일반적인 규칙이 제정되어야 한다.[80]

비록 일부 학자들은 첫 문장의 영어 번역이 정확하지 않다는 것을 인정했지만, 당시 많은 외교관과 이후 학자들은 이 조항, 특히 첫 문장이 명시적으로 조선을 국제법상 독립국으로 정의한다고 결론지었다.[81] 조약의 원문이 한문과 일문만 사용했다는 점을 고려해 원문과 영문의 첫 문장을 비교하면 몇몇 주요 용어에서 중대한 불일치가 발견된다.

일문판의 첫 문장은 "朝鮮國ハ 自主ノ邦ニシテ日本國ト平等ノ權ヲ保有セリ"(문자 그대로, 조선국은 자주권을 가진 국가로서 일본과 동등한 권리를 보유한다)로 이 문장의 한문판은 "朝鮮國自主之邦, 保有與日本國平等之權"으로 같은 의미이다.[82] 외무성이 의도적으로 자주를 '독립'으로, 자주지방을 '독립국'으로 번역한 것이 분명하다. 더 중요한 점은 영어 번역이 한자 '권(權)'을 단순히 권리가 아닌 '주권'으로 번역했다는 사실이다. 문자 그대로 조선이 "일본과 동등한 권리를 보유한다"라고 기술된 문장의 뒷부분을 조선이 "일본과 동일한 주권을 가진다"로 주장한 것이다. 이 조항 뒷부분에서 외무성은 문자 그대로 '동등한 의례' 또는 '동등한 예의'라는 뜻의 '동등지례(同等之禮)'를 '평등과 예의'로 번역했다. 외무성은 '동등'이라는 용어를 형용사에서 명사로 바꿔 첫 문장의 번역에 내포된 주장을 강화했다.

도쿄의 서양 공사들은 한문이나 일본어를 읽을 수 없었으므로 외무성은 영어 번역본에 조선의 주권과 독립을 정의하여 영어권 세계를 오도하고자 했을 것이다. 미국 공사 존 빙햄(John Bingham, 1815~1900)과 영국 공사 해리 파크스는 모두 이 번역을 수용하여 서양에 확산하는 데 일조했다.[83] 물론 조선의 주권적 권리 또는 주권은 일본의 교묘한 영어 번역으로 만들어진 것이 아니다. 조선은 항상 자신의 영토에서 주권을 누렸지만, 그 주권은 종번 세계에서 중국 황제의 통치권에 속했다.[84] 조선이 미국과 조약을 체결한 1882년에 이르러서야 조선의 '주권'이 처음으로 한문과 영문으로 명확하게 정의되었다. 1876년 당시 북경과 한성 모두 조약의 영문 번역으로 발생할 문제를 예견하지 못했다. 일본은 조약으로 조선의 지위 문제를 성공적으로 해결했으며, 이 문제에 대한 논쟁에서 북경보다 우위에 있다고 믿었다. 모리는 북경에서 자신의 임무에 관한 최종 보고서에서 자축했다. 그는 "간단히 말하면, 총리아문은 내 주장을 납득했습니다. …… 논쟁의 유일한 목적은 중국과 조선의 관계를 단절하는 것이었고, 나는 그것을 달성했습니다"라고 주장했다.[85] 그러나 그는 곧 자신이 너무 낙관적이었다는 사실을 깨달았다.

1880년 3월, 미국 해군 제독 로버트 W. 슈펠트(Robert W. Shufeldt)는 조선과 조약을 협상할 희망으로 동아시아에 돌아왔다. 그 4년 동안 조선은 관례에 따라 1876년 일본에 수신사만을 파견했지만, 북경에는 여전히 해마다 조공 사신을 파견했다. 조선은 청과의 관계에서는 사대정책이, 일본에는 교린정책이 유지되던 1876년 이전 질서를 회복했다고 믿었다. 1880년대 초 슈펠트가 도착한 일은 은둔의 나라 조선에 동요를 일으켰고 조선, 일본, 중국 삼국 관계의 시험대가 되었다.

5장

조선을 권도하다:
조선에서 청 중국의 가부장적 역할, 1877~1884

1870년대 말과 1880년대 초 조선은 청의 적극적인 권고로 자강을 위해 국내 개혁을 실시했다. 그렇지만 개혁 프로그램이 유생의 반발을 불러일으켰고, 결국 유혈이 낭자한 반란[임오군란]이 일어났다. 청은 1882년 조선에 군대를 파견해 조선 조정의 반란 진압을 도왔고, 이후 조선의 국내외 문제에 깊이 개입했다. 이 과정에서 청은 우월적 지위를 이용해, 특히 1882년 조선과 미국의 조약 협상에서 조선을 '국제사회'에 소개했다. 일본과 서구 국가의 관점에서 청의 개입은 중국의 전통적인 대조선 정책의 근본적 변화를 의미했으며, 한반도에서 다양한 세력 간 격렬한 정치적·외교적 갈등을 촉발했다. 이러한 새로운 도전에 대응하려고 청과 조선은 상호 관계를 유지하고 조정하는 여러 상업 협정을 체결했다.

청과 조선 사이에 병존하며 상호 연관된 한 쌍의 이중 외교 네트워크가 형성되었다. 첫 번째 이중 네트워크는 한편으로는 청과 조선 간 종번체제,

다른 한편으로는 청과 조선, 그들의 조약국을 연결하는 새로 수용된 조약 체제였다. 내가 외적 이중 네트워크라고 하는 네트워크는 정치-문화적 중화제국과 그 제국 너머의 세계 사이에서 작동하며, 청과 조선 모두 네트워크의 조약 측면을 독립적으로 다루어야 했다. 내가 내부 네트워크라고 부르는 두 번째 이중 네트워크는 중화제국 내에서 작동하며, 첫째는 북경의 황실과 한성의 왕실 사이에 전통적인 조정 대 조정의 상호작용 시스템이고, 둘째는 청과 조선 사이에 새로 구축된 국가 대 국가 시스템으로 구성되었다. 후자는 국제법에 따라 이론적으로 전자와 동등했다. 청과 조선은 외부와 내부의 이중 네트워크를 이용해 상호 정책을 조정하고 변경했다.

서양에 조선을 개방하다: 중국과 조선-미국 협상

도쿄에서 부산, 천진까지: 1880년 슈펠트와 이홍장의 합의

1870년대 후반, 청은 조선이 다른 나라의 심각한 도전에 직면했음을 인식하고 서구 국가와 조약 협상을 맺어 조선이 문호를 개방하도록 설득하기 시작했다. 종번 관례상 총리아문이나 예부 모두 외번에 그러한 요청을 할 수 없었기에 이홍장은 개인적으로 조선을 설득하는 임무를 맡았다. 이홍장은 이를 위해 앞 장에서 언급한 바 있는 조선 영의정 이유원과 개인 서신을 이용했지만, 이유원은 서양 '오랑캐'와 교류하는 데 열의를 보이지 않았다.[1] 1880년 3월 미국 해군사령관 로버트 슈펠트가 타이콘데로가호(USS Ticonderoga)를 이끌고 나가사키에 도착했다. 미국 공사 존 빙햄은 일본 외무경 이노우에 가오루(井上馨, 1835~1915)에게 슈펠트를 조선에 소개해달라며 일본의 협조를 요청했다.[2] 이노우에는 일본의 중재자 역할이 조선과의 취약한 관계에 해를 끼칠까 걱정했지만, 부산의 일본 영사 곤도 마스키(近藤眞鋤, 1840~1892)와 한성의 일본 공사 하나부사 요시모토(花房義質, 1842~1917)를 통해 슈펠트의 서신을 조선 조정에 전달하기로 했다. 슈펠트는 조선인과 더 많은 교류를 기대하며 부산으로 갔지만, 개봉되지 않은 서신을 돌려받았다. 조선의 거절은 존 빙햄을 격노시켰고 일본의 중재자 역할은 여기서 끝났다.[3]

슈펠트가 나가사키에서 기다리는 동안 나가사키 주재 중국 영사 여휴(余瓗, 1834~1914)는 중국 북서부 국경지대 신강 이리(伊犂)에서 발생한 사건(1879~1881년에 이리강을 중심으로 청과 러시아 사이에 일어난 영토 분쟁-옮긴이) 이후 청과 전쟁 직전에 있던 러시아를 견제하려면 미국의 조선 진출을 허용하는 것이 좋겠다고 판단했다. 여휴는 도쿄 주재 중국 공사 하여장(何如璋, 1838~1891)에게 연락했다. 하여장은 즉시 이 소식을 총리아문과 이홍장에게 보고했다. 이홍장은 신속하게 슈펠트를 천진으로 초청했으며, 슈펠트는 흔쾌히 수락했다. 8월에 슈펠트는 이홍장과 만난 후 이홍장이 "조선 정부에 자신의 영향력을 이용하여 슈펠트의 우호적 요청에 응하도록 하고 미국 정부가 조선과 조약 체결 협상을 할 수 있게 돕겠다"라고 약속했다고 보고했다.[4] 슈펠트는 이렇게 합의한 뒤 국무부로부터 더 많은 지원을 받고자 미국으로 돌아갔고, 이홍장은 조선이 미국을 받아들이도록 조선을 설득하는 데 관심을 기울였다.

망토 뒤에서: 천진에 조선을 위한 연수 프로그램 준비

조선의 집권층은 서양의 침략을 외면하지 않았다. 1879년 조선 사절 이용숙(李容肅, 1818~?)은 북경 부근 영평부에서 중국 관리 유지개(遊智開, 1816~1899)에게 "외국이 중국에 유학생을 보낸 전례"에 따라 조선이 선진 군사·산업 기술을 습득하고자 천진에 연수생을 파견하길 희망한다고 알렸다. 이용숙은 이 제안을 이홍장에게 전해달라고 요청했다. 이홍장은 진심으로 이 계획을 지지했다. 이홍장은 이용숙을 통해 국왕[고종]에게 보낼 비밀 서한을 유지개에게 보냈고, 이 서한에서 조선이 북경 예부에 상세한 제안서를 제출하라고 권고했다.[5] 얼마 지나지 않아 국왕은 변원규(卞元圭, 1837~1896)를 북경에 사절로 보내 이 계획을 논의하도록 했고, 청 조정은 조선이 "세계의 주류를 따라가도록" 독려하는 연수 프로그램을 이홍장이 담당하게 했다.[6]

이홍장은 천진의 하계 집무실에서 조선에 최선의 생존 전략은 "서양과 교역하는 것"이라고 변원규에게 강조했다. 이홍장의 지원 아래 변원규와 몇몇 중국 관원은 200년 된 종번 관례의 일부를 깨는 연수 프로그램의 초안을 작성했다. 이 초안은 조선의 연수생, 통역사, 감독관에게 1637년 이후 한 번도 없었던 해상루트를 이용해 천진을 방문할 수 있는 특별한 권리를 부여하는 한편, 모든 프로그램 참가자가 북양대신아문으로부터 통행증을 발급받아 예부에 제출하도록 했다. 적어도 1644년 이후 북경 이외의 중국 도시에 조선이 거주하는 것은 이번이 처음이었기에 이 초안은 연수생이 반드시 "중국의 규칙과 관습을 준수해야 한다(遵守中國規矩)"라고 규정하고, 그렇지 않으면 중국 관원들이 조선의 감독관에게 보내 조선 규정에 따라 처벌하도록 했다. 이 경우 청은 조선 측에 서양 체약국에 부여했던 영사재판권과 유사한 권리를 부여한 것이다.

또한 이 초안은 국왕이 군사 훈련, 무기 조달, 기타 군사 문제에 관한 공식 서한을 예부와 북양대신에게 보내라고 요구했다. 총리아문 산하 관리인 북양대신의 직책은 1894년까지 이홍장이 거의 독점적으로 차지한 직예총독의 부차적 직책이었다. 종번 규정에 따르면 총독은 조선과의 종번 사무에 관여해서는 안 된다. 그러나 1876년 이홍장과 모리 아리노리가 회의한 이후 이 규정은 한편으로 중한관계에 대한 총리아문의 모호한 정의와, 다른 한편으로 조정 대 조정의 경로에서 벗어난 문제에 대한 예부의 침묵으로 효력이 약화되었다. 1881년 2월 총리아문은 비밀리에 올린 밀주(密奏)에서 "조선이 다른 나라와 외교를 하는 것이 매우 시급하다"라고 지적하고, 북양대신에게 더 큰 특권을 부여하려고 청 조정이 오래된 규정을 변경할 것을 건의했다.[7] 북양대신은 황제의 윤허로 단순히 조선 국왕으로부터 자문(咨文)만 받는 것이 아니라 연수 프로그램과 외교 사무에 관해 국왕과 교신할 권리를 얻었다. 북양대신은 조선의 자강 프로그램에서 실질적 멘토가 되었다. 조선 국왕은 이홍장에게 조선을 서양 국가에 개방하겠다는 강한 의지를 표시하고, 미국과 조약 협상을 하는 첫 조치를 이홍장에게 위임하는 등 호의적 반응을 보였다.[8]

근대성 대 이단: 중국의 처방과 조선의 저항

국왕[고종]이 외국인에게 문호 개방을 결정했을 무렵, 조선은 강력한 파급력을 지닌 일련의 극적인 정치적 사건에 휘말렸다. 이 일련의 사건은 일본 주재 중국 외교관들이 조선의 정책에 관한 조언을 일본에 파견된 수신사 김홍집(金弘集, 1842~1896)에게 전달하면서 시작되었다. 1880년 말 김홍집이 도쿄를 방문했을 때 중국 공사 하여장과 중국 공사관 참사관 황준헌은 김홍집과 집중적으로 대화를 나눴다. 이들의 대화는 서로가 상대방을 '한 집안(一家)'의 일원으로 인식하고 조선을 중국의 '내번'과 다르지 않다고 여기는 중화주의적 맥락에서 이루어졌다. 두 중국 외교관은 러시아의 공세를 막으려면 조선은 편협한 지역주의를 버리고 미국을 필두로 서양 국가들과 조약을 체결해야 한다고 김홍집을 설득했다. 김홍집은 외무성에서 일본 측 관계자와 만났을 때처럼 두 관원의 의견에 동의했다.

김홍집이 도쿄를 떠나기 전 황준헌은 그에게 『조선책략』을 건네줬다. 이 글에서 황준헌은 "중국과 친밀한 관계를 맺고, 일본과 교류하며, 미국과 동맹을 맺어 러시아의 위협을 막아야 한다(親中國, 結日本, 聯美國)"라고 주장했으며, 조선의 위급한 상황을 개선할 전략을 제시하고 조선이 자강 프로그램을 시작하도록 장려했다. 황준헌은 조선이 청에 사신의 북경 상주 허용, 도쿄와 워싱턴에 사절 파견, 봉황성 무역 확대, 군사 기술과 서양어 교육을 위한 학도(學徒)와 공장(工匠)의 중국 파견, 교육 개혁을 도울 서양인 초빙 등을 요청해야 한다고 제안했다. 요컨대, 조선은 외교력, 군사력, 경제력을 강화하려면 즉시 세계에 참여해야 하며 국제사회에 합류해야 했다. 심지어 황준헌은 가능한 한 빨리 세계에 알리기 위해 조선 육군과 해군이 "중국의 용기(龍旗)를 국기로 사용할 것"을 제안했다.[9]

황준헌의 열정적인 말에 고무된 국왕은 비밀 특사를 도쿄로 파견해 황준헌과 하여장에게 미국과 조약 협상을 하겠다는 의사를 밝힌 사적 서신을 보냈다. 하여장은 조선의 문호 개방이 가시화되자 북경과 이홍장을 고려해 조선의 외교를 주재해야 한다는 「주지조선외교의(主持朝鮮外交議)」라는 글을 작성했다. 하여장은 자신과 황준헌의 생각을 우선순위에 따라 세 가지 정책으로 정리해 상세히 설명하였다. 그가 당장 실행하기 어렵다며 제시한 최선책은 몽골과 티베트의 사례에 따라 '판사대신(辦事大臣)'을 파견하여 건륭제 때 "내지의 군현과 거의 다름이 없는(幾無異內地郡縣)" 조선에 상주시키고 "국내 정치와 외국과의 조약(內國之政治, 外國之條約)"을 관리하도록 하는 것이다. 이 제안은 유럽의 식민주의 개념과 유사할 수 있지만, 청이 몽골과 티베트를 관리하는 종전 제도에 대한 이해를 드러냈고, 이러한 인식은 몽골과 티베트에 대한 청의 관리로부터 정당성을 얻었다. 다음으로 가능성 있는 정책은 숙련된 관리를 파견해 다른 나라와 조약 협상을 지원하는 것이다. 하여장에 따르면 이 정책이 청의 속국으로서 조선의 지위를 보여주고, 조선의 자치로 발생할 수 있는 문제를 피하는 가장 현실적인 정책이었다. 마지막 정책은 청 조정이 국왕에 다른 나라와 조약을 맺도록 명하고, 각 조약의 첫 조항에 조선은 청의 명령에 따라 조약을 체결한다고 명시하는 것이었다.[10] 역사의 전개에서 북경은 종국에 두 번째와 세 번째 제안을 지지하였다.

변원규가 연수 프로그램의 초안을 가지고 천진에서 귀국한 후 국왕은 청의 제안에 확신을 가지고 적극적으로 개혁을 시작했다. 1881년 1월 19일, 조선은 중국의 총리아문을 본떠 총리기무아문을 설치하고 근대화를 위한 제도적 초석을 마련했다. 이 기관은 12개 부문으로 구성되었으며, 그 중 첫 번째 부문은 사대사(事大司)였다.[11] 동시에 국왕은 관리 12명을 동래부 암행어사로 임명하여 일본으로 파견해 일본의 정치, 사회, 대외관계, 무역 등을 시찰하도록 하였다. 훗날 '조사시찰단' 또는 '신사유람단'으로 알려진 이 사절단에 총 64명이 참가했다. 1881년 5월부터 10월 사이에 나가사키, 오사카, 교토, 고베, 요코하마, 도쿄를 방문하여 일본 고위 관리를 접견했다. 10월, 조병호(趙秉鎬, 1847~1910)와 이조연(李祖淵, 1843~1884)이 이끄는 또 다른 사절단인 수신사가 관세 협상을 하려고 일본에 도착하자, 시찰단은 한성으로 돌아와 국왕에게 64개 시찰기류 보고서와 17개 문견사건류 보고서를 제출했다. 그 관리들은 조선이 근대 세계로 들어가 다른 국가들과 동맹을 맺는 것이 점점 커지는 일본의 위협으로부터 살아남는 최선책이라는 그들의 믿음을 표명했다.[12] 그들의 결론은 국왕의 개혁과 개방 정책을 정당화했다.

그러나 국내 상황은 관리들의 전략적 목표를 실현하는 데 도움이 되지 않았다. 시찰단이 귀국하기 전에 국왕은 대원군 일족 안기영(安驥泳, 1819~1881)이 이끄는 몇몇 관리를 반란 모의 혐의로 체포했다. 동시에 국왕의 개혁에 반대하는 유림의 전국적 시위가 더욱 격렬하고 폭발적으로 전개되었다. 1880년 말 일부 관료들은 황준헌의 사상이 유학의 교리에 어긋난다며 이를 거부해달라고 청했다.[13] 1881년 3월 영남 출신 유생 이만손은 동료 유생 만 명의 서명을 받아 국왕에게 황준헌의 글을 불태우고 유학을 재확인해달라고 촉구하는 상소를 올렸다. 조정에서 황재현(黃載顯, 1848~1903)은 국왕이 황준헌의 글뿐만 아니라 국제법과 외국의 역사·지리에 관한 모든 서적과 신문을 공개적으로 불태워 "이단 사상을 배격해야 한다"라고 주장했다. 국왕은 유림들의 도덕적 비난을 피하고자 유학을 옹호하고 이단 사상을 배격하는「척사윤음」을 발표했다.[14] 그러나 이 조치는 더 많은 유생이 한성으로 가 상소문을 제출하도록 장려하는 것처럼 보였다.

유림의 상소운동은 8월 말 홍재학, 신섭 두 유생의 상소로 최고조에 달했다. 홍재학(洪在鶴, 1848~1881)은 통리기무아문을 폐지하고 옛 제도를 복원하라고 국왕에게 호소하는 한편, 국왕이 '위정척사'를 위한 아무런 조치도 하지 않는다고 비판했다. 신섭은 이홍장이 이유원에게 보낸 서신과 황준헌의 글을 조선에 대한 같은 음모가 담긴 것으로 기술했다.[15] 9월 초 홍재학은 "군주를 모욕했다"라는 이유로 참수되었고 이유원은 유배되었다. 상소운동은 수그러들었다. 국왕과 민씨 일족은 혼란 속에서 살아남았고, 당쟁에서 다른 정치 세력보다 우위를 점했다.

혼란이 계속되는 가운데 7월 하순, 국왕은 자안태후의 죽음을 알리는 조칙을 가지고 북경에서 온 두 칙사를 맞이했다. 국왕은 왕궁에서 성대한 의식을 한 뒤 칙서에 대한 의식을 행했다. 이후 국왕은 칙사의 거처를 방문하여 직접 배웅했다. 국왕과 칙사 간의 대화는 조선의 국내 문제나 외교 문제는 다루지 않았다.[16] 종번 기제는 의례, 조선 군주의 자주권과 위계, 종번관계의 본질을 재차 확인하며 원활하게 계속 작동했다.

비밀 외교: 조선이 중국에 미국과의 협상 위임

1881년 11월 18일 선발된 연수생을 이끈 영선사(領選使) 김윤식(金允植, 1835~1922)은 새로운 연수 프로그램의 지원으로 군사 기술과 서양 언어를 배울 학생들을 데리고 한성을 떠나 중국으로 향했다. 비록 그 임무는 이전에 중국에 파견된 어떤 사신단과도 달랐지만, 거의 전통적 조공 사신단과 같이 행동했으며, 김윤식은 여비를 보통의 조공 사신단과 같이 처리했다.[17] 청나라 유학을 원하는 청년이 많지 않아 김윤식은 출발 4일 전에도 연수생을 모집하느라 분주했다. 그가 면접을 본 30명이 넘는 청년 중 청나라 연수를 자원한 사람은 6명에 불과했다. 12월 초, 김윤식이 의주에 도착해서야 청이 제안했던 38명이 채워졌다. 18세기 조공 사신단과 마찬가지로 김윤식은 한성에서 육로를 이용해 북경까지 50일 동안 1,530킬로미터(그들이 북경의 특별 승인을 받아 계획했던 해상로는 겨울에 불가능했다)를 이동했다. 1882년 1월 6일 북경에 도착한 사신단은 회동사역관에 짐을 푼 후 국왕의 친서를 예부에 제출했다.[18]

밀서를 가지고 온 김윤식은 북경에서 사신단을 떠나 보정에 있는 이홍장을 방문했다. 그 내용은 이홍장에게 조선과 미국의 협상 임무를 비밀리에 맡아달라고 요청하는 것이었다. 이 조약은 이후 다른 나라와 조약을 체결할 때 전형이 될 것이었다.[19] 이홍장은 자신이 조선을 위해 하는 일은 "명분이 있고 정의로운(名正義順)" 일이라고 강조했으며, 김윤식 또한 그렇게 믿었다. 이홍장은 프랑스에서 교육받은 자신의 제자 마건충(馬建忠, 1845~1900)이 초안을 잡은 조선과 서양 국가 간 잠정적 조약에 관한 소책자를 김윤식에게 주었다.[20] 또한 이홍장은 관세 규제, 해관 시스템 구축과 이를 관리할 서양인 직원 고용, 해상 식별을 위한 조선 국기 도안, 일본 공사 한성 상주 허용, 일본 군주와 교류에서 국왕이 책봉받은 지위를 계속 사용하는 문제 등 조선 개혁에 관한 주요 사안을 김윤식과 논의했다. 당시 양측의 가장 시급한 목표는 청에 있는 조선인 연수생을 가르치는 것이 아니라 미국과 협상하여 조약을 체결하는 것이었다.

종번의 맥락에서 조선 측은 처음부터 협상권을 포기했다. 1월 말 북경은 "번과 속국을 유지하고 중국의 국경을 공고히 하고자" 이홍장에게 조선의 대미 조약 협상을 조정할 권한을 부여했다.[21] 이홍장은 또한 1881년 6월 중국으로 돌아와 천진에서 조선 측의 소식을 기다리던 슈펠트로부터 서신을 받았다. 슈펠트는 조선 해안에서 일어난 미국 선박 난파 문제를 해결할 우호조약 체결을 추진하려고 특사로 임명되었다.[22] 이홍장은 김윤식과 회담한 후 슈펠트를 보정으로 초청해 곧 있을 조약 교섭의 세부사항을 논의했지만, 슈펠트는 먼저 북경 공사관을 방문하여 대리공사 체스터 홀콤(Chester Holcombe, 1842~1912)의 조언을 구하기로 결정했다.

홀콤은 슈펠트와 달리 협상권의 주요한 권한이 이홍장에게 부여되었다는 사실을 알고 있었으며, 이홍장이 "중앙 정부의 일원이 아닌 지방 관리일 뿐"이므로 북경 중앙 정부의 개입 없이 조선을 설득해 조약을 체결하는 것이 가능할지 의심했다. 이 문제를 명확히 하고자 홀콤은 총리아문을 방문했고, 공친왕으로부터 1881년 예부에서 총리아문으로 조선 외교에 대한 책임이 넘겨졌다는 소식을 들었다. 이는 이홍장이 총리아문 소속 관원으로서 조선 문제를 다룰 권한이 있다는 것을 의미했다. 또한 홀콤은 청이 "조만간 러시아나 일본의 침략으로 조선의 자주가 위협받을 것이며, 이 중대한 위협에 가장 잘 대처하는 방법은 한반도 왕국을 국제사회로 편입시키는 것"이라고 얘기했다. 총리아문은 그에게 청이 "조선과 우호적이고 상업적인 관계를 맺도록 적절한 방법으로 미국을 도울 준비가 되어 있다"라고 확인해 주었지만, 홀콤은 청이 "이 사안에서 완전히 다른 태도와 정책을 취할 수 있다"라고 우려했다. 그의 불신은 슈펠트에게 영향을 미쳤고, 슈펠트는 이홍장에게 보정을 방문하지 않는 대신 조약 협상을 비밀리에 진행하길 선호한다고 답했다.[23]

김윤식은 보정에서 이홍장을 만난 후, 일주일 동안 천진을 방문하여 5명의 학도를 수사학당(水師學堂)과 수뢰학당(水雷學堂)으로 보내 영어 교육을 받게 했다. 그 학도들 또한 "천조의 백성(天朝之赤子)"이었기에 청은 그들의 식비와 기타 비용을 부담하기로 했다. 청 관원들이 국력을 키우고 서양에 손을 내밀려는 조선의 계획에 적극적으로 참여한 것은 중화제국의 전통적인 정치-문화적 맥락에서 비롯한 것이다. 학도들을 학당에 추가 배치하기 전 김윤식은 국왕으로부터 미국과의 조약 협상을 이홍장과 상의하라는 비밀 명령을 받았다. 김윤식은 즉시 보정으로 돌아왔고, 그곳에서 이홍장과 함께 슈펠트와 협상을 시작하여 슈펠트가 조선으로 바로 가는 것을 막았다. 이 계획은 조선의 전권대신을 필요로 했다. 시간이 촉박했던 이홍장은 국왕의 비밀 지시에 따라 상황에 맞는 전략을 세우고 김윤식에게 전권대신을 맡을 것을 제안했지만, 김윤식은 이를 거절했다. 그때 유일한 해결책은 한성에 전령을 보내 국왕에게 전권대신을 천진으로 파견해 달라고 요청하는 것이었다. 이홍장은 전권대신이 표면적으로는 조선인 연수생을 감독하고 자신의 진짜 임무는 비밀로 해야 한다고 경고했다.[24]

조선의 문호 개방: 청과 미국의 조약 협상

이홍장은 주로 황준헌이 제안한 모델을 기반으로 조약 초안을 작성하는 역할을 맡았다. 그는 조약에 "조선은 중국의 속국으로서 외교와 내정에 관한 자주권을 가지며, 이 권리는 다른 나라에 도전받지 않는다"라고 명시하여 중국과의 관계를 정의해야 한다고 제안했다. 김윤식은 "명분이 있고 정당한" 주장을 지지했다. 김윤식은 국왕[고종]에게 올린 비밀보고서에서 자신이 이를 수용한 진짜 이유를 밝혔다. 조선이 큰 이익을 위해 중국의 외교를 이용할 수 있다는 의미였고, 자주의 권리를 확인하여 다른 나라와 평등하게 교류할 수 있다는 뜻이었다.[25] 김윤식의 의견은 조미조약이 아니라 같은 해 체결된 청과 조선의 통상 장정에서도 드러나지만, 종번 담론에 기반한 용어 사용이 조선의 주권과 독립을 희생하며 청이 '종주권'을 강화하려고 조선에 일방적으로 강요한 것이 아님을 보여준다. 오히려 종번 협정 당사자들은 자국의 이익을 위해 그 관계를 이용할 수 있었다.

이홍장과 김윤식의 논의에서 또 다른 중요한 문제는 미국인에게 영사재판권을 부여할지였다. 황준헌은 초안에서 조선이 일시적으로 미국 영사가 조선 내 미국 시민의 사안을 처리하도록 허용하자고 제안했다. 이를 지지하는 이홍장은 "국제 협약에 따르면 한 국가의 조약항과 그 배후지에 거주하는 외국인은 그 나라에 거주하는 자국 관원들의 관리 대상이다. 동서양의 형률, 풍속, 예교(禮敎)가 달라 주재국의 현지 관원이 외국인을 관리할 수 없다"라고 설명했다. 이홍장과 황준헌에게 영사재판권은 한 국가의 주권을 훼손하는 조항이라기보다는 외국인을 관리하는 방법일 뿐이었다. 김윤식은 이 견해에 동의하며 "저희 나라(敝邦)는 외국 사정에 익숙하지 않으므로 스스로 외국인을 관리하더라도 문제가 많을 것"이라고 말했다.[26] 따라서 조선과 미국 양국은 슈펠트가 영사재판권을 요구하지 않았음에도 미국에 영사재판권을 부여하기로 했다. 조미조약은 향후 조선과 다른 나라 간 조약의 전형이었으므로 이 장 후반부에서 살펴볼「조청상민수륙무역장정」으로 중국도 이 권리를 획득했다. 이 일화는 서양 열강이 항상 무력으로 동아시아에서 치외법권을 획득했다는 가정에 의문을 제기한다. 또한 동아시아 국가들의 역사 서술이 일반적으로 주장하듯이 치외법권을 제국주의의 특징으로 일률적으로 간주할 수 있다는 관념에 의문이 들게 한다.[27]

김윤식은 이홍장과 조약 초안을 작성한 후 천진으로 돌아왔고, 그곳엔 국왕의 친서를 가지고 온 특사 이응준이 기다리고 있었다. 친서에는 전권대사 파견은 불가능하며 미국인이 조선에 와서 추가 협의를 하는 것이 좋겠다는 내용이 들어 있었다. 김윤식이 진해관도 주복(周馥, 1837~1921)에게 이 서한을 이홍장에게 전달해달라고 부탁하자 주복은 김윤식이 전권대신 역할을 맡아야 한다는 제안을 반복했다. 김윤식은 청이 조선을 대신해 협상하는 게 더 낫겠다고 판단하고 다시 거절했다. 또한 주복은 1876년 조일 조약에서 자주라는 용어를 설명하는 조선의 의견서에 등장하는 '독립반주(獨立半主)'라는 문구에도 의문을 제기했다. 주복은 이 문구가 훨씬 더 큰 독립을 주장하는 것처럼 보이며 김윤식과 이홍장이 예견했던 것보다 더 큰 '일본의 음모'로 조선의 이익을 해칠 뿐이라고 경고했다. 이에 대해 김윤식은 조선이 미국과의 조약에서 '독립과 자주'를 주장하지 않을 것이라고 확인해 줬다.[28]

얼마 지나지 않아 이홍장과 슈펠트 사이에 조약 협상이 시작되었다. 조약에 조선을 청의 속국으로 규정하는 조항을 포함하느냐가 협상에서 가장 큰 논란이 되었다. 이홍장과 김윤식이 논의했던 것처럼 이홍장 초안의 첫 조항은 "조선은 중국의 속방이며, 내정과 외교 사무에서 항상 자주권을 누린다"였다.[29] 슈펠트가 이 조항에 반대했기 때문에 쌍방은 첫 조항을 비워 둔 채 15개 조항으로 구성된 조약 초안을 작성했다. 청과 조선 양국의 계획은 조약 최종본에 이 문구를 넣는 것이 불가능하면, 조선은 미국 정부에 특별 서한을 보내 중국의 속국으로서 지위를 명확히 하기로 했다. 김윤식은 슈펠트와 어떤 대화도 나누지 않았고 협상에 참여하지도 않았다. 1882년 4월 21일 이홍장은 김윤식과 이응준에게 조약 초안의 사본을 주면서 천진에서 중국 증기선을 타고 즉시 조선으로 돌아가라고 지시했다. 김윤식의 요청에 따라 이홍장은 "국제법에 매우 정통한" 마건충에게 슈펠트와 함께 인천에 가서 모든 일이 순조롭게 진행되도록 하라고 지시했다. 그사이 두 조선 관원 어윤중(魚允中, 1848~1896)과 이조연은 이홍장, 김윤식, 슈펠트가 절실히 원했던 전권대신이 아닌 고선관(考選官, 처음에는 학도를 점검하고 평가한다는 의미의 고선관에 영선사를 임명했으나 문의관(問議官)으로 바꿔 파견함-옮긴이)으로 한성에서 천진으로 떠났다.

5월 8일 마건충과 중국 제독 정여창(丁汝昌, 1836~1895)이 인천에 도착했고, 마건충은 협상에 영향을 미치려고 일본 공사 하나부사 요시모토를 만났다. 나흘 후, 슈펠트는 스와타라호에 도착했고, 1876년 「강화도조약」을 체결한 바 있는 조선의 전권대신 김홍집, 신헌(申櫶, 1810~1884)과 협상을 벌였다. 협상은 이홍장이 제안한 조선의 지위에 관한 첫 번째 조항을 삭제한 14개 조항의 조약으로 5월 22일 매듭지어졌다. 조선의 국기는 이응준이 디자인한 태극과 팔괘를 기본으로 한 모델이 제안되었다.[30] 슈펠트가 조약 사본을 가지고 상해로 떠난 후 마건충은 인천에 남아 조선이 영국이나 다른 국가와 조약을 협상하는 데 도움을 주었다.[31] 중간 과정을 거쳐 이홍장, 마건충, 김윤식이 결정한 대로 국왕은 5월 29일 마건충이 작성한 조회문을 미국 대통령 체스터 아서(Chester Arthur)에게 보내 "조선은 중국의 조공국이지만 내치와 외교는 완전한 독립을 누리고 있다"라고 주장했다.[32] 고종은 영국(1882년 6월 6일), 독일(1883년 11월 26일), 이탈리아(1884년 6월 26일), 러시아(1884년 7월 7일), 프랑스(1886년 6월 4일) 등 다른 체약국 군주에게도 같은 내용의 조회문을 보냈다. 은자의 나라가 '국제사회'에 편입되면서 국제법상 주권국가로서 독립적 지위와 종번 원칙에 따라 중국의 속국으로서 종속적 지위는 동아시아에서 서양 국가에 가장 복잡하고 난해한 문제의 하나가 되었다. 또한 조선이 중국과의 관계를 수정하는 방향으로 나아가면서 새로운 상황은 중한관계도 복잡하게 만들었다.

가장으로서 조선을 보호하다: 1882년 중국의 군사 개입

내부로부터 도전: 국왕의 변화 요구

조선이 미국과 조약을 맺을 때 천진에 있던 연수생 중 3분의 1 이상이 귀국했다. 연수 프로그램은 종번 기제 밖 조미조약 협상에서 새로운 소통 채널을 제공했지만, 청 측이나 조선 측에 단독으로 초점이 된 적이 없다. 명목상 천진에서 연수생을 평가하려고 파견된 두 조선 관원 어윤중과 이조연 역시 본연의 외교 임무에 집중하려고 연수 프로그램을 무시했다. 1882년 5월 어윤중과 이조연은 국왕에게서 받은 네 가지 세부 요청을 북양대신 대행 장수성(張樹聲, 1824~1884)에게 제출하였다. 이홍장이 돌아가신 어머니를 애도하고자 백 일간 고향 안휘로 돌아갔기 때문이다.

첫 번째 요청은 양국이 새로운 국제정세에 발맞춰 조약을 체결하자는 제안이었다. 두 번째 요청은 러시아의 간섭을 막으려고 만주 북동쪽 국경의 시장을 폐쇄하자는 건의였다. 세 번째 요청은 조선이 정기적으로 사신을 파견하는 대신 대표 사절이 북경에 상주하여 조칙과 황력을 받도록 함으로써 사절 파견이 필요 없게 만들자고 건의했다. 네 번째 요청은 북경에 상주하는 조선 사절이 자신의 여비와 식비를 책임지도록 명시하여 사실상 다른 나라의 공사와 다를 바 없도록 하는 것이었다.[33] 이토록 대담한 요청은 1880년 말 황준헌이 『조선책략』에서 제시한 조선 개혁의 청사진을 반영한 것으로, 주권국가 간 관례처럼 서양의 외교 원칙으로 대체하는 것이 목표였다.

조선의 주요 목표는 청과 조약을 체결하는 것이었다. 이를 위해 어윤중은 주복과 북경에 상주사절 파견, 청에 최혜국 지위 부여, 조약에서 조선의 속국 지위 규정 등의 주요 문제를 논의했다. 양측은 조선에 대한 청의 외교 사무는 총리아문과 북양대신이 관리하고, 조공 사무는 원래대로 예부 관할하에 두기로 합의했다. 이 논의가 조약의 기조를 잡았다. 1882년 6월 북경에 도착한 어윤중은 회동사역관에 여장을 풀었다. 예부는 종번 관례에 따라 은, 양고기, 술, 음식을 제공하였다. 한편 국왕[고종]의 또 다른 특사인 이응준은 미국과의 협상에서 '소국'과 번을 지켜준 황제와 '중조(中朝)'에 대한 진심 어린 감사를 표하는 국왕의 서신을 가지고 북경에 도착했다. 이응준 또한 회동사역관에 머물며 은, 양고기, 술, 음식을 제공받았다.

예부는 조선 국왕의 요청을 수용하면 예부의 역할이 약해질 수 있었지만, 1882년 당시 중화권에서 이탈했거나 다른 국가의 식민지가 된 유구, 미얀마, 베트남의 사례들을 보며 종번 기제가 효과적으로 해결할 수 없는 문제가 많다는 사실을 깨달았다. 예부는 황제에게 국왕의 요청을 전달하고 외교 문제에 정통한 모든 관리, 특히 이홍장에게 이 문제에 대한 비밀 토론에 참여하도록 지시할 것을 제안했다. 예부상서 보정(宝廷, 1840~1890)은 황제에게 예부가 바라는 바를 상세히 설명했다.

보정에 따르면 홍타이지 때 대청에 복종한 '외국 오랑캐(外夷)' 중 첫 속국이었던 조선은 '남양 여러 나라(南洋諸國, 동남아 일대의 국가들—옮긴이)'보다 훨씬 중요했다. 청이 일본의 유구 침략, 영국의 면전 침략, 프랑스의 베트남 침략을 막는 데 모두 실패한 이후 청에 대한 조선의 공경은 줄어들었지만, 조선은 약했고 중국의 덕을 존중하여 청을 배신하지 않았다.

보정은 속국에 중국 조약항에서의 교역과 '먼 오랑캐(遠夷)'와 공동의 상업적 이익을 추구하는 것을 거부하는 일은 조선에 불공평하고 조선을 일본 편에 서도록 몰 수 있다고 주장했다. 그러나 북경에 조선 상주사절을 허용하면 중국에 대표를 둔 다른 국가와 조선이 동등한 위치에 서게 될 것이며, '영국 오랑캐(英夷)'처럼 공격적으로 변할 수 있었다. 보정은 조선을 관할하는 예부의 권한을 유지하되 무역 문제는 총리아문이 계속 추진하도록 촉구했다. 조선 사절의 북경 상주를 허용하더라도 조선이 북경에 공사관을 세우는 것은 허용해서는 안 되며, 그 대신 청과 조선이 한 가족이라는 점을 강조하고자 사절을 회동사역관에 머물게 해야 한다고 주장했다. 또한 보정은 조선이 청의 힘을 이용해 다른 나라를 견제하려는 의도를 기회 삼아 청이 "조선을 보호하고 중국의 영향력 아래 두고자(於護庇之中寓控制之道)" 군인 수천 명을 조선에 파견하여 군사 요새에 주둔하도록 건의했다.[34]

보정의 의견은 청 조정의 결정에 큰 영향을 미쳤다. 조정은 즉각 "다양한 잠재적 불편"과 "조선은 오랫동안 번이었고, 모든 의례는 규정이 있다"라는 이유로 조선의 북경 상주 사설 파견 요청을 거부하는 칙유를 신속하게 내렸다. 또한 청과 조선의 무역 사무는 총리아문이 담당하고 조공 사무는 예부가 계속 관장해야 한다고 결정했다. 그럼에도 조정은 일부 조약을 변경하는 데 동의하고 북양대신에게 조선과 통상조약을 협상하도록 지시했다.[35] 이 칙유는 조정 대 조정이라는 조공의 통로를 넘어 조선과 교류할 때 가장 강력한 대리인으로서 북양대신의 중요성을 더욱 높였다. 2주 후 보정은 황제에게 또 상주하여 청이 조선의 해양 방어력 강화를 도와야 한다고 주장했다. 조선의 중요한 위치를 강조하고자 "조선보다 운남과 귀주를 잃는 것이 낫다(卽失雲貴, 不可失朝鮮)"라고까지 주장했다. 황제는 운남과 귀주를 조선과 비교하는 것은 부적절하다고 논평했지만 중국 속국의 안보에 심각한 우려를 표명했다.[36]

가장으로서 중국의 지위 정당화: 청군의 조선 파병

조선이 청과 조약을 체결하도록 설득하는 데 성공했지만, 국내에서는 정치적 격변의 위기에 직면했다. 1882년 7월 23일, 한성에서 임오군란이 일어났다. 극심한 가뭄으로 군대에 쌀을 불공평하게 배급했다는 이유였다. 무위영 소속 군인 수백 명은 일본공사관을 공격하여 1881년부터 조선의 별기군을 가르치던 호리모토 레이조(堀本禮造) 중위를 비롯해 일본인 여러 명을 살해했다. 궁궐을 점령한 반란군은 국왕[고종]을 포로로 잡고 조정에서 당쟁을 벌이던 민씨 가문의 주축인 고위 관리 여러 명을 살해했다. 섭정을 회복할 기회를 잡은 국왕의 부친 대원군은 왕비가 사망했다고 발표한 뒤 왕비 일족에게 보복을 가했다. 사실 왕비는 수도에서 탈출하여 충주에 숨어 있었다.[37] 일본공사 하나부사 요시모토는 인천으로 도망친 뒤 그곳에서 영국 증기선을 타고 도쿄로 가서 반란 소식을 전했다.

도쿄는 하나부사에게 해군 병력을 이끌고 인천으로 돌아가 일본인 살육에 대한 처벌과 보상을 요구하라고 지시했다. 도쿄 주재 청국공사 여서창(黎庶昌, 1837~1896)도 북경에 전보를 보내 조선에 즉각 군대를 파견하라고 요청했다. 북경 주재 독일 공사 막스 아우구스트 본 브란트와 해관 총세무사 로버트 하트(Robert Hart, 1835~1911)는 8월 2일과 3일 조선에서 반란이 일어난 사실을 총리아문에 알렸다. 이때 독일-조선 조약, 영국-조선 조약 사본과 조선 국왕이 영국과 독일의 통치자에게 조선이 중국의 속국이라고 알린 속방 조회도 총리아문에 도착했다.[38] 며칠 새 북경은 조선 상황을 극도로 경계하게 되었다.

천진에서 북양해군을 지휘하던 장수성이 오장경(吳長慶, 1829~1884)에게 군사행동을 준비하라고 지시했을 때, 그는 당시 천진에 있던 조선 관리 김윤식과 어윤중의 영향을 많이 받았다. 국왕의 개방 정책을 열렬히 지지하던 김윤식과 어윤중은 이 반란에 대원군이 연루되어 있다며 작년에 실패한 쿠데타와 연관지었다. 그들은 반란을 진압하고 일본의 음모를 견제하고자 군함과 병사를 파견할 것을 장수성에게 요청했다. 김윤식은 심지어 대원군이 국왕을 모함하는 음모를 꾸몄다고 비난하면서 청군이 한성을 점령하면 "나라의 화근을 없애기 위해" 비밀리에 대원군을 죽이자고 제안했다.[39] 통신과 정보 수집 채널이 제한되어 있어 청은 조선의 국내 상황을 잘 알지 못했으므로 장수성과 그의 중국인 동료들은 김윤식과 어윤중의 편향된 정보에 의존하였다. 청은 제때 조치하지 못하면 대원군이 국왕을 폐위시킬 것이라고 결론지었다.

북경은 즉시 가부장적 권한을 행사하기로 결정했다. 광서제는 총리아문과 장수성에게 마건충과 정여창의 지휘로 조선에 군대를 보내 "작은 나라를 소중히 여기고[字小]" "일본의 음모"를 저지하며 "일본인을 함께 보호하라"라고 지시했다. 군사행동은 종번체제의 이론적 근거를 바탕으로 정당성을 확보했다. 장수성은 정여창 제독의 지휘 아래 군함 13척과 상선을 모으고, 군사 4,000명을 소집하여 오장경 장군이 지휘하도록 했다. 장수성은 또한 김윤식과 어윤중에게 청군과 함께 조선으로 돌아가 길잡이 역할을 해달라고 했다. 한편, 마건충은 인천에서 정찰 업무를 수행하며 어윤중과 여러 차례 긴 대화를 나눴다. 대원군에 대한 어윤중의 개인적 원한은 장수성에게 보고해야 하는 마건충의 판단에 깊은 영향을 미쳤고, 조선 상황에 대한 청 측의 초기 평가를 확인해 주었다. 오장경 장군은 곧 천진을 떠나 연태로 향했고, 그곳에서 당시 24세였던 원세개를 포함한 장교와 함대를 이끌고 조선으로 향했다. 조선으로 가는 동안 원세개는 군사 수백 명을 이끌고 한성을 점령하고 싶다고 말했는데, 이것이 김윤식에게 깊은 인상을 남겼다.[40] 원세개는 이후 10년 이상 조선에 거주하며 조선의 미래를 크게 좌우했다.

일본 역시 조선에 군대를 파견하는 일을 합법적이고 정당한 행위로 간주했다. 이노우에 가오루는 도쿄의 외무대신에게 일본의 작전은 "전적으로 평화주의에 근거한 것"이라며 군함과 군대의 목적은 일본공사관과 시민을 보호하는 것이라고 말했다. 외무대보(外務大輔) 요시다 키요나리(吉田淸成, 1845~1891)는 이수성의 청국 중재 제의를 거절하였다. 곧 이노우에는 하나부사에게 군사 작전과 보상 조건에 대한 자세한 지시를 내렸다. 이 모두를 청이나 다른 나라를 통하지 않고 무력을 이용해 일방적으로 처리하는 것이었다.[41] 그 결과 조선의 지위를 둘러싼 청과 일본 사이의 이념적 갈등은 한반도에서 군사적 경쟁을 벌이는 것으로 발전했다.

청으로서는 속국에 군대를 파견하는 것이 합법적이고 필요한 일이었다. 총리아문이 1876년 모리에게 말한 대로, 중국은 오래전부터 조선이 "어려움을 해소하고 분쟁을 해결하며 안정과 안보를 확보"하도록 조선을 도와줄 책임이 있었다. 여서창은 요시다에게 보낸 문서에서 이 점을 되새기며 중국의 행동은 '자소 원칙'을 따른 것이라고 말했다. 청은 "속방을 위해 반란을 진압함"과 동시에 한성에 있는 일본공사관을 보호해야 했다. 여서창은 청의 작전 근거를 설명하려고 비유를 활용했다. '가장'은 '아들이나 형제 집(子弟家)'에서 '타인'의 소유물이 왜 도난당했는지 조사할 의무가 있었다. 가장은 중국이고 아들이나 형제 집은 조선이며 타인은 일본이다.[42] 이 비유는 종번의 세계 안에서 조선에 대한 청의 역할을 구체화했다. 또한 반란에 대한 청의 이해와 조선 파병 결정이 국제법과 무관하다는 것을 분명히 보여줬다.

일본은 청의 주장을 묵살하기 어려웠고, 조선의 상황이 강대국인 청과 전쟁을 벌이는 나락으로 끌어들이지 않을까 우려했다. 1872년 대만 문제에 대해 찰스 르 젠드르와 상의했던 외무성은 다시 이들 외국인의 지적 자원에 의존하여 프랑스 법학자이자 정부 법률 고문인 귀스타브 보아소나드(Gustave Boissonade, 1825~1910)에게 조언을 구했다. 보아소나드는 일본이 조선을 '독립국'이라고 주장하며 '조선과의 협상에만 집중할 것'을 제안했다. 그는 1876년 모리가 그랬던 것처럼 청과 조선의 관계에 대한 비유로 오스만제국과 이집트의 관계를 언급했다. 1882년 1월 오스만제국의 태도와 상관없이 영국과 프랑스가 이집트의 반란에 직접 개입했기 때문에 일본은 중국의 대응과 상관없이 조선의 반란에 직접 개입할 수 있다는 것이었다.[43] 북경에서 총세무사 하트도 "조선에 대한 중국과 일본의 태도는 이집트에 대한 터키와 영국의 태도와 거의 같을 것"이라고 생각했다.[44] 이러한 맥락에서 조선·중국·일본 3국의 관계는 오스만제국·영국·프랑스로 대표되는 유럽 열강과 이집트·튀니지 등 아프리카 국가들의 관계에 비유되며 동아시아 공동체의 변혁과 새로운 제국주의 발흥의 연관성을 반영하였다.[45] 따라서 유럽이 아프리카에서 한 식민지 경험은 일본이 동아시아에서 전개할 식민지 사업에 중요한 지적 공헌을 했다.

청도 유럽 국가들이 실행한 새로운 식민 모델의 출현을 간과하지 않았다. 도쿄에서 돌아온 여서창은 반란 진압 후 청이 조선의 국내 정세와 대외관계에서 평화를 보장하려면 조선의 모든 사무를 관리·감독해야 한다고 총리아문에 건의했다. 또한 그는 중국과 다른 국가 간 조선의 지위에 대한 골치 아픈 모든 문제를 단번에 해결하려면 인도에서 영국이 취한 방식을 모방하여 "직접 그 왕을 폐위하고 군현을 설치해야 한다(直廢其王而

郡縣之)"라고 건의했다.[46] 따라서 청이 조선을 군현화할 수 있다는 것은 유럽 열강이 행한 식민주의와 어느 정도 동일시되었고 심지어 정당화되었다. 하지만 여서창은 중국이 스스로 정한 인(仁)과 덕(德)의 원칙을 위반하는 것이기에 이를 취할 수 없다고 결론지었다.[47] 1894년 청일전쟁이 발발할 때까지 청은 조선을 식민지로 만들려는 어떠한 계획도 추진한 적이 없으며, 오히려 종번 노선을 따라 조선을 보호하고 감독하려고 노력했다.

반란 후 거의 한 달 만에 조선에 도착한 오장경 장군과 그를 보좌한 이들은 조선 관리들의 환영을 받았다.[48] 청 관리들은 중국만이 지닌 유리한 지위와 권한을 이용해 수도를 점령하고, 대원군을 납치하여 중국 천진으로 압송하였으며, 국왕과 왕비를 복귀시키고 조선이 일본과 두 차례 조약을 맺도록 지원하여 정치적 혼란을 신속하게 종결시켰다. 이후 국왕은 전통적 노선으로 북경과 도쿄로 사절단을 파견하여 양국 정부에 사건에 대해 설명했다. 9월 말 총리아문은 북경에 있는 외국 공사 7명에게 자문을 보내 중국의 개입 사실을 통보하고 "조선은 우리 대청의 속국으로서 대대로 번의 지위를 유지해 왔으며 조정은 조선을 우리와 결속하는 내복(內服)으로 간주한다"라고 재차 강조하였다.[49] 또한 총리아문은 조선의 안정과 안전을 보장하고자 청군이 조선에 잔류할 것이라고 알렸다.

청에 더 큰 문제는 천진에서 보정으로 보내진 대원군을 어떻게 처리하느냐였다. 북양대신으로 다시 복귀한 이홍장은 대원군을 중국에 영원히 억류하고 국왕이 정기적으로 관리를 파견해 대원군을 방문하도록 해야 한다는 장수성의 건의를 지지했다. 이홍장은 14세기 초 원나라 몽골 조정이 고려 충혜왕(재위 1330~1332, 1339~1343)을 중국 광동성으로 추방했던 유사한 역사적 사례를 인용했다.[50] 외번의 정치적 혼란에 대한 당시 반응을 보면, 외번의 관리를 처벌하고 필요하면 국왕을 폐위할 수 있는 완전한 법적 권한을 보유하고 있다고 주장할 수 있는 역사적 선례에 주목했다. 1789년 청이 안남 레 왕조의 마지막 왕을 폐위하기로 한 결정 또한 이러한 권한의 명백한 근거였다. 1886년 원세개가 이홍장에게 조선 국왕을 조선 왕실의 유능한 인물로 교체해야 한다고 적극적으로 건의한 것도 이러한 맥락에 따른 일이다.[51] 결국 청은 대원군을 3년 동안 억류한 후 원세개가 흠명 주차관으로 승진한 1885년 10월 조선으로 돌려보냈다.

1882년 청의 군사 개입은 청과 조선 관계의 전환점이 되었지만, 근본적인 의미에서는 1637년 이후 청이 속국에 행사한 천자와 가부장 권력의 본질을 공개적으로 드러낸 것에 불과했다. 중국의 우월성은 단지 '명목'에 불과하고 대원군을 억류한 행위는 '상상할 수 없는 일'이라는 주장은 사실과 거리가 멀다.[52] 따라서 청이 특별한 개입으로 조선에 서구식 제국주의를 가하여 식민 권력이 되었다는 주장도 마찬가지다.

조약으로 조선 정의하기: 청과 조선의 장정과 그 결과

종번질서의 복잡성: 청과 조선 사이의 최초 조약

조선 문제가 계속되자 많은 중국 관리는 조선과 관계를 강화해야 한다는 것을 지지했다. 1882년 2월 28일 만주 길림의 국경 사무를 보좌하는 길림독판(吉林督辦) 오대징(吳大澂, 1835~1902)은 황제에게 올린 상주문에서 중국의 자강 사업은 조선을 보호하고 일본과 러시아를 견제하는 목적도 있다고 강조했다. 오대징은 러시아가 측량 중인 조선 북동부 항구 원산(러시아어로는 Lazarev라고 알려짐)과 같은 곳이 무역항이 될 수 있는지 결정하려고 흠파대원(欽派大員)을 조선에 파견해야 한다고 주장했다. 또 조선은 윤선초상국(輪船招商局)이 무역 거점을 설립할 목적으로 해안 탐측을 할 수 있도록 허용해야 한다고 건의했다. 그 대가로 천진, 연태, 상해 등 중국 무역항에서 조선 상인의 무역을 허가하자고 건의했다. 오대징은 "200여 년 동안 우리 왕조의 외번이었던" 조선과 청의 종번관계를 거론하며 자신의 제안을 정당화했다.[53] 그는 국제법에 관심이 전혀 없었다.

조선의 중신 조영하(趙寧夏, 1845~1884)와 김홍집은 중국 측 협상자인 마건충, 당정추(唐廷樞, 1832~1892)와 차관 교섭을 벌였다. 조선이 반란으로 야기된 재정 위기를 극복할 수 있게 해달라고 요청하자 청은 조선에 은 50만 냥을 빌려줬다. 당정추는 이홍장이 길림성에 설립한 개평광무국(開平礦務局)의 수장이었다. 그들의 합의에 따르면, 차관 중 30만 냥은 윤선초상국이, 나머지 20만 냥은 개평광무국이 제공하기로 했다. 조선의 관세와 홍삼세를 담보로 삼고 이자 0.8%로 상환하는 조건이었다[0.8%가 아니라 연 8%였다. 1~5년 차는 이자만 납부하고, 이자는 매년 은 4만 냥으로, 분기별로 1만 냥씩 분할 납부하도록 했다. 원금은 12년 이내에 상환하는데, 6년 차부터 나눠 상환하며 이때 이자는 상환된 원금을 제외하고 계산했다. 『淸季中日韓關係史料』3, 967~968쪽—옮긴이]. 그 대가로 이홍장이 관리하는 중국의 두 채권단은 조선에서 경제적 특혜를 받았다. 윤선초상국은 조선의 조약항에 공장과 사무실을 만들 토지를 임대할 권리를 얻었고, 개평광무국은 조선 내지에서 자유롭게 광물 조사를 할 권리를 얻었다. 이렇게 중국의 상권은 조선으로 급속히 확대되었다.

이뿐만 아니라 청은 장비가 열악한 조선 군대를 위해 군수 물자를 제공하기로 합의했다. 1882년 10월 이홍장은 조선에 12파운드 대포 10문, 포탄 3,000발, 대포 탄환 화약 4,500파운드, 영국제 소총 1,000정, 소총 탄환 화약 10,000파운드, 총알 100만 발을 천진기기국(天津机器局)에서 제공했다.[54] 한 달 후 천진의 군사·기술 연수 프로그램은 국왕[고종]이 나머지 연수생을 소환하면서 끝났다.[55] 이때부터 조선은 군대를 훈련하려 외국 고문관을 초빙해야 했고, 외부 영향에 더 취약한 상태가 되었다.[56]

1882년 여름, 청이 조선의 반란을 진압한 후 양국은 천진에서 상업 조약을 체결하려고 협상을 재개했다. 조선 측 대표는 어윤중이었고 중국 측 대표는 주복과 마건충이었다. 반란이 일어나기 전인 1882년 5월 회담을 시작할 때부터 양측은 조약에 조선이 독립국이 아닌 자주권을 가진 중국의 속국이라는 점을 명확히 하기로 합의했다. 어윤중은 중국 측이 작성한 「중국조선상민수륙무역장정(中國朝鮮商民水陸貿易章程)」의 초안을 검토한 후 일부 조항에 이의를 제기했다. 특히 제2조에 명시된 영사재판권의 불공평과 제4조에 명시된 중국 상인을 위한 무역 도시로서 한성 개방과 중국 상인의 조선 내지 무역에 의문을 제기했다. 주복과 마건충은 종번 규정을 인용하며 중국과 영국·프랑스·미국 등 '우방국(與國)'과 체결한 조약과는 다르며, 양국은 구축된 맥락 속에서 '실제적 명분(實在之名分)'을 지켜야 한다고 주장했다. 이러한 중국의 반응은 양측이 이 문서를 '조약'이 아닌 '장정'이라고 한 이유를 설명하는 데 도움이 된다. 주복과 마건충은 몇 가지 용어를 바꾸기로 합의했지만, 결국 이 장정은 청의 속국에만 적용되고 최

혜국대우 규정에서 제외된다는 내용을 추가하는 데 성공했다. 조선 측은 수정된 문안에 서명했다.[57]

이홍장은 북경에 올린 상주문에서 이 장정 내용을 요약하고 전문에서 중국과 속국 사이의 명분을 바로 세우겠다는 '정명정분(正名定分)'을 강조했다.[58] 이홍장은 제7조의 조선 안보를 위해 중국 병선이 조선 해역을 순항하고 조선의 어느 항구에서든 정박할 권리를 부여한다는 사실은 언급하지 않았다. 이 조항은 조선의 주권을 침해하는 것이었지만, 어윤중과 그의 조선인 동료들은 이홍장과 그의 중국인 동료들처럼 상국이 속국에 베푸는 호의적인 보호의 일부로 간주했다. 프랑스에서 교육받은 마건충을 비롯한 사대부들은 이 조항을 국제법에 근거해 해석하지 않았다. 반란의 여파로 조선이 여러 위기에 직면해 씨름할 때 조선이 신뢰할 수 있는 유일한 세력은 중국이었다. 하지만 모든 조선인이 중국이 요구한 그 조약에 박수를 보낸 것은 아니다. 예를 들어, 1881년 '신사유람단'으로 일본에 다녀온 어윤중의 보좌관을 지냈으며, 「중국조선상민수륙무역장정」 체결 당시 도쿄를 방문했던 윤치호(尹致昊, 1865~1945)는 장정 때문에 조선이 중국에 비해 열등한 위치에 놓이자 '매우 슬프다'고 했다.[59] 서양과 일본의 근대성과 문명을 접한 윤치호와 같은 조선 문인들은 양국 간의 불평등한 협정을 폐기해야 한다고 믿었다. 이는 조선 지식인들 사이에 근대 민족주의와 국가 정체성이 부상하고 있음을 시사했다. 윤치호는 이후 한국 근대화의 주역이 되었다.

청은 조선과 장정을 체결함으로써 1882년 봄 조선 국왕이 요구했던 사항을 대부분 이행하여 1637년 이래 245년 동안 지속되어온 어떤 관례를 변경하거나 영구적으로 폐지했다. 권력정치 이론을 수용하는 학자들은 지정학적으로 우세한 청이 이 조약을 조선에 대한 통제권과 종주권을 강화하고 한반도에서 상업적 이익까지 추구하는 또 다른 제국주의 열강이 되는 도구로 삼았다고 해석하는 것을 선호한다. 이러한 관점에서 볼 때, 중국은 서양으로부터 수용한 개념과 동일한 방식으로 조선에 '다자 제국주의(multilateral imperialism)'를 도입한 것이다.[60] 그러나 1880년대 중국의 만주 조정은 대조선 정책에서 여전히 전통적인 종번 규범과 선례를 주로 따랐으며, 이는 종종 국제법은 물론 중국 지방 관리들의 청과 조선 간 교류에 대한 실질적 우려를 자아내고 모순을 빚기도 했다. 예를 들어, 「중국조선상민수륙무역장정」이 체결되기 몇 달 전인 1883년 3월 14일, 청 조정은 길림장군 명안(銘安, 1828~1911)과 그의 보좌관 길림독판 오대징의 보고로 조선 농민들이 길림의 황무지를 경작하려 계속 국경을 넘었고 이러한 무단 침입이 심각한 문제를 일으키고 있다는 사실을 알게 되었다. 열한 살인 광서제는 스승들의 지도 아래 "지방 관리들의 눈에는 분명 이 가난한 조선 농민들과 우리 사이에 경계가 있지만, 조정의 눈에는 원래 안과 밖의 차이가 없다. 따라서 농민들이 우리 국경을 침범할 의도가 없는 한 잘 관리해야 하며 추가 규정으로 처벌해서는 안 된다"라고 말했다.[61]

이 정책은 1727년 옹정제가 중국 외번의 모든 땅이 황제의 관할하에 있다는 생각에 근거하여 안남과 새로운 국경선을 획정하기로 한 결정과 놀라울 정도로 유사하다. 1727년부터 1882년까지 청 조정이 수용한 천하의 정치-문화적 이념은 변하지 않았다. 강희제는 중국과 서양의 학문을 열심히 공부했으며, 특히 예수회와 활발히 교류하면서 수학과 천문학에 집중했다. 하지만 강희제 이후의 모든 황제는 중국과 서양의 지적 교류를 흠 천감에 일임했다.[62] 19세기 말까지 동치제와 광서제 등 젊은 황제들은 일 강(日講)에서 매일 유학 경전과 중국 역사만 공부했다. 1860년대에 유럽과 미국의 공사들이 북경에 상주하기 시작하고 청의 자강운동이 전개되었지 만, 만주 조정은 황제에게 중국에 필요한 것과 변화하는 상황에 적합한 국 제적 지식을 교육하지 않았다. 청 관료를 선발하는 과거는 여전히 유학 경 전으로만 시험했을 뿐 변화 조짐은 보이지 않았다. 광서제는 그의 스승들, 특히 옹동화를 따라 이러한 교육환경에 갇혀 있었다. 발견의 시대 이후 유 럽과 미국의 역사를 광서제에게 소개하려는 최초의 서양사와 국제법 교과 서『서사강의(西史講義)』는 그가 죽기 1년 전인 1907년 11월이 되어서야 전 해졌다.[63]

젊은 광서제는 1882년「중국조선상민수륙무역장정」을 승인하면서 전 형적인 유학적 어조로 "조선은 우리의 속국이며 저 멀리 동방 오랑캐로 존 재한다(朝鮮爲我屬國, 僻在東夷)"라고 강조했다.[64] 화이지변의 전통적 담론 은 적어도 핵심 지도자들의 마음속에 확고하게 자리 잡고 있었다. 중화제 국의 만주족 집권층에게 이 담론은 조정의 관점으로 볼 때 통치술일 뿐 지 방 차원의 실질적 외교 협상이 아니었다. 1880년대 청은 청과 조선의 종번 틀 안에서 '중국', 상국, 천조의 역할을 계속 수행했다. 조선이 속국인 한 중국의 중화주의가 지속될 테고, 따라서 중국의 서구 중심 외교는 제한될 수밖에 없었다. 이런 의미에서 중국의 근대국가 전환은 보편적인 정치- 문화적 중화제국과 복잡하게 얽혀 이루어졌다. 이는 19세기 후반 지방 외 교의 실제 사무와 조정의 이념적 규범 간 불일치를 드러내고, 중국 근대국가가 부상하는 데 조선의 중요성을 부각시켰다.

종번질서 보완하기: 의례 위기와 청−조선 국경 조약

1882년 맺은 「중국조선상민수륙무역장정」은 비록 명칭은 조약이 아니지만 서구식 조약 형식을 채택함으로써 이 장 첫머리에서 설명한 청과 조선 교류의 이중 네트워크를 구축하는 데 일조하였다. 2장에서 설명한 조정 대 조정 체제를 유지하는 것 외에 양국은 이제 새로 만들어진 국가 대 국가 체제에 적응해야 했다. 일본과 서양의 체약국이 이론적으로 서로 동등한 독립 주권국가로 대우하는 새로운 국가 대 국가 체제에 적응해야 했다. 이 내적 이중 네트워크는 1882년 말 중국에서 전개된 의례 위기가 보여주듯이 국제정치의 새로운 환경 속에서 양국을 더욱 복잡한 상황으로 몰아넣었다.

이 위기는 성경장군 숭기(崇綺, 1830~1900)가 「중국조선상민수륙무역장정」에 문제를 제기하면서 시작되었다. 숭기는 1882년 12월 세 차례에 걸쳐 올린 상주문에서 조선의 조약항에서 중국 위원들이 "조선 관원들과 왕래할 때는 완전히 대등한 위치에 있고 예를 다해 대우하며" 중국 항구의 조선 위원도 "마찬가지로 지방관, 즉 도대(道臺), 부(府)·주(州)·현(縣)의 지방관[지부(知府), 주현관(州縣官)]과 왕래에서 동등하게 대우해야 한다"라고 했다. 조선은 1637년 대청의 번이자 신하가 되었고 조선 관리들은 '배신(陪臣)'이므로 중국 관리들보다 지위가 낮았다는 점을 상기시키며, 조선 관리와 중국 관리의 지위가 동등하다는 것은 황제와 국왕이 동등한 지위에 있다는 것을 의미한다고 지적했다. 평등하다고 가정하는 것은 기존 질서를 심각하게 훼손하며, "어떠한 경우라도 그러한 대우가 조선에까지 확대되어서는 안 된다"라고 주장했다. 숭기는 이 조항에서 '평행(平行)'이라는 용어를 '도덕적 원칙(倫紀)'과 중국 '국체(國體)'를 위해 삭제해야 한다고 주장했다. 심양은 '체통(體統)'을 지키기 위해 조선 위원들을 기존 관례로 대할 것이라고 밝혔다.

또한 성경장군은 국경 무역에 대한 공식적인 감독 규정을 없애고 압록강 양안의 책문과 의주, 두만강 양안의 훈춘과 회령에서 지역민이 자유롭게 교역하도록 한 제5조에도 의문을 제기했다. 숭기는 시대에 뒤처진 규정을 폐지해야 한다는 데 동의했지만, 청 측의 기존 순찰을 유지하여 육상 국경 경비를 강화해야 한다고 주장했다. 조선 자체와 조선에 존재하는 체약국들의 예측할 수 없는 위협에 대한 그의 우려는 청나라 '선조의 땅'인 심양 지역의 고유성과 중요성으로 더욱 증폭되었다.[65]

숭기의 우려는 예부, 총리아문, 북양대신 사이에 열띤 논쟁을 촉발했다. 육로 국경 무역 규정을 재협상할 것이었기에 평등한 의례 수행 문제가 논의에서 가장 뜨거운 주제가 되었다. 이홍장은 『대청회전』이 중국 지방 관리와 외국 조공 사신 간 의례를 규정하지 않았다고 주장했지만, 지방 관리들이 베트남, 섬라, 유구 사절을 '평등한 의례(平禮)'로 대했다며 조선에도 이를 적용할 수 있다고 주장했다. 이홍장은 주나라의 경전에서 이론적 근거를 찾아 청과 조선 관원의 지위에 비유했다. 이에 따르면, 국왕은 천자의 '외신(外臣)'으로 '내신(內臣)'인 순무, 총독과 지위가 동등하고, 조선 관리들은 순무와 총독 이하 관리들과 동등했다. 따라서 중국에서 조선 위원은 중국 순무, 총독, 다른 고위 관리에게 '하급자의 의례(屬禮)'를 행하고 도대나 지부, 주현관에게는 동등한 의식을 행해야 했다. 또한 공관이 있는 천진에서 서양인 영사에게도 동등한 의식을 행해야 했다. 반면에, 조선에서 중국 관리들은 의정부보다 낮은 조선 관리들과 동등한 의식을 행해야 했다.

숭기의 제안에서 이홍장은 '선조의 제도[祖制]'를 구현하는 종번 의례와 외국 공사와 주재국 간 서양식 의례 사이의 접점을 모색하고자 했다. 예부는 조선 위원은 조공 사신이 아니므로 우대를 받을 수 있다는 데 동의하면서 중국 위원 또는 도대 이하 중국 관원들이 조선 국왕을 접견할 때는 '빈주례(賓主禮)'를 행해야 한다고 제안했는데, 이 제안은 『대청회전』의 일부 규정을 약간 변경한 것이다.[66] 1883년 2월, 조정은 총리아문을 통해 예부의 의례 위기에 대한 해결 방안을 승인하고 양국의 다양한 관리 간 의례에서 새로운 틀을 마련했다(그림 5.1 참조). 한성에 외교단이 형성되면서 새로운 의례 방식은 이후 10년 동안 중국, 조선, 일본, 서양 국가들 사이에 갈등을 가중했는데, 이는 청과 조선 사이의 외적 이중 네트워크의 역학관계가 강력한 영향력을 발휘했음을 보여준다.

숭기는 새로운 의례 규정이 자신이 지적한 문제에 대한 좋은 해결책이라고 생각했다. 그는 1883년 3월 조선 대표 어윤중과 협정을 맺어 국경 안전을 강화하고 '적절한 제도'를 유지했다. 「봉천여조선변민교역장정(奉天與朝鮮邊民交易章程)」은 압록강 중강 지역의 무역에 관한 협정인데, 몇몇 조항은 특별히 종번 관례를 지키려는 것이었다. 「중국조선상민수륙무역장정」을 반영하여 「봉천여조선변민교역장정」의 전문은 중강에서 하는 국경무역이 "원래 천조가 속국을 우대하고 그 백성들의 편의를 위해 제정한 것

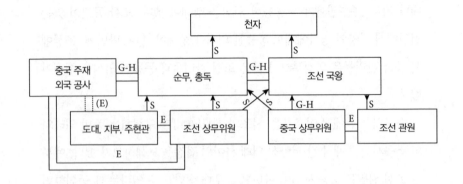

그림 5.1 1883년 이후 중국과 조선 사이의 의례 거행 규칙
S는 속하례(屬下禮)를, E는 평행례(平行禮)를, G-H는 주빈례(主賓禮)를 나타낸다. 중국에서 외국 공사는 때때로 중국의 도대, 지부, 주현관, 기타 지방 관리를 대할 때 평행례를 하기도 했다.

으로 조약항에서 동등한 지위로 행해지는 무역과는 다르며, 다른 국가는 이 규정과 관련이 없음을 명확히 한다"라고 명시하였다. 제8조와 제19조에 따르면 중국은 조선의 연례 조공과 일상용품에는 세금을 부과하지 않으며, 200년 이상 해왔던 것처럼 조선 사신단을 봉황성에서 북경까지 군사를 보내 호위하도록 했다. 제23조는 양국 간 문건 왕래는 정해진 제도에 따라 진행되어야 하며, 조선은 중국을 '상국' 또는 '천조'라 부르고 중(中, '중국'이나 '중조'를 지칭)이나 동(東, 동국東國을 뜻하며 조선을 지칭)이라는 축약자는 피해야 한다고 명시했다. 중국 관리들은 조선을 '조선국' 또는 '귀국(貴國)'이라고 불렀다.[67]

몇 달 뒤, 양국은 「길림조선상민수시무역장정(吉林朝鮮商民隨時貿易章程)」이라는 세 번째 조약을 체결했다. 이 조약은 성경과 조선 간 무역을 규정하는 조약의 약식 버전으로 종번 위계에 따라 양국 간 공식 문서 형식을 동일한 방식으로 규정했다.

1883년 말까지 청과 조선은 종번 담론에 확고하게 뿌리를 둔 3개 조약 또는 장정을 체결했다. 이 조약에 사용한 정교한 규범은 1630년대, 1760년 대, 1860년대 종번 담론이 그랬던 것처럼 '중국'을 중심으로 한 위계 관계를 제도화하고, 중화세계에서 참여자의 정체성을 명확히 하는 수단으로 계속 기능했다. 그러나 동시에 새로운 규정은 만주에서 양국 국경지대에 새로운 정치·상업 네트워크를 도입하여 전통적 기제를 조정했다. 이러한 변화는 주로 중국 내륙 연안 지역에서 이루어지던 중국의 근대 외교를 만주 지역으로 확대한 것이고, 이홍장과 같은 대리인의 영향력도 크게 확대되었다. 따라서 세 조약은 이후 오랜 종번관계의 마지막 10년 동안 양국이 국가 대 국가로 교류하는 법적 토대를 마련했다. 만주의 국경 지역은 6장에서 설명하듯이 양국이 전통과 근대 사이에서 각자의 주권 범위를 두고 협상하는 시험장이 되었다.

조선의 대외 네트워크 합류: 중국 위원과 중국인 거류지

권위를 지키려는 분투: 조선 주재 중국 상무위원

1882년 반란 이후 조선은 중국에 외교와 무역 전문가를 파견해 해관 제도 구축을 도와달라고 요청했다. 이 요청은 국왕[고종]이 했고, 청 조정의 승인을 받았으며, 양국은 종번의 틀 안에서 실행하였다. 그 결과 조선의 해관 제도는 청 해관의 하위 기관으로 만들어졌고, 1895년까지 조선 해관 연간 보고서는 청 해관 연간 보고서와 연계되었다. 1882년 11월 이홍장은 마건충의 동생 마건상(馬建常, 1840~1939)과 북경의 해관총서(海關總署)에서 일했던 파울 게오르크 폰 묄렌도르프(Paul Georg von Möllendorff, 1847~1901)를 국왕의 외국인 고문관으로 임명했다.[68] 마건상과 묄렌도르프는 1883년 초 조선에 부임했고, 이어서 서양 체약국 대표들과 청 대표들이 부임했다. 미국의 첫 특사이자 전권대사인 루시어스 H. 푸트(Lucius H. Foote, 1826~1913)와 초대 중국 상무위원 진수당(陳樹棠, 1882~1888)은 조선에 온 외교관 중 가장 중요한 인물이었다. 이들은 조선의 지위를 규정하는 데 정반대 접근법을 취했다. 1883년 3월 조선으로 떠나기 전 푸트는 국무장관 프레더릭 프릴링하이젠(Frederick Frelinghuysen, 1817~1885)으로부터 조선과의 조약 협상은 "독립적이고 주권을 가진 두 국가 간에 이루어진 것이다. …… 우리에게 조선은 권리, 특권, 의무, 책임을 모두 갖춘 독립된 주권국이다. 중국과의 관계에서 미국의 권리를 침해하는 일이 없는 한 우리는 간섭할 의사가 없다"라고 강조한 지침을 받았다. 이 지침은 푸트에게 "미국과 조선 간의 모든 교섭에서 국왕은 주권자이며, 미국은 주권국가만을 상대한다. 또한 중국 주재 미국 대표들은 그곳에서 중국 정부가 그들에게 부여한 지위로 조선 대표를 대할 것"을 상기시켰다.[69] 다른 서양 국가들도 이러한 실용적인 정책을 모방했다.

진수당의 임명과 권한은 「중국조선상민수륙무역장정」에서 나왔다. 조약 제1조는 조약항에 상주하며 중국 상인을 관할하는 상무위원을 임명할 권한을 북양대신에게 부여했고, 조선은 자국 상인을 위해 천진과 다른 중국 조약항에 유사한 상무위원을 파견할 수 있도록 했다. 진수당은 한족 관리로 1880년 1월부터 1882년 4월까지 샌프란시스코 주재 총영사를 지냈다. 그는 1883년 10월 한성에 도착하여 강해관(江海關, 상해 해관)에서 받은 은 1만 냥으로 사무실을 열었다. 그 비용은 북경의 해외공관 예산으로 충당되었다. 진수당은 2품 도원(道員)으로서 '총판조선상무위원(總辦朝鮮商務委員)'이라는 공식 직함을 가지고 있었다.[70] 그는 칙사가 아니었지만, 그의 직책은 황실의 권위를 가지고 있었다. 청이 조선에 밝힌 바와 같이, 진수당은 청이 다른 나라에 파견한 중국 대표들과 약간 달랐지만, "[파견의] 근거는 같았다." 청은 '조선은 중국의 속국'이라는 관념을 재차 상기시키면서 진수당이 '손님들의 중심'이 되어야 한다고 결론짓고 조선의 외교 부문에 공사 연회가 있을 때마다 진수당을 우대하도록 지시했다.[71]

진수당 자신도 중국의 우위를 믿었다. 그는 한성 남문의 벽에 "조선은 중국의 속국이다"라는 안내문을 붙여 조선에서 무역하려는 모든 상인에게 정해진 의식을 따르고 조선에서 다른 나라와 분쟁이 발생하면 자신에게 보고하라고 촉구했다. 이 글은 "같은 문자를 쓰는 속국과의 우의를 강조(昭屬國同文之誼)"하고, "공동의 가장을 존중하는 한 가족으로 정을 소중히 여기자(重一家共主之情)"라는 취지였다.[72] 진수당의 강경한 태도는 미국 공사와 조선 관리들의 반발을 샀지만, 그는 자신의 기조를 바꾸지 않았다. 프랑스에서 공부한 마건충과 마찬가지로 진수당이 미국에서 한 외교 경험은 조선에서 펼치는 그의 논리에 아무런 영향을 미치지 않는 것 같았다.

실제로 중국 영사로 활동한 진수당은 자신의 관저를 '중국 영사관' 스타일로 지을 계획이었다.[73] 그러나 그는 영사가 아니었고, 공식 직책 역시 외교 사무를 담당하는 것이 아니었다. 당시 일본과 서양 공사들은 진수당에게 연락하는 대신 중국 관련 문제를 조선의 외교 부문인 통리교섭통상사무아문(統理交涉通商事務衙門)에 직접 가져갔다. 또한 조선은 1883년 가을 미국에 특사를 파견하여 청의 간섭에서 독립하고자 하는 열망을 드러냈다.[74] 1884년 9월 진수당은 소외감을 느껴 이홍장에게 자신의 어색한 지위 때문에 일본과 영국 공사에게 무시당한다고 불평했다. 진수당은 「중국조선상민수륙무역장정」을 내세워 자신의 권위를 정당화하려 했지만, 다른 공사들은 조약 전문에 명시된 대로 조약은 청과 조선 사이에서만 효력이 있다고 대응했다. 진수당은 이홍장과 푸트가 논의한 바에 따라 1884년 11월 자신의 직함을 '총판조선각구교섭통상사무(總辦朝鮮各口交涉通商事務)'로 바꿨다.

진수당에 따르면, 이 직책은 '상국'의 관리로서 중국 속국의 특정 사무를 일본이나 서양 각국의 외교 관원과 논의할 수 있는 기존의 '제도'에 완벽하게 부합했다. 당연히 이 새로운 직책은 조선의 개항장에서 청과 조선 사무 사이에 명확한 선을 긋지 못해 몇 해 동안 조선의 국제적 지위에 의문을 품던 초대 조선 주재 영국 공사 해리 파크스를 비롯한 서양 공사들 사이에서 깊은 우려를 불러일으켰다. 총리아문은 파크스에게 "조선은 중국의 속국으로서 (상무) 위원을 공사로 이해해서는 안 되지만, 진수당은 황제가 외교 사무를 담당하도록 명했고 2품 도대이기에 그의 지위는 타국 총영사와 동등하다"라고 명백하게 설명했다.[75] 이 설명은 진수당을 전략적으로 총영사로 정의하고 있다.

미심쩍은 제국주의: 조선 내 중국인 거류지

진수당은 북경이나 천진으로부터 명확한 임무를 받지 못하고 한성에 왔기에 스스로 무엇을 해야 할지 결정해야 했다. 북경의 원래 계획은 진수당이 인천에서도 중국 사무를 담당하는 것이었지만, 진수당은 한성과 인천에서 모든 업무를 수행하기가 불가능하다는 사실을 깨달았다. 그가 사무실을 열자마자 인천과 다른 개항장에서 중국 상인·공민과 관련된 일련의 상업·외교 사안이 그의 책상에 도착했다. 그는 비서인 이내영(李乃榮)을 인천 주재 첫 중국 대표로 보냈지만, 이내영은 공식 직위가 없었기 때문에 진수당과 마찬가지로 곤란한 상황에 직면했다. 진수당은 이내영을 일본 영사와 인천세무사 앞에서 이사(理事) 대신 영사(領事)라고 불렀지만, 엄밀히 말하면 이내영은 영사가 아니었다. 중국어로 '이사'와 '영사'는 발음이 매우 비슷하기에 진수당이 음운적 유사성을 이용해 이내영에게 국제 관례에 걸맞은 확실한 지위를 암묵적으로 부여하려고 계획했을 수도 있다. 이내영은 후일 진수당에게 조선 측에는 영사보다 이사로 자신의 지위를 명확히 하는 게 좋겠다고 말했다.[76]

1884년 2월 진수당은 왕비 민씨의 조카이자 조선의 통리교섭통상사무아문 독판인 민영묵(閔泳默)에게 이내영과 조선 개항장에 상주하는 다른 중국 관리들이 '화상사무관(華商事務官)'이라는 직책을 갖고 있다고 알렸다. 진수당에 따르면 이 위원들은 조선 관리, 외국 영사와 동등한 지위에 있으며, 조선 내 중국 상인에 관한 모든 업무를 담당했다.[77] 따라서 이내영은 진수당의 개인 비서에서 중국의 외교 대표로 바뀌었다. 커크 라슨이 지적했듯이 "진수당은 조선에서 청의 공식적인 외교적·상업적 입지를 구축하고 확대하는 데 성공했다."[78]

이내영은 인력이 부족한 사무실이 인천항에서 중국 사무와 중일 갈등을 감당할 수 없다는 것을 깨달았다. 1876년 이후 일본은 인천에 100개 이상의 상점을 열었고, 일본인 거주자가 조선인, 중국인, 서양인보다 많았다. 그러나 이제 산동, 절강, 광동에서 온 중국 상인이 점점 많아졌고, 이들은 지역에서 일본의 독점에 도전하려고 동순태호와 같은 회사들을 만들었다.[79] 1883년 10월에서 11월 한 달 사이에 인천의 중국 상점 수는 2개에서 7개로 늘었고, 중국 상인의 수는 약 10명에서 60명으로 증가했다. 중국 통계에 따르면, 1883년부터 1884년까지 인천의 중국인 수는 63명에서 235명으로, 한성의 중국인 수는 26명에서 352명으로 증가했다.[80] 인천의 일부 중국 상인들은 한성까지 사업을 확장했다. 진수당과 이내영은 조선에서 새로운 중국인들을 마주하였다. 게다가 중국과 일본 화물선에서 일하는 중국인 선원 수백 명이 인천을 거쳐 가 지역에 술집과 매춘업소가 크게 늘었다. 이 선원들은 조선인과 일본인의 눈에 골칫거리였으며, 중국 관리에게도 마찬가지였다. 왜냐하면 인천항의 관리들은 이들 중국 공민 전체 명단을 가지고 있지 않았으므로 만약 지역에서 발생하는 분쟁에 연루된다면 누구를 소추해야 할지 몰랐기 때문이다. 이내영은 선원들을 통제하려고 민간인과 군인을 포함해 인천을 방문하는 모든 중국 공민은 그의 사무실에 등록하라고 요청하여 국제관례를 따랐다.[81]

진수당은 인천에 중국 상인이 늘어나고 사업이 확대됨에 따라 무역을 목적으로 한 중국인 거류지를 마련할 필요가 있다고 생각했다. 그는 「중국조선상민수륙무역장정」 제4조에서 "무역을 위해 상대국의 개항장으로 갈

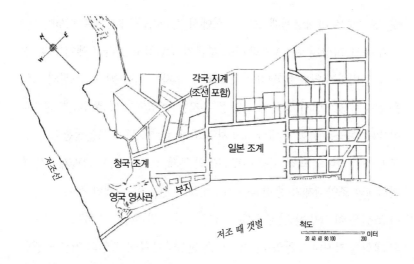

지도 5.1 1890년대 초 인천 중국인 거류지

1미터=39.37인치. 「제물포항각국조계도(濟物浦港各國租界圖)」, 규장각한국학연구원 소장. [지도의 전체 부분은 아니며 일부를 편집한 것이다.―옮긴이]

수 있는 양국 상인은 토지나 주택을 임대할 수 있고 건물을 세울 수 있다"라는 법적 근거를 찾았다. 1883년 12월, 진수당은 조선 통리교섭통상사무아문 협판 묄렌도르프와 함께 인천에서 조사를 실시한 뒤 중국인 거류지를 마련하기로 결정했다. 이 지역의 많은 부분이 언덕이나 습지대였으므로 이 사업에는 토지 개간이 필요했다(지도 5.1 참조). 이내영과 인천세무사는 중국인 거류지 지도를 만들었고, 이내영은 현지 중국 상인들에게 개간 사업에 필요한 재정 지원을 요청했다.[82]

진수당은 거류지의 명칭이 하나의 도전이라는 사실을 알았다. 진수당은 조선 측에 보낸 서신에서 중국인이나 조선인 동료들과 달리 '조계(租界)'라는 용어를 피하고 대신 '지계(地界, 일반적으로 '땅')'라고 불렀다. 1883년 12

월, 진수당은 이내영에게 보낸 서신에서 거류지를 '대청지계(大淸地界)'라고 부를지 '화상지계(華商地界)'라고 부를지 고민하고 있다고 얘기했다. 전자가 '완벽하지 않다'는 생각을 토로한 후 후자를 선택했는데 조선의 이익을 취하지 않으면서 '상국의 체면'을 유지할 수 있었기 때문이다.[83] 진수당이 '위원'이라는 용어에 대한 묘책처럼 의미 선택을 두고 저울질한 것은 중국과 조선 사이의 외적 이중 네트워크의 문제, 즉 양국의 대외관계에서 종번체제와 조약체제가 중첩되어 작동하도록 한 것을 위배한 것이다. 그러나 조선은 이 특별한 관계에서 중국과 조선의 관계를 구별하려는 진수당의 계획을 지지하지 않았다. 민영묵은 진수당이 중국 상인의 거류에 관한 규정은 '제도'에 따라 다른 나라에 적용되는 규정과 달라야 한다고 주장하자 양자 사이에는 차이가 없다고 반박했다.[84] 1884년 4월 2일 민영묵과 진수당은 2월에 진수당이 제시한 초안을 바탕으로 작성된 「인천구화상지계장정(仁川口華商地界章程)」을 체결했다. 본문은 한문으로만 작성되었고 공식적으로 그 거류지를 진수당이 제안한 대로 '화상지계(華商地界)'라고 불렀지만, 1882년 「중국조선상민수륙무역장정」의 전문을 모방해 진수당이 작성한 전문, 즉 청과 조선의 무역은 조선과 다른 나라 간의 무역과 다르며 이 규정은 청과 조선 간에만 적용된다는 내용은 생략했다.[85] 이 전문이 빠지면서 국가 대 국가 관계가 중심이 되었다.

진수당이 인천에 중국인 거류지를 만드는 동안 이 모델을 다른 개항장으로 확장하려는 그의 계획을 더욱 정당화하는 사건이 부산에서 일어났다. 1883년 11월 초, 일본 고베에 자리한 중국 식료품점 덕흥호에서 일본인 조계지에 지점을 개설하려고 대리인 두 명을 부산에 파견했으나, 일본

영사에 의해 지점이 갑자기 문을 닫게 되었다. 진수당은 한성으로 돌아오자마자 민영묵에게 이 문제를 제기했다. 민영묵은 중국 상인들이 부산의 일본인 조계지에서 장사할 수 있도록 일본인과 협상하는 것보다 "중국 상인들이 빨리 가게를 열 수 있는 조계를 지정"하는 것이 좋겠다고 설명했다. 진수당은 이 제안에 박수를 보내며 공동 현지 조사를 위해 조선 관리와 함께 부산을 방문하겠다고 자원했다. 민영묵은 다시 묄렌도르프를 진수당과 동행하도록 했다.[86] 한편 일본 주재 중국 공사 여서창은 총리아문에 "중국이 조선의 통리교섭통상사무아문에 부산과 다른 항구에 중국인 거류지를 설립하도록 지시해야 한다"라고 건의했다.[87] 여서창의 제안은 진수당의 계획과 완벽하게 들어맞았다. 그 결과 중국은 부산과 원산에 거류지를 만들었다.

1882년 시작된 일련의 위기 이후 청이 조선에서 적극적으로 된 것에 대해 학자들은 대체로 중국의 대조선 외교정책이 근본적으로 변화한 것으로 해석하고, 중국이 종주권이라는 탈을 쓰고 제국주의를 실천한 것으로 기술해 왔다.[88] 조선의 주권에 관한 두 가지 쟁점은 여기서 논의할 가치가 있는데, 중국인 거류지에 대한 중국과 조선의 인식, 중국인 거류지에서 누렸던 치외법권이 그것이다.

진수당과 민영묵의 협상은 그 어느 쪽도 거류지가 조선의 주권을 훼손하거나 중국이 한반도에서 지정학적 패권을 획득하는 데 도움을 주는 제국주의 팽창의 상징으로 인식하지 않았음을 시사한다. 민영묵이 덕흥호와 같은 사례를 피하고자 부산에 또 다른 중국인 거류지를 만들자고 제안한 것은 그가 그러한 거류지를 단순히 중국인, 일본인, 다른 외국인이 해마다 비용을 내야 하는 임대지 일부로 간주했음을 보여준다.[89] 민영묵과 진수당이 주고받은 문서에는 '주권'이라는 용어가 등장하지 않으며, '조계'라는 용어는 20세기 강력한 민족주의 맥락 속에서 전해진 의미와는 매우 다른 의미를 담고 있다. 중국인, 조선인, 영국인이 거주했던 인천의 중국인 거류지에 경찰력을 배치하는 문제는 국제법적 맥락에서 본 학자들과 중국의 이해 차이를 보여주는 또 다른 사례이다.[90]

더욱이 조선은 「중국조선상민수륙무역장정」 제4조에 따라 중국의 항구에 자체 거류지를 개설할 법적 선택지가 있었다는 사실에 주목해야 한다. 이 장정이 발효되자 많은 조선 상인이 인삼을 팔고자 중국 항구로 향했고, 일부는 감숙성, 산서성, 사천성까지 진출했다. 1885년 조선은 진수당에 상응하는 상무위원을 천진에 파견했다. 중국인들이 인천과 부산에서 그랬던 것처럼 조선 상인들이 천진과 상해 또는 다른 항구에 규모가 큰 강력한 공동체를 형성했다면 조선도 북경과 협상을 벌여 중국 항구에 거류지를 만들었을 것이다. 조선의 해외 상업활동이 제한되어 있었기에 이 계획은 실현 불가능했다.

치외법권의 측면에서 보면, 1882년 「중국조선상민수륙무역장정」 제2조에 따라 조선 내 중국인 거류지에서는 중국인이 그 권리를 갖지만, 중국 조약항 내 조선 상인은 중국 현지의 사법권 아래에 있던 것이 사실이다. 이는 그들의 조건에서 불평등성을 강조하는 차이가 존재했다. 그러나 「중국조선상민수륙무역장정」 제2조는 이 장 앞부분에서 다룬 「조미수호통상조약」에서 미국 공민에게 부여된 치외법권과의 연관성 외에 조약항 밖 청나라 내지에서 불법 무역을 한 조선인들이 항상 치외법권을 누렸다는 점을 기억할 필요가 있다. 감숙성과 사천성을 불법으로 방문한 조선 상인들의 사례는 이 점을 잘 보여준다.

중국이 「중국조선상민수륙무역장정」에 따라 조선인에게 조약항을 개방한 후, 조선공관이나 중국 현지 관리가 발급한 집조(執照, 사전적 의미로 증명서를 뜻하며, 여기서는 일종의 내지 여행허가서를 지칭―옮긴이) 없이 감숙성과 사천성으로 인삼을 팔러 가는 수가 급격히 증가했다. 1883년 6월 감숙성 낭중(閬中)현 관리들은 무허가 조선인 인삼 상인 3명을 남부(南部)현으로 이송했고, 남부현은 이들을 사천성 성도인 성도로 보냈다.[91] 거의 같은 시기 감숙성에서도 불법으로 인삼을 판매하던 조선인 상인 문초운(聞肖雲)을 북경 예부로 이송했고, 예부는 그를 천진으로 이송해 조선행 배를 타도록 했다. 사천성 관리들은 돈을 벌려고 수천 킬로미터를 온 '번의 인민(藩服人民)'을 구금하지 않았고, 북경으로 이송해 '서양의 사례(照泰西一例)'를 따르는 것을 선호했다. 무역 허가와 집조에 관해 「중국조선상민수륙무역장정」 제4조는 이러한 상황을 규정하지 않았으므로 결국 예부, 총리아문, 북양대신은 지방관에게 조선인 위반자를 중국 조약항에 있는 조선 상무위원에게 보내 그들이 위반자를 처벌하도록 지시했다.

이들 사례에서 중국 측은 조선인 위반자들을 자국 법률에 따라 처벌받는 범죄를 저지른 것으로 간주하였고, 이에 따라 조선 측은 「중국조선상민수륙무역장정」 제2조에 따라 범죄인 인도에 필요한 조치를 해야 했다.[92] '죄인'으로 규정된 조선 공민은 중국의 사법권에서 면제받았고, 이는 종번의 맥락에서 중국이 소국에 호의를 베푸는 것으로 간주되었다. 중국은 특히 지방관들에게 속국을 소중히 여기는[懷서] 차원에서 조선인 범죄자들을 잘 대우하라고 지시했다. 조선은 또한 종번 용어를 사용하여 중국의 관대한 처분을 '소국'[93]에 대한 '지극한 호의'의 표시로 묘사했다. 이러한 사건들에 대한 양국 간 교류에서 조선이나 중국의 주권이나 국제법은 언급되지 않았다. 만약 치외법권이 제국주의를 의미한다면, 청과 조선이 서로에게 제국주의를 실천했다고 결론지어야 할 것이다.

6장

조선을 상실하다:
중국 근대국가의 부상, 1885~1911

1860년대 이래 중국은 서양 국가들에 조선의 지위를 정의하는 데 어려움을 겪었다. 그 어려움은 종번 기제와 국제법 사이의 제도적 불일치에 뿌리를 두고 있다. 조선에 대한 중국의 권위가 유효하고 실제 존재한다는 것이 이들 국가 사이에 암묵적으로 이해되었다. 그러나 1880년대와 1890년대 초에 일본이 도전한 이후, 세계가 제국주의 시대로 진입하면서 식민 세력의 영토 획득을 추구할 때 중국은 종번질서의 근간을 지키고자 조선과의 관계적 교류를 수정하도록 조치했다.[1] 1880년대 말, 중국은 일본과 유럽의 식민 세력에 둘러싸여 있었다. 일본, 영국, 프랑스는 중국의 외번 지역인 동남아시아, 특히 유구, 미얀마, 베트남을 식민지로 만들거나 합병했고, 러시아는 중앙아시아에서 중국의 영토를 침범하여 1884년 신장을 강제로 식민지화했다. 그 결과 중국의 외번을 아우르던 정치-문화적 중화제국의 국경은 사라지기 시작해 중국과 옛 외번 사이의 명확한 국경으로 대체되었다.

조선에도 경쟁 세력이 존재하여 중국이 직면한 위협은 다른 국경에서 직면한 위협 못지않았다. 중국은 외번 정책에서 두 가지 주요한 선택지가 있었다. 조선을 군현의 형태로 중국 영토에 편입해 지방화할 수도 있었고, 가부장적 권한을 이용하여 조선을 감독하고 보호할 수도 있었다. 두 가지 접근법 모두 중국의 주요 문인과 관리들의 지지를 받았다. 결국 중국은 조선의 외교와 통상 사무 관리를 지원하고 한성에 흠명 주차관을 두는 양자의 중간 정도에 있는 정책을 취했다. 그러나 동아시아의 서양 외교관들의 시각에서는 그렇지 않았다. 중국은 전통적인 종번 관례를 가장하여 조선을 병합하려는 방향으로 나아가고 있었다. 이 장에서는 중국이 속국을 보호한다는 약속을 이행한다고 믿었지만, 국제사회에서 한국이 부상하고 한국 민족주의가 강해짐에 영향을 받은 중국의 정책이 북경과 한성 간 긴장을 고조했음을 보여준다. 1895년 종번제도가 종식된 후 청과 조선은 모두 주권국가로서 새로운 시대를 맞이했다. 중화제국은 주변부인 조선에서 청의 핵심부로 후퇴해 근대국가로 발전했고, 독자적인 근대화의 길을 걷기 시작했다.

종번 관례의 발동: 조선 주재 대청 흠명 주차관

내부로부터 종번 유지: 조선에서 원세개의 활동과 의례 난제

조선 주재 흠명 상무위원 진수당은 앞 장에서 설명한 것처럼 1884년 가을에 자신의 힘을 강화했지만 권한을 행사할 여유가 없었다. 한성에서 정변이 일어났기 때문이다. 1884년 12월 4일, 개화당의 친일 인사들은 궁궐을 점령해 몇몇 친중 관리를 살해한 후 중국과 조공관계를 청산해야 한다고 주장했다. 홍영식(洪英植, 1855~1884), 김옥균(金玉均, 1851~1894), 박영효(朴泳孝, 1861~1939) 등 열렬한 민족주의자들은 1876년 중일 간 조선의 지위를 둘러싼 논쟁에서 모리 아리노리의 보좌관이었던 일본공사 다케조에 신이치로(竹添進一郎, 1842~1917)의 강력한 지지를 받았다.

갑신정변으로 알려진 이 쿠데타는 중국, 일본, 서구 열강 간의 갈등이 고조되는 가운데 조선 국내 정치 투쟁과 주로 일본에서 배양한 강력한 한국 민족주의가 낳은 결과였다. 정변 지도자들은 중국이 베트남에서 프랑스군과 싸우려고 중국 남부에 더 많은 병력을 파견하던 시기에 맞춰 공격을 계획했다. 이 극적이고 피비린내 나는 민족주의 혁명은 단 3일 만에 끝났다. 오조유(吳兆有) 장군이 이끄는 청군은 국왕과 왕족을 보호하는 데 성공했고, 한성에서 개화당과 일본군을 완전히 격파했다.[2]

일본공사관에 대한 중국과 조선의 공격이 있었고, 조선 조정이 혼란스러웠으므로 정변으로 야기된 문제의 해결은 중국과 일본에 맡겨졌다. 그 결과 중일 회담은 다시 조선의 국제적 지위에 중점을 두게 되었다.[3] 도쿄는 중국 사절 오대징, 속창(續昌, 1838~1892)과 회담하려고 이노우에 가오루를 전권대신으로 한성에 파견하였다. 하지만 오대징은 전권대신이 아니었기에 협상은 천진으로 옮겨져 이홍장과 이토 히로부미(伊藤博文, 1841~1909) 사이에서 이루어졌다. 양측은 1885년 4월 18일 조약에 서명했다. 양국은 4개월 이내에 한반도에서 군대를 철수하고, 국왕이 중국과 일본 이

외의 국가에서 무관을 고용해 조선군을 훈련하며, 심각한 소요가 발생해 조선에 파병하면 상대방에게 통지하기로 합의했다.[4] 이리하여 일본은 조선에 군대를 파견할 합법적 권리를 얻었고, 1894년 조선 반란[동학농민운동]에 군사적으로 개입할 수 있는 길이 열렸다.

이 정변은 중국을 상당히 놀라게 했다. 국왕의 중국인 고문 마건상은 이홍장에게 "중국은 조선이 중국에서 독립하여 현재 관계에서 벗어나는 것을 허용하거나 유능한 흠차대원(欽差大員)을 청군과 함께 파견해 그가 특정 사무를 감독하여 조선 문제에 적극적으로 관여해야 한다"라고 건의했다.[5] 이홍장은 중국이 먼저 자국의 위기를 극복하는 데 주력해야 하지만, 일본과 다른 열강의 침략을 견제하려면 조선 주재 대표의 권한을 강화해야 한다는 데 동의했다. 그 결과 진수당의 후임인 원세개의 권한이 크게 확대되었다.

1885년 11월 이홍장의 추천으로 북경은 원세개를 흠명주찰조선총리교섭통상사의(欽命駐紮朝鮮總理交涉通商事宜)로 임명하고 3품 후보도대(候補道臺)의 직위를 부여했다. 이홍장에 따르면, 새로운 이 직책은 원세개에게 "어떤 식으로든 외교 사무에 종사할" 권한을 부여했고, 이는 중국 대표의 지위와 관련된 법적 문제를 완벽하게 해결했다. 원세개는 이홍장과 북경에 "대대로 중국의 번이었던 동쪽 담장"을 보호하는 데 최선을 다하겠다고 약속했다.[6] 이후 10년 동안 원세개는 종번 노선에 따라 자신의 말을 실천했고, 그 과정에서 한성 주재 외교관들과 심각한 갈등을 일으켰다.

한성 주재 외국 외교관들은 원세개의 임명이 영국, 프랑스, 이탈리아, 독일이 아프리카에서 추구했던 식민 정책과 유사하게 중국의 조선 흡

수 정책이 시작되었다는 뜻인지 확인해야 했다. 이와 관련하여 원세개의 직책에 대한 영어 번역이 중요한 쟁점이 되었다. 미국 대리공사 조지 포크(George C. Foulk, 1856~1893)는 '외교·통상 책임자(charge of diplomatic and commercial intercourse)'라는 번역을 제안했지만, 미국에서 교육받았다는 것 외에 신원을 알 수 없는 원세개의 젊은 보좌관(미국 컬럼비아대학교를 졸업했고 1883년 마건상, 폴 게오르크 폰 묄렌도르프와 함께 중국에 도착한 당소의(唐紹儀, 1862~1938)일 가능성이 있음)이 이를 거절했다. 그 후 보좌관은 '서울 주재 중국 황제의 주차관(his imperial Chinese majesty's resident, Seoul)'이라는 번역을 제시했다. 아마도 미국 대표의 공식 직책인 '변리공사 겸 총영사(minister resident and consul general)'에서 영감을 받은 것으로 보인다.[7] 에드워드 베버(Edward C. Baber, 1843~1890), 일본 공사 다카히라 고고로(高平小五郎, 1854~1926)와 회담에서 번역에 합의하지 못하자 원세개는 '서울 주재 중국 황제의 주차관'의 약칭인 'H.I.C.M. Resident'를 사용하기로 했다.[8] 상주 공사의 정당성과 권한은 중화제국의 힘에서 나오지만 상주 공사는 만주 조정의 일원이 아니었다. 북양대신도 마찬가지였다. 〈그림 6.1〉은 중국과 조선 간 다양한 소통 채널을 보여준다.

원세개는 '주차관(駐箚官, resident)'이라는 직책이 제국주의 정권이 이후 제국의 보호국이나 식민지가 될 지역을 간접 통치한다는 의미를 내포하고 있다는 사실을 깨닫지 못했을 수도 있다. 예를 들어, 대영제국은 영국의 '주차관' 또는 '주재관' 한 명을 보내 현지 군주나 추장에게 조언을 제공하여 사실상 그 영토를 통제하는 방식으로 인도 진출을 성공시킨 바 있다. 이러한 유형의 간접 통치는 1764년으로 거슬러 올라가며, 1858년 빅토리

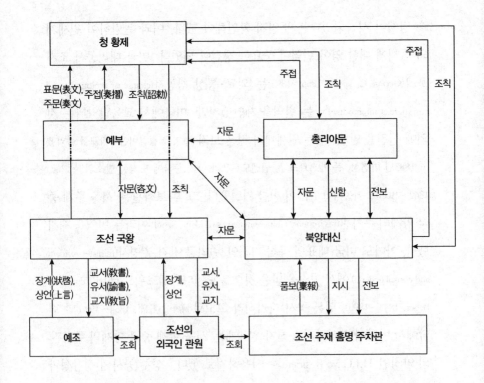

그림 6. 1 1883년 이후 공식적인 중한 교신 채널

아 여왕의 선포가 있을 때까지 시행되었다.⁹ 1880년대 초, '주차관'이라는

직함은 식민 세력의 영토 확장과 관련 있어 여전히 민감했다. 예를 들어,

1881년 봄 프랑스가 튀니지 베이(Tunisian bey, 튀니지의 통치자에 대한 칭호-옮긴

이) 무함마드 알 사디크(Muhammad al-Sadiq, 1813~1882)와 바르도 조약을 체

결한 후 튀니지 주재 프랑스 총영사는 '주차 공사(resident minister)' 또는 '프

랑스 주차관 대외 사무를 위한 [베이의] 대리인(delegate)'이라는 새로운 직책

을 맡았다. 이는 튀니지가 프랑스 보호령으로 전환되는 계기가 되었다.[10] 1883년 프랑스는 베트남 후에에 주차관을 두기 시작했는데, 그 주차관은 프랑스 보호령의 대표였기 때문에 베트남 국왕보다 더 강력한 권한을 가졌다. 이러한 맥락에서 원세개가 조선 주재 중화제국의 주차관이라고 주장했을 때, 중화제국의 권위에 기반한 그의 잠재적 역할을 무시한 채 암묵적으로 그를 중국의 '총영사' 또는 '외교 기능을 지닌 총영사'로 규정했던 서양 외교 관원들은 당혹스러워했다.[11]

원세개는 명 주차관이라는 직위로 공사보다 더 많은 권한을 부여받았다. 인도에 주재하는 영국인이나 튀니지에 주재하는 프랑스인과 달리 조선에 있는 원세개는 자신의 직책에 '흠명'이라는 용어를 사용할 수 있었는데, 이는 조선의 군주가 종번 용어로 종속된 중국 황제의 권한을 수반했기 때문이다. 조선 관리들이 원세개가 행사하는 권한 범위에 우려를 표하자, 원세개는 자신의 목표는 단지 "중국의 속방으로서 조선의 정통성을 정당화하는 것(正屬邦名分)"이라고 해명했다.[12]

원세개는 자신이 주장한 권한을 이용해 조선 조정을 다뤘다. 예를 들어, 1886년 9월, 그는 국왕과 몇 시간 동안 대면하여 거문도사건을 어떻게 처리해야 하는지 가르쳤다. 조선 남해의 이 섬은 1885년 영국과 러시아의 경쟁 속에서 영국이 점령한 곳으로 영국, 러시아, 조선, 중국, 일본 사이에 극심한 분쟁을 일으켰다. 중국이 적극적으로 개입함에 따라 영국 함대는 1887년 어떠한 외국 세력도 조선 영토의 일부를 점령하지 않는다고 합의하고 철수했다.[13] 원세개는 조선 조정의 정치를 관찰한 결과 국왕이 약하다고 판단하고 이홍장에게 조선 왕실의 능력 있는 인물로 국왕을 교체하라고 비밀리에 건의했다.[14] 국왕은 원세개의 행동을 탐탁지 않아 했을 뿐만 아니라, 원세개의 동료 외교관들도 그의 활동을 외교 규약을 위반하고 조선의 주권을 훼손하는 것으로 간주하게 되면서 원세개와 한성의 다른 외교관들의 관계도 악화되었다.

원세개가 국왕에게 행한 새로운 의식은 이러한 긴장을 보여준다. 1886년 원세개는 이홍장에게 조언을 구하는 전보에서 과거 몇 년 동안 중국 관리들이 국왕을 접견할 때 가마를 타고 궁궐 문으로 들어가 두 손을 앞으로 모으고 세 번 허리를 굽혀 인사한(三揖, 揖은 作揖를 의미하며, 동급의 관리 사이에 행해지는 의식임) 후 국왕 옆에 앉았다고 언급했다. 그러나 1884년 중국 사절인 오대징과 속창, 정여창 제독, 마건상 도대는 빈객례에 따라 왕의 맞은편에 앉았다. 또한 원세개는 다른 나라 공사들이 궁문 밖에서 가마에서 내려 도성 밖 관리들의 예절에 따라 국왕을 예방해야 한다고 했다. 중국과 조선 사이에 적용되는 의례 규범을 인용하며 이홍장은 일등 왕공을 방문하는 중국 지방관의 의례를 따르는 것이 '적절한 예의'라고 원세개에게 조언했다. 이 의식 거행의 범주에 따르면, 원세개는 궁문에서 가마에서 내려 손을 앞으로 모으고 세 번 절한 다음 국왕의 옆에 앉아야 했다. 조회와 같은 성대한 의식에서도 원세개는 중국이 "거만하지도 겸손하지도 않다"는 것을 보여주고 다른 공사들의 행동과 조화롭도록 더 수준 높은 의식인 세 번 허리를 숙여 절하는(三鞠躬) 것 대신에 손을 앞으로 모으고 허리를 굽혀 인사하는 읍례(揖禮)를 세 번 했다.[15] 이러한 새로운 의식은 원세개가 조선 조정에 융화되는 것을 용이하게 만들었지만, 다른 외교관들과 마찰을 일으켰다.[16]

중국의 두 가지 선택지: 권도 대 지방화

1880년대 격동의 시기에 중국이 신강을 중국의 성으로 바꾸면서 북서쪽 국경 정책을 극적으로 전환했을 때 북동부 국경 역시 청에 큰 도전이 되었다. 지난 30년 동안 영국에 미얀마를, 일본에 유구를, 프랑스에 베트남을 잃은 청은 이후 가장 모범적 외번인 조선을 잃지 않으려고 한 발 물러나 고위 관료를 파견하여 조선을 권도하고 보호하는 간접적 방식을 택할지, 아니면 조선을 청의 군현으로 중국 영토에 편입하는 것이 더 나을지 결정해야 하는 역사적 갈림길에 서 있었다. 두 가지 방식 모두 한과 원에 선례가 있었으므로 정당화할 수 있었다. 그러나 현대적 관점에서 보면 두 가지 모두 1910년 일본의 한국 병합과 다를 바 없는 식민지 접근법이었다. 바로 이 지점에서 청은 극복할 수 없는 딜레마에 빠졌다.

청은 그들의 수사에서 조선을 충성스러운 신하로 간주했지만, 앞 장에서 살펴본 바와 같이 조선을 청의 영토로 편입하려 시도한 적은 없었다. 청이 조선을 '군현과 같다'고 평한 것은 중국의 문화적 우위에서 조선의 종속을 인정한 것일 뿐 조선을 병합하려는 실질적인 정치적 접근을 표명한 것은 아니었다. 수 세기 동안 중국과 조선, 중국의 다른 외번은 모든 땅이 천자의 권위에 복종한다는 천하관을 공유했다. 또한 14세기 명의 초대 황제가 만든 규칙에 따르며, 중국은 중국과 교류하는 15개 외번을 예부가 지도하며 외번을 병합하지 않았다.[17] 이 원칙은 1880년대 일부 청의 관리와 문인들이 한편으로 권도와 보호, 한편으로 완전한 지방화라는 선택지를 제시하면서 도전을 받았다.

1880년 11월, 일본 주재 청국 공사 하여장은 청이 몽골과 티베트에서 그랬던 것처럼 흠파위원(欽派委員)을 파견하여 조선의 국내외 사무를 관리하는 것이 최선의 정책이라고 주장했다. 그러나 그러한 조치가 거의 불가능하다는 것을 깨달은 하여장은 세력균형을 추구하려고 조선이 중국의 권도하에 다른 나라들과 조약을 체결할 것을 건의했다. 1882년 8월 조선에서 반란[임오군란]이 일어나고 일본이 도발적으로 대응하자 또 다른 일본 주재 청국 공사 여서창은 조선과 관련된 모든 골치 아픈 문제를 단번에 해결하고자 영국과 인도의 관계를 모방하여 "국왕을 폐위하고 조선을 청의 군현으로 삼자"라고 건의했다. 여서창은 이러한 조치가 중국의 도덕적 규범을 훼손할 수 있다는 사실을 충분히 인지했지만, 그럼에도 중국을 위한 최선의 정책으로 여겼다.[18] 이 건의는 아마도 이 시기에 청 관리들이 조선을 지방화해야 한다고 명시적으로 주장한 최초의 사례였겠지만 기밀이었으며, 소수의 정책 입안자만 알 수 있도록 엄격하게 단속했다.

1882년 한성에서 오장경 장군의 보좌관이었던 장건(張謇, 1853~1926)은 「조선선후육책(朝鮮善後六策)」이라는 글에서 조선의 개혁을 촉구했다.[19] 이 글은 비공식 채널로 북경에 널리 퍼졌으며, 정치 투쟁에서 우세를 점하던 청류파(淸流派, 1870년대 공친왕과 양무파를 견제하고 비판하며 형성된 정치 세력 – 옮긴이) 관리들이 조선 문제에 대한 해결책을 모색하도록 독려했다. 1882년 10월 청류파의 한 축인 장패륜(張佩綸, 1848~1903)은 조선의 대내외 사무를 관리할 상무위원을 파견하라고 북경에 촉구했다. 이홍장은 청이 더 어려운 상황에 빠져 국가를 효율적으로 관리할 수 없는 상황이 발생할 것을 우려하여 이 계획을 지지하지 않았지만, 만약 북경이 장패륜의 건의를 받아들인다면 하여장을 흠파위원으로 추천할 것이라고 언급했다.[20]

동시에 이홍장은 국왕[고종]으로부터 중국 외교 전문가를 초빙하여 자신을 보좌하도록 청하는 문서를 받았다. 이홍장은 청이 이 기회를 이용해 조선을 권도하고 보호하는 것과 조선을 지방화하는 것 사이의 중간노선을 택할 수 있다고 믿었다. 초빙된 전문가들은 국왕의 지휘 아래에 두어 조선의 자주권을 보장하고, 중국의 속국으로서 조선의 지위를 강조하는 역할을 하게 될 것이었다. 앞 장에서 설명한 바와 같이 1883년 마건상과 묄렌도르프가 한성에 도착했고, 이어서 청의 상무위원 진수당이 한성에 왔다. 1년 반 후 원세개의 흠명 주차관 부임은 청이 조선에서 점점 더 적극적인 역할을 하는 배경 속에서 이루어졌다.

1884년 유혈 정변[갑신정변] 이후 조선에서 청의 입지 강화를 지지하는 중국 관리들이 늘어났다. 1885년 말 만주인 국자감제주(國子監祭酒) 성욱(盛昱, 1850~1900)은 중국의 번 중 조선이 유구와 베트남보다 더 중요하다고 언명했다. 그는 조정에 강력한 군대를 이끌고 "그 나라[조선]를 보호하고 소중히 여길" 유능한 인물을 파견하여 "조선 인민의 분노를 달래고 중국의 위엄과 덕망을 분명히 보여주기" 위해 민씨 왕비와 그 추종자들을 축출하는 칙유를 내리자고 건의했다.[21]

1890년 여름, 과거 시험을 준비하던 광동성 문인 강유위(康有爲, 1858~1927)는 러시아가 조선을 침략할 것이라는 소문이 돌자 「보조선책(保朝鮮策, 조선을 구할 전략)」을 써서 '상책, 중책, 하책'으로 제안했다. 중책은 청이 "조선을 중국 내지로 편입하고 그 행정을 관리(收爲內地而執其政)"하는 것이었다. 1882년에 그랬던 것처럼 청이 조선의 정치를 관리할 관리와 장교를 임명하고, 조선의 세금을 통제하고 군인을 훈련해 조선을 중국 내지의 일부로 전환해야 한다는 것이다. 상책은 조선을 국제 보호령(international protectorate)으로 만드는 것이었다. 반면, 하책은 조선이 내적으로는 "중국의 번과 속국이라는 명목상 칭호"를 유지하고 외적으로는 "자주 아래 자유롭게 외교를 수행"하도록 하는 것으로, 이는 "정책이 없는 그 자체"였다.[22] 강유위는 국제정치 무대에서 조선 문제를 해결하지 못하는 청을 책망했다. 8년 후, 강유위는 조선에서 발발한 청일전쟁에서 중국이 굴욕적인 패배를 당한 다음 광서제가 극적인 개혁을 단행했을 때 황제의 멘토 역할을 하였다.

1880년 황준헌과 하여장, 1882년 여서창과 장패륜, 1884년 마건상, 1885년 성욱, 1890년 강유위에 이르기까지 북경에서는 조선을 권도하고 보호하거나 지방화해야 한다는 주장이 쏟아졌다. 이러한 주장을 지지하는 사람들은 종종 그들이 주장한 정책의 출발점을 청 초나 그 이전 왕조로 거슬러 올라가 잡았다. 그들은 1590년대 명이 그랬던 것처럼 이 조선을 위기에서 구해야 하는 책임을 청이 져야 한다고 지적했다. 이런 의미에서 그들은 1880년대 조선에 대한 중국의 정책을 종번 가족의 가장이 외번에 행사한 고유 권한의 부활로 보았다. 국제정치의 관점에서 청의 정책을 해석하는 것을 선호하는 학자들에게는 이러한 서술이 진부하게 보일 수 있지만, 청-조선 관계에서 구현된 청과 외번의 대외관계에 대한 청의 이론적 설명에 베스트팔렌체제의 정치 규칙이 쉽게 적용될 수 없음을 명심해야 한다. 그렇지 않다면 한성, 북경, 도쿄의 서양 외교관들이 20여 년 동안 혼란을 겪지 않았을 것이며, 일본 외무성이 고용한 서양인 고문관들이 유럽 역사에 청과 조선 관계의 모델이 없다는 이유로 오스만-이집트 사례에 의

존할 필요도 없었을 것이다.

청은 조선 병합을 수행할 이론적 권한이 있고, 이러한 조치의 정치적 정당성을 스스로 정당화할 수 있다고 믿었지만, 만주 조정은 이러한 선택을 의제로 삼지 않았다. 오히려 조선과의 교류에서 종번 원리를 계속 고수했다. 원과 명은 공식적으로 조선 병합을 논의한 적이 있지만, 청 조정이 이를 조정 차원에서 논의했다는 문헌 증거는 없다. 1880년대 초부터 1894~1895년 전쟁이 최고조에 달할 때까지 총리아문을 비롯한 중앙 부문과 고위 관리들이 서태후와 광서제에게 지방화를 건의했지만, 중앙 조정은 이러한 건의에 항상 침묵을 지켰다. 지방화 청원은 조선에 대한 황실의 기존 인식을 바꾸지 못했다. 이러한 인식은 1895년 조선이 독립한 이후에도 청 황력(皇曆)에 조선이 일본의 식민지가 되기 1년 전인 1909년까지 조선이 중국 내지 목록에 계속 포함되었던 이유를 설명해 준다. 이 점에서 종번주의는 식민주의와는 근본적으로 다른 방식으로 나타났다.

이러한 해석이 국제정치가 중국의 정책과 행동에 아무런 영향이 없었다는 것을 의미하지는 않는다. 사실 청이 조선을 지방화하는 것은 청이 일본, 러시아, 영국, 프랑스와 경쟁하던 만주, 신강, 티베트, 운남성 등 중국 국경지대에서 연쇄반응을 일으킬 수 있었다. 조선은 중화제국의 정치-문화적 변경이었지만, 이 변경은 눈에 보이지 않았고 중화세계 내에서 사상적 의미로만 존재했다. 이 변경은 국제법적으로 정의할 수 없었다. 영토제국의 국경에서 청은 당시 지방화 정책을 수용했다. 1884년 청은 좌종당과 유금당(劉錦棠, 1844~1894)의 주장을 받아들여 신강을 성으로 전환했고, 내륙의 다민족 지역인 이곳은 오늘날까지도 중국 영토의 일부로 남아 있다.

1885년 대만에도 동일한 정책이 적용되어 대만섬도 다른 성으로 바뀌었다. 비록 1895년 청일전쟁의 결과로 대만이 일본에 할양되었지만, 청이 일찍이 대만을 지방화함으로써 20세기에 중국은 대만에 대한 주권을 주장할 정당하고 적법한 자원을 마련했다.

외부에서 종번주의 읽기: 조선의 주권과 독립에 대한 서양 외교관들의 인식

조선의 주권은 1880년대 후반 조선이 세계 무대에 발을 들이면서 뜨거운 화두가 되었다. 다양한 외교적 도전에 대처하고자 조선은 1860년대 청이 그랬던 것처럼 1880년대 새로운 제도를 만들고 이중 외교의 형식을 발전시켰다. 이중 외교의 형식 속에서 왕실은 중국 황실과 종번관계를 유지한 반면, 주로 통리교섭통상사무아문을 중심으로 한 새로운 기관들은 서양 국가와 교류에서 독립 국가로서 면모를 드러냈다. 청의 외교 당국자들, 특히 북양대신과 주차관(H.I.C.M. Resident)은 청의 권위를 이용해 조선의 국가 외교에 영향을 미치고자 하였다. 청이 임명한 조선의 서양 고문관을 비롯한 서양 공사들의 눈에 청은 계산된 계획으로 조선의 독립 주권을 침해하고 있었다. 한반도에 이해관계가 있는 서양 국가들의 평가뿐만 아니라, 조선 스스로의 평가에서도 청의 이미지는 타격을 입었다.

이홍장이 조선 국왕[고종]에게 추천한 서양인 고문관들이 좋은 예이다. 묄렌도르프는 해관에 관한 조선 국왕의 첫 서양인 고문관으로서 새로 설립된 통리교섭통상사무아문의 협판을 맡기도 했다. 그러나 조선의 군사력 약화를 보강하고자 군사력 강화에 주력하게 되면서 그의 활동은 점차 이홍장의 의도에서 벗어났다. 1884년 묄렌도르프는 이홍장에게 조선 군대를 훈련할 장교를 보내달라고 요청했다. 이에 대해 아무런 답변을 받지 못하자 그는 조선 국왕을 설득하여 동해안의 부동항을 사용할 수 있는 대가를 주고 러시아 장교들이 군대를 훈련하도록 하는 조약을 러시아와 체결하도록 설득했다. 1855년 11월 조선 국왕은 이홍장의 압박을 받아 묄렌도르프를 해임했다. 청 총세무사 로버트 하트의 추천으로 헨리 F. 메릴 (Henry F. Merrill)이 묄렌도르프를 대신해 조선 총세무사로 임명되었고, 전 천진 주재 미국 영사였던 오웬 N. 데니(Owen N. Denny, 1838~1900)가 통리교섭통상사무아문의 협판을 맡았다. 메릴은 조선 문제를 거의 언급하지 않았지만, 데니는 조선이 청으로부터 독립을 추구하는 일을 열정적으로 도왔다.

1887년 1월, 후작(侯爵) 증국번(曾國藩, 1811~1872)의 장손인 베테랑 외교관 증기택(증 후작Marquis Tseng으로 알려짐, 曾紀澤, 1839~1890)은 「중국: 수면과 각성(China: The Sleep and the Awakening)」이라는 제목의 영문 글을 『계간 영국 아시아 평론 저널(British Journal Asiatic Quarterly Review)』에 발표했다. 중국이 근대화 과정에서 깨어나 '아시아의 강대국'이 될 것이라는 야심 찬 주장을 펼친 증기택은 중국의 속국에 대한 외교정책을 언급하면서 중국은 "중국의 봉신국 군주의 행위에 이전보다 더 효과적인 권도를 실시하고, 그들에 대한 더 큰 책임을 짊어지기로 했다"라고 얘기했다. 증기택은 더 나아가 "워든 오브 마치(the Warden of the Marches, 공동 지배 혹은 완충지대에 있는 국경지대 관리자—옮긴이)는 해외에 나가서 중국의 외성들(outlying provinces)인 조선, 티베트, 신장의 안보를 살피고 있다. 그래서 앞으로 이들 국가에 대한 어떠한 적대적 움직임을 보이거나 내정 간섭을 하는 세력에 북경은 이를 중국 정부와 우호 관계를 단절하겠다는 선언으로 간주하겠다"라고 주장했다.[23] 그러나 현실은 증기택의 구상과 전혀 다른 양상으로 전개되었다. 이 점에서 데니는 더 선견지명이 있었다. 변호사였던 데니는 자신이 받은 법률 교육이 조선에서 유용하다는 것을 알았다. 1888년 2월 그는 『청한론(淸韓論, China and Korea)』이라는 소책자를 출판해 중국이 독립 주권을 가진 독립 국가 조선을 '흡수하면서' 파괴하고 있다고 주장했다.[24]

데니의 소책자는 감정적이었고 한중관계에 대한 그의 제한된 지식을 드러냈지만, 조선에서 중국이라는 존재의 본질을 파악하기를 간절히 원했던 동료 서양 외교관들에게 환영받았다. 조선에 최초로 부임한 미국 공사 루시어스 H. 푸트와 그 후임 조지 포크는 조선에서 청의 영향력에 대해 매우 적극적으로 임했고, 미국은 조선의 국제 지위 문제에 깊이 관여하고 있었다.[25] 1887년 여름, 포크가 국왕에게 청에서 독립하기를 권유했다는 소문이 널리 퍼지면서 원세개, 이홍장, 포크, 미국 대리공사 윌리엄 록힐, 새로운 미국 공사 휴 딘스모어(Hugh A. Dinsmore, 1850~1930)는 격렬한 논쟁에 휘말리게 되었다. 딘스모어는 "중국이 느리지만 확실하게 이 정부와 국왕에 대한 지배력을 강화하고 있다"라고 불만을 토로하며, "조선은 속국이며 자치 능력이 없다"라고 주장한 원세개를 비난했다.[26]

1887년 조선 국왕이 박정양(朴定陽, 1842~1905)을 미국에 특사로 파견한 데 이어 영국, 독일, 러시아, 이탈리아, 프랑스에 또 다른 특사를 파견하기로 결정하면서 미국은 청과 조선 사이에서 또 다른 분쟁에 휘말리게 되었다.[27] 청은 국왕의 계획을 승인했지만, 사절단에 전권대신이라는 칭호를 부여하지 말기를 촉구했고, 해외에 파견되는 모든 조선 사절은 이홍장이 제시한 삼약(三約)을 지켜야 한다고 조선 국왕에게 상기시켰다. 첫째, 새로운 부임지에 도착한 조선 사절은 먼저 청국 영사관에 보고하고 청국 공사와 동행하여 주재국 외무부에 갈 것, 둘째, 조선 사절은 주재국의 회의 연회에서 항상 청국 공사의 뒤에 앉을 것, 셋째, 조선 사절은 주재국 부문과 접촉하기 전 주요 행사를 청국 공사와 협의할 것 등이었다. 이 삼약은 주재국의 청국 공사와 조선 사절 간의 위계질서뿐만 아니라, 청과 조선의 위계질서를 강조하여 기존의 '속국 체제'를 유지하려는 것이었다.[28]

그러나 조선 국왕은 청의 지시를 따르지 않았다. 미국에 보낸 신임장에서 자신을 "나, 황제(I, the emperor)"라 칭하고, 박정양을 '전권대신'으로 임명했지만, 광서제에게 올린 자문에서는 박정양을 '배신(陪臣)'이라고 칭했다.[29] 이에 따라 미국 측은 1888년 1월 박정양이 워싱턴에 도착하자 전권대신으로 대우했다. 미국인 비서관 호레스 N. 알렌(Horace N. Allen, 1858~1932)의 강력한 영향으로[30] 박정양은 워싱턴 주재 중국 공사 장음환(張蔭桓, 1837~1900)에게 종속되지 않았고, 삼약을 계속 어겼다. 이로써 두 대표의 관계는 어색하고 심지어 적대적 관계가 되었다. 일부 미국 언론은 조선이 독자적으로 미국에 공사를 파견했으며 청의 허가를 받을 필요가 없다고 보도하기도 했다.[31] 장음환은 청의 속국으로서 조선의 지위를 재확인하려고 상해에서 받은 1888년 중국 황력을 박정양에게 전달하기도 했다.[32] 결국 청의 압박으로 조선 국왕은 박정양을 소환했고, 조선의 명백한 주권과 국제적 지위를 보여준 단기간의 이 사건은 한중관계에서 매우 불쾌한 각주가 되었다.

데니의 소책자가 조선에 있는 서양인들에게 전해졌고, 곧 더 멀리 퍼지게 된 것은 바로 이때였다. 청이 볼 때 조선 상황이 점점 더 복잡해지고 있었으며, 1888년 6월 이홍장은 "국왕에게 독립을 부추기는 데니를 견제"하도록 했다.[33] 조선의 독립 문제와 대청 관계에 관한 데니의 견해는 빠르게 미국에 전해졌다. 데니가 워싱턴에 머물던 1888년 8월 31일 데니의 고향인 오리건주의 상원의원 존 H. 미첼(John H. Mitchell, 1835~1905)은 상원, 특히 외교위원회에 한중관계에 관심을 기울일 것을 촉구했다. 미첼은 데니의 "매우 능란하고 흥미로운 보고서"를 손에 들고 "중국의 제국 정부는 얼마 전부터 그들의 최고위 관료들과 대표들을 통해 조선을 정복하고 완전히 흡수하는 것을 고려하고 있다"라고 말했다. 그는 조선의 대청관계는 "[조선의] 주권이나 독립권이 소멸되거나 파괴되지 않은 단지 조공국 관계이며, 어떠한 주권의 특권도 부여되지 않은 종속국이나 봉신국 관계는 아니다"라고 강조했다.[34]

이 모든 사건은 1880년대 말까지 한중관계를 악화시키는 데 일조했다. 국왕과 정부에 동정적이던 서양 외교관들은 조선이 서양의 정치·외교 용어를 채택하여 필사적으로 중국 중심 체제에서 멀어지고 있는 반면에 청은 조선을 적극적으로 또는 심지어 식민주의자의 방식으로 통제하고 있다고 믿었다. 딘스모어가 1887년 여름에 관찰한 것처럼 "조선인들은 중국인에 대한 애정이나 강한 애착을 가지고 있다는 인상을 주지 않는다. 오히려 보통 사람들 사이에는 중국인을 싫어하는 감정이 분명히 있지만, 그들을 두려워해 청의 패권에 굴복하고 있었다."[35] 이와 같은 맥락에서 조선은 청과 다른 국가 간의 국가 대 국가 간 교류로 중국의 영향권에서 벗어나고자 했다.

원세개의 주차관 지위와 박정양의 미국 파견으로 서양의 학자—외교관들은 중국의 조선에 대한 권한의 기원을 탐구하고자 한중관계의 역사를 연구하였다. 1884년 조선의 도성을 여행하던 조지 포크는 1639년에 세워진 삼전도비를 보았는데, 그는 "거대한 화강암 거북의 등 위에 세워진 높이 12피트, 두께 1피트의 거대한 대리석 명판"이라고 묘사했다. 그는 "역사적으로 많은 관심을 불러일으키는 이 비석을 면밀히 조사하면 중국과 관련한 조선의 지위에 관해 좀 더 직접적으로 유용한 정보를 얻을 수 있을 것"이라고 덧붙였다.[36] 정말 록힐은 곧바로 삼전도비의 비문과 다른 중국 자료를 활용해 한중관계를 이해하려 시도했고, 그의 노력으로 1889년 「중국과의 관계에서 조선(Korea in Its Relations with China)」이라는 제목이 붙은 장문의 글이 발표되었다. 이 글에서 록힐은 조선이 "중화제국의 필수적 부분"인지 아니면 "절대적인 국제적 권리를 누리는 주권국가"인지에 대한 "서양 국가들의 퍼즐"을 풀려고 했다.[37]

록힐은 영국 정부가 중국과 미얀마의 관계에서 미얀마인이 중국에 '조공'하는 것을 "순수한 의례적 성격"으로 간주했으므로 1886년 중영협약에서 영국은 미얀마가 북경에 10년간 조공 사신을 파견하는 것을 보장했다고 지적했다. 한중관계는 훨씬 더 복잡했다. 록힐은 1392년부터 한중관계를 검토하고 17세기 초부터 청과 조선의 교류를 검토한 후 조선이 일본, 미국과 조약을 체결한 것이 "적어도 지난 4세기 동안 중국과 이른바 봉신국 사이에 존재했던 관계의 본질을 크게 변화시키지 않았다"라고 판단했다.[38] 록힐의 결론은 조선이 중국으로부터 독립적이라는 서양 외교관들의 일반적 인식에 심각한 도전이 되었다. 따라서 이 퍼즐은 여전히 풀리지 않은 채로 남았고, 실제로 더욱 골치 아픈 문제가 되었다.

종번질서의 대이행: 조선에 파견된 중국의 마지막 칙사

의례와 권위: 조선에서 중국의 우위를 주장하려는 원세개의 노력

1880년대 후반 독립 주권(혹은 그 가능성)에 대한 인식이 깊어지면서 조선은 조심스럽게 청과 조정 대 조정의 교류를 유지하면서 청을 넘어 독자적 국가 외교를 전개했다. 이러한 이중 외교로 청은 조선에서 자국의 우위를 지킬 뿐 아니라 부각하고자 했다. 반면에 한성은 실질적으로 위계질서를 절충하고자 노력했다. 그 과정에서 1890년 양국은 종번 의례를 두고 치열한 협상을 벌였다.

1890년 6월 4일, 조선의 조대비가 죽었다. 한성과 북경 사이에 일련의 의례 행위가 진행되어야 했다. 의례 사무는 만주 조정이 관할한다는 사실을 알고 있었던 원세개의 통리교섭통상사무아문은 조대비 사망 소식에 짧은 조회로 애도를 표했다.[39] 국제적 음모와 경쟁이 한반도에 강력한 영향을 미치던 시기에 사신 왕래를 통한 청과 조선의 조정 대 조정의 교류는 정치-외교 문제를 둘러싼 양국의 국가 대 국가의 교류에 비해 왜소해 보였다. 조선 조정은 1880년대까지 지속해서 북경에 사신을 파견했지만, 북경은 조선이 서양에 문호를 개방한 1882년 이후 한성에 칙사를 파견하지 않았다. 조정 외교가 여전히 양국 관계를 조정하고 수정하는 데 핵심 역할을 했지만, 10년 동안 조선에 칙사가 파견되지 않아 한성은 원세개와 협의한 전례가 없었다. 또한 이러한 칙사의 부재는 서양 외교관들에게 청이 조선에 권한이 없다는 인상을 심어주었다. 원세개는 조대비의 죽음에 대한 중국의 애도가 한중관계에 대한 서양의 인식에 대응할 완벽한 기회라고 믿

었다.[40]

미국 공사 어거스틴 허드(Augustine Heard, 1827~1905)가 조선 조정에 대한 공동 조의의 적절한 표현을 놓고 다른 공사들과 함께 논의하자고 원세개에게 제안했을 때, 원세개는 "중국과 조선은 다른 국가들과는 다른 의례 교류에 관한 규정이 오래전부터 있다"라는 이유로 거절했다.[41] 원세개는 이홍장에게 보낸 보고서에서 다른 나라 공사들은 조선을 다른 체약국의 '우방국(友邦)'으로 규정하면서 국장에서 조선 정부에 조의를 표할 때 일반적 외교 예절을 따르겠지만, 특별 대표는 파견하지 않을 것이라고 말했다. 이와 대조적으로 원세개는 조선이 중국의 속국이고 항상 중국의 특별한 호의를 받았으므로 조선이 큰 상을 당했을 때 중국은 정해진 제도에 따라 칙사를 파견해야 한다고 주장했다.[42] 원세개는 1637년 이후 조선에 부임한 최초의 한족 관리로서 새로운 의식을 제안하는 등 적절한 의례로 청의 우위를 지키고자 노력했다.

원세개는 다른 공사들이 국왕을 예방할 때 허리를 숙여 인사하거나 흥선대원군을 방문하여 악수로 조의를 표한다는 사실을 알게 됐지만 그들의 사례를 따르지 않았다. 그 대신 그는 이홍장이 승인한 새로운 의례 절차를 제안했다. 대비의 시신이 안치되고 조선인들이 상복을 입는 첫 5일이 지난 후 원세개는 조선 조정과 협의하여 중국 '국가 차원의 공적 애도(國家公弔)'로 확대하기보다 동료들 간의 우정(僚寅交情)에 해당하는 '사적 우정(私情)'에 기반하여 애도를 표하기로 했다.[43] 6월 초 다른 나라들이 애도를 표하려고 3일 동안 공관에 깃발을 조기 게양했을 때, 원세개와 이홍장은 조선의 다른 개항장에 있는 청국 병선과 기관들에 이틀 동안만 그렇게 하라고 지시했다.[44] 고유의 불평등한 의식으로 중국의 우위를 주장하려는 그들의 노력은 청을 다른 나라로부터 더욱 고립시킬 뿐이었다.

원세개는 노력했지만 의례의 딜레마에 빠졌다. 그는 통리교섭통상사무아문 독판 민종묵(閔種默, 1835~1916)에게 내궁에 마련된 빈소를 방문하고 싶다고 통보했다. 민종묵은 왕실 가족만 들어갈 수 있다는 이유로 이를 거절했다.[45] 미국 공사가 외국 공사들은 장례 의식을 어떻게 거행해야 좋을지 민종묵에게 의견을 물었다. 민종묵은 조선 조정이 외국 공사들에게 장례 행렬에 참석하도록 초청하는 것은 부적절하지만, 도성의 동문 부근에 장소를 마련하여 상여가 통과할 때 공사들이 의식을 거행할 장소를 제공할 수 있다고 말했다. 허드는 이를 따랐지만 원세개는 그렇지 않았다. 원세개는 내무부와 통리교섭통상사무아문에 도성 외곽의 궁문에서 장례 행렬과 함께 상여를 이끄는 줄을 잡고 고인에 대한 깊은 존경을 드러내는 중국 장례 관습을 따르고 싶다고 말했다. 그러나 내무부는 이 제안을 받아들이지 않았고, 원세개 역시 다른 공사들이 모이는 동문으로 직접 가서 상여가 동문을 통과할 때 잠시 멈추면 그때 고별 의식을 거행하라고 제안했다. 이러한 반응에 실망한 원세개는 자신만의 의식으로 다른 공사들과 차별화하기로 결심하고, 장례 행렬이 지나가는 길가에 향로를 놓고 고인을 추모하는 의식을 거행하기로 했다.[46]

원세개는 얼마 지나지 않아 또 다른 사건 때문에 그의 계획을 재고하게 되었다. 1890년 10월 11일, 미국 장교 7명이 무장한 해병 50명을 이끌고 인천에서 한성을 향해 행군했다. 허드는 원세개에게 미국이 조선의 우방으로서 '존경과 애도의 표시로' 장례 행렬에 해병을 파견했다고 설명했다.[47]

원세개는 이를 의심했다. 허드가 수도에 군대를 보낸 것은 몇 달 사이 두 번째였다. 첫 번째는 6월 조대비가 사망한 직후였는데, 당시 조선 국왕은 허드에게 왕궁을 보호하도록 즉시 군대를 보내달라고 요청했다. 허드는 망설였지만, 소요 발발 가능성과 미국 공민이 위험에 처할 수 있다는 점을 고려하여 인천에 정박해 있는 스와타라호의 해병을 한성에 보내라고 명령하였다. 허드는 국왕에게 군대가 공사관을 보호하려고 그곳에 있지만 "그들의 존재가 가져올 교훈적 효과로 이익을 얻을 것"이라고 말했다.[48] 한성에 미군이 주둔하자 북경에서는 조선이 보호의 대가로 거문도를 미국에 석탄 공급 기지로 임대할 계획이라는 소문이 돌았다. 이런 상황에서 원세개는 미국인들을 감시하고자 허드와 미군들이 길가에 줄지어 서 있는 동문에 추모단을 설치했다. 상여는 약속대로 멈추지 않았지만, 원세개는 여전히 두 손을 앞으로 모으고 세 번 허리를 굽혀 절했다.[49] 미군은 10월 15일 인천으로 돌아가 긴장을 완화하고 원세개의 의심을 누그러뜨렸다.

의례와 주권: 칙사를 둘러싼 조선과 청의 협상

원세개가 한성에서 의례 딜레마를 해결하는 동안 조선 조정은 청과 의례 관례를 협상 중이었다.[50] 1890년 6월 5일, 국왕은 의주부윤에게 조대비 부고를 봉황성 장군에게 알리라고 지시했다. 또한 국왕은 이를 북경에 알릴 고부사의 정사에 홍종영(洪鍾永, 1839~?)을, 서장관에 조병성(趙秉聖, 1848~?)을 임명했다. 관례에 따라 북경은 한성에 조문 사절을 파견해야 했다. 2주 후, 조선 국왕은 원세개와 이홍장을 통해 한성에 조문단을 파견하지 말고 조선의 고부사가 황제의 조의문을 가지고 돌아오도록 허락해달라고 요청했다. 국왕은 청이 사절을 보내면 미국, 영국, 독일, 프랑스, 일본도 사절을 파견할 테고, 조선은 이를 감당할 형편이 아니라고 설명했다. 국왕의 요청은 '순부(順付, 칙사를 파견해 조칙을 내리는 것이 아니라 북경을 방문한 조선 사신 편으로 보내는 것—옮긴이)'로 알려졌지만, 이홍장은 이 관례가 조의문에 적용된 적이 있는지 확신하지 못했다. 이홍장은 한성의 청원이 간곡한 어조였음에도 북경에 자신들의 견해를 강요한다고 느꼈다. 그는 원세개에게 비밀리에 전례를 조사하라고 명령하며 성급하게 행동하지 말라고 주의를 주었다.

원세개는 건륭제 이래 왕비 사망 이후 황실이 조선에 파견한 조문 사절을 검토한 후 1757년, 1805년, 1821년, 1844년, 1858년, 1878년 총 여섯 번의 사례를 열거하며 사망한 왕족에게 시호를 내릴 때 청은 항상 사절을 파견했으며, '순부'를 하지 않았다는 결론을 내렸다. 원세개는 이를 근거로 조선 국왕의 요청을 음모라고 간주했다. 그는 이홍장에게 왕비 민씨가 서양인들 앞에서 중국 사절에게 행해지는 의식이 자주국으로서 조선의 이미지를 손상할 것을 두려워하여 국왕을 억누르고 있다고 보고했다. 또한 원세개는 이러한 의식들이 조선의 '국체(國體)'를 훼손할 수 있으므로 청에 사절을 파견하지 말도록 설득하라고 국왕을 부추기고 있다고 단언했다.[51] 국왕이 원세개와 이 문제를 논의했을 때 원세개는 칙사가 조선에 올 것이며, 칙사를 맞이하는 모든 절차는 전례에 따라 진행해야 한다고 주장했다. 그러나 조선 사신 두 명은 이미 국왕의 특별 요청을 들고 북경으로 향하고 있었다.

홍종영과 조병성은 북경에 도착하자마자 예부를 통해 국왕의 표문을 올렸다. 조선 국왕은 표문에서 청 황제의 연호를 사용하고 자신을 '신하[臣]'로, 조선을 '소방(小邦)'으로 지칭하는 등 정해진 문서 형식을 엄격하게 따랐다.[52] 예부에 보낸 특별 자문에서 홍종영은 조선이 정치적 문제, 기근, 재정 위기 등 어려운 상황에 직면해 있어 청이 황제의 조의문을 사절 파견 없이 조선에 전달하는 것[順付]으로 해주기를 원한다고 설명했다.

예부와 광서제는 이 요청을 받아들이지 않았다. 군기처는 천하가 "이런 경우 속국과 번을 소중히 여기기에[字小]" 칙사 사절단을 보내야 한다는 칙령을 홍종영에게 전달했다. 이 사절단은 '체제와 본질적 관계(體制有關)'가 있어 조선이 정해진 규범에 따라 정해진 의례를 조금도 축소해서는 안 된다는 것이었다. 그럼에도 황제는 칙사가 북양함대의 병선을 타고 천진과 인천 사이의 해로를 이용해 가라고 지시하는 것으로 타협했다. 칙사가 해로로 간 것은 1637년 이후 처음이었다. 황제는 예부가 추천한 만주족 후보 39명 중 속창과 숭례(崇禮, 1834~1907)를 사절로 선발했다. 황제는 칙사의 조선 방문에 대한 국제적 반응을 고려해 청의 올곧은 이미지를 위해 사절 단의 모든 구성원에게 조선의 선물을 거절하라고 지시했다.[53]

칙사 파견 결정은 종번 제도의 확립된 규정을 보여준다. 만약 원세개, 이홍장 또는 예부가 조문 사절단 파견을 생략한 역사적 전례를 찾았다면, 청은 조선 국왕의 요청에 동의하고 칙사 파견을 자제했을 가능성이 높다. 따라서 종번 규정은 청과 조선 모두에게 양날의 검으로 작용했다. 청 측은 조선의 제안대로 칙사가 마산포가 아닌 예정대로 인천에 상륙한다고 확인했다. 원세개에 따르면, 조선 국왕은 한성 밖으로 나가 교외에서 칙사를 직접 맞이하는 의식을 거행할지, 아니면 데니의 충고대로 궁궐에서 영접할지 망설이고 있다며, 칙사는 모든 의식이 의례 규정에 따라 거행되어야 하며, 한성에 머무는 동안에 서양인을 만나지 않겠다고 강조했다.[54]

의례와 위계: 조선에 파견된 칙사 사절단과 대례

1890년 10월 28일, 두 칙사는 예부로부터 단향(檀香), 백견(白絹), 청견(青絹), 은 300냥 등 국왕에게 줄 선물을 받았다. 이 물건은 모두 18세기에 제정된 『대청회전』에 따른 것이었다.[55] 이틀 후 이들은 이홍장이 지휘하는 북양해군 본부가 있는 천진에 도착했고, 이홍장은 이 임무를 수행하려고 전함 경원(經遠)호, 내원(來遠)호, 제원(濟遠)호 세 척을 소집했다. 이홍장은 먼저 제원호를 조선으로 보내면서 사절단이 조선에 도착하면 정해진 의식을 모두 거행하라고 재차 강조하는 서신을 보냈다. 또한 사절단은 황제의 속국과 번에 대한 배려를 위해 사절단 일행이 일반적으로 받는 선물인 돈이나 물품을 받지 않을 것이라고 밝혔다.[56]

조선은 전례에 따라 칙사를 맞이할 준비에 분주했다. 칙사 영접을 위해 형조판서 남정철(南廷哲, 1840~1916)과 인천부사 겸 감리(仁川府使兼監理) 성기운(成岐運, 1847~1924)을 비롯한 여러 고위 관리를 임명했다. 남정철과 성기운은 모두 1884년 주진대원(駐津大員)으로 재직하면서(독리-서기관) 서양 공사와 동등한 지위를 가졌지만, 이제 국왕과 청 황제의 신하로서 종번체제에 완전히 통합되었다. 조선은 칙사의 관소를 인천과 한성 사이에 새로 짓고 외국식 군사훈련을 받은 군사 130명을 이 지역에 파견해 경비를 맡겼다. 한성에는 현지 질서를 유지하려고 군사 590명을 배치했다.[57]

국왕은 칙사를 영접하는 위계적 의식, 특히 국왕이 칙사에게 절하는 모습을 일본과 서양 외교관, 백성들이 목격해 군주로서 위엄이 손상될 것을 우려하여 칙사를 영접하러 도성 밖으로 나가길 꺼렸다. 그럼에도 그는 결국 전례에 따라 서문 근처에서 칙사를 영접하기로 결정했다.[58] 국왕이 청 황제의 책봉을 받았고 이때 황제의 권위를 국왕이 무시할 수는 없었던 것이다.

의례의 모든 밑그림이 완성되자 칙사는 천진을 출발해 인천의 외항에 도착했다. 조선의 고위 관료 두 명은 윤선에 올라 칙사를 환영한 후, 칙사는 칙서를 가지고 작은 윤선을 타고 상륙했다. 칙사 영접의 수장[远接使, 迎慰使]인 두 조선 관료는 칙사와 물품에 절을 올렸다. 칙사는 관례상 이런 목적으로 사용되는 용정(龍亭, 칙서나 옥책, 금보 등의 중요 문서나 물건 등을 의례에 사용하려고 옮길 때 사용하던 가마―옮긴이)에 유제문(諭祭文, 황제가 내린 제문)을 안치한 후 인천에 있는 칙사단의 관소로 향했다. 길고 장엄한 행렬이었다. 먼저 원접사, 영접사와 관리들이 길 양쪽에 한 명씩 열을 지어 행렬을 이루었고, 동쪽에는 한성부 판윤이, 서쪽에는 부사와 군수들이 뒤를 따랐다. 이어서 조선 호군, 깃발, 황양산(黃陽傘), 고악(鼓樂)이 뒤따랐다. 그 뒤에는 용정과 향정(香亭)이 따르고 중국 수행원들이 있었는데 모두 말을 탔다. 두 칙사는 가마에 나란히 앉아 그 뒤를 따랐고, 그 뒤에서는 장무관과 수행원 등 크고 작은 관원들이 행진했다.

화려한 행렬은 일반 외국인 거류지와 중국인 거류지[華洋租界]를 통과했다. 등불과 깃발로 장식한 화상(중국 상인)들은 분명 그들의 상대에 비해 우월감을 느꼈을 것이다. 칙사로서는 수많은 조선인과 외국인들이 모여 감상한 특별한 행렬과 정교한 의식은 속국에 대한 대청의 우월한 권위를 완벽하게 부각한 것이다.[59] 인천해관 서리세무사 존스턴(J. C. Johnston)은 칙사의 도착에 깊은 인상을 받았고 "제물포[인천]가 개항한 이래 가장 주목할 만한 사건"이라고 평했다.[60] 사절단이 감리아문 내 관소에 도착하자 조선 관리들은 칙사와 칙서를 향해 큰절을 올렸다. 칙사는 손을 앞으로 접어 허리를 굽혀 절하며 답례했다. 칙사는 집무실에서 조선 측이 준비한 네 가지 제례 의식을 검토하고 모든 절차가 다음 날 한성에서 거행될 것임을 확인했다. 그들은 조선 관리로부터 어떠한 선물도 받기를 거절했다.

11월 8일 궁궐에서 대례(大禮, 궁중에서 국왕이 몸소 주관하는 의식—옮긴이)가 거행되었고, 황제의 조의문 낭독과 국왕과 칙사의 통곡이 있었다.[61] 의식이 끝난 후 국왕과 칙사는 짧은 대화를 나눴다. 국왕은 청이 '소국'에 준 '큰 서훈'에 감사를 표했다.[62] 그들의 대화에서 정치 혹은 외교 문제는 일절 언급하지 않았다. 차를 마신 후 주객은 서로 손을 앞으로 접어 서로를 향해 허리를 굽혀 절을 했다. 모든 의식은 18세기 전례를 엄격하게 따랐다. 게다가 국왕은 11월 10일 그들의 관소를 방문하여 칙사에게 다례를 대접했다. 전통적으로 이때 조선 측이 칙사에게 선물을 주지만, 칙사는 종이 한 장도 받을 수 없다고 재차 강조했다. 다음 날 국왕은 서문에서 정해진 의식을 거행하며 칙사를 배웅했다. 칙사는 인천에서 휴식을 취하고 다시 천진으로 향했다. 칙사의 출항은 종번체제에서 중국이 조선에 칙사를 파견하는 것은 이제 끝났음을 의미하며, 이는 명이 조선 국왕을 공식적으로 책봉한 이래 이어진 전통의 종언을 의미했다.

이 사건 당시와 그 이후로 칙사에 대한 지배적 해석은 조선의 독립 주권을 희생하면서 조선에 대한 청의 지배력을 강화하려는 청의 음모로 여겨졌다.[63] 국왕과 칙사 사이에 궁궐 안에서 무슨 일이 있었는지 알지 못했던 서양 공사들은 칙사가 전통 의식이라는 명목으로 청의 이익에 따라 행동하도록 국왕을 설득했다고 추측했다.[64] 이 외교관들은 이 사건을 근대 외교의 맥락에서 바라보았고, 의례 교류를 청이 조선에 영향을 미치거나 조종하는 도구로 보았다. 20세기 학자들은 청에 봉신국이자 체약국인 조선의 독립 주권을 대조적으로 병치하는 경향이 있으며, 이홍장과 원세개의 성을 따서 '이-원정책(Li-Yuan policy)'이라고 부를 수 있는 청의 새로운 정책으로 이 칙사를 해석했다.[65] 이 정책은 옛 조공체제에서 조선에 대한 종주국으로서 우위와 새로운 조약항 체제에서 청의 패권적 지위가 결합한 것이라고 했다.

그러나 원세개의 역할은 당시 한성에서 활동했던 인물들과 이후 학자들에 의해 과장되었을 수도 있다. 그들의 서술에 따르면 원세개는 오만하고 고압적이며 전횡을 일삼는 인물이었고, '중국의 식민지 총독'으로 활동하며 10년 동안 공격적으로 간여하여 조선 정부를 좌지우지했다.[66] 그러나 1890년 조대비의 죽음을 둘러싼 사건은 이러한 서술에 의문을 제기한다. 한성에서 의례에 대해 조선 측과 협상할 때 원세개의 노력은 아무런 성과를 내지 못했다. 이는 외국 공사로서 특권이 없는 그의 지위를 적나라하게 드러냈다. 원세개는 중국의 우월한 지위를 강조하려고 인천에 가지 않거나 궁궐에서 거행된 대례에 참석하지 않았고, 두 사신과 만나거나 대화를 나누지도 않았다. 칙사도 한성을 떠나기 전 의례 거행에 대해 몇몇 문서를 보낸 것 외에 원세개에게 연락하지 않았다. 원세개의 경험은 조선이 자기 문제를 스스로 관리하는 독립적 주권을 가지고 있었음을 반영한다.

이러한 해석이 중국이 우위를 강조하려고 칙사를 파견했다는 사실을 부정하지는 않는다. 두 칙사는 귀국 후 황제에게 "모든 외국인이 엄숙하고 장엄한 의식을 보고 조선이 천자의 속국이라는 것을 알게 되었습니다. 조선도 이를 부인할 수 없습니다. 만약 우리가 이 상황을 이용하여 적절한 방법으로 조선의 평화를 유지할 수 있다면, 조선은 우리의 울타리가 되어 영원히 우리의 큰 은혜를 누릴 것입니다"라고 보고했다.[67] 존스턴 또한 사절단이 "청과 조선 간 종주국-조공국 관계를 보여주는 구시대의 의식을 부활시켜 특별한 정치적 중요성을 끌어냈다"[68]라고 평가했다. 그 결과 프레더릭 넬슨에 따르면, 이 사건은 "서양 관찰자들에게 조선에서 중국의 실제 법적 지위를 부여한 것이다. …… 서구 열강은 그들이 지난 20년 동안 단지 의례적이라고 거부해온 가족관계에 더 많은 영향력이 있다고 보았다."[69] 의례의 배후에는 강렬한 정치-문화적 중화제국이 자리 잡고 있었다. 따라서 의례는 청과 조선이 제국의 일부에서 근대 주권국가로 변모하는 과정에 깊이 관여하고 있었다.

북경은 오랜 관례의 수정을 검토하는 등 복잡한 국제정세를 외면하지 않았다. 두 칙사는 속국을 소중히 여긴다는 명분 아래 청이 조선에 파견한 사절의 경비를 다른 나라에 파견되는 사절의 경비처럼 처리하자는 건설적 제안을 했다. 조선이 칙사를 환대한다는 명목으로 백성에게 과도한 세금과 부역을 부과하는 것을 막기 위해서였다. 1735년 옹정제가 조선 국왕이 칙사에게 선물로 주는 은의 양을 절반으로 줄이도록 한 칙령을 참고하여 예부는 칙사가 은을 받는 관례를 폐지하는 것을 받아들였다. 예부와 총리아문은 앞으로 총리아문으로부터 칙사는 은 2,000냥을, 통관은 500냥을 받아 조선 사행 경비를 충당하기로 결정했다. 이 개혁으로 외번에 파견되는 칙사와 다른 나라에 파견되는 공사 사이의 경계가 모호해졌다. 광서제는 이러한 변화를 승인했으며 북양대신, 성경장군, 성경 예부, 조선 국왕, 한성 주재 주차관 모두에게 이 결정을 통보했다.[70] 그러나 1894년 조선에서 청일전쟁이 발발하기 전까지 어떤 칙사도 총리아문에 재정 지원을 요청할 기회가 없었다.

'우리 조선' 구하기: 청일전쟁에 대한 중국 지식인들의 대응

충성스러운 번 지원: 전쟁 전 관점

1894년 5월, 중국의 장군 섭사성(聂士成, 1836~1900)은 한 달 동안 만주 북부, 러시아 극동, 조선을 여행하고 천진으로 돌아왔다. 그는 조선의 전반적 상황을 파악하려고 국왕을 접견하고 개항장을 방문했다. 섭사성에 따르면, "국왕은 유약하고 관리들은 술과 여자에 중독되어 있으며 아무도 자강 계획을 고려하지 않는다. …… 위로는 재능 있는 장수가 없고, 아래로는 유능한 전사가 없다. 만약 나라에 어려움이 직면한다면, 이를 보호하고자 중국이 군대를 파견해야 할 것이다. 상황이 매우 위태롭다." 섭 장군은 "강하지만 표면적인 위협에 불과한 러시아와 비교할 때 일본은 정말로 치명적 위협"이라고 믿었다. 그는 "번속을 공고히 하고 중국의 국경을 보호하려면(固藩屬, 保邊疆)" 중국은 일본의 잠재적인 조선 침략에 철저히 대비해야 한다고 주장했다.[71]

섭사성의 예측은 1894년 1월 부패한 양반에 항거하고 일본과 서양의 조선 침략에 대항하여 일어난 무장 농민 봉기인 '동학농민운동(동학은 '동양의 학문'이라는 뜻으로 1860년 반서양을 표방하는 지식인 세력이 1860년에 세웠다)'으로 조선의 상황이 악화하면서 사실로 입증되었다. 섭사성은 조선의 반란 진압을 지원하려 조선에 파견되었고, 전장에서 중국이 일본에 조선을 잃게 되는 것을 목격하였다.

많은 청 관리가 섭사성의 우려에 공감했다. 청이 조선에 군대를 파병하는 문제로 일본과 갈등이 있던 7월, 북경에서 일군의 관료들은 황제에게 올린 상주문이나 의견서에서 청군을 강화하고, 조선을 보호하며, 일본을 물리칠 최선의 정책을 대략 설명했다. 한림원의 증광균(曾廣鈞, 1866~1929)은 청이 일본에 원정의 이유를 알려야 한다고 건의했다. 증광균은 조선을 "우리 왕조에 가장 먼저 복속되었고 수백 년 동안 중단없이 성실하게 조공을 바친 나라"라고 정의하면서 "일본은 구실을 만들어 조선을 두 나라에 예속시키려 했다"라고 주장했다.[72] 도찰원(都察院)의 방홍서(龐鴻書, 1848~1915)는 청이 유구를 상실한 사례를 언급하며 조선은 청의 전체 정세에 매우 중요하므로 청이 조선을 버려서는 안 된다고 주장했다. 방홍서는 조선이 오랫동안 대청의 번이었으며 "몽골이나 서역의 부족들과 다를 바 없을 정도"(서역은 내륙아시아 지역을 지칭)라고 강조했다. 따라서 청은 현 왕조의 선조 땅인 만주 3성을 포함해 조선의 안전을 지키기 위해 조선에 대한 다른 국가의 개입을 막아야 했다. 국제정치의 맥락에서 청의 전략을 구상한 방홍서는 청이 파미르산맥의 국경선을 둘러싼 러시아와 분쟁, 티베트 무역 협상을 둘러싼 영국과 분쟁을 해결하는 데 집중하도록 일본을 물리쳐

조선을 보호해야 한다고 권고했다.[73]

다른 관리들은 17세기 초부터 청과 조선의 내부 관계를 강조하는 것을 선호했다. 훗날 사천총독이 되는 만주인 관리 단방(端方, 1861~1911)은 1637년 홍타이지의 조선 정벌과 삼전도비 건립을 살펴본 후 조선이 200여 년 동안 배신하지 않고 대청을 충성스럽게 섬겼기에 청이 조선을 지원해야 한다고 주장했다.[74] 단방이 의견서를 제출하던 날, 일본과 청 해군은 조선의 풍도에서 전투를 벌였다. 이렇게 양국 간의 전쟁이 시작되었다.

중국 자신의 방어: '우리 조선'과 만주, 몽골, 신강, 티베트, 대만의 연결 고리

광서제는 1894년 8월 1일 일본에 선전포고하는 칙령을 발표했다. 칙령은 조선이 대청의 번이자 소국으로 200여 년 동안 해마다 청에 조공했기에 조선에 군대를 파견해 조선 백성을 큰 고통으로부터 보호하는 것이 청의 의무라고 거듭 강조했다.[75] 칙령은 중국의 행동을 종번체제에서 '자소(字小)'하고 조약항체제에서 국제법을 수호하는 것으로 정당화했다. 점점 더 많은 청 관료가 청의 움직임을 '자소' 관례의 전형적 구현으로 여겼다.[76] 이들은 이미 서양 열강이 탐낸 베트남, 미얀마, 유구, 외몽골, 신강, 티베트, 만주, 대만 등 청의 외번과 내번, 기타 국경 지역을 지적하며 청이 자국의 이익을 위해 조선을 잃어서는 안 된다고 강하게 주장했다. 따라서 조선의 위기 고조는 청의 운명과 관련된 문제가 되었다. 청은 영토 국경지대와 중화제국의 정치─문화적 변경을 방어해야 했다.

만주 호부시랑 장린(長麟)은 만약 일본이 조선을 병합하면 "우리 왕조의 모든 번은 외국 오랑캐에게 종속될 테고, 그래서 다른 나라들은 중국의 내륙을 침범할 것이며, 결과적으로 신강, 대만, 티베트, 만주는 심각한 위험에 처할 것이다"라고 말했다. 한림원의 한족 관원 정립균(丁立鈞, 1854~1903)은 일본이 "우리 조선을 빼앗았다(奪我朝鮮)"라고 비판했다. 그는 "울타리가 무너지면 심양은 큰 위험에 처할 것이다. 중국에서 수천 킬로미터 떨어진 베트남이나 미얀마와는 다른 조선은 입술과 이, 뼈와 살처럼 서로 의존하고 있다"라고 말했다. 정립균은 청이 서양 중재자들의 제안대로 조선이나 대만을 일본에 넘겨주면 영국은 티베트를 침범하고 러시아는 외몽골을 차지하려 할 것이므로 청은 영국과 러시아의 중재를 거부해야 한다고 주장했다.**77**

중국의 영토 보전에 대한 장린과 정립균의 우려는 조선을 만주를 지키는 울타리로 여겼던 동료 문인들과 관리들에게 널리 공유되었다. 이들 중한 명인 괴광전(蒯光典)은 "우리가 조선을 포기하면 러시아가 몽골을 침략하고 영국이 티베트를 공격할 것이다. 이 나라들을 그냥 내버려둘 것인가, 아니면 그들과 싸울 것인가? 만약 우리가 그들과 싸우기로 결정했다면 지금 당장 조선을 안전하게 지키는 게 좋을 것이다"**78**라고 했다. 이 관리들은 모두 조선을 청의 영토 수호 전략에 없어서는 안 될 요소로 여겼다. '우리 조선'을 구하는 것은 중국 자신을 구하는 것이나 마찬가지였다.

청이 가부장적 권한을 행사해야 한다는 관리들의 열렬한 신념은 잠재되어 있던 조선 지방화 정책의 부활을 반영했다. 정립균은 조선 국왕이 일본에 포섭되었다고 추정하고, 왕세자를 새로운 국왕으로 책봉한 뒤 그의 안전을 위해 중국군 안에 두자고 건의했다. 홍양품(洪良品, 1826~1896)도 청이 조선 왕족의 일원을 선발하여 청군을 이끌게 하고, 위기가 해소되면 그를 새 국왕으로 책봉하자고 건의했다. 여련원(余聯沅, 1844~1901)은 이 제안을 지지하며 새로운 책봉은 평양에서 해야 한다고 건의했다. 언유장(言有章)은 더 나아가 "청이 조선을 즉각 성(省)으로 전환하고(改建行省) 관리와 장교를 임명해 통치하되, 국왕과 그의 관리들을 관대하게 대우하고 그들이 조선의 칭호를 유지하도록 해야 한다"라고 주장했다. 정립균은 이 정책을 "우리의 위대한 공의를 천하 만민에게 널리 알리려는 것"이라고 생각했지만, 언유장은 조선이 중국의 번이고 한나라 때 부여와 낙랑 두 군을 설치했기에 적법하고 정당한 정책이라고 보았다.[79]

관리들의 의견 분출은 8월 1일 일본에 대한 선전포고로 촉발됐지만, 북경 관료들의 파벌 간 정치 투쟁의 결과이기도 했다. 이들 관리 대다수는 군기대신 이홍조(李鴻藻, 1820~1897)와 광서제의 스승인 옹동화의 사상을 바탕으로 하는 청류파 하급 관리들이었다. 매파적 접근법을 수용한 두 사람은 이홍장을 정치적 적으로 간주했고, 그의 제자들인 마건충, 유명전(劉銘傳, 1836~1896), 정여창 등은 일본과 싸우기를 두려워한다고 비난했다. 10월 옹동화와 이홍조가 등장하면서 추종자들은 전쟁 후반부에 더 극적인 제안을 하며 더욱 활발히 활동했다.

이 관리들의 핵심 주장은 청이 조선을 잃어서는 안 된다는 것이었다. 그것은 곧 대청의 붕괴를 의미했기 때문이다. 청이 조선을 위해 싸우는 것은 영토 보전뿐만 아니라 '중국'이자 천조로서 존엄과 정통성을 수호하려고 싸우는 것이었다. 전쟁 상황에서 대청의 운명이 위태롭다고 본 학자―관료들에게 천하 이념은 가장 중요했다. 청의 국경에서 일본, 러시아, 영국을 상대하는 실용주의자들은 청 관리들을 비현실적 계획을 세우는 책상

물림 전략가로 여겼지만, 청의 국경 안전에 대한 그들의 판단은 부인할 수 없을 정도로 정확했다. 1894년 말, 청이 만주, 외몽골, 신강, 티베트, 대만에서 러시아와 영국 등 식민 열강의 심각한 도전에 직면하게 될 것이라는 악몽 같은 시나리오는 전후에 현실이 되었다. 중국의 영토 상실은 중화인민공화국이 자국 영토를 명확히 주장하고 중국 국경을 획정하면서 멈추었다. 이런 의미에서 중국은 냉전으로 두 주권국가로 대표되는 한국이 중화제국으로부터 완전히 독립한 1950년대에 이르러서야 비로소 국민 국가가 되었다.

동쪽 울타리의 상실:「시모노세키조약」 체결

중국 동부 국경에서 전쟁이 격화되는 가운데 티베트 서부 국경의 사람들은 우려 속에서 이를 바라보았다. 1895년 2월 22일, 주장대신(駐藏大臣) 규환(奎煥, 1850~?)은 광서제에게 달라이 라마 13세(1876~1933)가 일본이 국제법을 어기고 조선을 침략했다는 소식을 듣고 라마들과 티베트불교 신도들을 이끌고 주요 사찰에서 경전을 읽었다고 보고했다. 달라이 라마는 부처님 앞에서 드리는 기도가 '위대한 황제'와 그의 '위대한 군대'에 축복을 가져와 청이 조선의 일본 '광대'들을 물리치기를 기원했다.[80] 황제가 규환의 상주문에서 달라이 라마의 기도를 알게 되고 열흘 뒤인 4월 17일, 청 측 대표 이홍장은 일본 측 대표 이토 히로부미, 무츠 무네미츠(陸奧宗光, 1844~1897)와 고통스러운 협상 끝에 일본 시모노세키에서 평화 조약에 서명했다.

조약문은 한문, 일문, 영문으로 작성되었다. 일본이 작성한 초안의 제

1조는 "중국은 조선국의 완전무결한 독립과 자주(完全無缺之獨立自主)를 확실히 인정한다. 따라서 이러한 독립과 자주를 훼손하는 중국에 대한 조선의 조공, 의례 등은 완전히 중단한다"라고 명시했다.[81] 한문과 일문만으로 작성된 1876년 「강화도조약」과 달리 영문판 「시모노세키조약」은 조선의 "완전무결한 독립과 자치"를 명시적으로 규정하여 한문판이나 일문판에서 조선의 지위에 대한 모호함을 제거했다. 또한 조약 용어는 지난 2세기 동안 청의 변화를 반영했다. 조약에서 '대청'은 'China'와 '중국(中國)'과 온전히 동일하지만, 일문판과 중문판의 서문 말미에는 청을 '대일본제국에' 대응하는 한자인 '대청제국'으로 표기했다. 일문판에서는 청을 '청국(淸國)'이라고 불렀지만, 중문판에서는 '중국(中國)'으로, 영문판에서는 'China'로 칭했다. 이런 의미에서 이 조약으로 종결된 것은 1637년부터 이어져 온 청-조선 조공관계뿐만 아니라 기자(箕子)에서 시작된 일반적인 중한 종번관계도 종언한 것이다.

이홍장이 조약에 서명했다는 소식이 북경에 전해지자 3년마다 치러지는 과거시험에 참가한 문인 수천 명이 굴욕적인 조약 조건에 경악을 금치 못했다. 그들은 도찰원을 통해 황제에게 장문의 격정적인 탄원서를 올리기 시작했다. 이 청원서에는 각 지방에서 온 문인 50여 명이 서명했으며, 조약의 무효를 주장하고 일본과 전쟁을 계속하라고 촉구했다. 문인들은 중국의 '동쪽 울타리'로서 조선의 전략적 위치와 대청의 부상에서 조선의 역사적 중요성을 강조했다. 청원서는 청 관료들의 뜨거운 반향을 일으켰다.

5월 1일, 이부(吏部)의 후보주사(候補主事) 왕영선(王榮先), 홍가여(洪嘉與), 포심증(鮑心增)은 「시모노세키조약」의 각 조항이 청에 초래할 심각한 위험을 설명하는 장문의 청원서를 제출했다. 이 조약이 조선을 청과 동등하게 만들면서 일본에 종속시켰다고 지적한 세 관리는 "조약의 간단한 한 문장"이 "거의 300년 동안 태조[누르하치]와 태종[홍타이지]의 훌륭한 업적을 구현하고 대대로 다른 황제들의 은혜를 받아온" 조선과 중국의 오랜 관계를 끝낼 수 있다고 좌절감을 표출했다.[82] 이틀 뒤 국자감 하급 관리 10명이 옹동화를 통해 공동 청원서를 제출했다. 그들은 '우리의 면전'을 영국에, '우리의 안남'을 프랑스에, '우리의 흑룡강(아무르강) 북부'를 러시아에, '우리의 유구'와 조선을 일본에 잃은 최근 청의 역사를 통렬하게 살펴보면서 "우리는 한때 세계 곳곳에 많은 번이 있었지만, 지난 수십 년 동안 모두 잃었다"라고 결론지었다.[83] 그들은 나아가 청이 대만과 요동을 일본에 할양하는 것은 중국 영토를 외국에 더 많이 내어주는 서막이 될 것이며, 이는 중국 주변부의 외번을 잃는 것보다 훨씬 더 나쁜 항복이 될 것이라고 주장했다. 이 관리들이 보기에 대청은 국경을 따라 붕괴하고 있었다. 그러나 이와 같은 청원서가 북경에 넘쳐나는 와중에도 1895년 5월 8일 산동성 연태에서 중일조약의 비준서가 교환되었다.

조선과 중국 관계의 재정립: 1899년 대청국·대한국통상조약과 그 여파

의례 딜레마: 중국과 조약을 협상하려는 조선의 제안

「시모노세키조약」은 한중 양국의 조정 대 조정의 위계질서에 종언을 가져왔지만, 국가 대 국가 관계를 바꾸지는 못했다. 따라서 1895년 이후 양국 간 정치체제는 완전히 새로운 조약이 아니라 이중 네트워크에서 살아남은 부분의 제도화를 의미했다. 양국은 대등한 새 조약을 협상하여 이러한 제도화를 이뤘다. 이 조약의 최초 제안은 전쟁 이후 일본인 고문관들에 의해 점점 권력을 잃어가던 한국의 군주로부터 나왔다. 1895년 1월 7일 일본이 전쟁에서 승리를 눈앞에 둔 상황에서 조선 국왕은 종묘에서 제사를 지냈다. 그는 '홍범'을 발표하고 자신을 '짐'이라고 부르며 "청에 의존하지 않고 자주와 독립의 기반을 마련하기"로 결정했다. 청의 조선에 대한 종주권의 종언 이외에 국왕의 14개조는 일본이 고안하고 일본의 감독 아래 실시된 자강 개혁이 시작된 것이었다.[84]

전후 일본의 조선 지배가 강화되면서 조선의 자주와 독립은 축소되었고, 국왕과 일본인 고문관들 사이에는 심각한 정치적 긴장이 조성되었다. 1895년 10월, 일본인 폭도들이 궁궐에 난입해 지난 수십 년 국왕의 최측근이었던 왕비 민씨를 살해하고 시신을 무자비하게 불태웠다. 일본의 잔혹한 만행에 국왕은 두려움에 떨었고, 일본의 혹독한 통치 아래 꼭두각시로 전락할 운명을 예감할 수 있었다. 일본의 계획에 따라 1896년 1월 1일, 조선은 1392년 개국 이래 처음으로 양력과 새로운 연호인 건양(建陽)을 채택했다. 그러나 이러한 개혁으로 개인의 안전을 보장할 수 없다는 사실을 깨달은 국왕과 왕세자가 2월에 러시아 공사관으로 탈출하여 망명을 요청하면서 한국 조정의 운명은 불확실해졌으며 한반도에서 러시아와 일본의 경쟁은 격화되었다.

조선은 중일 「시모노세키조약」으로 독립을 쟁취했지만, 당시에는 아직 청과 독립 지위를 확인하는 조약을 체결하지 못했다. 1896년 6월, 조선인 역관 박태영(朴台榮, 1854~?)은 중국 총상동(總商董)이자 사실상 중국 대표였던 당소의(唐紹儀, 1862~1938)를 찾아가 중국과 조약을 체결하자는 국왕의 뜻을 전달했다. 당소의는 국왕의 제안을 거절하지 않았지만, 국왕이 러시아의 보호 아래 있는 한 조선을 자주독립 국가로 볼 수 없으므로 추후에 회담을 진행하자고 제안했다.[85]

국왕의 제안은 "우리 왕조의 오랜 번인 조선을 서양 국가와 동등하게 여겨서는 안 된다"라고 믿었던 북경에 도전장을 던진 것이다. 총리아문에 따르면, 중국은 조선과 새로운 '무역 규정'을 협상하는 데 동의하며 조선이 중국에 영사를 파견하는 것은 허용하지만, 과거 번이었던 조선과 조약을 체결하거나 조선이 북경에 공사를 파견하여 중국 황제에게 신임장을 제출하는 것은 허용하지 않을 것이라 했다. 그 대신 중국은 한성에 총영사를 파견해 중국 사무를 관리하도록 했다. 이렇게 함으로써 중국은 '속국의 제도를 보존할(存屬國之體)' 수 있었다. 총리아문은 이홍장에게 전보를 보내 조언을 구했다. 전후 유럽과 미국을 방문 중이던 이홍장은 이 계획을 지지했지만, 중국의 품위를 유지하기 위해 중국 총영사(이홍장이 당소의에게 추천한 직책)가 국왕에게 신임장을 제출하지 말 것을 제안했다.[86] 전쟁 이전의 위계질서를 유지하려는 이러한 시도는 전후 중국의 대조선 정책의 특징이다.

마찬가지로 조선의 정책 입안자들은 청과 관계를 조정하면서 대체로 전통적 담론을 계속 활용했다. 1896년 7월 고위 관료 조병직(趙秉稷, 1833~1901)과 당소의가 나눈 대화에서, 조병직은 조선이 "오랫동안 중조(中朝)의 번이자 속국"이었으며, 「시모노세키조약」에 명시된 조선의 자주를 추구한 것은 원래 국왕이 아니었다고 말했다. 조병직은 조선이 강력한 이웃 국가(일본)의 강요로 중국의 속국 지위를 포기했지만, 국왕은 "황조(皇朝)의 깊은 호의에 감사하며 우호를 재개하고자 새로운 조약을 협상하고 싶다"라고 강조했다. 조병직은 중국이 조선과의 조약 협상을 거부함으로써 조선의 자주를 인정하지 않는다는 신호를 보내는 것이 아니냐는 우려를 표했다. 당소의는 조약 협상과 조선의 자주를 인정하는 것은 별개 문제이며, 전자는 "옛 규정을 따르지 않는다는 의미일 뿐"이고, 후자는 "양국이 서로 대등하다는 의미"이기 때문이라고 답했다.[87] 그들의 대화는 아무런 성과를 거두지 못했다.

1896년 11월 당소의는 총리아문에 국왕이(당소의는 국왕의 황제 칭호를 인정하지 않았음) 조약 협상을 위해 대표를 북경에 파견할 것이라고 알렸다. 이러한 전망으로 중국은 전후 과도기적 맥락에서 한국 대표와 황실 조정 간 의례 절차라는 민감한 문제에 직면하게 되었다. 만약 조선의 자칭 황제가 조약을 협상하려고 북경에 대표를 파견하면, 그 대표는 전쟁 전 조공사신과는 달리 더는 황제에게 고두 의식을 할 필요가 없어 황제의 위엄을 훼손할 수 있었다. 당소의는 이러한 의례 문제를 감안할 때 청이 조선과 조약 협상을 하고 중국 상인과 공민을 보호할 수 있는 한성 주재 총영사를 임명하는 것이 현명할 것이라고 주장했다. 조선 내 중국 사무는 청의 위임을 받은 영국 총영사 존 조던(John N. Jordan, 1852~1925)이 임시로 맡고 있었다. 당소의의 제안을 받아들인 중국은 당소의를 '중국주찰조선총영사(中國駐紮朝鮮總領事)'로 임명했다.

전쟁 전 중한관계에 대한 당소의의 시각은 그가 전후 합의에 적응하는 데 매우 어렵게 만들었다. 그는 "지금은 체제가 달라졌지만, 조선이 수 세기 동안 우리 왕조의 번이었기 때문에 조선과 동등한 조약을 체결하는 것은 우리에게 불편하다"라고 말했다.[88] 이후 당소의는 양국 사이의 위계질서를 유지하려고 최선을 다했다.[89]

마지못함과 향수: 조선 주재 중국 초대 공사

1897년 1월, 당소의는 국왕이 조약을 협상하려고 조선 대표로 성기운을 임명했다가 당소의의 임명 소식을 듣고 성기운의 북경 파견 계획을 취소했다는 사실을 알게 되었다. 당소의는 성기운을 찾아가 직접 북경으로 가면 중국 관리들은 성기운과 대화하지 않을 거라고 알렸다. 영국 총영사 조던과 나눈 대화에서 당소의는 한국 대표의 북경 방문을 저지하는 데만 주력할 생각이며, 이를 위해 조던에게 중국 통상 사무를 계속 맡기고 싶다고 언명했다.[90]

1897년 조선의 정치 상황이 급변하면서 한국 외부는 청과의 조약 체결이라는 목표를 더 적극적인 의제로 추진했다. 전쟁 후 2년 동안 조선은 종번 시대 중국의 우월성을 상징하는 상징물을 제거하거나 개조하여 독립국가로서 이미지를 구축하기 시작했다. 한국 정부는 영은문을 독립문으로 바꾸고 삼전도비를 땅에 묻었으며, 남별궁을 천단으로 바꿨고, 조선 해관 관리자들을 중국인에서 러시아인으로 교체했다. 이러한 노력은 앙드레 슈미드가 설명한 바와 같이 "'중국'의 해체"였다.[91]

1897년 8월, 러시아 공사관에서 궁궐로 돌아온 지 6개월 만에 한국 황제는 광무라는 새로운 연호를 채택했다. 10월 12일 그는 천지에 제사를 올린 후 그의 나라를 '대한'이라고 불렀다. 서양 외교관들은 바로 새로운 국호를 공식적으로 인정했다.[92] 당소의의 관점에서 볼 때 한국의 군주는 황제를 참칭한 것이었고, 조선과의 조약 협상에 대한 그의 태도는 더욱 보수적으로 되었다. 그러나 새로운 대한제국은 오직 당소의에게만 기대를 걸지 않았다.

1898년 3월 북경 주재 러시아 공사는 총리아문에 조선이 북경에 대표를 파견하고 한성에서 중국 대표를 맞이하겠다는 의사를 전달했다. 총리아문은 당소의에게 한국 대표 파견을 막으라고 지시하고 먼저 한성에 대표를 파견하기로 결정했다. 당소의는 "과거의 주인과 노복의 차이"를 보여주고 '제도'가 훼손되지 않게 하고자 조선에 다른 나라에 파견되는 3급 대표와 달리 4급 관원 파견을 건의했다. 한편 북경 주재 일본 공사 야노 류케이(文雄矢野, 1851~1831)는 중한 교류를 위한 중재자로 총리아문과 접촉했다. 총리아문은 야노에게 한성에 있는 당소의가 무역 장정을 협상할 것이며, 중국은 북경에서 전 속국 대표를 받아들이길 원치 않는다고 알렸다.[93] 당소의는 조속히 대한제국 외부에 연락해 무역 장정을 논의했지만, 외부는 장정이 조약이 아니라는 이유로 거부했다. 장정은 조약에 훨씬 못 미치고 중국의 지시로 맺어진 「중국조선상민수륙무역장정」에 대한 소급된 항의였다.

7월, 당소의가 대한제국 외부에서 조던을 불러 북경 주재 영국 공사 클로드 맥도날드(Claude M. MacDonald, 1852~1915)에게 중재를 요청했다고 보고했을 때 중국은 상황이 자신들의 손을 떠났음을 깨달았다. 총리아문은 당소의에게 조선이 북경에 대표를 파견할 경우 대표는 4등공사가 되어야 하며, 그의 신임장은 총리아문이 황제에게 전달하고 총리아문이 대표와 잠재적인 무역 장정을 협상할 것이어서 황제 접견은 하지 않을 것이라고 얘기했다.[94] 청일전쟁이 끝난 지 3년이 지났지만, 조선에 대한 중국의 가부장적 우위의 굴욕적 종말은 여전히 중국 정치가들의 마음속에 남아 있었고, 총리아문은 조선을 중국과 동등한 국가로 대우하길 꺼렸다. 당소의가 보기에 한성이 먼저 중국에 공사를 파견하게 허용하는 것은 '대국'인 중국의 위상을 고려할 때 "관계에 해로운 영향"을 미칠 것이었다. 그는 자신의 우려를 정당화하고자 역시 '대국'이었던 영국과 스페인도 각각 미국과 남미 국가들이 자주(autonomous)를 갖게 되자 선제적으로 자국 대표를 파견했다고 지적했다.[95]

중국에서는 1898년 6월 광서제가 추진한 야심 찬 계획이 절정에 달했다. 전쟁의 실패에 자극받아 추진된 개혁은 낡은 관습을 바꿔 근대화를 꾀했다. 젊은 황제는 중국과 조선의 관계도 변해야 한다고 믿었다. 8월 5일, 황제의 지시에 따라 군기처는 당소의에게 전보를 보내 황제가 조선이 북경에 공사를 파견하도록 허락하고 그의 접견도 승인할 것이라고 전했다. 이에 따라 총리아문은 당소의에게 대한제국이 먼저 중국에 공사를 파견할 수 있으며, 중국은 '우방국'에 걸맞은 예의를 갖춰 대우할 것임을 한성에 통보하라고 지시했다. 중국은 상호주의에 따라 자국 공사를 조선에 파견할 예정이었다.[96] 그러나 당소의는 대한제국 측에 중국의 결정을 알리지 않기로 했다.[97]

황제는 서수붕(徐壽朋, ?~1901)을 주찰조선국흠차대신(駐紮朝鮮國欽差大臣)이라는 직함과 함께 3등공사로 임명했다. 이 직함은 종번의 의미를 함축하였고 식민주의의 냄새가 나기에 한성 주재 외교 공사들의 우려를 불러일으켰다. 한국총세무사인 영국인 존 브라운(John M. Brown, 1835~1926)은 당소의와의 대화에서 티베트와 몽골의 중국 대신들도 비슷한 직함을 가지고 있었기에 중국이 조선을 속국으로 여기는 것이 아닌가 하는 의심을 표명했다. 주한 러시아 공사 니콜라이 마튜닌(Nikolai Matyunin, 1849~1907)은 서수붕의 직위를 한성 외교단에서 가장 높은 직급인 2등공사로 간주했다. 일본, 프랑스, 독일 공사들도 서수붕의 직책과 새로 채택한 국명 '한(韓)'이 아니라 옛 명칭인 '조선'을 사용한 중국의 신임장 형식에 불만을 품었다.[98] 외교관들은 이러한 표현을 중국이 한반도의 새로운 전후 정치 체제를 지지하지 않을 수도 있다는 신호로 보았다.

실제로 한국(대한제국)과 그 군주를 어떻게 불러야 할지는 중국에 하나의 도전이 되었다. 종국에 광서제의 지시에 따라 「시모노세키조약」 제1조에 근거해 서수붕의 신임장 초안을 작성한 사람은 전 주미대사였던 장음환이었다. 1880년대 조선 문제에 깊이 관여했던 마건충은 몇 가지 수정을 제안했다.[99] 신임장의 첫 문장은 "대청국의 대황제는 대한국의 대황제께 정중히 인사드린다"였다.[100] '대군주'라는 용어는 중국의 '대황제'에 비해 국왕의 열등한 지위를 나타내며, 신임장 초안에서는 여전히 청을 한국보다 높인 전통적 존칭 형식을 수정하여 사용하였다.

광서제는 장음환이 제안한 형식이 싫었지만, 그 자신도 한국과 그 군주를 어떻게 지칭해야 할지 난감했다.[101] 황제가 장음환에게 우려를 표하자 장음환은 조선이 중국에 알리지 않고 '대한국'으로 국호를 바꿨기 때문에 신임장 초안은 조선의 국내 변화에 따른 것이라기보다는 「시모노세키조약,에 의거한 것이라고 설명했다.[102] 이후 황제는 당소의에게 영국, 일본, 러시아는 조선에 보내는 신임장에 '대군주'와 '대황제' 중 어떤 용어를 사용했는지 조사하라고 지시했다. 이는 중국의 신임장도 다른 나라들이 채택한 관례를 따르기를 원했기 때문이다.[103] 황제의 개방적 태도 덕분에 최종본에서는 한국 군주를 '대황제'로 칭하고 '대청'과 '대한국'을 같은 줄에 배치했다. 1902년 초대 청국 주재 한국 공사가 광서제에게 제출한 신임장도 이와 같은 형식을 채택했다. 이러한 존칭의 변화는 1637년 이후 처음이었고, 청-조선 관계의 분수령이 되었다.

외교적 변화가 점진적으로 진행될 때인 1898년 9월 21일 서태후가 갑자기 정변을 일으켜 황제를 가택연금하고 개혁을 중단시켰다. 정치적 혼란에도 서수붕은 그의 일을 계속할 수 있었다. 그의 직책은 '흠파위원'에서 '전권대신'으로 바뀌었고, 그의 명시적 임무는 한국 외부와 조약을 협상하는 것이었다.[104] 이러한 변화는 서수붕의 예전 직함이 지닌 모호성과 한성 내 일본, 서양 외교 관원들의 우려를 완전히 불식했다. 만주족 통치 세력은 결국 마지못해 조선이 대청과 대등한 국가라는 사실을 받아들였다.

서수붕은 한국으로 떠나기 전 14개 조로 구성된 조약 초안을 작성했다. 그는 중국이 다른 나라와의 조약, 특히 치외법권과 관세협정에서 불공정한 조약으로 고통받아 왔으며, 한국과의 조약을 시작으로 새로운 조약에서 이러한 불공정을 바로잡을 것이라고 언급했다. 서수붕은 중국은 중국의 국익을 위해 한국과 대등한 조약을 체결하겠다는 의지를 보였지만, 동시에 "한국은 과거 중국의 번이자 속국이었고, 자주는 한국이 원래 바라는 바가 아니었다. 한국은 작고 강한 이웃 국가에 둘러싸여 있다. 우리는 조선으로부터 이익을 취하기보다는 그들을 소중히 여기는 데 최선을 다해야 한다"라는 전통적 편견을 드러내기도 했다. 이러한 사고방식으로 서수붕은 양국이 상호 무역에서 최혜국 지위를 누리길 원했다.[105]

서수붕이 한국으로 떠날 준비를 할 때 오장경 장군의 아들 오보초(吳保初, 1869~1913)는 1882년 반란 진압 때 한성으로 가 오장경을 보좌했던 주가록(周家祿, 1846~1909)이 쓴 『오이조선삼종(奧箊朝鮮三種)』의 서문을 썼다. 서문에서 오보초는 1895년 중국이 조선에서 치욕적인 패배를 당한 것을 회고하며, 1882년 조선을 중국으로 편입해 중국 군현으로 전환했어야 했다(籍其土地而郡縣之)고 주장했다. 그는 이제 중국이 조약 협상을 위해 한국에 대표를 파견하는 상황에 실망했고, 이것이 한국을 '중국의 적으로 보이게' 하는 데 실망했다.[106] 오보초는 향수와 좌절, 불확실성이 가득 찬 조선에서 중국이 존재하는 모습을 보여주었다.

우방국과 교섭: 1899년 대청국·대한국통상조약

서수붕은 1899년 1월 25일 "소국을 소중히 여기는 중국의 자비를 확대"하겠다며 한성에 도착했고, 2월 1일 한국 황제를 접견하였다. 접견 당일, 서수붕은 마련된 가마를 타고 궁궐로 이동했다. 그는 접견실에 들어서 황제를 향해 한 번 허리를 굽혀 인사하고, 황제에게 다가서 다시 한번 허리를 굽혀 인사했다. 서양식 옷을 입은 황제는 일어서서 서수붕과 악수를 하고 중국의 신임장을 받았다. 서수붕은 황제에게 바치는 짧은 헌상을 낭독했고, 황제는 중국 공사에게 감사의 뜻을 표했다. 그 후 두 사람은 다시 악수하고, 서수붕은 세 번째로 허리를 굽혀 인사한 후 호송을 받으며 공사관으로 돌아갔다.[107] 국가 대 국가 차원에서 "서양의 일반적 관례"에 따라 진행된 이 의식은 전후 한국의 국가 원수와 중국 대표 사이에 행해진 첫 의식이었으며, 수 세기 지속된 종번 의례에 종지부를 찍었다.

접견을 마친 서수붕은 외부대신 박제순(朴齊純, 1858~1916)과 조약 협상을 시작했다. 9월에 양국은 15개 조로 구성된 통상조약(大韓國大淸國通商條約)에 서명했다. 제2조는 각국이 상대국의 수도와 조약항에 상주사절을 파견하고 최혜국대우를 누린다고 명시했다. 제5조는 양국에 영사재판권을 부여했다. 제12조는 국경 획정과 변경 무역을 위한 새로운 규정을 협상하고 만주 변경에서 교역하도록 허용했다. 이 조약은 「중국조선상민수륙무역장정」을 대체하는 양국 간 최초의 평등 조약이었지만, 중국이 상당히 양보했다. 예를 들어, 중국이 한국에 아편 수출을 하는 것은 금지되었지만, 한국의 대중국 아편 수출에는 유사한 제한이 없었다. 서수붕은 광서제에게 "조선의 군주와 신하들이 여전히 마음속으로 중국을 흠모하며, 이것이 협상의 성공에 기여했기 때문에" 이러한 조항에 이의를 제기하지 않았다고 설명했다.[108]

조약 체결 후 서수붕은 "과거 중국의 번이자 속국이었던 한국은 이제 중국의 우방국이 되었으며, 그 어떤 것도 상황을 바꿀 수 없다. 과거를 회상하면 얼마나 안타까운 일인가!"라고 말했다.[109] 양국은 12월에 한성에서 조약을 비준했고, 서수붕은 중국 정부에 의해 초대 주한 중국 대사에 임명되었다. 청일전쟁 후 1년 동안의 현실과 옛 중국의 영광을 조화하고자 노력했던 당소의와 달리 1899년 서수붕은 자신을 서양식 공사로 내세우며 중국의 이익과 자국민의 이익을 보호하려고 중국의 외교 네트워크를 재건

하는 데 분주했다.

　결국 한국도 이에 화답하는 의미에서 공사를 북경에 파견하기로 했지만, 중국의 상황 악화로 파견이 연기되었다. 의화단 봉기(의화단운동)는 산동성 북서부를 휩쓸었고, 천진과 북경으로 퍼져나가기 시작했다. 의화단운동은 결국 1900년 8월 광서제와 서태후가 서안으로 도망친 직후 8개국 연합군이 북경을 점령하면서 중국에 외교적·정치적 재앙을 초래했다. 10월 이홍장은 영국, 미국, 일본, 러시아, 이탈리아, 프랑스, 독일, 오스트리아-헝가리와 협상을 시작했다. 중국의 극적 변화를 고려하여 일본의 엄중한 감시 아래 있던 대한제국 황제는 일본 메이지 천황에게 서한을 보내 협상 기간 일본이 중국 내 한국의 이익을 보호해달라고 요청했다.[110] 1901년 1월 북경은 평화 협상에서 이홍장을 돕도록 서수붕을 한성에서 북경으로 소환했다. 한국을 떠나기 전 서수붕은 자신의 참모 중 한 명인 허태신(許台身)을 공사 대리공사로 임명했다.

　7월 말 총리아문은 중국어 명칭을 외교부에서 외무부(外務部)로 변경하고 중국의 유일한 합법 외교 부문이 되었다. 서수붕은 외무부 좌시랑(左侍郎)에 임명되었다. 1901년 9월 7일 이홍장은 외국들과 최종 조약에 서명했고, 중화제국은 붕괴 직전의 위기에 처했다. 두 달 후 이홍장은 평생의 꿈이었던 중국의 근대화와 조선을 지키려고 구상했던 수많은 계획을 이루지 못하고 죽었다. 1902년 1월 광서제와 서태후가 자금성으로 돌아오자 한국은 마침내 북경의 폐허 속에서 그들의 자리를 마련할 초대 공사를 파견할 준비가 되었다.

　한국 정부는 서수붕의 조약 협상 상대이자 전 주진독리(駐津督理, 천진에 주재해 통상 사무를 맡아보던 벼슬─옮긴이)였던 박제순을 초대 주중 전권대신으로 임명했다.[111] 1902년 9월 30일, 박제순은 서양식 절차에 따라 자금성에서 광서제에게 신임장을 제출했다.[112] 이로써 수 세기 동안 조선 사신들이 중국 황제에게 행하던 조공 의식이 막을 내렸다. 흥미롭게도 중국 공식 기록에는 1873년 동치제가 외국 공사를 처음 접견할 때처럼 접견에 관해 매우 짧게 적혀 있다. 아마도 조정은 새로운 의례에서 외번에 대한 과거 중화제국의 영광을 상기시키는 동시에 중국의 존엄에 대한 복잡한 도전을 보았을 것이다. 접견이 끝난 후 외무부는 박제순과 원활히 소통하려고 허태신에게 한국어 통역관 2명을 북경으로 보내라고 지시했다.[113] 이로써 한국어는 중국 외무부의 공식 외국어 목록에 들어갔다. 일시적이었지만 새로운 양국 관계가 시작되었다.

국경지대에서 중국 종번주의와 한국 식민주의: 중국 남부와 만주에서 한중 교류

중국 지방에서는 중한관계의 변화가 북경에서만큼 뚜렷하게 나타나지 않았다. 중국 남부에서는 지방 관리들이 여전히 전쟁 전 관례에 따라 한국 관련 사무를 처리했다. 예를 들어, 1895년 절강순무 요수풍(廖壽豐, 1836~1901)은 광서제에게 온주의 관리들이 10월 난파선에서 한국인 28명을 구조해 '관례에 따라' 이들에게 옷과 음식을 제공했고, 상해를 거쳐 조선으로 돌려보냈다고 보고했다. 요수풍은 이 조선인들을 18세기에 사용했던 종번 표현을 그대로 사용하여 "난파당한 조선국의 오랑캐들(朝鮮國難番)"이라고 불렀다.[114] 온주 사건은 이후 유사한 사건의 모델이 되었다.

1901년 5월 절강순무 여련원(余聯沅)은 한국 어부 15명이 중국 해안에서 난파당했다고 보고했다. 그는 온주 선례를 참고하여 그들을 구출하고 돌보는 관례에 따라 상해로 보냈다.[115] 여련원은 1890년대 대청을 보전하려면 조선을 보호해야 한다고 주장한 청류파의 주축이었다. 이 무렵 중국은 조선과 새로운 조약을 체결했지만, 여련원이 생각한 조선(그는 '대한국'이나 '한(韓)'이 아닌 '조선'이라는 용어를 사용했다)은 여전히 대청의 번이었고 한국 어민들은 '야만인'의 범주에 속했다. 1902년부터 1908년까지 절강성에서 활동한 여련원의 후임자들도 같은 태도를 취했다.[116] 거의 모든 사례에서 한국인 피해자들은 '오랑캐'로 불렸으며, 이들은 중국의 정책인 '자소', '회유원인'의 은혜를 받은 자들이었다. 당시 지방의 관례에서 종번규범은 결코 17, 18세기에 비해 약하지 않았다.

전후 중국 남부에서 중한관계가 거의 감지할 수 없을 정도로 순조롭게 변화한 것과 대조적으로 만주 국경 지역에서는 피와 불, 죽음이 난무했다. 1907년 만주의 중국 관리가 보고한 바에 따르면, 1890년대 후반부터 한국인들이 길림과 봉천 국경의 중국인 마을을 공격하고 약탈했으며, 북경이 8개국 연합군에 점령되고 1901년 만주가 러시아에 점령된 이후 상황이 급격히 악화되었다.[117] 중국 도적들도 국경에 있는 한국인 마을을 공격했다. 중한 국경 분쟁의 급증은 위에서 아래까지 종번 제도의 붕괴로 인한 지역의 무질서를 보여주는 신호였다. 국경 양쪽의 지역 세력과 비공식 세력, 특히 빈곤한 농민들에게는 비옥한 토지, 식량, 가축, 에너지 자원을 찾는 것과 같은 현실적이고 일상적인 필요의 압박이 국가 관계와 국가 이익보다 우선시되었다. 중국과 한국의 권위가 갑자기 사라지자 만주 국경 지역은 양국의 도적과 기타 불법 무장 단체가 세력을 키우고 현지 농민과 정착민으로부터 재화를 뜯어내는 완벽한 지역이 되었다.

1901년 초부터 1905년 초까지 성경과 길림의 관리들이 무장강도, 절도, 총격, 살인, 강간, 납치, 방화 등 조선인들이 월경하여 벌인 중범죄에 대해 북경에 보고한 것만 최소 12건이 넘었다. 길림 동부 연길의 한족 관리 진작언(陳作彦)은 1901년 3월 중국 지역에 대한 한국인의 공격으로 11명이 목숨을 잃었고 은화 4,337.81냥의 손실이 발생했다고 보고했다.[118] 더 많은 한국의 이주민이 국경을 넘어 중국 영토로 유입되면서 상황은 계속 악화되었다. 1903년 7월 진작언은 한국인 정착민이 저지른 일련의 악행을 보고하고 중국의 이익을 보호하고자 북경에 긴급히 조치할 것을 요구했다. 현지 보고에 따르면, 1903년 가을, 연길의 4개 마을에 대한 한국인의 무장 공격으로 중국인과 한국인 가옥 211채가 파손되었고, 은 19,546.46냥이 넘는 피해가 발생했다.[119] 한편 중국 도적들은 국경인 강을 넘어 조선인 마을을 약탈했고, 중국의 국경 관리들은 조선인 이주민들에게서 돈을 갈취했다. 예를 들어, 한국 측에서 최소 4건의 불법 벌목이나 납치 사건을 중국 도적이 일으켰다.[120] 1903년 8월, 한성 주재 중국 공사 허태신은 "한국은 과거와 다르다"라고 강조하면서 한국인들이 한국과 일본이 '간도'라고 부르기 시작한 연길에서 중국 영토로 확장하는 것을 견제하는 대책을 마련해야 한다고 북경에 건의했다. 1902년 동맹을 맺은 영국과 일본이 이 지역에 한국인을 정착시키려고 한 시도의 배후에는 러시아의 계략이 있다고 허태신에게 알렸다. 그 후 2년 동안 중국 외무부와 한국 외부는 만주에서 일어나는 국경 분쟁을 해결하고자 노력했으나 실패했다.[121]

국경 지역에서 일어나는 폭력 분쟁은 많은 역사적·지정학적 요인에 기인했다. 양국의 전통적 경계선이었던 압록강과 두만강이 만나는 지점에 경계가 없다는 것은 18세기 강희제 때부터 문제가 되었다. 국경선이 존재하기는 했지만, 근대의 두 주권국가 간 경계선처럼 명확하거나 법적으로 구분되지 않았다. 20세기 전반에 이르러 이 문제는 중국과 한국뿐만 아니라 일본까지 연관된 분쟁으로 발전했다. 국경 분쟁은 1870년대 중국의 만주 개방을 계기로 200년 동안 만주 조정이 만주를 중국 내부로부터 분리했던 정책을 폐지하고, 경작을 위해 이 지역으로 이주를 장려하던 시기에 촉발되었다. 새로운 이 지역의 풍부한 자원으로 한국인 빈농 수천 명이 두만강을 건너 수렴구역(convergence zone)의 황무지를 개간하고자 몰려들었고, 중국은 이들 외국 공민을 다뤄야 했다.[122] 광서제는 1882년 지방 관리들에게 한국의 불법 이주민들이 중국의 국경을 침범할 의도가 없다면 그들을 용인하라고 지시했다. 이후 중국은 산적한 문제를 해결하고자 한국 이주민에게 변발을 하고 중국 옷을 입도록 명령을 내리는 등 그들을 중국 백성으로 동화하려고 했다. 이러한 정책은 한국의 강력한 반발을 샀다.[123]

갈등이 누적되던 1904년 봄, 통령(統領) 호전갑(胡殿甲)이 지휘하는 중국군이 더 많은 땅을 차지하고 한국 이주민을 동원해 중국 통치에서 벗어나고자 두만강을 건너온 한국군을 격파했다. 1895년 이후 중국이 한국과의 분쟁을 해결하려고 무력을 사용한 것은 처음이었다. 이 전투로 중국은 이 지역에서 영토·행정 통제를 재개했고, 한국이 화의에 복귀하도록 강요했다. 1904년 6월 15일, 호전갑, 진작언, 한국 관리 3명은「중한변계선후장정(中韓邊界善後章程)」을 체결했다. 이 협정은 명칭과 달리 주로 봄에 있었던 전투로 남겨진 미해결 문제를 해결하려는 것이었지 국경 분쟁 해결이라는 장기적인 전략적 목표를 위한 국가 대 국가의 조약은 아니었다.[124]

「중한변계선후장정」이 체결될 당시 일본은 만주를 장악하려 러시아와 싸우고 있었다. 마침내 러시아에 승리한 일본은 1905년 11월 공개적으로 한국을 보호국으로 삼았다. 북경 주재 한국 공사는 소환되었고, 중국과 교류에 관한 한국의 모든 업무는 북경 주재 일본공사관 관리에게 이관되었다. 1906년 2월, 한성 주재 미국, 영국, 프랑스 공사관이 폐쇄되었고, 이토 히로부미가 초대 통감으로 부임하면서 중국은 3대 주한 공사 증광전(曾廣銓)을 소환했다.

만주에서 한중 국경 분쟁은 계속 증가했고, 중국 관리들은 중국인보다 훨씬 더 많은 한국 이주민이 살고 있는 중국 지역에서 한국이 영역을 공격적으로 확장하고 있다고 믿었다. 1907년 중한 국경 문제를 담당했던 오록정(吳祿貞, 1880~1911)은 두만강의 중국 쪽에 한국인이 5만 명 이상 살고 있는 반면, 중국인은 1만여 명이 안 된다고 보고했다. 오록정이 화룡욕(和龍峪) 지역의 39개 마을을 조사한 결과 한국인은 총 5,990가구가 거주하고 있었고, 중국인은 훨씬 적은 264가구가 거주했다. 오록정은 청나라 선조의 땅이 거의 '조선의 식민지(朝鮮殖民之地)'가 되었다고 언급했다.[125] 한국은 일본 식민주의의 희생자로 전락하고 있었지만, 한국 이주민들은 만주에서 일본이 중국 영토를 식민지화하는 데 선봉장 역할을 하였다. 이러한 한국인을 통한 식민지화는 이후 30년 동안 일본이 광활한 만주 내지로 식민지화를 확장하는 수단으로 작용했다.

광서제와 서태후가 죽고 새 황제 선통제가 즉위한 지 1년 후인 1909년,

중국은 한국에 진출한 중국 상인들의 이익을 보호하려고 마정량(馬廷亮)을 주한 총영사로 임명했다. 당시 중국은 일련의 개혁과 반란으로 국내에서 격변을 겪고 있어 한국과 관계는 북경 정부의 우선순위가 아니었다. 1910년 8월 22일[공포일은 8월 29일] 한국은 일본에 병합되었다. 중국은 병합에 대해 공식적인 견해를 표명하지 않았다. 한성에서 마정량은 중국인들에게 일본 당국이 내린 새로운 명령을 따르도록 지시했고, 그는 중국인 거류지의 경찰을 해산했다.

북경의 침묵에도 불구하고 일본의 한국 병합은 중국도 똑같이 식민지 위협이 있다고 느끼는 많은 중국인에게 경각심을 불러일으켰다. 일본에서 교육받고 훗날 쑨원(孫文, 1866~1925, 손중산孫逸仙)의 보좌관이 되는 다이지타오(戴季陶, 1891~1949)는 1910년 8월 상해 한 신문에 한국 역사의 비극적인 장면에 대한 중국의 무관심한 태도를 비판하는 사설을 게재했다. 기자 시대 이래 유구한 중한관계를 언급하며 "한국은 3천 년 이상 중국의 속국이었고, 그 땅은 중국의 강우(疆宇)에 속하며, 그 사람들은 중국인과 같은 민족(ethnic group)에 속하고, 문자는 한자이며, 정치적 관습은 중국의 유산"이라고 언명했다. 다이지타오는 한국의 비극적 운명을 한탄하며 중국이 자각하지 않으면 곧 정치, 군사, 산업 분야에서 일본의 침략을 받게 될 것이라고 경고했다.[126]

만주의 동북3성총독(東三省總督) 석량(錫良, 1853~1917)은 국경을 넘어 중국 땅을 차지하려고 계속 월경하는 한국인을 통해 펼치는 중국에 대한 일본의 '식민 정책'에 경각심을 느꼈다. 석량은 1910년 9월과 10월에 한국 이주민 3만 명 이상이 중국 국경 지역의 중국인들 사이에 살고 있다고 보고했다. 총독은 이들 한국 이주민은 지난 8월 일본이 한국을 병합하면서 일본 공민이 되었기 때문에 더는 중국 관할권에 속하지 않고 오히려 일본 영사에게 해명을 요청해야 한다고 강조했다. 석량은 이러한 변화가 "우리의 주권을 해칠 것(損我主權)"이며 "한국인 이주자[韓僑] 수천 명이 일본의 만주 병합에 앞장설 것"이라고 주장했다. 그는 중국이 영토 경계를 명확히 하고 안전하게 만들고자 새로 공표된 「대청국적조례(大淸國籍條例)」를 활용해 한국인 이주자들을 중국인으로 전환하자고 건의했다.[127]

1911년 8월, 석량의 후임인 조이손(趙爾巽, 1844~1927)은 중국 정부가 석량의 건의에 귀를 기울여 중국 땅으로 이주한 한국인들을 귀화시킬 것을 촉구했다. 조이손은 "열 개가 넘는 압록강 연안의 모든 현은 중국 내지(內地)에 속한다"라고 강조하면서 중국이 한국 이주민에게 중국 국적을 신청하고 취득하도록 해서 '귀화(歸化)'시키자고 제안했다.[128] 석량과 마찬가지로 조이손도 상당수 한국 이주민의 국적 문제가 중국의 주권과 불가분의 관계에 있음을 알고 있었다. 조이손의 관찰에 따르면 1910년대 초 중국 관리들, 적어도 만주 지역 관리들은 중한관계를 국가 대 국가 차원에서 인식하고 있었다는 사실을 알 수 있다. 그러나 북경이 조이손의 건의에 답하기도 전인 1911년 10월 우한에서 민족주의 혁명이 발발했고, 이는 왕조의 붕괴로 이어졌다.

1912년 2월 12일, 만주 조정은 대청의 종말을 선언하고 대청이 천명의 상실을 인정하는 퇴위조서를 공포했다. 청은 중국의 '통치권'을 '전국 인민'에게 넘겨준다고 선언했다. 황실과 조서 초안을 작성한 한족과 만주족 대신들은 청 이후 정치체제는 "만(滿), 한(漢), 몽(蒙), 회(回), 장(藏) 오족(五族) 영토가 완전히 통합되어 '중화민국'이라는 이름의 대국으로" 유지되어야 한다고 강조했다.[1] 그들의 청사진에 따르면 새로운 중국은 이번원의 관리를 받던 외부 속국 또는 외번은 영토로 통합하지만 예부 관할하에 있던 외번은 포함하지 않았다. 후자의 경우 대부분 이미 외국 식민 지배 아래 있었기 때문이다. 이때부터 중국은 주로 주권국가와 영토 경계로 정의되었으며, 중화제국의 의미는 급격히 축소되었다.

1911년 11월부터 청 내각총리대신이자 북양신군 수장이었던 원세개는 황실 조정으로부터 임시 공화정부를 조직하라는 임무를 위임받았다. 조선에서 정치 경력을 시작한 원세개는 이제 중국에서 가장 강력한 권력자였고, 곧 공화국 초대 대총통이 될 것이었다. 그러나 원세개의 새로운 중국은 한국의 운명에 거의 관심을 보이지 않았다. 1912년 일본이 다이쇼 시대에 들어섰고 중국은 공화국으로 변모했지만, 한국은 여전히 일본 식민주의 굴레 아래에 있었다. 1910년대 중국인들은 동아시아가 급격히 변화하고 전 세계에 걸쳐 민족 독립사상이 빠르게 퍼지는 것을 목도하면서 식민지 한국에 엇갈린 견해를 가졌다. 일부 중국인은 한국을 근대화의 긍정적 모델로 보았지만,[2] 더 많은 중국인은 한국을 식민주의의 부정적 사례로 보았고, 중국이 식민 지배에 놓일 위험에 대한 생생한 경고로 여겼다. 예를 들어, 1918년 일본으로 가던 한 익명의 중국인 방문객은 한국의 놀라운 업적을 만든 것은 한국인의 피가 있었기 때문이라고 논평했다. 그는 수십 년 안에 한국과 한민족 전체가 사라질 것으로 예측했다.[3] 또한 식민주의의 위험성을 강조하며 중국이 일본과 같은 외국 세력에 예속되지 않도록 동포들을 결집하고자 했다.

익명의 여행자와 같이 열정적이고 애국적인 중국 민족주의자들은 식민지 조선의 한성을 휩쓸었던 1919년 3·1운동에 이어 북경에서 5·4운동이 일어났을 때 어느 정도 안도했을 수 있다. 두 운동은 각각 중국과 한국의 현대사에 새로운 장을 열었다. 더 중요한 사실은 일제의 탄압에서 살아남은 한국 민족주의자들이 중국으로 탈출하여 상해에 대한민국임시정부라고 부르는 망명정부를 수립했다는 점이다. 이로써 중국은 해외 한국 민족주의 운동의 안전한 피난처가 되었을 뿐만 아니라, 20세기에 들어서면서 한중관계는 또다시 변모하게 되었다. 1895년 이전 양국 간 내적 이중 네트워크는 1919년에 부활했는데, 한편으로는 한국국민당과 중국국민당이, 다른 한편으로는 일본 식민주의로 상상의 형태로만 존재했던 한국 국가(Korean state)와 중국 국가(Chinese state)를 연결한 것이었다. 오랜 정치-문화적 동질화를 바탕으로 한 이중 네트워크는 1912년부터 1949년까지 중화민국 시기 내내 중국 본토에서 양측의 기본적인 정치 질서로 유지되었으며, 1949년 중화인민공화국이 수립된 이후에도 남아 있었다.

1950년대 말, 중화인민공화국은 청의 영토 대부분을 회복했고, 서구에서 수입한 새로운 일련의 정치적·문화적·사회적 규범을 이용해 광활한 영토를 통치하기 시작했다. 새로운 국가는 후기 제국 시기와 근대 중국의 역사적 자료에서 선례를 찾아 동쪽의 투르키스탄부터 히말라야까지, 남서부 산악지대에서 대만과 남중국해의 작은 섬에 이르기까지 다양한 수준으로 청이 통치했던 특정 지역을 자국 영토로 통합하고자 했다. 이들 지역을 중국 영토로 편입하는 정책은 종번 시대를 떠올리게 하는 연결, 즉 중앙 정치 행위자와 그들의 지역 대리인 또는 속관(屬官) 사이에 묶여 있는 가부장적 관계와 혈연적 관계로 발생할 수 있는 모호성을 완전히 제거했다. 예를 들어, 1727년부터 청 조정이 주장대신(駐藏大臣)을 파견해 상주시켰던 티베트는 1913년부터 독립을 누렸지만,[4] 1950년대에 중화인민공화국에 편입되었다. 이런 의미에서 중화인민공화국은 중국의 국경을 다시 그리는 데 성공했고, 1912년부터 1949년까지 중화민국의 좌절된 야망을 실현하는 데 성공했다. 1916년 원세개의 중화민국 정부는 청의 책봉 관례를 부활시켜 외몽골과 종번관계를 성공적으로 회복했지만, 중국이 외몽골을 되찾는 데 실패한 것 역시 공산혁명 성공 이전 광란의 시기에 이유가 있었다.[5]

1949년 이후 중국의 국가 서사는 후기 제국 시기 역사를 과도하게 단순화하면서 청을 청 중심 국제 세계의 중심이 아니라 하나의 왕조로 다뤘다.

그러나 청의 국경에서 일어난 사건, 특히 특정 정치 단위의 자주와 관련한 사건들에 대한 역사 기록은 청나라의 통치 아래 국경을 넘나드는 중화제국의 존재와 작용을 드러냄으로써 공식적인 중국의 서사에 도전했다.[6] 중국 밖에서 예부의 관리하에 있던 청의 거의 모든 옛 속국은 제2차 세계대전 이후 독립운동과 탈식민지화 운동으로 중국의 영향권에서 분리되었다. 이 국가들은 비록 후기 제국 시기에는 중화제국의 일부로 간주되었지만, 이후 청을 포함한 중국의 민족주의 역사에서 미미한 역할을 했을 뿐이다. 이런 의미에서 1949년 이후 중화인민공화국의 권위주의 정권이 국경에서 직면한 문제는 중국의 후기 제국의 변화로 촉발된 일련의 청 이후 문제들이다.[7]

한국이 그 대표적인 예이다. 이 책은 한국이 후기 제국 시기에 정치—문화적 의미에서 중화제국의 일부를 형성했으며, 1895년 이후 그 관계가 급격히 약화되고 끝내 일본의 지배를 받게 되었음을 논증하였다. 그러나 중국 내에서 한국의 지위에 대한 중국인의 인식은 1911년 단절을 넘어섰다. 1919년 3·1운동 때부터 중국의 국민정부는 한국을 열렬히 지지하고 지원했는데, 이는 부분적으로 가족주의적 중한관계에 대한 중국인의 향수 때문이었다. 많은 중국인은 한국을 중국의 잃어버린 땅으로 여겼다. 예를 들어, 1929년 하북성 공상청(工商廳)은 『중화국치지도(中華國恥地圖)』를 출판했다. 이 지도에는 당시 스스로 독립국으로 내세웠던 외몽골과 티베트를 포함한 중화민국의 영토와 1689년 「네르친스크조약」과 1915년 일본의 21개조 요구 사이에서 중국이 상실한 영토가 표시되어 있다. 상실한 영토 중에는 중국의 과거 번과 번속인 한국, 유구, 베트남, 시암, 미얀마, 부탄, 네

팔이 포함되었다. 이 영토들은 함께 '중화'를 구성했고, 이는 청의 정치–문화적 중화제국의 영향력을 반영한다. 지도의 저자는 1924년 쑨원이 중국은 '반식민지'보다 더 안 좋은 상태인 '2등 식민지'라고 한 발언을 인용하며, 영토를 잃은 국치를 씻어내고 중국의 미래를 위해 싸우자며 중국인들을 고무시켰다.[8]

1930년 3월, 중국국민당은 일본에 대항하는 한국 독립운동을 지지하는 선언문을 발표하며 다음과 같이 주장했다.

> 한국은 중국의 번속으로 역사 기록에 따르면 한국인은 상과 주의 후손이자 우리 중국인의 한 분파이다. 그들의 정치적·문화적 산물은 주로 한과 당의 방식을 따르며, 그들은 분명히 우리 문화의 한 계파이고, 중국의 의례(禮儀)를 실천했다. 따라서 그들은 우리와 동맹을 맺어 함께 생존하고 번영해야 한다. 이렇게 하면 그들은 조상들을 자랑스럽게 여기고, 염제(炎帝)와 황제(黃帝)의 일부 후손으로서 특출난 업적을 보여줄 것이다.[9]

중국공산당은 국민당의 한국에 대한 인식을 공유했다. 1937년 4월, 북경에서 일본과 중국 사이에 노구교 사건(盧溝橋事件, 1937년 일본·중국 양국 군대가 노구교에서 충돌하여 중·일전쟁의 발단이 된 사건—옮긴이)이 발발하기 3개월 전, 마오쩌둥(毛澤東, 1893~1976)은 중국공산당을 대표해 연안에서 전설적인 '중화민족의 조상'인 황제(黃帝) 제사를 위한 제문을 썼다. 그는 "유구와 대만을 잃고, 한국은 황폐해졌다(琉臺不守, 三韓爲墟)"라고 회상하며 역사적으로 중한관계의 근간이었던 중화제국의 영광이 사라진 것을 애도했다.[10]

13년 후 마오쩌둥은 새로 건설된 초국적 공산주의 세계의 일부가 된 나라를 구하려고 군대를 북한에 파견했다.[11]

1960년대 문화대혁명이 중국을 휩쓸고 세계 냉전 속에서 중국과 소련, 북한 사이에 다양한 갈등이 발생했을 때, 북한은 김일성(1912~1994) 주체사상을 공고히 했고, 그 일환으로 역사상 한국의 사대주의와 중국의 대국주의를 신랄하게 비판했다.[12] 중국의 천하서는 마침내 한반도에서 씁쓸하게 막을 내렸다. 이 순간 중국이 다시 한국을 변방으로 생각하거나 심지어 중국의 한 성(省)으로 편입할 수 있다는 전망도 종말을 고했다. 같은 시기에 중국은 외몽골을 되찾겠다는 희망을 버렸지만 만주, 내몽골, 신장, 티베트를 중국 영토로 완전히 통합하고 대만에 대한 영유권을 주장했다.

이 책의 마지막인 여기서 「들어가며」에서 설명한 바와 같이 1644년 숭정제의 무덤 앞에서 자신을 희생한 조선 무인 최효일을 돌이켜보자. 최효일은 중화제국을 위해 죽었지만, 적어도 1895년 이후 중국이나 한국의 역사 서술에서 그의 순교는 기념되지 않았다. 20세기와 21세기 재편된 동아시아에서 중국과 한국은 조선이 오랫동안 중화제국에 싸여 있었다는 사실을 고의적으로 어쩌면 영원히 잊기로 했다.

| 감사의 글 |

이 책이 다루는 프로젝트를 수행한 지난 15년 동안 중국, 한국, 일본, 미국 그리고 다른 국가의 수많은 은사, 지도교수, 동료 연구자, 친구, 가족의 많은 도움이 있었다. 그들의 이름을 모두 열거할 수 없을 정도다.

먼저 몇 년 동안 탁월한 학문적 지도와 든든한 지원을 아끼지 않은 마오 하이젠, 셔먼 코크란, 빅터 코쉬만에게 감사드린다. 백영서, 천상성, 천즈홍, 청잉홍, TJ 힌리치, 더글라스 하우랜드, 이사벨 힐, 허남리, 강진아, 가와지마 신, 김선민, 미오 기시모토, 도로시 고, 구범진, 커크 라센, 이훈, 이더정, 리원취안, 류톈루, 루오즈롄, 토비 마이어퐁, 유지로 무라타, 메리 베스 노튼, 다카시 오카모토, 박명림, 케네스 포메란츠, 롱샤오옌, 나오키 사카이, 쑹청유, 오사무 타카미자와, 왕위안저우, 우위안펑, 양지아셴, 자오즈창 등 프로젝트를 발전시키고 아이디어를 풍부하게 만드는 데 도움을 준 선배 연구자들에게 진심으로 감사드린다.

델라웨어대학교의 역사학과, 아시아학 프로그램, 글로벌 및 지역 연구 센터에서 함께 공부한 동료들은 계속 자극받을 수 있는 학문적 환경을 제공해줬다. 특별히 앨리스 바, 앤 보일런, 제임스 브로피, 이브 버클리, 첸

젠궈, 헤수스 크루즈, 레베카 데이비스, 로렌스 더건, 대릴 플래허티, 앨런 폭스, 크리스틴 헤이어만, 배리 조이스, 김한다, 피터 콜친, 워냐바리 말로바, 루디 마티, 마크 맥레오드, 아르웬 모훈, 존 몬타노, 데이비브 퐁, 라마나라얀 라왓, 데이비드 시어러, 스티븐 사이드보텀, 패트리샤 슬론 화이트, 데이비드 수이스먼, 더글러스 토비아스, 오웬 화이트, 양하이홍에게 감사드린다.

여러 나라에 있는 수많은 친구가 몇 년 동안 연구에 도움을 주었다. 크리스토퍼 안, 에리코 아카마츠, 크라우딘 앙, 하루토시 아오야마, 질레이비, 마이클 카펜티어, 시아우윤 첸, 잭 치아, 최덕교, 다니엘 코헨, 마리 크랩트리, 브라이언 커디, 다이하이빈, 딩천난, 펑펑, 구쉐펑, 케이트 호닝, 노리아키 호시노, 재커리 하울렛, 후샹유, 황쥔량, 황치쉬안, 후오홍웨이, 지아이민, 지천, 쟝화지에, 크리스토퍼 존스, 정동훈, 제이슨 켈리, 엘리 김, 김한미, 에이미 코아웃, 라우팅후이, 피터 라벨, 이펑수, 이석원, 리방오밍, 조슈아 반 리우, 류번썬, 오이얀 류, 뤼웬리, 호르헤 마린, 하지무 마쓰다, 마유코 모리, 판후이샹, 트레이스 피어슨, 추위안옌, 런즈룽, 빅터 샤우, 쑹녠선, 쑨쑹, 탕스춘, 레슬리 턴불, 왕보, 왕하이타오, 왕칭빈, 왕쓰샹, 쉬둥, 형쉬, 양지궈, 윤성오, 위웨이, 장하이룽, 장젠쥔, 장레이, 장팅, 장티팅팅, 저우졘, 자우타오모에게 감사하다. 10년 넘게 내 원고를 읽고 훌륭한 학술적 비평을 해준 다니엘 코헨, 재커리 하울렛, 쑹녠선에 대한 감사함은 이루 말할 수 없다.

한국국제교류재단과 일본국제교류기금의 지원으로 각각 서울의 연세대학교와 도쿄의 도쿄대학에서 연구 활동을 할 수 있어 영광이었다. 코넬대학교와 델라웨어대학교는 동아시아에서의 아카이브 조사 연구를 아낌없이 지원해 주었으며, 델라웨어대학교는 이 책의 출판을 위해 적극적인 지원을 아끼지 않았다. 동아시아 및 미국에서 방문했던 많은 아카이브, 도서관, 연구 기관의 직원들 또한 많은 도움을 주었다. 이 책의 출판에 앞서 "Claiming Centrality in the Chinese World"(Chinese Historical Review, 22-2, 2015)와 "Civilizing the Great Qing"(Late Imperial China, 38-1, 2017) 두 편의 논문을 발표했는데, 두 저널은 이 책에 그 글을 실을 수 있도록 해주었다. 논문 심사자들의 비평은 이 책의 수준을 제고하는 데 도움이 되었다.

이 책이 코넬대학교 출판부에서 출간되어 기쁘다. 에밀리 앤드류는 모든 과정에서 훌륭한 지도와 조언을 해주었다. 베서니 와식과 수잔 스펙터는 출판과 관련된 많은 문제를 해결하는 데 도움을 주었다. 헌신적인 심사자 두 명은 원고를 세심하게 읽었고, 생각을 자극할 수 있는 훌륭한 의견을 제시해 주었다. 앨리스 콜웰, 한나 시루아, 에릭 레비는 원고를 다듬는 과정에서 훌륭한 제안을 해주었다.

마지막으로 태평양 건너 여러 나라에서 공부하고 일하는 동안 믿고 지지해준 가족에게 감사하다. 이 책을 가족 모두, 특히 아내 나와 딸 유지아에게 바친다.

| 참고문헌 |

미간사료

中國第一歷史檔案館, 北京

宮中檔奏摺, 4.

軍機處漢文錄副奏摺, 3.

內閣禮科史書. nos. 2-1 to 208.

內閣外交專案, 朝鮮, 564-2-190.

欽天監題本專題史料. nos. R1-R7.

順天府全宗檔案, 28-4.

趙爾巽全宗檔案, 125/137/566.

규장각한국학연구원, 서울대학교, 서울

『阿克敦詩』 奎中2133.

『勅使日記』 奎12799-v.1-19.

『朝鮮國來書簿』 古5710-5-v.1-4.

『中江通商章程條款』 奎23402.

『韓淸議約公牘』 奎15302.

金昌熙, 『東廟迎接錄』 奎13054.

金允植, 『天津談草』 古4206-17.

『平安道內各邑支勅定例』 奎17197.

『灣府支勅事例』 奎9893.

Plan of Settlements in Chemulpo[濟物浦港各國租界圖], 지도, 약 1892년, 奎26644-v.1-2.

『仁川口華商地界章程』, 奎23405.

『大韓國大清國通商條約』, 奎15308.

『美國通商實記』, 古5710-6.

『豆滿江勘界問答記』, Catalog no. 75-103-27-N.

『輿地圖』, 古4709-78-v.1-3.

中央研究院近代史研究所檔案館

『欽使奉命前來賜祭朝鮮國王母妃卷(附使韓紀略中.英文各一册)』, 01-41-016-08.

『仁川港口卷(二)』[駐朝鮮使館檔-陳樹棠], 01-41-004.

外務部 西藏檔, 1905, 02-16-001/003.

駐朝鮮使館檔-袁世凱, 01-41-016.

일본, 한국, 대만, 미국의 다른 기관

『朝鮮國王世子册封誥命』, 1725(雍正三年), 장서각, 한국학중앙연구원(성남).

『朝鮮國王世弟册封誥命』, 1722(康熙六十一年), 장서각, 한국학중앙연구원(성남).

大清皇帝功德碑. 사진, VI-1-269. 東洋文庫(東京).

Foreign Office Record Group 17, China Correspondence. Public Record Office, London.

義和団事変ニ関シ韓国皇帝ヨリ日本皇帝陛下ニ親書捧呈一件, 外務省外交史料館(東京),
        7.1.1.11,

『森有礼関係文書』, 国立国会図書館(東京).

清代宮中檔奏摺及軍機處檔摺件, 國立故宮博物館(臺北).

『副島種臣関係文書』, 国立国会図書館(東京).

Zhaofu Zheng Jing chiyu [The imperial edict to persuade Zheng Jing to surrender]. 1669.
        Catalog no. 038209. Institute of History and Philosophy, Academia Sinica, Taipei.

공간자료

愛漢者 等 編, 『東西洋考每月統記傳』, 北京：中華書局, 1997.

Allen, Horace N. *Things Korean: A Collection of Sketches and Anecdotes Missionary and
    Diplomatic.* New York: Fleming H. Revell, 1908.[『조선견문기』, 신복룡 역주, 서울: 집문
    당, 1999.]

Al-Sayyid Marsot, Afaf Lutfi. *A Short History of Modern Egypt.* Cambridge: Cambridge

University Press, 1985.

柏俊,『奉使朝鮮驛程日記』, 殷夢霞 · 于浩 選編『使朝鮮錄』2, 北京: 北京圖書館出版社, 2003. 『사조선록 역주』5, 서울: 소명출판, 2012]

배우성,『조선과 중화: 조선이 꿈꾸고 상상한 세계와 문명』, 파주: 돌베개, 2014.

Baldanza, Kathlene. *Ming China and Vietnam: Negotiating Borders in Early Modern Asia*. Cambridge: Cambridge University Press, 2016.

坂野正高,『近代中国政治外交史―ヴァスコ · ダ · ガマから五四運動まで』, 東京: 東京大学出版会, 1973.

Bartlett, Beatrice S. *Monarchs and Ministers: The Grand Council in Mid-Ch'ing China, 1723-1820*. Berkeley: University of California Press, 1991.

「ボアソナード答議」,『近代日本法制史料集』第八卷. 東京: 国学院大学, 1986.

博明希哲,『鳳城瑣錄』. N.p.,1801.

British Parliamentary Papers, China, No. 1 (1876). London: Harrison and Sons, 1876.

British Parliamentary Papers, Japan, No. 1 (1876). London: Harrison and Sons, 1876.

Burbank, Jane, and Frederick Cooper. *Empires in World History: Power and the Politics of Difference*. Princeton, NJ: Princeton University Press, 2010. 『세계제국사: 고대 로마에서 G2 시대까지 제국은 어떻게 세계를 상상해왔는가』, 이재만 옮김, 서울: 책과함께, 2016]

Byington, Mark E. *The Ancient State of Puyŏ in Northeast Asia: Archaeology and Historical Memory*. Cambridge, MA: Harvard University Asia Center, 2016.

Carlson, Allen. "Reimagining the Frontier: Patterns of Sinicization and the Emergence of New Thinking about China's Territorial Periphery." In *Sinicization and the Rise of China: Civilizational Processes beyond East and West*, edited by Peter J. Katzenstein, 41–64. London: Routledge, 2012.

Carrington, George Williams. *Foreigners in Formosa, 1841–1874*. San Francisco: Chinese Materials Center, 1978.

蔡濟恭,『含忍錄』. 임기중 편,『연행록전집』40, 서울: 동국대학교출판부, 2001.

Champion, Craige B., and Arthur M. Echstein. "Introduction: The Study of Roman Imperialism." In *Roman Imperialism: Readings and Sources*, edited by Craige B. Champion, 1–15. Malden, MA: Blackwell, 2004.

張啓雄,「東西國際秩序原理的差異 ―『宗藩體系』對『殖民體系』」,『中央研究院近代史研究所集刊』第79期, 2013.

張啓雄,『外蒙主權歸屬交涉, 1911–1916』. 臺北: 中央研究院近代史研究所, 1995.

장현근,「한국에서 대중국관념의 변화:중화주의, 소중화주의, 탈중화주의」,『아태연구』18-2,

2011

張存武, 「清代中韓邊務問題探源」, 『近代史研究所集刊』2, 1971,

張存武, 『清韓宗藩貿易, 1637-1894』, (2nd ed), 臺北: 中央研究院近代史研究所, 1985 [『근대한중무역사』, 김택중 외 옮김, 서울: 교문사, 2001]

張存武·葉泉宏 編, 『淸入關前與朝鮮往來國書彙編: 一六一九 - 一六四三』, 臺北: 國史館, 2000.

『朝鮮史料彙編』, 北京: 全國圖書館文獻縮微複製中心, 2004.

『朝鮮見聞錄』, 北京, 1918.

Chen, Jian. *China's Road to the Korean War: The Making of the Sino-American Confrontation.* New York: Columbia University Press, 1994.

Chen, Li. *Chinese Law in Imperial Eyes: Sovereignty, Justice, and Transcultural Politics.* New York: Columbia University Press, 2016.

Ch'en, Ta-tuan. "Investiture of Liu-Ch'iu Kings in the Ch'ing Period." In Fairbank, John King, ed. *The Chinese World Order: Traditional China's Foreign Relations.* Cambridge, MA: Harvard University Press, 1968.

陳捷先, 『滿洲叢考』, 臺北: 國立臺灣大學文學院, 1963.

陳臨之, 『調查朝鮮實業報告』, 保定, 1917.

陳尙勝, 『中國傳統對外關係研究』, 北京: 中華書局, 2015.

陳義傑 整理, 『翁同龢日記』, 中華書局, 1989-1998.

Chien, Frederick Foo. *The Opening of Korea: A Study of Chinese Diplomacy, 1876-1885.* Hamden, CT: Shoe String, 1967.

China Imperial Maritime Customs Decennial Reports, 1882-91. Shanghai: Statistical Department of the Inspectorate General of Customs of China, 1893.

China Mission Year Book, 1912. Shanghai: Christian Literature Society for China, 1912.

최학근 역, 『(蒙文)滿洲實錄』, 서울: 통문관, 1976.

최형원, 「네르친스크條約의 滿洲文 考察」, 『알타이학보』12, 2002.

최소자, 『명청 시대 중·한 관계사 연구』, 서울: 이화여자대학교 출판부, 1997.

鄭麟趾, 『高麗史』, 서울: 아세아문화사, 1973.

『淸選考』, 서울: 탐구당, 1972.

崇禮, 『奉使朝鮮日記』, 1893.

『崇禎曆書』, 上海: 上海古籍出版社, 2009.

『朝鮮王朝實錄』, 서울, 국사편찬위원회, 1984.

『籌辦夷務始末: 同治朝』, 北京: 中華書局, 2008.

『籌辦夷務始末: 咸豐朝』. 北京: 中華書局, 1979.

莊吉發. 『滿漢異域錄校注』. 臺北: 文史哲出版社, 1983.

莊吉發. 「暹羅國王鄭昭入貢淸廷考」. 『大陸雜誌』 51-3, 1975.

莊吉發. 『謝遂《職貢圖》滿文圖說校注』. 臺北: 國立故宮博物院, 1989.

전해종. 『한중관계사연구』. 일조각, 1970.

Chun Hae-jong. "Sino-Korean Tributary Relations in the Ch'ing Period." In Fairbank, John King, ed. *The Chinese World Order: Traditional China's Foreign Relations*. Cambridge, MA: Harvard University Press, 1968.

전해종. 「統理機務衙門 設置의 經緯에 대하여」. 『역사학보』 17 · 18, 1962.

전해종. 「東洋古代史에 있어서의 '歸化'의 意義」. 『東亞文化의 比較史的 研究』. 서울: 일조각, 1976.

Clark, Donald N. "Sino-Korean Tributary Relations under the Ming." In The Cambridge History of China, vol. 8, part 2, *The Ming Dynasty, 1368-1644*, edited by Denis Twitchett and Frederick W. Mote. Cambridge: Cambridge University Press, 1998.

Cohen, Paul A. *Discovering History in China: American Historical Writing on the Recent Chinese Past*. New York: Columbia University Press, 1984. [학문의 제국주의: 오리엔탈리즘과 중국사, 이남희 옮김, 2013]

Cooper, Frederick. *Colonialism in Question: Theory, Knowledge, History*. Berkeley: University of California Press, 2005.

Crossley, Pamela Kyle. *The Manchus. Malden*, MA: Blackwell, 1997. [『만주족의 역사: 변방의 민족에서 청 제국의 건설자가 되다』 양휘웅 옮김, 파주: 돌베개, 2013]

Crossley, Pamela Kyle. "Manzhou Yuanliu Kao and the Formalization of the Manchu Heritage." *Journal of Asian Studies 46*, no. 4 (1987).

Crossley, Pamela Kyle. *A Translucent Mirror: History and Identity in Qing Imperial Ideology*. Berkeley: University of California Press, 1999.

Crossley, Pamela Kyle, Helen F. Siu, and Donald S. Sutton, eds. *Empire at the Margins: Culture, Ethnicity, and Frontier in Early Modern China*. Berkeley: University of California Press, 2006.

Cumings, Bruce. *Korea's Place in the Sun: A Modern History*. New York: W. W. Norton, 2005. [『브루스 커밍스의 한국현대사』 이교선 외 옮김, 창비, 2001]

Curzon, George N. *Problems of the Far East: Japan-Korea-China*. 2nd ed. London: Longmans, Green, 1894. [『100년 전의 여행, 100년 후의 교훈』 라종일 역. 서울: 比峰出版社, 1996]

『大明會典』. 北京, 1587.

『大明集禮』北京, 1530.

『大淸會典』北京, 1764, 1899.

『大淸會典事例』北京, 1899.

『大淸時憲曆』/『大淸時憲書』北京: 欽天監, 1646, 1658, 1679, 1731, 1769, 1795, 1821, 1842, 1865, 1894, 1898, 1909.

『大淸通禮』臺北: 臺灣商務印書館, 1978.

『大唐開元禮』北京: 民族出版社, 2000.

檀上寬, 『明代海禁=朝貢システムと華夷秩序』京都: 京都大学学術出版会, 2013.

Davids, Jules, ed. *American Diplomatic and Public Papers: The United States and China, 1861-1893*. Wilmington, DE: Scholarly Resources, 1979.

Davidson, James W. *The Island of Formosa, Past and Present: History, People, Resources, and Commercial Prospects*. London: Macmillan, 1903.

『大義覺迷錄』北京, 1729. [『대의각미록』 이형준 외 옮김, 서울: b, 2021]

Dennett, Tyler. *Americans in Eastern Asia: A Critical Study of the Policy of the United States with Reference to China, Japan and Korea in the Nineteenth Century*. New York: Macmillan, 1922.

Deuchler, Martina. *Confucian Gentlemen and Barbarian Envoys: The Opening of Korea, 1875–1885*. Seattle: University of Washington Press, 1977.

Di Cosmo, Nicola. "Qing Colonial Administration in Inner Asia." *International History Review* 20, no. 2 (1998).

丁晨楠, 「18세기 초 朝鮮燕行使의 陳尙義 해적집단 관련 정보 수집활동」 『동방학지』 178, 2017.

丁進軍 編選, 「淸末議行國籍管理條例」 『歷史檔案』 1988年 3期.

董文煥, 「峴樵山房日記」 『淸季洪洞董氏日記六種』 北京: 北京圖書館出版社, 1996.

Duncan, John B. *The Origins of the Chosŏn Dynasty*. Seattle: University of Washington Press, 2000. [『조선왕조의 기원』 김범 옮김, 서울: 너머북스, 2013]

Durand, Pierre-Henri. "兼聽則明――馬戞爾尼使華再探" ("De la confrontation naît la lumière: Nouvelles considérations sur l'ambassade Macartney") 許明龍 譯, 中國第一歷史檔案館藏 編, 『英使馬戞爾尼訪華檔案史料彙編』北京: 國際文化出版公司, 1996.

Edmonds, Richard L. "The Willow Palisade." *Annals of the Association of American Geographers* 69, no. 4 (1979).

Elliott, Mark C. "Manchu (Re)Definitions of the Nation in the Early Qing." *Indiana East Asian Working Papers Series on Language and Politics in Modern China* 7 (1996).

Elliott, Mark C. *The Manchu Way: The Eight Banners and Ethnic Identity in Late Imperial China.* Stanford, CA: Stanford University Press, 2001. [『만주족의 청제국』, 이훈 · 김선민 옮김, 서울: 푸른역사, 2009]

Elverskog, Johan. "Mongol Time Enters a Qing World." In *Time, Temporality, and Imperial Transition: East Asia from Ming to Qing,* edited by Lynn A. Struve. Honolulu: University of Hawaii Press, 2005.

Elverskog, Johan. *Our Great Qing: The Mongols, Buddhism, and the State in Late Imperial China.* Honolulu: University of Hawaii Press, 2006.

Em, Henry H. *The Great Enterprise: Sovereignty and Historiography in Modern Korea.* Durham, NC: Duke University Press, 2013.

Fairbank, John King, ed. *The Chinese World Order: Traditional China's Foreign Relations.* Cambridge, MA: Harvard University Press, 1968.

Fairbank, John King. "The Early Treaty System in the Chinese World Order." In Fairbank, John King, ed. *The Chinese World Order: Traditional China's Foreign Relations. Cambridge,* MA: Harvard University Press, 1968.

Fairbank, John King. "A Preliminary Framework." In Fairbank, John King, ed. *The Chinese World Order: Traditional China's Foreign Relations.* Cambridge, MA: Harvard University Press, 1968.

Fairbank, John King. *Trade and Diplomacy on the China Coast, 1842-1854.* Cambridge, MA: Harvard University Press, 1951.

Fairbank, John King. "Tributary Trade and China's Relations with the West." *Far Eastern Quarterly* 1, no. 2 (1942).

Fairbank, John King, Katherine Frost Bruner, and Elizabeth MacLeod Matheson, eds. The I. G. in *Peking: Letters of Robert Hart, Chinese Maritime Customs, 1868-1907.* Cambridge, MA: Belknap Press of Harvard University Press, 1975.

Fairbank, John King, and S. Y. Teng, eds. *Ch'ing Administration: Three Studies.* Cambridge, MA: Harvard University Press, 1960.

Fairbank, John King, and S. Y. Teng. "On the Ch'ing Tributary System." *Harvard Journal of Asiatic Studies* 6 (1941): 135-246.

Farquhar, David M. "The Origins of the Manchus' Mongolian Policy." In Fairbank, Fairbank, John King, ed. *The Chinese World Order: Traditional China's Foreign Relations.* Cambridge, MA: Harvard University Press, 1968.

Fisher, Michael H. "Indirect Rule in the British Empire: The Foundations of the Residency

System in India (1764–1858)." *Modern Asian Studies* 18, no. 3 (1984).

Fiskesjö, Magnus. "Rescuing the Empire: Chinese Nation–Building in the Twentieth Century." *European Journal of East Asian Studies* 5, no. 1 (2006).

Fletcher, Joseph F. "China and Central Asia, 1368–1884." In Fairbank, Fairbank, John King, ed. *The Chinese World Order: Traditional China's Foreign Relations*. Cambridge, MA: Harvard University Press, 1968.

Foreign Relations of the United States, 1867-1868. Washington, DC: U.S. Government Printing Office, 1867–68.

Foreign Relations of the United States, 1871-1872. Washington, D.C.: U.S. Government Printing Office, 1871–72.

Foreign Relations of the United States, 1872-1873. Washington, D.C.: U.S. Government Printing Office, 1872–73.

Foreign Relations of the United States, 1873-1874. Washington, D.C.: U.S. Government Printing Office, 1873–74.

Foreign Relations of the United States, 1875-1876. Washington, D.C.: U.S. Government Printing Office, 1875–76.

Foreign Relations of the United States, 1885-1886. Washington, D.C.: U.S. Government Printing Office, 1885–86.

Foreign Relations of the United States, 1890-1891. Washington, D.C.: U.S. Government Printing Office, 1890–1891.

Foreign Relations of the United States, 1891-1892. Washington, D.C.: U.S. Government Printing Office, 1891–1892.

夫馬進, 『朝鮮燕行使と朝鮮通信使』. 名古屋: 名古屋大学出版会, 2015. [『조선연행사와 조선통신사』. 신로사 외 옮김, 서울: 성균관대학교출판부, 2019]

外務省條約局, 『旧条約彙纂』. 1930–1936.

葛兆光, 『宅茲中國: 重建有關「中國」的歷史論述』. 北京: 中華書局, 2011. [『이 중국에 거(居)하라: '중국은 무엇인가'에 대한 새로운 탐구』. 이원석 옮김, 파주: 글항아리, 2012]

Gallagher, John and Ronald Robinson. "The imperialism of free trade." *Economic History Review* 6(1), 1953.

Goldstein, Melvyn C. *A History of Modern Tibet, 1913-1951: The Demise of the Lamaist State*. Berkeley: University of California Press, 1989.

龔蔭, 『明清雲南土司通纂』. 昆明: 雲南民族出版社, 1985.

Griffis, William Elliot. *Corea: The Hermit Nation*. 4th ed. New York: Charles Scribner's Sons,

1894. [은자의 나라 한국(개정판), 신복룡 역주, 서울: 집문당, 2019]

Grosier, Jean-Baptiste. *A General Description of China*. London: Paternoster-Row, 1788.

顧廷龍 · 戴逸 主編, 『李鴻章全集』, 合肥: 安徽教育出版社, 2008.

『光祿寺則例』, 香港: 蝠池書院, 2004.

『孤本元明雜劇』, 上海: 商務印書館, 1949.

郭美蘭, 「五世達賴喇嘛入覲述論」, 『中國邊疆史地研究』 1997年 2期.

郭嵩燾, 『郭嵩燾日記』, 長沙: 湖南人民出版社, 1981-1983.

郭振鐸 · 張笑梅 主編, 『越南通史』, 北京: 中國人民大學出版社, 2001.

Guy, R. Kent. *Qing Governors and Their Provinces: The Evolution of Territorial Administration in China, 1644-1796*. Seattle: University of Washington Press, 2013.

Haboush, JaHyun Kim. *The Confucian Kingship in Korea: Yŏngjo and the Politics of Sagacity*. New York: Columbia University Press, 2001. [『왕이라는 유산: 영조와 조선의 성인군주론』, 김백철 · 김기연 옮김, 서울: 너머북스, 2017]

Haboush, JaHyun Kim. "Constructing the Center: The Ritual Controversy and the Search for a New Identity in Seventeenth-Century Korea." In *Culture and the State in Late Chosŏn Korea*, edited by JaHyun Kim Haboush and Martina Deuchler. Cambridge, MA: Harvard University Asian Center, 1999.

Haboush, JaHyun Kim. "Contesting Chinese Time, Nationalizing Temporal Space: Temporal Inscription in Late Chosŏn Korea." In *Time, Temporality, and Imperial Transition: East Asia from Ming to Qing*, edited by Lynn A. Struve, 115-41. Honolulu: University of Hawaii Press, 2005.

『海東地圖: 解說 · 索引』, 서울: 규장각, 1995.

『해외한국학자료총서』, 서울: 성균관대학교 동아시아학술원, 2004.

箱田恵子, 『外交官の誕生: 近代中国の対外態勢の変容と在外公館』, 名古屋: 名古屋大学出版会, 2012.

濱下武志, 『朝貢システムと近代アジア』, 東京: 岩波書店, 1997. [『조공시스템과 근대 아시아』, 서광덕, 권기수 옮김, 서울: 소명, 2018]

濱下武志, 『近代中国の国際的契機──朝貢貿易システムと近代アジア』, 東京: 東京大学出版会, 1990.

한명기, 『정묘 · 병자호란과 동아시아』, 서울: 푸른역사, 2009.

Harrison, Henrietta. "The Qianlong Emperor's Letter to George III and the Early- Twentieth-Century Origins of Ideas about Traditional China's Foreign Relations." *American Historical Review* 122, no. 3 (2017).

賀江楓,「朝鮮半島的中國租界——以1884至1894年仁川華商租界爲個案研究」,『史林』2012年 1期.

Heidegger, Martin. *Being and Time*. Translated by Joan Stambaugh. Albany: State University of New York Press, 1996. [『존재와 시간』, 이기상 옮김, 서울: 까치, 1998]

Herman, John E. "Empires in the Southwest: Early Qing Reforms to the Native Chieftain System." *Journal of Asian Studies* 56, no. 1 (1997).

Hevia, James L. *Cherishing Men from Afar: Qing Guest Ritual and the Macartney Embassy of 1793*. Durham, NC: Duke University Press, 1995.

Hevia, James L. *English Lessons: The Pedagogy of Imperialism in Nineteenth-Century China*. Durham, NC: Duke University Press, 2003.

平野聡,『清帝国とチベット問題 −多民族統合の成立と瓦解−』, 名古屋: 名古屋大学出版 会, 2004.

Ho, Pingti. "In Defense of Sinicization: A Rebuttal of Evelyn Rawski's 'Reenvisioning the Qing,'" *Journal of Asian Studies* 57, no. 1 (1998).

Ho, Pingti. "The Significance of the Ch'ing Period in Chinese History." *Journal of Asian Studies* 26, no. 2 (1967).

허동현 편,『朝士視察團關係資料集』, 서울: 국학자료원, 1999.

彭澤周, 明治初期日韓清関係の研究, 東京: 塙書房, 1969

Hobsbawm, Eric. *The Age of Empire, 1875-1914*. New York: Vintage Books, 1989. [『제국의 시 대』, 김동택 옮김, 파주: 한길사, 2004]

洪大容,『湛軒書』, 서울: 대양서적, 1980.

洪大容,『湛軒燕記』, 임기중 편,『연행록전집』42 · 43, 서울: 동국대학교출판부, 2001.

Hostetler, Laura. *Qing Colonial Enterprise: Ethnography and Cartography in Early Modern China*. Chicago: University of Chicago Press, 2001.

Hsü, Immanuel C. Y. *China's Entrance into the Family of Nations: The Diplomatic Phase, 1858-1880*. Cambridge, MA: Harvard University Press, 1960.

Hsu, Shuhsi. *China and Her Political Entity: A Study of China's Foreign Relations with Reference to Korea, Manchuria and Mongolia*. New York: Oxford University Press, 1926.

胡春惠,『韓國獨立運動在中國』, 臺北: 中華民國史料研究中心, 1976.

胡繩,『帝國主義與中國政治(第七版)』, 北京: 人民出版社, 1996.

華企雲,『中國邊疆』, 南京: 新亞細亞, 1933.

Huang, Pei. *Reorienting the Manchus: A Study of Sinicization, 1583-1795*. Ithaca, NY: Cornell University East Asia Program, 2011.

Huang, Ray. *1587, A Year of No Significance: The Ming Dynasty in Decline.* New Haven, CT: Yale University Press, 1981. [『만력 15년 아무 일도 없었던 해』, 김한식 외 옮김, 서울: 새물결, 2004]

黃枝連, 『朝鮮的儒化情境構造: 朝鮮王朝與滿淸王朝的關係形態論』, 北京: 中國人民大學出版社, 1994.

黃枝連, 『東亞的禮義世界－中國封建王朝與朝鮮半島關係形態論』, 北京: 中國人民大學出版社, 1994.

黃純艶, 『宋代朝貢體系研究』, 北京: 商務印書館, 2014.

『皇明祖訓』, 南京, 약 1395.

『皇淸職貢圖』, 瀋陽: 遼沈書社, 1991.

黃興濤, 「淸代滿人的"中國認同"」, 『淸史硏究』 2011年 第1期.

黃有福 · 千和淑 校注, 『奉使圖』, 瀋陽: 遼寧民族出版社, 1999.

黃遵憲, 『日本國志』, 廣州: 富文齋, 1890.

花沙納, 『東使紀程』, 『해외한국학자료총서』7 서울: 성균관대학교 동아시아학술원, 2004.

『日省錄』, 서울: 奎章閣, 1982~1996.

今西春秋 譯, 『満州実録: 満和蒙和対訳』, 東京: 刀水書房, 1992.

Iriye, Akira. "Imperialism in East Asia." In *Modern East Asia: Essays in Interpretation*, edited by James B. Crowley. New York: Harcourt, Brace, and World, 1970.

岩井茂樹, 「朝貢と互市」, 和田春樹 編, 『東アジア世界の近代: 19世紀』, 東京: 岩波書店, 2010.

Jami, Catherine. *The Emperor's New Mathematics: Western Learning and Imperial Authority during the Kangxi Reign (1662-1722).* New York: Oxford University Press, 2012.

『藏書閣所藏 古文書大觀』, 성남: 한국학중앙연구원출판부, 2010-2021.

李世昌 主編, 『毛澤東詩詞鑒賞大全』, 南京: 南京出版社, 1994.

江日升, 『臺灣外記』, 福州: 福建人民出版社, 1983.

『舊唐書』, 北京: 中華書局, 1975.

Kang, David. *China Rising: Peace, Power, and Order in East Asia.* New York: Columbia University Press, 2007.

姜柏年, 『燕行路程記』, 임기중 편, 『연행록전집』19, 서울: 동국대학교출판부, 2001.

강진아, 『동순태호: 동아시아 화교 자본과 근대 조선』, 대구: 경북대학교출판부, 2011.

『康有爲全集』, 上海: 上海古籍出版社, 1987~92.

Katzenstein, Peter J., ed. *Sinicization and the Rise of China: Civilizational Processes beyond East and West.* New York: Routledge, 2012.

河内良弘,『明代女眞史の研究』, 京都: 同朋舎, 1992.

川島眞,『中国近代外交の形成』, 名古屋: 名古屋大学出版会, 2004.

Kayaoğlu, Turan. *Legal Imperialism: Sovereignty and Extraterritoriality in Japan, the Ottoman Empire, and China*. New York: Cambridge University Press, 2010.

承志,「尼布楚條約界碑圖的幻影──滿文《黑龍江流域圖》研究」,『故宮學術季刊』29-1, 2011.

Kim, Dal Choong. "Chinese Imperialism in Korea: With Special Reference to Sino- Korean Trade Regulations in 1882 and 1883." *Journal of East and West Studies* 5, no. 2 (1976).

Kim, Jaymin. "The Rule of Ritual: Crimes and Justice in Qing-Vietnamese Relations during the Qianlong Period (1736-1796)." In *China's Encounters on the South and Southwest: Reforging the Fiery Frontier over Two Millennia*, edited by James A. Anderson and John K. Whitmore. Leiden: Brill, 2015.

Kim, Key-hiuk. *The Last Phase of the East Asian World Order: Korea, Japan, and the Chinese Empire, 1860-1882*. Berkeley: University of California Press, 1980. [『동아시아 세계질서의 종막─조선·일본·청, 1860~1882』 김범 옮김, 파주: 글항아리, 2022]

Kim, Kwangmin. *Borderland Capitalism: Turkestan Produce, Qing Silver, and the Birth of an Eastern Market*. Stanford, CA: Stanford University Press, 2016.

Kim, Seon-min. *Ginseng and Borderland: Territorial Boundaries and Political Relations between Qing China and Chosŏn Korea, 1636-1912*. Berkeley: University of California Press, 2017. [『인삼과 국경: 청-조선의 영토 인식과 경계 형성』, 최대명 옮김, 파주: 사계절, 2023]

김선민,「乾隆年間 朝鮮使行의 銀 분실사건」,『명청사연구』33, 2010.

金正浩,『東輿圖』, 서울: 서울대학교 奎章閣, 2003.

김한규,『한중관계사』(전 2권), 서울: 아르케, 1999.

金魯奎,「北輿要選」,『백산학보』, 1974.

金允植,『陰晴史』, 서울: 국사편찬위원회, 1958.

岸本美緒,「「中國」與「外國」─明淸兩代歷史文獻中有關國家關係的用語」, 陳熙遠 編,『覆案的歷史: 檔案考掘與淸史研究』下冊, 臺北: 中央研究院, 2013.

『고종시대사』, 서울: 국사편찬위원회, 1967-1970.

『高宗純宗實錄』, 서울: 탐구당, 1970.

古結諒子,「日淸開戦前後の日本外交と淸韓宗属関係」, 岡本隆司 編,『宗主権の世界史 − 東西アジアの近代と翻訳概念』, 名古屋: 名古屋大学出版会, 2014.

구범진,『청나라, 키메라의 제국』, 서울: 민음사, 2012.

구범진,「淸의 朝鮮使行 人選과 "大淸帝國體制"」,『인문논총』59, 2008.

구범진, 「조선의 청 황제 성절 축하와 건륭 칠순 '진하 외교'」, 「한국문화」 68, 2014.

구범진, 「조선의 건륭 칠순 진하특사와 「열하일기」」, 「인문논총」 70, 2013.

Korea, *the Ryukyu Islands, and North-East Asia, 1875-1888*. Vol. 2 of *Asia, 1860-1914*, part 1, series E of *British Documents on Foreign Affairs, Reports and Papers from the Foreign Office Confidential Print*. Frederick, MD: University Publications of America, 1989.

Korean-American Relations: Documents Pertaining to the Far Eastern Diplomacy of the United States. Vol. 1 edited by George McAfee McCune and John A. Harrison. Vol. 2 edited by Spencer J. Palmer. Berkeley: University of California Press, 1951 and 1963.

Koschmann, J. Victor. *The Mito Ideology: Discourse, Reform, and Insurrection in Late Tokugawa Japan, 1790-1864*. Berkeley: University of California Press, 1987.

「舊韓國外交文書」, 서울: 고려대학교출판부, 1965-1969.

廣祿·李學智 譯註, 「淸太祖朝老滿文原檔」(全2卷), 臺北: 中央硏究院歷史語言硏究所, 1970, 63쪽.

魁齡, 「東使紀事詩略」, 殷夢霞·於浩 選編 「使朝鮮錄」 2, 北京: 北京圖書館出版社, 2003. [「사조선록 역주」 5, 서울: 소명출판, 2012]

Kwon Naehyun. "Chosŏn Korea's Trade with Qing China and the Circulation of Silver." *Acta Koreana* 18, no. 1 (2015).

Kwon Naehyun. "Chosŏn-Qing Relations and the Society of P'yŏngan Province during the Late Chosŏn Period." In *The Northern Region of Korea: History, Identity, and Culture*, edited by Sun Joo Kim. Seattle: University of Washington Press, 2010.

Kye, Seung-Beom. "Huddling under the Imperial Umbrella: A Korean Approach to Ming China in the Early 1500s." *Journal of Korean Studies* 15, no. 1 (2010).

Lam, Truong Buu. "Intervention versus Tribute in Sino-Vietnamese Relations, 1788-1790." In Fairbank, John King, ed. *The Chinese World Order: Traditional China's Foreign Relations*. Cambridge, MA: Harvard University Press, 1968.

Larsen, Kirk W. "Comforting Fictions: The Tributary System, the Westphalian Order, and Sino-Korean Relations." *Journal of East Asian Studies* 13, no. 2 (2013): 233-257.

Larsen, Kirk W. *Tradition, Treaties, and Trade: Qing Imperialism and Chosŏn Korea, 1850-1910*. Cambridge, MA: Harvard University Asia Center, 2008. [「전통, 조약, 장사: 청 제국주의와 조선 1850-1910」 양휘웅 옮김, 서울: 모노그래프, 2021]

Ledyard, Gary. "Cartography in Korea." In *The History of Cartography*, edited by J. B. Harley and David Woodward, vol. 2, *Cartography in the Traditional East and Southeast Asian Societies*. Chicago: University of Chicago Press, 1987.

Lee, Ji-Young. *China's Hegemony: Four Hundred Years of East Asian Domination*. New York: Columbia University Press, 2017.

Lee, Yur-Bok. *Diplomatic Relations between the United States and Korea, 1866-1887*. New York: Humanities, 1970.

Lensen, George Alexander. *Balance of Intrigue: International Rivalry in Korea and Manchuria, 1884-1899*. Tallahassee: University Presses of Florida, 1982.

Lewis, Mary Dewhurst. *Divided Rule: Sovereignty and Empire in French Tunisia, 1881-1938*. Berkeley: University of California Press, 2014.

Li, Gertraude Roth. "The Manchu-Chinese Relationship, 1618-1636." In *From Ming to Ch'ing: Conquest, Region, and Continuity in Seventeenth-Century China*, edited by Jonathan D. Spence and John E. Wills Jr. New Haven, CT: Yale University Press, 1979.

李鼎元,『使琉球記』北京, 1802.

李花子,『朝清國境問題研究』서울: 집문당, 2008.

李世愉,『清代土司制度論考』北京: 中國社會科學出版社, 1998.

李文傑,『中國近代外交官群體的形成(1861-1911)』, 北京: 生活·讀書·新知三聯書店, 2017.

李孝聰,「記康熙《皇輿全覽圖》的測繪及其版本」『故宮學術季刊』30-1, 2012.

董文煥 編著, 李豫·崔永禧 輯校,『韓客詩存』北京: 書目文獻出版社, 1995.

李雲泉,『朝貢制度史論: 中國古代對外關係體制研究』北京: 新華出版社, 2004.

梁啓超,『飲冰室合集』上海: 中華書局, 1936.

『禮部則例』北京, 1844.

『歷代宝案』臺北: 國立臺灣大學, 1972.

『歷代帝王廟研究論文集』香港: 香港國際出版社, 2004.

『理藩院則例』香港: 蝠池書院, 2004.

Lim Jongtae. "Tributary Relations between the Chosŏn and Ch'ing Courts to 1800." In *The Cambridge History of China*, vol. 9, part 2, *The Ch'ing Dynasty to 1800*, edited by Willard J. Peterson. Cambridge: Cambridge University Press, 2016.

임기중 편,『燕行錄全集』서울: 동국대학교출판부, 2001.

Lin, Hsiao-Ting. "The Tributary System in China's Historical Imagination: China and Hunza, ca. 1760-1960." *Journal of the Royal Asiatic Society*, 3rd ser., 19, no. 4 (2009).

林明德,『袁世凱與朝鮮』臺北: 中央研究院近代史研究所, 1970.

Liu, Lydia H. *The Clash of Empires: The Invention of China in Modern World Making*. Cambridge, MA: Harvard University Press, 2004. 『충돌하는 제국: 서구 문명은 어떻게

중국이란 코끼리를 넘어뜨렸나』, 차태근 옮김, 파주: 글항아리, 2016]

Liu, Xiaoyuan. *Recast All under Heaven: Revolution, War, Diplomacy, and Frontier China in the 20th Century*. New York: Continuum, 2010.

劉家駒, 『清朝初期的中韓關係』, 臺北: 文史哲出版社, 1986.

劉浦江, 『正統與華夷』, 北京: 中華書局, 2017.

劉爲, 『清代中朝使者往來研究』, 哈爾濱: 黑龍江敎育出版社, 2002.

劉小萌, 『滿族從部落到國家的發展』, 瀋陽: 遼寧民族出版社, 2001. 『여진 부락에서 만주 국가로』, 이훈·김선민·이선애, 서울: 푸른역사, 2013]

Loch, Henry B. *Personal Narrative of Occurrences during Lord Elgin's Second Embassy to China in 1860*. London: John Murray, 1869.

陸興祺 編, 『西藏交涉紀要』, 臺北: 蒙藏委員會, 1954.

駱寶善·劉路生 主編, 『袁世凱全集』, 鄭州: 河南大學出版社, 2013.

羅振玉 輯, 『史料叢刊初編』, 北京: 東方學會, 1924.

羅振玉 輯, 『天聰朝臣工奏議』(『史料叢刊初編 2, 3』), 北京: 東方學會, 1924.

馬相伯, 『馬相伯集』, 上海: 復旦大學出版社, 1996.

『滿文老檔』, 東京: 東洋文庫, 1955-1963.

Mancall, Mark. "The Ch'ing Tribute System: An Interpretive Essay." In Fairbank, John King, ed. *The Chinese World Order: Traditional China's Foreign Relations*. Cambridge, MA: Harvard University Press, 1968.

『滿文老檔』, 北京: 中華書局, 1990. 『만문노당: 태조』, 김주원 외 역주, 서울: 서울대학교출판문화원, 2019; 고려대학교 민족문화연구원 만문노당역주회, 『만문노당 역주: 太宗』, 서울: 소명출판, 2017]

『滿洲實錄』, 瀋陽: 遼寧通志館, 1930.

茅海建, 『近代的尺度: 兩次鴉片戰爭軍事與外交』, 上海: 上海三聯出版社, 1998.

茅海建, 「清末帝王敎科書」, 『依然如舊的月色 - 學術隨筆集』, 北京: 生活·讀書·新知三聯書店, 2014.

茅海建, 『天朝的崩潰: 鴉片战争再研究』, 北京: 生活·讀書·新知三聯書店, 1995. 『(중국인의 선혈만 앗아간) 아편전쟁』, 김승일·이택산 옮김, 서울: 경지, 2018]

茅海建, 「戊戌變法期間光緒帝對外觀念的調適」, 『歷史研究』2002年 6期.

Marquis of Zetland, ed. *The Letters of Disraeli to Lady Chesterfield and Lady Bradford*. Vol. 1, 1873-1875. New York: D. Appleton, 1929.

Masuda, Erika. "The Fall of Ayutthaya and Siam's Disrupted Order of Tribute to China (1767-1782)." *Taiwan Journal of Southeast Asian Studies* 4, no. 2 (2007).

Mayo, Marlene J. "The Korean Crisis of 1873 and Early Meiji Foreign Policy." *Journal of Asian Studies* 31, no. 4 (1972).

孟森, 『淸代史』. 臺北: 中華書局, 1960.

苗威, 「箕氏朝鮮問題的再思考」『中國邊疆學』2, 2014.

Michael, Franz. *The Origin of Manchu Rule in China*. New York: Octagon Books, 1965.

Miles, Gary B. "Roman and Modern Imperialism: A Reassessment." *Comparative Studies in Society and History* 32, no. 4 (1990).

Millward, James A. *Beyond the Pass: Economy, Ethnicity, and Empire in Qing Central Asia, 1759-1864*. Stanford, CA: Stanford University Press, 1998.

Millward, James A., Ruth W. Dunnell, Mark C. Elliott, and Philippe Forêt, eds. *New Qing Imperial History: The Making of Inner Asian Empire at Qing Chengde*. London: Routledge Curzon, 2004.

민두기, 『中國近代史硏究: 紳士層의 思想과 行動』. 서울: 일조각, 1973.

『明經世文編』. 北京: 中華書局, 1962.

『明神宗實錄』. 臺北:中央研究院歷史語言研究所, 1962.

『明史』(全28卷), 北京: 中華書局, 1974.

森万佑子, 『朝鮮外交の近代 : 宗属関係から大韓帝国へ』. 名古屋: 名古屋大学出版会, 2017.

Morse, Hosea Ballou. *The International Relations of the Chinese Empire*. New York: Longmans, Green, 1910-1918.

Mosca, Matthew W. *From Frontier Policy to Foreign Policy: The Question of India and the Transformation of Geopolitics in Qing China*. Stanford, CA: Stanford University Press, 2013.

Needham, Joseph. *Science and Civilisation in China*. Cambridge: Cambridge University Press, 1959. 『中國의 科學과 文明』 이석호 · 이철주 · 임정대 역, 서울: 乙酉文化社, 1985-1988]

『內閣藏本滿文老檔』. 심양: 遼寧民族出版社, 2009.

Nelson, M. Frederick. *Korea and the Old Orders in Eastern Asia*. Baton Rouge: Louisiana State University Press, 1945.

Nicolet, Claude. *Space, Geography, and Politics in the Early Roman Empire*. Ann Arbor: University of Michigan Press, 1991.

聶士成, 『東遊紀程』. 『해외한국학자료총서』7, 서울: 성균관대학교 동아시아학술원 2004.

日本外務省 編, 『日本外交文書』. 東京: 日本国際連合協会, 1938-1957.

Notes on the Imperial Chinese Mission to Corea, 1890. Shanghai, 1892.

魚允中, 『從政年表』, 서울: 국사편찬위원회, 1958.

岡田英弘 編, 『淸朝とは何か』, 東京: 藤原書店, 2009.

岡本隆司, 『中国の誕生』, 名古屋: 名古屋大学出版会, 2017.

岡本隆司, 「《奉使朝鮮日記》之研究」, 王建朗·欒景河 編, 『近代中國,東亞與世界』上, 北京: 社會科學文獻出版社, 2008.

岡本隆司, 『世界のなかの日淸韓関係史-交隣と属国,自主と独立』, 東京: 講談社, 2008. [『미완의 기획, 조선의 독립: 글로벌 시대, 치열했던 한중일 관계사 400년』, 강진아 옮김, 소와당, 2009]

岡本隆司 編, 『宗主権の世界史-東西アジアの近代と翻訳概念』, 名古屋: 名古屋大学出版会, 2014.

岡本隆司, 『属国と自主のあいだ-近代淸韓関係と東アジアの命運』, 名古屋: 名古屋大学出版会, 2004.

岡本隆司·川島真 編, 『中国近代外交の胎動』, 東京: 東京大学出版会, 2009.

大久保利謙 編, 『森有礼全集』, 東京: 宣文堂書店, 1972.

朴齊家, 『貞蕤集』, 서울: 탐구당, 1971.

朴趾源, 『熱河日記』, 臺北: 臺灣書店 1956.

朴珪壽, 『瓛齋先生集』, 雲養山房, 1911.

Palais, James B. *Confucian Statecraft and Korean Institutions: Yu Hyŏngwŏn and the Late Chosŏn Dynasty*. Seattle: University of Washington Press, 1996. [『유교적 경세론과 조선의 제도들: 유형원과 조선 후기』, 김범 옮김, 서울: 산처럼, 2008]

Paullin, Charles Oscar. "The Opening of Korea by Commodore Shufeldt." *Political Science Quarterly* 25, no. 3 (1910).

Perdue, Peter C. "Boundaries, Maps, and Movement: Chinese, Russian, and Mongolian Empires in Early Modern Central Eurasia." *International History Review* 20, no. 2 (1998).

Perdue, Peter C. *China Marches West: The Qing Conquest of Central Eurasia*. Cambridge, MA: Harvard University Press, 2005. [『중국의 서진: 청의 중앙유라시아 정복』, 공원국 옮김, 서울: 길, 2012]

Perdue, Peter C. "Tea, Cloth, Gold, and Religion: Manchu Sources on Trade Missions from Mongolia to Tibet." *Late Imperial China* 36, no. 2 (2015).

Peyrefitte, Alain. *The Immobile Empire: The First Great Collision of East and West*. Translated by Jon Rothschild. New York: Alfred A. Knopf, 1992.

Pomeranz, Kenneth. *The Great Divergence: China, Europe, and the Making of the Modern World Economy*. Princeton, NJ: Princeton University Press, 2000. [『대분기: 중국과 유럽, 그리고

근대 세계 경제의 형성』, 김규태 · 이남희 · 심은경 옮김, 서울: 에코리브르, 2016]

Pritchard, Earl H. *Anglo-Chinese Relations during the Seventeenth and Eighteenth Centuries*. New York: Octagon Books, 1970.

Puett, Michael. *The Ambivalence of Creation: Debates concerning Innovation and Artifice in Early China*. Stanford, CA: Stanford University Press, 2001.

戚其章 編, 『中日戰爭』, 臺北: 中華書局, 1989–1996.

齊韻士, 『皇朝藩部要略』, 臺北: 成文出版社, 1968.

『安南紀略』, 北京: 書目文獻出版社, 1986.

『清光緒朝中日交涉史料』, 北京: 故宮博物院, 1932.

『清嘉慶朝外交史料』, 北京: 故宮博物院, 1932.

『清入關前史料選輯』, 北京: 中國人民大學出版社, 1989.

『清實錄』(全60卷), 北京: 中華書局, 1985–1987.

『清太宗實錄稿本』, 遼寧大學歷系, 1978.

『清季中日韓關係史料』, 臺北: 中央研究院近代史研究所, 1972.

『清史稿』, 北京: 中華書局, 1977.

權赫秀, 「《江華條約》與清政府關係問題新論 —— 兼與王如繪先生商榷」, 『史學集刊』2007年 第4期.

饒宗頤, 『中國史學上之正統論』, 北京: 中華書局, 2015.

Rawski, Evelyn S. *Early Modern China and Northeast Asia: Cross-Border Perspectives*. Cambridge: Cambridge University Press, 2015.

Rawski, Evelyn S. "Reenvisioning the Qing: The Significance of the Qing Period in Chinese History." *Journal of Asian Studies* 55, no. 4 (1996).

Reid, Donald Malcolm. "The Urabi Revolution and the British Conquest, 1879–1882." in *The Cambridge History of Egypt*, vol. 2, edited by M. W. Daly. Cambridge: Cambridge University Press, 1998.

Reid, R. R. "The Office of Warden of the Marches: Its Origin and Early History." *English Historical Review* 32, no. 128 (1917).

任智勇, 『晚清海關再研究: 以二元體制爲中心』, 北京: 中國人民大學出版社, 2012.

Rockhill, William Woodville. "Korea in Its Relations with China." *Journal of the American Oriental Society* 13 (1889).

Rowe, William T. *China's Last Empire: The Great Qing*. Cambridge, MA: Belknap Press of Harvard University Press, 2009.

Rudolph, Jennifer. *Negotiated Power in Late Imperial China: The Zongli Yamen and the Politics of*

Reform. Ithaca, NY: Cornell University East Asia Program, 2008.

『事大文軌』. 京城: 朝鮮史編修會, 1936.

Schmid, Andre. *Korea between Empires, 1895-1919*. New York: Columbia University Press, 2002. [『제국 그 사이의 한국 1895-1919』. 정여울 옮김. 서울: 휴머니스트, 2007]

Schwartz, Benjamin I. "The Chinese Perception of World Order, Past and Present." In Fairbank, John King, ed. *The Chinese World Order: Traditional China's Foreign Relations*. Cambridge, MA: Harvard University Press, 1968.

Scott, David. *China and the International System, 1840-1949: Power, Presence, and Perceptions in a Century of Humiliation*. Albany: State University of New York Press, 2008.

邵循正. 『中法越南關係始末』. 北平: 國立清華大學, 1935.

沈志華. 『最後の「天朝」─毛沢東・金日成時代の中国と北朝鮮』. 東京: 岩波書店, 2016. [『최후의 천조: 모택동・김일성 시대의 중국과 북한』. 김동길・김민철・김규범 옮김. 서울: 선인, 2017]

『盛京通志』. 北京, 1684.

Shima Yoshitaka, ed. *Soejima Taneomi zenshū* [The collected works of SoejimaTaneomi]. Tokyo: Keibunsha, 2004.

島善高 編. 『副島種臣全集』. 東京: 慧文社, 2004.

四川省南充市檔案館 編. 『清代四川南部縣衙門檔案』. 安徽: 黃山書社, 2016.

『四庫全書總目提要』. 上海: 商務印書館, 1931.

沈象圭 등 撰. 『萬機要覽』. 서울: 景仁文化社, 1972.

『瀋陽狀啓』. 京城[서울]: 京城帝國大學法文學部, 1935.

申維翰. 『靑泉集』. 『韓國文集叢刊』200. 서울: 民族文化推進會, 1997.

Smith, Richard J. *Mapping China and Managing the World: Culture, Cartography and Cosmology in Late Imperial Times*. New York: Routledge, 2013.

Smith, Richard J. "Mapping China and the Question of a China-Centered Tributary Trade System." *Asia-Pacific Journal* 11, no. 3 (2013).

徐浩修. 『熱河紀遊』. 임기중 편. 『연행록전집』51. 서울: 동국대학교출판부, 2001.

『昭顯瀋陽日記』. 서울: 민속원, 2008.

Song, Nianshen, *Making Borders in Modern East Asia: The Tumen River Demarcation, 1881-1919*. Cambridge: Cambridge University Press, 2018. [『두만강 국경 쟁탈전 1881-1919: 경계에서 본 동아시아 근대』. 이지영・이원준 옮김. 서울: 너머북스, 2022]

Song, Nianshen. "'Tributary' from a Multilateral and Multi-layered Perspective." *Chinese Journal of International Politics* 5, no. 2 (2012).

『宋子大全』, 서울: 대양서적, 1980.

Spence, Jonathan D. *Treason by the Book*. New York: Viking, 2001. [『반역의 책: 옹정제와 사상 통제』, 이준갑 옮김, 서울: 이산, 2004]

Staunton, George Thomas. *Narrative of the Chinese Embassy to the Khan of the Tourgouth Tartars in the Years of 1712, 13, 14, & 15*. London: John Murray, 1821.

孫宏年, 『淸代中越宗藩關係研究』, 哈爾濱: 黑龍江敎育出版社, 2006.

孫衛國, 『大明旗號與小中華意識』, 北京: 商務印書館 2007.

『承政院日記』, 서울: 국사편찬위원회, 1961-1968.

鈴木開, 「『滿文原檔』にみえる朝鮮国王の呼称」, 川原秀城 編, 『朝鮮朝後期の社会と思想』, 東京: 勉誠出版, 2015.

Swartout, Robert R., Jr., ed. *An American Adviser in Late Yi Korea: The Letters of Owen Nickerson Denny*. Tuscaloosa: University of Alabama Press, 1984.

田保橋潔, 『近代日鮮関係の研究』, 京城(서울): 朝鮮総督府, 1940. [김종학 옮김, 『근대 일선관계의 연구』上下, 서울: 일조각, 2013]

多田好問 編, 『岩倉公實記』, 東京: 岩倉公旧蹟保存会, 1927.

田村愛理, 「埃及研究から見た近代日本のアジア観」, 『学習院史学』9, 1972.

唐文權·桑兵 編, 『戴季陶集(1909-1920)』, 武漢: 華中師範大學出版社, 1990.

童書業, 『春秋史』, 上海: 上海古籍出版社, 2003.

『同文彙考』, 서울: 국사편찬위원회, 1978.

『同文考略』, 서울: 서울대학교 奎章閣韓國學研究院, 2012.

『通文館志』, 서울: 서울대학교 奎章閣韓國學研究院, 2006.

Treat, Payson J. "China and Korea, 1885-1894." *Political Science Quarterly* 49, no. 4 (1934).

Treat, Payson J. *The Far East: A Political and Diplomatic History*. New York: Harper and Brothers, 1928.

Treaties, Conventions, etc., between China and Foreign States. 2nd ed. Shanghai: Statistical Department of the Inspectorate General of Customs of China, 1917.

The Treaties, Regulations, etc., between Corea and Other Powers, 1876-1889. Shanghai: Statistical Department of the Inspectorate General of Customs of China, 1891.

Ŭpchi P'yŏngan do p'yŏn [The gazetteer of P'yŏngan province]. Seoul: Asia munhwasa, 1986.

Van Lieu, Joshua. "The Politics of Condolence: Contested Representation of Tribute in Late Nineteenth-Century Chosŏn-Qing Relations." *Journal of Korean Studies* 14, no. 1 (2009).

Van Schaik, Sam. *Tibet: A History*. New Haven, CT: Yale University Press, 2011.

Wakeman, Frederic, Jr. *The Great Enterprise: The Manchu Reconstruction of Imperial Order in Seventeenth-Century China*. Berkeley: University of California Press, 1985.

Waley-Cohen, Joanna. "The New Qing History." *Radical History Review*, no. 88 (2004): 193–206.

Walter, Gary D. "The Korean Special Mission to the United States of America in 1883." *Journal of Korean Studies* 1, no. 1 (July–December 1969).

Wang, Sixiang. "Co-constructing Empire in Early Chosŏn Korea: Knowledge Production and the Culture of Diplomacy, 1392–1592." PhD diss., Columbia University, 2015.

Wang, Yuanchong. "Civilizing the Great Qing: Manchu-Korean Relations and the Reconstruction of the Chinese Empire, 1644–1761." *Late Imperial China* 38, no. 1 (2017).

Wang, Yuanchong. "Claiming Centrality in the Chinese World: Manchu-Chosŏn Relations and the Making of the Qing's 'Zhongguo' Identity, 1616–1643." *Chinese Historical Review* 22, no. 2 (2015).

王元崇, 「三田渡"大清皇帝功德碑"滿漢碑文再硏究」, 『中國邊疆學』第3輯, 2015.

Wang Gungwu. "Early Ming Relations with Southeast Asia: A Background Essay." In Fairbank, John King, ed. *The Chinese World Order: Traditional China's Foreign Relations*. Cambridge, MA: Harvard University Press, 1968.

王國維, 「殷周制度論」, 『觀堂集林』2, 北京: 中華書局, 1959.

王揚濱·萬葆元, 「朝鮮調查記」, 北京, 1915.

王元周, 『小中華意識的嬗變: 近代中韓關係的思想史硏究』, 北京: 民族出版社, 2013.

王重民 輯校, 『徐光啓集』, 北京: 中華書局, 1963.

Westad, Odd Arne. *Restless Empire: China and the World since 1750*. New York: Basic Books, 2012. [『잠 못 이루는 제국: 1750년 이후의 중국과 세계』, 문명기 옮김, 서울: 까치, 2014]

Wheaton, Henry. *Elements of International Law*. London: Humphrey Milford, 1836.

Wheaton, Henry. 丁韙良(W, A, P,Martin) 譯, 『萬國公法』(全4卷), 北京: 崇實館, 1864.

Wills, John E., Jr., ed. *China and Maritime Europe, 1500-1800: Trade, Settlement, Diplomacy, and Mission*. New York: Cambridge University Press, 2011.

Wills, John E., Jr. *Embassies and Illusions: Dutch and Portuguese Envoys to K'ang-I, 1666-1687*. Cambridge, MA: Harvard University, Council on East Asian Studies, 1984.

Wills, John E., Jr. "Tribute, Defensiveness, and Dependency: Uses and Limits of Some Basic Ideas about Mid-Ch'ing Foreign Relations." *American Neptune* 48, no. 4 (Fall 1988): 225–29.

Wong, J. Y. Yeh *Ming-Ch'en: Viceroy of Liang Kuang, 1852-8*. New York: Cambridge University Press, 1976.

Wong, R. Bin. *China Transformed: Historical Change and the Limits of European Experience*. Ithaca, NY: Cornell University Press, 1997.

Wong, R. Bin. "China's Agrarian Empire: A Different Kind of Empire, a Different Kind of Lesson." In *Lessons of Empire: Imperial Histories and American Power*, edited by Craig Calhoun, Frederick Cooper, and Kevin W. Moose. New York: New Press, 2006.

Woodside, Alexander Barton. *Vietnam and the Chinese Model: A Comparative Study of Vietnamese and Chinese Government in the First Half of the Nineteenth Century*. Cambridge, MA: Harvard University Press, 1988.

Wright, Mary C. *The Last Stand of Chinese Conservatism: The T'ung-Chih Restoration, 1862-1874*. Stanford, CA: Stanford University Press, 1957.

吳保初,「朝鮮三種序」, 周家祿,『奧簃朝鮮三種』, 武昌, 1899.

吳祿貞,『延吉邊務報告』, 臺北: 文海出版社, 1969.

吳元豐,「清初册封琉球國王尚質始末」,『歷史檔案』1996年 第4期.

吳振清·徐勇·王家祥 編校整理,『黃遵憲集』, 天津: 天津人民出版社, 2003.

西藏自治區檔案館 編,『西藏歷史檔案薈粹』, 北京: 文物出版社, 1995.

山內弘一,『朝鮮から見た華夷思想』, 東京: 山川出版社, 2003.

Yang, Lien-sheng. "Historical Notes on the Chinese World Order." In Fairbank, John King, ed. *The Chinese World Order: Traditional China's Foreign Relations*. Cambridge, MA: Harvard University Press, 1968.

楊賓,『柳邊紀略』, 上海: 商務印書館, 1936.

楊樹森,『清代柳條邊』, 沈陽: 遼寧人民出版社, 1978.

楊昭全·孫玉梅,『朝鮮華僑史』, 北京: 中國華僑出版公司, 1991. [『한국화교사』, 조영래 옮김, 고양: 學古房, 2023]

Yen, Sophia Su-fei. *Taiwan in China's Foreign Relations, 1836-1874*. Hamden, CT: Shoe String, 1962.

李在學,『燕行日記』, 임기중 편,『연행록전집』58, 서울: 동국대학교출판부, 2001.

이철성,『朝鮮後期 對淸貿易史 硏究』, 서울: 국학자료원, 2000.

李坤,『燕行記事』, 임기중 편,『연행록전집』58·59, 서울: 동국대학교출판부, 2001.

李肯翊 編著,『燃藜室記述』(全3卷), 서울: 景文社, 1976.

李景嚴,『赴瀋日記』, 임기중 편,『연행록전집』15, 서울: 동국대학교출판부, 2001.

李民宬,『紫巖集』(〔影印·標點〕韓國文集叢刊』82), 서울: 民族文化推進會, 1992.

李商鳳, 『北轅錄』, 『燕行錄選集 補遺』 上, 서울: 東아시아學術院 大東文化研究院, 2008.

李裕元, 『嘉梧藁略』(全2卷), 서울: 민족문화추진회, 2003.

殷夢霞 · 於浩 選編, 『使朝鮮錄』, 北京: 北京圖書館出版社, 2003. 『사조선록 역주』, 김한규 옮김, 서울: 소명출판, 2012]

『元史』(全15卷), 北京: 中華書局, 1976.

Yun, Peter I. "Rethinking the Tribute System: Korean States and Northeast Asian Interstate Relations, 600−1600." PhD diss., University of California, Los Angeles, 1998.

尹致昊, 『윤치호일기』, 서울: 탐구당, 1973.

Zeng Jize [Marquis Tseng]. "China: The Sleep and the Awakening." *Asiatic Quarterly Review* 3 (January 1887).

紮洛, 『淸代西藏與布魯克巴』, 北京: 中國社會科學出版社, 2012.

Zhang, Feng. "Rethinking the 'Tribute System': Broadening the Conceptual Horizon of Historical East Asian Politics." *Chinese Journal of International Politics* 2, no. 4 (2009).

『張謇全集』(全7卷), 南京: 江蘇古籍出版社, 1994.

Zhang, Xiaomin, and Xu Chunfeng. "The Late Qing Dynasty Diplomatic Transformation: Analysis from an Ideational Perspective." *Chinese Journal of International Politics* 1, no. 3 (2007).

張金光, 『秦制研究』, 上海: 上海古籍出版社, 2004.

張禮恒, 『在傳統與現代性之間: 1626∼1894年間的中朝關係』, 北京: 社會科學文獻出版社, 2012.

張雙智, 『淸代朝覲制度研究』, 北京: 學苑出版社, 2010.

Zhang Shuangzhi. *Qingdai chaojin zhidu yanjiu* [A study of the pilgrimage system of the Qing Dynasty]. Beijing: Xueyuan chubanshe, 2010.

張蔭桓, 『張蔭桓日記』, 上海: 上海書店出版社, 2004.

Zhao Gang. "Reinventing China: Imperial Qing Ideology and the Rise of Modern Chinese National Identity in the Early Twentieth Century." *Modern China* 32, no. 1 (2006).

趙志強, 『《舊淸語》研究』, 北京: 北京燕山出版社, 2002.

鄭鶴聲, 『近世中西史日對照表』, 北京: 中華書局, 1981.

中國第一歷史檔案館藏 編, 『光緒朝朱批奏折』, 北京: 中華書局, 1996.

中國第一歷史檔案館藏 編, 『軍機處滿文準噶爾使者檔譯編』, 北京: 中央民族大學出版社, 2009.

中國第一歷史檔案館藏 編, 『乾隆朝滿文寄信檔譯』, 長沙: 嶽麓書社, 2011.

中國第一歷史檔案館藏 編, 『淸代軍機處滿文熬茶檔』, 上海: 上海古籍出版社, 2010.

中國第一歷史檔案館藏 編,「清代中朝關係檔案史料彙編」, 北京: 中國檔案出版社, 1996.

中國第一歷史檔案館藏 編,「清代中朝關係檔案史料續編」, 北京: 中國檔案出版社, 1998.

中國第一歷史檔案館藏 編,「清代中琉關係檔案續編」, 北京: 中華書局 1994.

中國第一歷史檔案館藏 編,「清宮珍藏歷世達賴喇嘛檔案薈萃」, 北京: 宗教文化出版社, 2002.

中國第一歷史檔案館藏 編,「英使馬戛爾尼訪華檔案史料彙編」, 北京: 國際文化出版公司, 1996.

中國史學會 編,「戊戌變法」, 上海: 上海人民出版社, 1957.

「中華國恥地圖」, 河北: 河北省工商廳制, 1929.

中央研究院歷史語言研究所 編,「明清史料 庚編」, 臺北: 中央研究院歷史語言研究所, 1962.

Zhou Fangyin. "Equilibrium Analysis of the Tributary System." *Chinese Journal of International Politics* 4, no. 2 (2011).

朱誠如 主編,「清史圖典」, 北京: 紫禁城出版社, 2002.

「硃批諭旨」, 上海: 點石齋, 1887.

들어가며

1. 『(역주) 소현심양일기』, 서울: 민속원, 2008, 354쪽.

2. 韓國學文獻研究所 編, 邑誌 平安道篇, 亞細亞文化社, 1986, 531∼532쪽; 『朝鮮王朝實錄』40, 서울: 국사편찬위원회, 1984, 552쪽(숙종 41년 8월 25일 무자).

3. 후기 제국 시기의 중국 중심적 정치제도를 설명하는 일반적 용어에 대해 학계에서 합의되지 않았다. 나는 이 장과 다음 장에서 종번이라는 용어를 선택해 사용한다. 여기서 종번은 주로 근현대 자료 중 邵循正의 『中法越南關係始末』와 張存武의 『淸韓宗藩貿易, 1637-1894』를 따른다. 일부 학자들은 청과 내륙아시아의 관계 연구에서 종번을 해석의 틀로 사용한다. 예를 들어 絮洛의 『淸代西藏與布魯克巴』가 있다. 동아시아의 관점에서 본 중국 중심적 대외관계 체제에 대한 최근 연구로는 陳尙勝의 『中國傳統對外關係研究』, 黃純艶의 『宋代朝貢體系研究』, 김한규의 『한중관계사』, Ji-Young Lee, *China's Hegemony: Four Hundred Years of East Asian Domination*, 李雲泉의 『朝貢制度史論: 中國古代對外關係體制研究』, 孫宏年의 『淸代中越宗藩關係研究』를 참조. 중화체제와 이에 대한 서구의 인식 차이는 張啓雄, 「東西國際秩序原理的差異 –『宗藩體系』對『殖民體系』」 54∼57쪽; 張存武, 『淸韓宗藩貿易, 1637-1894』 2∼15쪽[『근대한중무역사』, 김택중 외 옮김, 서울: 교문사, 2001, 1∼14쪽]; James L. Hevia, *Cherishing Men from Afar: Qing Guest Ritual and the Macartney Embassy of 1793*, pp. 9-15; Kirk W. Larsen, "Comforting Fictions: The Tributary System, the Westphalian Order, and Sino-Korean Relations", pp. 233∼257; Fictions"; Nelson M. Frederick, *Korea and the Old Orders in Eastern Asia*, Baton Rouge: Louisiana State University Press, 1945, pp. 288-297; 岡本隆司 編, 『宗主權の世界史 – 東西アジアの近代と翻訳概念』, 90∼118쪽; 邵循正의 『中法越南關係始末』, 37∼38쪽;

Nianshen Song, "'Tributary' from a Multilateral and Multi-layered Perspective"; John E., Jr. Wills, "Tribute, Defensiveness, and Dependency: Uses and Limits of Some Basic Ideas about Mid-Ch'ing Foreign Relations"; Feng Zhang, "Rethinking the 'Tribute System': Broadening the Conceptual Horizon of Historical East Asian Politics"; Fangyin Zhou, "Equilibrium Analysis of the Tributary System." "조공체제"와 한국에 관한 문헌 리뷰는 Sixiang Wang, "Co-constructing Empire in Early Chosŏn Korea: Knowledge Production and the Culture of Diplomacy, 1392-1592", pp. 28~43 참조.

4.   중국 역사에서 정통은 두 가지 주요한 지적 자원이 있다. 추연(鄒衍, 기원전 약 305~기원전 240)이 제시한 오덕시종설(五德始終說)과 당송대 유학자들이 「춘추공양전」의 해석에 기반해 제시한 '대일통'이다. 전자는 시간적 의미로, 후자는 공간적·정치-문화적 의미로 사용되었다. 13세기 몽골이 송을 정복한 이후 정통은 주로 대일통과 결부되었다. 饒宗頤, 「中國史學上之正統論」 12~26쪽, 81~86쪽. 원의 몽골인과 청의 만주인 모두 왕조의 정통성은 대일통 이념에 기반했다. 정통이 중국의 후기 제국 시기 역사 편찬 전통과 정치에 미친 영향은 劉浦江, 「正統與華夷」 참조. 도쿠가와시대 일본에 미친 유사한 영향은 J. Victor Koschmann의 *The Mito Ideology: Discourse, Reform, and Insurrection in Late Tokugawa Japan*, 1790-1864 참조. 이와 관련해 청과 조선에 대한 자세한 내용은 이 책의 다음 장 참조.

5.   王國維, 「殷周制度論」, 「觀堂集林」 2, 北京: 中華書局, 1959, 451~480쪽.

6.   Wang Gungwu, "Early Ming Relations with Southeast Asia: A Background Essay", In Fairbank, Fairbank, John King, ed., *The Chinese World Order: Traditional China's Foreign Relations*, Cambridge, MA: Harvard University Press, 1968, pp. 37~41.

7.   기자에 대한 논의는 김한규의 「한중관계사」 1, 87~103쪽; Sixiang Wang, "Co-constructing Empire in Early Chosŏn Korea: Knowledge Production and the Culture of Diplomacy, 1392-1592", pp. 342~396; 苗威, 「箕氏朝鮮問題的再思考」 「中國邊疆學」 2, 2014; 중국 통일왕조의 한국 인식에 관해서는 JaHyun Kim Haboush, "Contesting Chinese Time, Nationalizing Temporal Space: Temporal Inscription in Late Chosŏn Korea", In Time, Temporality, and Imperial Transition: East Asia from Ming to Qing, edited by Lynn A. Struve, Honolulu: University of Hawaii Press, 2005, p. 118 참조.

8.   「元史」 15, 北京: 中華書局, 1976, 4621쪽; 鄭麟趾, 「高麗史」 1, 서울: 아세아문화사, 1973, 564쪽.

9.   「朝鮮王朝實錄」 1, 서울: 국사편찬위원회, 1984, 205쪽(태종 1년 6월 12일 기사).

10. 「朝鮮王朝實錄」 2, 서울: 국사편찬위원회, 1984, 483쪽(세종 4년 5월 15일 신미); 「朝鮮王朝實錄」 4, 서울: 국사편찬위원회, 1984, 699쪽(세종 28년 8월 27일 임술).

11. 『明史』27, 北京: 中華書局, 1974, 8279쪽; 洪大容, 『湛軒燕記』, 임기중 편, 『연행록전집』42, 18쪽; Seung-Beom Kye, "Huddling under the Imperial Umbrella: A Korean Approach to Ming China in the Early 1500s", *Journal of Korean Studies 15*, no. 1, 2010.

12. 성리학의 조선 전래는 John B. Duncan, *The Origins of the Chosŏn Dynasty*, Seattle: University of Washington Press, 2000, pp. 237~265[『조선왕조의 기원』, 김범 옮김, 서울: 너머북스, 2013, 344~377쪽]; James B. Palais, *Confucian Statecraft and Korean Institutions: Yu Hyŏngwŏn and the Late Chosŏn Dynasty*, Seattle: University of Washington Press, 1996, pp. 25~47.

13. 『朝鮮王朝實錄』21, 서울: 국사편찬위원회, 1984, 497쪽(선조 25년 6월 9일 丁酉), 531쪽(선조 25년 8월 12일 己亥); 『朝鮮王朝實錄』22, 서울: 국사편찬위원회, 1984, 189쪽(선조 26년 12월 19일 戊辰), 294쪽(선조 27년 6월 12일 己未), 439쪽(선조 28년 2월 10일 癸丑), 617쪽(선조 28년 12월 26일 甲子).

14. 예를 들어, Peter I. Yun, "Rethinking the Tribute System: Korean States and Northeast Asian Interstate Relations, 600-1600", PhD diss., University of California, Los Angeles, 1998, pp. 6~17 참조.

15. 청 외번의 복잡성에 대한 자세한 논의는 이 책 2장 참조. 청-섬라 사례는 莊吉發, 「暹羅國王鄭昭入貢淸廷考」 『大陸雜誌』51-3, 1975; Erika Masuda, "The Fall of Ayutthaya and Siam's Disrupted Order of Tribute to China, 1767-1782", *Taiwan Journal of Southeast Asian Studies 4*, no. 2, 2007 참조.

16. 邵循正, 『中法越南關係始末』, 北平: 國立淸華大學, 1935, 38쪽; 구범진, 『청나라, 키메라의 제국』, 서울: 민음사, 2012, 211~216쪽.

17. 『淸實錄』17, 北京: 中華書局, 1986, 680쪽(乾隆二十八年 五月 八日), 732~740쪽(乾隆二十八年 七月 八日, 乾隆二十八年 七月 十七日); 『淸實錄』18, 北京: 中華書局, 1986, 12쪽; 『大淸會典事例』卷502, 8a~9b면.

18. Hae-jong Chun, "Sino-Korean Tributary Relations in the Ch'ing Period", In Fairbank, John King, ed., *The Chinese World Order: Traditional China's Foreign Relations*, Cambridge, MA: Harvard University Press, 1968, pp. 90~111.

19. 전자는 黃枝連, 『朝鮮的儒化情境構造: 朝鮮王朝與滿淸王朝的關係形態論』, 北京: 中國人民大學出版社, 1994, 후자는 Henry H. Em, *The Great Enterprise: Sovereignty and Historiography in Modern Korea*, Durham, NC: Duke University Press, 2013, pp. 23~24; Kirk W. Larsen, "Comforting Fictions: The Tributary System, the Westphalian Order, and Sino-Korean Relations", *Journal of East Asian Studies 13*, no. 2, 2013; Ji-Young Lee, *China's Hegemony: Four Hundred Years of East Asian Domination*, New

York: Columbia University Press, 2017; Jongtae Lim, "Tributary Relations between the Chosŏn and Ch'ing Courts to 1800", In *The Cambridge History of China*, vol. 9, part 2, The Ch'ing Dynasty to 1800, edited by Willard J. Peterson, Cambridge: Cambridge University Press, 2016 참조.

20. 근세 동아시아 화이담론과 정체성의 관계에 관한 최근 연구로는 장현근, 「한국에서 대중국관념의 변화:중화주의, 소중화주의, 탈중화주의」, 『아태연구』 18-2, 2011; 夫馬進, 『朝鮮燕行使と朝鮮通信使』, 名古屋: 名古屋大学出版会, 2015, 38~43쪽, 328~390쪽 『조선연행사와 조선통신사』, 신로사 외 옮김, 성균관대학교출판부, 2019, 61~68쪽]; Kirk W. Larsen, *Tradition, Treaties, and Trade: Qing Imperialism and Chosŏn Korea, 1850-1910*, Cambridge, MA: Harvard University Asia Center, 2008, pp. 35~42[『전통, 조약, 장사: 청 제국주의와 조선 1850-1910』, 양휘웅 옮김, 서울: 모노그래프, 2021, 79~88쪽]; Evelyn S. Rawski, *Early Modern China and Northeast Asia: Cross-Border Perspectives*, Cambridge: Cambridge University Press, 2015, pp. 188~224; 孫衛國, 『大明旗號與小中華意識』, 北京: 商務印書館 2007; 王元周, 『小中華意識的嬗變: 近代中韓關係的思想史研究』, 北京: 民族出版社, 2013 참조.

21. 日本外務省 編, 『日本外交文書』第28卷 第2册, 東京: 日本国際連合協会, 1953, 363~372쪽.

22. Burbank Jane, and Frederick Cooper, *Empires in World History: Power and the Politics of Difference*, Princeton, NJ: Princeton University Press, 2010[『세계제국사: 고대 로마에서 G2 시대까지 제국은 어떻게 세계를 상상해왔는가』, 이재만 옮김, 서울: 책과함께, 2016]; Frederick Cooper, *Colonialism in Question: Theory, Knowledge, History*, Berkeley: University of California Press, 2005, p. 27. 중국 역사에서 제국의 부상에 관해서는 Michael Puett, *The Ambivalence of Creation: Debates concerning Innovation and Artifice in Early China*, Stanford, CA: Stanford University Press, 2001, pp. 141~176 참조.

23. R. Bin Wong, "China's Agrarian Empire: A Different Kind of Empire, a Different Kind of Lesson", In *Lessons of Empire: Imperial Histories and American Power*, edited by Craig Calhoun, Frederick Cooper, and Kevin W. Moose, New York: New Press, 2006, p. 190.

24. *Treaties, Conventions, etc.*, between China and Foreign States, vol. 1, 2nd ed., Shanghai: Statistical Department of the Inspectorate General of Customs of China, 1917, pp. 1~13.

25. 최형원, 「네르친스크條約의 滿洲文 考察」, 『알타이학보』 12, 2002; Zhao Gang, "Reinventing China: Imperial Qing Ideology and the Rise of Modern Chinese National Identity in the Early Twentieth Century", *Modern China 32*, no. 1, 2006.

26. 莊吉發, 『滿漢異域錄校注』, 臺北: 文史哲出版社, 1983, 11~12쪽, 168쪽.

27. 黃遵憲, 『日本國志』 4, 廣州: 富文齋, 1890, 1쪽; 梁啓超, 『飮冰室合集』 文集 第二册, 上海: 中華書局, 1936, 文集之五, 15쪽.

28. Jean-Baptiste Grosier, *A General Description of China*, London: Paternoster-Row, 1788, p. 244; George N. Curzon, *Problems of the Far East: Japan-Korea-China*, 2nd ed., London: Longmans, Green, 1894, p. 158[『100년 전의 여행, 100년 후의 교훈』, 라종일 옮김, 서울: 比峰出版社, 1996, 113~114쪽].

29. 郭振鐸 · 張笑梅 主編, 『越南通史』, 北京: 中國人民大學出版社, 2001, 413~461쪽; Alexander Barton Woodside, *Vietnam and the Chinese Model: A Comparative Study of Vietnamese and Chinese Government in the First Half of the Nineteenth Century*, Cambridge, MA: Harvard University Press, 1988, pp. 9~10, pp. 18~22. 명대 베트남의 독립적 지위에 관해서는 Kathlene Baldanza, *Ming China and Vietnam: Negotiating Borders in Early Modern Asia*, Cambridge: Cambridge University Press, 2016, pp. 77~110 참조.

30. JaHyun Kim Haboush, *The Confucian Kingship in Korea: Yŏngjo and the Politics of Sagacity*, New York: Columbia University Press, 2001, pp. 11~26[『왕이라는 유산: 영조와 조선의 성인군주론』, 김백철 · 김기연 옮김, 서울: 너머북스, 2017, 32~51쪽].

31. 中央研究院歷史語言研究所 編, 『明淸史料 庚編』 5, 臺北: 中央研究院歷史語言研究所, 1962, 419b면. 근대 중국 외교에 관해서는 川島眞, 『中国近代外交の形成』, 名古屋: 名古屋大学出版会, 2004; 文傑, 『中國近代外交官群體的形成(1861~1911)』, 北京: 生活 · 讀書 · 新知三聯書店, 2017; 岡本隆司 · 川島眞 編, 『中国近代外交の胎動』, 東京: 東京大学出版会, 2009; Jennifer Rudolph, *Negotiated Power in Late Imperial China: The Zongli Yamen and the Politics of Reform*, Ithaca, NY: Cornell University East Asia Program, 2008 참조. 근대 한국 외교에 관해서는 Kirk W. Larsen, *Tradition, Treaties, and Trade: Qing Imperialism and Chosŏn Korea, 1850-1910*, Cambridge, MA: Harvard University Asia Center, 2008[『전통, 조약, 장사: 청 제국주의와 조선 1850-1910』, 양휘웅 옮김, 서울: 모노그래프, 2021] 참조.

32. 孫宏年, 『清代中越宗藩關係研究』, 哈爾濱: 黑龍江敎育出版社, 2006, 92~93쪽.

33. 시각(time inscription, 時刻)의 정치에 관해서는 JaHyun Kim Haboush, "Contesting Chinese Time, Nationalizing Temporal Space: Temporal Inscription in Late Chosŏn Korea", In Time, Temporality, and Imperial Transition: East Asia from Ming to Qing, edited by Lynn A. Struve, Honolulu: University of Hawaii Press, 2005, pp. 128~133. [옮긴이주] 시각의 정치는 역(曆)과 시(諡)를 통해 시간을 지배하는 정치를 의미한다.

34. 청의 지도를 제작하려는 측량과 그 중요성에 관해서는 承志, 「尼布楚條約界碑圖的幻影——滿文《黑龍江流域圖》研究」, 『故宮學術季刊』 29-1, 2011; 李孝聰, 「記康熙《皇輿

全覽圖)的測繪及其版本」, 『故宮學術季刊』 30-1, 2012; Peter C. Perdue, "Boundaries, Maps, and Movement: Chinese, Russian, and Mongolian Empires in Early Modern Central Eurasia", *International History Review 20*, no. 2, 1998. 청-안남, 청-조선의 사법 문제 협의에 관해서는 Jaymin, Kim, "The Rule of Ritual: Crimes and Justice in Qing-Vietnamese Relations during the Qianlong Period (1736-1796)", In *China's Encounters on the South and Southwest: Reforging the Fiery Frontier over Two Millennia*, edited by James A. Anderson and John K. Whitmore. Leiden: Brill, 2015 참조. 조선의 국경 인식과 청의 권력(power)에 대해서는 Seon-min, Kim, *Ginseng and Borderland: Territorial Boundaries and Political Relations between Qing China and Chosŏn Korea, 1636-1912*, Berkeley: University of California Press, 2017[『인삼과 국경: 청-조선의 영토 인식과 경계 형성』, 최대명 옮김, 파주: 사계절, 2023] 참조.

35. 중한 경계 협상에 관해서는 張存武, 「清代中韓邊務問題探源」, 『近代史研究所集刊』 2, 1971; 김한규, 『한중관계사』 1, 서울: 아르케, 1999, pp. 885~895; Gary Ledyard, "Cartography in Korea", In *The History of Cartography*, edited by J. B. Harley and David Woodward, vol. 2, Cartography in the Traditional East and Southeast Asian Societies, Chicago: University of Chicago Press, 1987; Nianshen, Song, *Making Borders in Modern East Asia: The Tumen River Demarcation, 1881-1919*, Cambridge: Cambridge University Press, 2018[『두만강 국경 쟁탈전 1881-1919: 경계에서 본 동아시아 근대』, 이지영 · 이원준 옮김, 서울: 너머북스, 2022].

36. 『朝鮮王朝實錄』 22, 서울: 국사편찬위원회, 1984, 57쪽(선조 26년 8월 2일 계미). [옮긴이 주] "실제로 중국 땅이었고 우리나라에서 그곳을 다스리게 하였다"는 선조가 한 말이 아니다. 임진왜란 당시 호소사(號召使)가 되어 순화군을 배종한 황정욱이 일본군에 붙잡혔을 당시 황정욱과 그 아들 황혁이 쓴 글이며, 황정욱이 풀려난 후 추국을 당할 때 이를 진술했다. "諸侯土地, 受之於天子. 非但不可私割, 我國自箕子受封之後, 歷代皆視爲內服. 漢時置四郡, 唐增置扶餘郡, 至于大明, 以八道郡縣, 皆隷于遼東. 衣冠文物, 一從華制, 委國王御寶以治事. 如有率解中國漂流之民, 則天子頒賞于地方官, 其實中國之地, 使我國治之. 今此天兵之來禦者, 蓋以此也."

37. 『明史』 27, 北京: 中華書局, 1974, 8307쪽. "朝鮮在明雖稱屬國, 而無異域內, 故朝貢絡繹, 錫賚便蕃, 殆不勝書, 止著其有關治亂者於篇."

38. 『清實錄』 24, 北京: 中華書局, 1986, 297쪽(乾隆四十九年 九月 二十八日); 『清實錄』 25, 北京: 中華書局, 1986, 715쪽(乾隆五十三年 九月 十五日).

39. 『大清通禮』 卷28, 4~5면. [頒詔之禮] "詔下朝鮮國之禮, 禮部豫列內大臣, 侍衛禮部滿侍郎, 內閣滿學士銜名, 奏請命正副使各一人. 啓程有日, 使者赴禮部領詔書, 工部給禦仗

旗傘, 使者乘以行. 至朝鮮國境, 其國守土吏治館, 所經地, 文武官跪接候過, 如直省之
儀. 將及國, 王遣其重臣出郊迎接.

40. 『大清時憲曆』/『大清時憲書』, 北京: 欽天監, 1646, 1658, 1679, 1731, 1769, 1795,
    1821, 1842, 1865, 1894, 1898, 1909; 『內閣禮科史書』no. 2-8; 欽天監題本專題史料.
    R4-R7.

41. Johan Elverskog, "Mongol Time Enters a Qing World", In *Time, Temporality, and
    Imperial Transition: East Asia from Ming to Qing*, edited by Lynn A. Struve, 142-78,
    Honolulu: University of Hawaii Press, 2005, p. 143.

42. 『海東地圖: 解說 · 索引』, 서울: 규장각, 1995, 2~3쪽; Laura Hostetler, *Qing Colonial
    Enterprise: Ethnography and Cartography in Early Modern China*, Chicago: University of
    Chicago Press, 2001, pp. 48~88.

43. 『瀋陽狀啓』, 京城[서울]: 京城帝國大學法文學部, 1935, 574쪽. "今則兩國一家, 朝鮮之
    民卽我民也."

44. 中國第一歷史檔案館藏 編, 『光緒朝朱批奏折』112, 北京: 中華書局, 1996, 243쪽. "皇
    上聖鑒训示注,朝鮮贫民占种吉林荒地, 自疆吏視之, 固有彼此之分, 自朝廷觀之, 初無
    中外之別. 著卽妥爲安插, 不必多設科條. 良民安分墾種, 原可寬容, 如借此蠶食邊畺,
    仍當驅逐, 著妥慎爲之." [옮긴이주] 저자는 '내외지별(內外之別)'이라고 인용했지만, 원
    사료에는 '중외지별(中外之別)'로 쓰여 있다. 여기서 중국 지방관은 길림장군 명안(銘安)
    과 독판영고탑등처사(督辦寧古塔等處事)의 오대징(吳大澂)이다.

45. 金允植, 『陰晴史』, 서울: 국사편찬위원회, 1958, 40~41쪽.

46. 『淸實錄』55, 北京: 中華書局, 1986, 128쪽(光緒十二年 九月 一日).

47. Frederick Cooper, *Colonialism in Question: Theory, Knowledge, History*, Berkeley:
    University of California Press, 2005, p. 27. p. 156.

48. '외성(outlying province)'이라는 용어에 관해서는 Zeng Jize[Marquis Tseng], "China: The
    Sleep and the Awakening", *Asiatic Quarterly Review 3*, January, 1887, p. 9. [옮긴이주]
    outlying province는 외곽 지역 혹은 외성(外省)으로 번역할 수 있으나 외성으로 번역했다.
    저자가 인용한 증기택의 원고를 보면 outlying province는 한 차례 등장한다. 증기택은 청
    이 중국에 속한 중요한 지역 일부를 상실했으며, 나머지를 구하려고 속국에 더 효과적인
    감독권을 실시하여 더 큰 책임을 지고 있어 외성(outlying province)인 조선, 티베트, 중국
    의 투르키스탄의 안보를 지켜보고 있다고 설명했다. 조선을 티베트, 중국의 투르키스탄과
    같이 언급하며 '성'으로 취급한 것이다. 그뿐 아니라 그는 역외 영토에 대한 식민지화를 주
    장하기도 했다.

49. Andre Schmid, *Korea between Empires, 1895-1919*, New York: Columbia University

Press, 2002, p. 11, pp. 55~100, pp. 257~260[『제국 그 사이의 한국 1895-1919』 정여 울 옮김, 서울: 휴머니스트, 2007, 155~253쪽, 583~588쪽].

50. 예를 들어, Eric Hobsbawm, *The Age of Empire, 1875-1914*, New York: Vintage Books, 1989, pp. 56~83[『제국의 시대』 김동택 옮김, 파주: 한길사, 2004, 153~195쪽]; Paul A. Cohen, *Discovering History in China: American Historical Writing on the Recent Chinese Past*, New York: Columbia University Press, 1984, pp. 97~147[『학문의 제국주의: 오리엔탈리즘과 중국사』 이남희 옮김, 2013, 239~319쪽]; James L. Hevia, *English Lessons: The Pedagogy of Imperialism in Nineteenth-Century China*, pp. 4~26; Akira Iriye, "Imperialism in East Asia", In *Modern East Asia: Essays in Interpretation*, edited by James B. Crowley, New York: Harcourt, Brace, and World, 1970, pp. 231~243; Odd Arne Westad, *Restless Empire: China and the World since 1750*, New York: Basic Books, 2012, pp. 53~86[『잠 못 이루는 제국: 1750년 이후의 중국과 세계』 문명기 옮김, 서울: 까치, 2014, 63~96쪽].

51. Kenneth Pomeranz, *The Great Divergence: China, Europe, and the Making of the Modern World Economy*, Princeton, NJ: Princeton University Press, 2000.

52. 胡繩, 『帝國主義與中國政治(第七版)』 北京: 人民出版社, 1996; David Scott, *China and the International System, 1840-1949: Power, Presence, and Perceptions in a Century of Humiliation*, Albany: State University of New York Press, 2008.

53. '신청사' 패러다임에 관해서는 James A. Millward, Ruth W. Dunnell, Mark C. Elliott, and Philippe Forêt, eds., *New Qing Imperial History: The Making of Inner Asian Empire at Qing Chengde*, London: Routledge Curzon, 2004 참조.

54. 예를 들어, Nicola Di Cosmo, "Qing Colonial Administration in Inner Asia", *International History Review 20*, no. 2, 1998; John E. Herman, "Empires in the Southwest: Early Qing Reforms to the Native Chieftain System", *Journal of Asian Studies 56*, no. 1, 1997, James L. Hevia, *Cherishing Men from Afar: Qing Guest Ritual and the Macartney Embassy of 1793*, Durham, NC: Duke University Press, 1995, p. 18, pp. 166~174; Laura Hostetler, *Qing Colonial Enterprise: Ethnography and Cartography in Early Modern China*, Chicago: University of Chicago Press, 2001; Kwangmin Kim, *Borderland Capitalism: Turkestan Produce, Qing Silver, and the Birth of an Eastern Market*, Stanford, CA: Stanford University Press, 2016; James A. Millward, *Beyond the Pass: Economy, Ethnicity, and Empire in Qing Central Asia, 1759-1864*, Stanford, CA: Stanford University Press, 1998; Peter C. Perdue, *China Marches West: The Qing Conquest of Central Eurasia*, Cambridge, MA: Harvard University Press, 2005[『중국의 서진(西進): 청(清)의 중앙유라시아 정복』

공원국 옮김, 서울: 길, 2012].

55. 김광민은 18세기 인도양에서 유럽 해상무역과 신강에서 중국 세력 확대의 "이중 확장이 중앙아시아의 경제 및 정치 지형을 크게 변화시켰다"라고 지적했다. Kwangmin Kim, *Borderland Capitalism: Turkestan Produce, Qing Silver, and the Birth of an Eastern Market*, Stanford, CA: Stanford University Press, 2016, p. 45 참조.

56. Craige B. Champion, and Arthur M. Echstein, "Introduction: The Study of Roman Imperialism", In *Roman Imperialism: Readings and Sources*, edited by Craige B. Champion, Malden, MA: Blackwell, 2004, p. 3.

57. 예를 들어, Yur-Bok Lee, *Diplomatic Relations between the United States and Korea, 1866-1887*, New York: Humanities, 1970, pp. 136~142; Dal Choong Kim, "Chinese Imperialism in Korea: With Special Reference to Sino-Korean Trade Regulations in 1882 and 1883", *Journal of East and West Studies 5*, no. 2, 1976; Martina Deuchler, *Confucian Gentlemen and Barbarian Envoys: The Opening of Korea, 1875-1885*, Seattle: University of Washington Press, 1977, p. 348; Kirk W. Larsen, *Tradition, Treaties, and Trade: Qing Imperialism and Chosŏn Korea, 1850-1910*, Cambridge, MA: Harvard University Asia Center, 2008, pp. 11~19[『전통, 조약, 장사: 청 제국주의와 조선 1850-1910』, 양휘웅 옮김, 서울: 모노그래프, 2021, 40~53쪽] 참조. '비공식 제국'이라는 용어에 관해서는 John Gallagher and Ronald Robinson, "The imperialism of free trade", *Economic History Review*, 6, 1, 1953 참조.

58. Nelson M. Frederick, *Korea and the Old Orders in Eastern Asia*, Baton Rouge: Louisiana State University Press, 1945, p. 294.

59. 빈 웡(R. Bin Wong)이 지적했듯이 "명백한 변화의 부재는 어떤 관계나 조건의 재현을 시사한다." R. Bin Wong, *China Transformed: Historical Change and the Limits of European Experience*, Ithaca, NY: Cornell University Press, 1997, p. 3 참조.

60. 피터 윤이 주장한 바와 같이 "실제 각국은 현실주의와 실용주의 원칙에 따라 외교정책을 수립했다. 무역, 문화 수입, 특히 국경 안보 문제와 같은 실제 정치적 동기와 필요에 대한 검토가 필요하다." Peter I. Yun, "Rethinking the Tribute System: Korean States and Northeast Asian Interstate Relations, 600-1600", PhD diss., University of California, Los Angeles, 1998, p. 6. 매튜 모스카(Matthew W. Mosca)는 청의 변경 정책을 분석하면서 "제국의 국경지대를 구분하는 절대적 정책 차이는 없었다. 오히려 제국의 외교 정책을 판단하도록 한 것은 인식된 위협의 성격이었다"라고 강조했다. Matthew W. Mosca, *From Frontier Policy to Foreign Policy: The Question of India and the Transformation of Geopolitics in Qing China*, Stanford, CA: Stanford University Press, 2013, p. 8.

1. 『明神宗實錄』541, 臺北: 中央研究院歷史語言研究所, 1962, 10283쪽(萬曆四十四年 正月 壬申朔).

2. Ray Huang, *1587, A Year of No Significance: The Ming Dynasty in Decline*, New Haven, CT: Yale University Press, 1981[『만력 15년 아무 일도 없었던 해』, 김한식 외 옮김, 서울: 새물결, 2004].

3. 『滿文老檔』1, 東京: 東洋文庫, 1955, 67쪽[『만문노당: 태조』1, 김주원 외 역주, 서울: 서울대학교출판문화원, 2019, 114~115쪽]; 廣祿·李學智 譯註, 『淸太祖朝老滿文原檔』1, 臺北:中央研究院歷史語言研究所, 1970, 63쪽; 『淸實錄』1, 北京: 中華書局, 1986, 63~64쪽(滿洲實錄 卷二 丙戌歲 七月 七月 內太祖率兵環攻托).

4. Franz Michael, *The Origin of Manchu Rule in China*, New York: Octagon Books, 1965, p. 44; 『朝鮮王朝實錄』29, 서울: 국사편찬위원회, 1984, 501쪽(광해 10년 윤4월 16일 갑술); Pamela Kyle Crossley, "Manzhou Yuanliu Kao and the Formalization of the Manchu Heritage", *Journal of Asian Studies 46*, no. 4, 1987.

5. 『大明會典』卷107, 7면a; 卷113, 6면a; 孟森, 『淸代史』, 臺北: 中華書局, 1960, 105쪽.

6. 『朝鮮王朝實錄』29, 서울: 국사편찬위원회, 1984, 433쪽(광해 10년 3월 5일 갑자), 508~522쪽(광해 10년 윤4월 20일 무인~광해 10년 5월 2일 기축); 李民寏, 『紫巖集』卷5[『(影印·標點)韓國文集叢刊』82], 서울: 民族文化推進會, 1992, 5쪽.

7. 여진-조선 위계 관계에 대해서는 河內良弘, 『明代女眞史の研究』, 京都: 同朋舍, 1992, 424~450쪽 참조.

8. 『滿文老檔』1, 東京: 東洋文庫, 1955, 143쪽[『만문노당: 태조』1, 김주원 외 역주, 서울: 서울대학교출판문화원, 2019, 229~233쪽].

9. 張存武·葉泉宏 編, 『淸入關前與朝鮮往來國書彙編: 一六一九 - 一六四三』, 臺北: 國史館, 2000, 3쪽.

10. 『朝鮮王朝實錄』20, 서울: 국사편찬위원회, 1984, 126~128(광해 11년 4월 21일 갑술, 광해 11년 4월 19일 임신, 광해 11년 4월 21일 갑술).

11. 李民寏, 『紫巖集』卷5[『(影印·標點)韓國文集叢刊』82], 서울: 民族文化推進會, 1992, 18~19쪽.

12. 『朝鮮王朝實錄』30, 서울: 국사편찬위원회, 1984, 169쪽(광해 11년 7월 14일 을미).

13. 王重民 輯校, 『徐光啓集』上, 北京: 中華書局, 1963, 106~117쪽; 『明神宗實錄』584, 臺北:中央研究院歷史語言研究所, 1962, 11172~11173쪽(萬曆四十七年 七月 二十六日).

14. 『朝鮮王朝實錄』31, 서울: 국사편찬위원회, 1984, 129쪽(광해 14년 6월 25일 기축), 165~167쪽(광해 14년 8월 28일 신묘).

15. 『朝鮮王朝實錄』33, 서울: 국사편찬위원회, 1984, 503쪽(인조 1년 3월 14일 갑진); 『朝鮮王朝實錄』34, 서울: 국사편찬위원회, 1984, 244쪽.

16. 『朝鮮王朝實錄』34, 서울: 국사편찬위원회, 1984, 163쪽(인조 5년 1월 23일 신묘), 168쪽(인조 5년 2월 5일 임인), 208쪽(인조 5년 6월 2일 정유). [옮긴이주] 이 전체 단락의 내용과 관련하여 『朝鮮王朝實錄』에 수록된 관련 사료를 구체적으로 제시하면, 칸의 호칭 문제에 관해서는 인조 5년 2월 11일 戊申; 조선 국왕의 국서에서 귀국과 아국 표기는 인조 5년 3월 23일 庚寅; 명 연호 천계 표기 문제에 관해서는 인조 5년 2월 7일 갑진, 인조 5년 2월 9일 병오, 인조 5년 2월 21일 무오; 게첩 형식을 쓰는 것에 관해서는 인조 5년 2월 21일 戊午; 인조 5년 2월 22일 己未; 인조 5년 2월 23일 庚申. 전반적 과정은 조선이 후금과 화친을 맺은 전말을 명 황제에게 올린 주문 참조. 인조 5년 4월 1일 丁酉.

17. 『満文老檔』4, 東京: 東洋文庫, 1955, 51쪽[고려대학교 민족문화연구원 만문노당역주회, 『만문노당 역주: 太宗』1, 서울: 소명출판, 2017, 85~86쪽]. [옮긴이주] 이 부분은 저자가 잘못 기술한 것 같다. 인용한 『満文老檔』4, 51쪽뿐만 아니라 『朝鮮王朝實錄』인조 5년 3월 3일 경오 기사에 맹약 의식 내용이 실려 있다.

18. 劉家駒, 『清朝初期的中韓關係』, 臺北: 文史哲出版社, 1986, 15~16쪽.

19. 『朝鮮王朝實錄』34, 서울: 국사편찬위원회, 1984, 208쪽(인조 5년 1월 23일 신묘). "南朝只以自己爲天之子, 以各國人爲下人, 百般欺害, 茲不忍耐, 告天伐之. 天道至公, 不以國之大小, 而視事之是非, 乃祐我而罪彼. 惟我兩國, 原無仇恨, 而助兵南朝, 來侵我境, 復容住逃民, 故發兵征之. 不意王弟, 能識天意, 隨卽悔過, 兵師之中, 送禮於我, 復遣令弟而來觀, 能成和事, 是智且仁矣. 今後我兩國, 永爲兄弟之好, 決不像南朝恃勢欺人. 自立誓之後, 貴國人逃至我國, 我卽查出送去, 若金, 漢人及擒獲麗人, 有逃至貴國者, 亦卽查出. 互相隱匿, 不肯查送, 兩國和好之事, 反復無益云."

20. 『朝鮮王朝實錄』34, 서울: 국사편찬위원회, 1984, 251쪽(인조 6년 1월 14일 병자), 260쪽(인조 6년 2월 22일 甲寅), 262쪽(인조 6년 2월 28일 庚申); 劉家駒, 『清朝初期的中韓關係』, 臺北: 文史哲出版社, 1986, 54~57쪽.

21. 최소자, 『명청 시대 중·한 관계사 연구』, 서울: 이화여자대학교 출판부, 1997, 107~108쪽.

22. 『朝鮮王朝實錄』34, 서울: 국사편찬위원회, 1984, 414쪽(인조 9년 2월 2일 병오). "而春秋信使之行, 買賣無異於開市."

23. 中央研究院歷史語言研究所 編, 『明清史料 丙編』1, 臺北: 中央研究院歷史語言研究所, 1962, 45면. "若此時他來講和, 查其眞僞何如, 若果眞心講和, 我以誠心許之,

就比朝鮮事例, 請封王位, 從正朔, 此事可講. 若說彼此稱帝, 他以名份爲重, 定是要人要地, 此和不必說. 他既無講和意, 我無別策, 直抵京城, 相其情形, 或攻或困, 再作方略. 他若因其攻困之急, 差人說和, 是求和, 非講和, 我以和許之, 只講彼此稱帝, 以黃河爲界."

24. 張存武‧葉泉宏 編, 『淸入關前與朝鮮往來國書彙編: 一六一九一六四三』, 臺北: 國史館, 2000, 100쪽. "兩國相交, 信使往來, 各以土物相遺, 禮也."

25. 鈴木開, 「滿文原檔」にみえる朝鮮国王の呼称」, 川原秀城 編, 『朝鮮朝後期の社会と思想』, 東京: 勉誠出版, 2015.

26. 『滿文老檔』5, 東京: 東洋文庫, 1961, 619~621쪽[고려대학교 민족문화연구원 만문노당역주회, 『만문노당 역주: 太宗』2, 서울: 소명출판, 2017, 998~1003쪽].

27. 『滿文老檔』5, 東京: 東洋文庫, 1961, 803쪽, 853쪽[고려대학교 민족문화연구원 만문노당역주회, 『만문노당 역주: 太宗』2, 서울: 소명출판, 2017, 1282~1283쪽, 1365~1366쪽].

28. 羅振玉 輯, 『天聰朝臣工奏議』上(『史料叢刊初編 2, 3』), 北京: 東方學會, 1924, 1a~3b면(「高鴻中陳刑部事宜奏」天聰六年 正月), 20b면(「王文奎條陳時事奏」天聰六年 八月); 『淸史稿』12, 北京: 中華書局, 1977, 3282쪽; 『滿文老檔』5, 東京: 東洋文庫, 1959, 825~826쪽[고려대학교 민족문화연구원 만문노당역주회, 『만문노당 역주: 太宗』2, 서울: 소명출판, 2017, 1339~1342쪽].

29. 『滿文老檔』4 東京: 東洋文庫, 1959, 92~95쪽[고려대학교 민족문화연구원 만문노당역주회, 『만문노당 역주: 太宗』1, 서울: 소명출판, 2017, 150~156쪽]; 『滿文老檔』, 北京: 中華書局, 1990, 861~862쪽.

30. 『淸實錄』2, 北京: 中華書局, 1986, 171쪽(天聰六年 九月 四日). 내조에 관해서는 전해종, 「東洋古代史에 있어서의 '歸化'의 意義」『東亞文化의 比較史的 硏究』, 서울: 일조각, 1976; John King Fairbank, "Tributary Trade and China's Relations with the West", *Far Eastern Quarterly 1*, no. 2, 1942 참조.

31. 조공 문제와 명과 그들의 관계에 대한 중국과 중앙아시아의 서로 다른 이해는 Joseph F. Fletcher, "China and Central Asia, 1368–1884", In Fairbank, Fairbank, John King, ed., *The Chinese World Order: Traditional China's Foreign Relations*, Cambridge, MA: Harvard University Press, 1968, pp. 206~224 참조.

32. 『滿文老檔』4, 東京: 東洋文庫, 1959, 99~100쪽[고려대학교 민족문화연구원 만문노당역주회, 『만문노당 역주: 太宗』1, 서울: 소명출판, 2017, 162~163쪽]; 『淸實錄』2, 北京: 中華書局, 1986, 190~191쪽(天聰七年 五月 九日 庚子, 天聰七年 五月 十一日 壬寅, 天聰七年 五月 二十六日 丁巳).

33. 羅振玉 輯, 『天聰朝臣工奏議』 中 (『史料叢刊初編 2, 3』), 北京: 東方學會, 1924, 10a~
11b면(「寧完我陳收撫孔耿辦法奏」 天聰八年 四月 初二日), 35a~35b면(「寧完我請變通
大明會典設六部通事奏」 天聰八年 八月 初九日); 『天聰朝臣工奏議』 下, 15b면(「陳錦請
攻北京及甄別人才奏」 天聰九年 正月 二十五日).

34. 羅振玉 輯, 『天聰朝臣工奏議』 中(『史料叢刊初編 2, 3』), 北京: 東方學會, 1924, 11b면
(「黃昌等陳順天應人奏」 天聰八年 四月十二日), 21면(「鮑承先請安置船只奏」 天聰八年
五月二十一日); 『天聰朝臣工奏議』 下, 18a면(「揚名顯等謹陳四款奏」 天聰九年 二月 初
十日).

35. 누르하치와 홍타이지의 만주 제국 권위 구축과 만주 정권하 새로운 정체성을 위한 다민족
주체들의 통합은 Pamela Kyle Crossley, *A Translucent Mirror: History and Identity in Qing
Imperial Ideology*, Berkeley: University of California Press, 1999, pp. 177~185 참조.

36. David M. Farquhar, "The Origins of the Manchus' Mongolian Policy", In Fairbank, John
King, ed., *The Chinese World Order: Traditional China's Foreign Relations*, Cambridge,
MA: Harvard University Press, 1968, pp. 199~200; Peter C. Perdue, *China Marches
West: The Qing Conquest of Central Eurasia*, Cambridge, MA: Harvard University Press,
2005, pp. 122~127[『중국의 서진(西進): 청(淸)의 중앙유라시아 정복』, 공원국 옮김, 서
울: 길, 2012, 169~176쪽] 참조.

37. Pingti Ho, "In Defense of Sinicization: A Rebuttal of Evelyn Rawski's 'Reenvisioning the
Qing'", *Journal of Asian Studies 57*, no. 1, 1998; "In Defense of Sinicization: A Rebuttal
of Evelyn Rawski's 'Reenvisioning the Qing'", *Journal of Asian Studies 57*, no. 1, 1998; Pei
Huang, *Reorienting the Manchus: A Study of Sinicization, 1583-1795*, Ithaca, NY: Cornell
University East Asia Program, 2011 참조.

38. 陳捷先, 『滿洲叢考』 臺北: 國立臺灣大學文學院, 1963, 1~9쪽; 趙志強, 『《舊淸語》研
究』 北京: 北京燕山出版社, 2002, 69~70쪽.

39. 『滿文老檔』 1, 東京: 東洋文庫, 1955, 76~78쪽, 159~160쪽, 191~192쪽[『만문노당:
태조』 1, 김주원 외 역주, 서울: 서울대학교출판문화원, 2019, 127~132쪽, 258~260쪽,
311~313쪽]; 구룬과 만주족의 'nation' 인식 간의 관계는 Mark C. Elliott, "Manchu (Re)
Definitions of the Nation in the Early Qing", Indiana East Asian Working Papers Series
on Language and Politics in Modern China 7, 1996 참조.

40. 今西春秋 譯, 『滿州實錄: 滿和蒙和対訳』 東京: 刀水書房, 1992.

41. 『滿文老檔』 1, 東京: 東洋文庫, 1955, 159~160쪽, 191~192쪽[『만문노당: 태조』 1, 김
주원 외 역주, 서울: 서울대학교출판문화원, 2019, 258~260쪽, 311~313쪽].

42. 『滿文老檔』 4, 東京: 東洋文庫, 1959, 125쪽[『만문노당: 태조』 1, 김주원 외 역주, 서울:

서울대학교출판문화원, 2019, 207~208쪽]; 『淸實錄』 2, 北京: 中華書局, 1986, 190~
191쪽. [옮긴이주] 『淸實錄』 2, 190~191쪽은 天聰 七年(1633) 五月 초의 기록으로 차하
르를 이국(異國) 또는 원국(遠國)으로 부른 기록은 없다. 『淸實錄』에서 차하르를 명시적으
로 이국이나 원국으로 지칭한 경우는 거의 없으며, 天聰 元年 七月 五日 기사에서 등장한
다. 上曰: "諸貝勒因察哈爾汗不道, 遠來歸附, 跋涉勞苦, 可弗拜, 但互相抱見可也. 蒙
古貝勒等復奏曰: 異國之人, 遠來歸命, 蒙皇上鴻慈容納, 卽係編氓, 焉敢不拜? 於是趨
前將拜."

43. 『淸實錄』 2, 北京: 中華書局, 1986, 71쪽(天聰三年 閏四月 二十二日).

44. 『滿文老檔』 5, 東京: 東洋文庫, 1961, 792쪽[고려대학교 민족문화연구원 만문노당역주
회, 『만문노당 역주: 太宗』 2, 서울: 소명출판, 2017, 1265쪽]; 『淸實錄』 2, 北京: 中華書
局, 1986, 165쪽(天聰六年 六月 十三日).

45. 羅振玉 輯, 『天聰朝臣工奏議』 中(『史料叢刊初編 2, 3』), 北京: 東方學會, 1924, 35면(『寧
完我請變通大明會典設六部通事奏』 天聰八年 八月 初九日) "漢宮承政當看會典上事
體, 汁一宗我國行得, 某一宗我國且行不得, 幕一宗可增, 錄一宗可減, 參漢酌之金, 用心
籌思, 就今日規模立個金典出來, 每日敎率金官到汗面前, 擔當講說, 各使去因循之習,
漸就中國之制. 必如此, 庶日後得了蠻子地方, 不至手忙腳亂. …… 獨不思有一代君臣,
必有一代制作."

46. 『滿文老檔』 4, 東京: 東洋文庫, 1959, 29~30쪽[고려대학교 민족문화연구원 만문노당
역주회, 『만문노당 역주: 太宗』 1, 서울: 소명출판, 2017, 50~53쪽]; 『滿文老檔』 7, 東京:
東洋文庫, 1963, 1439~1441쪽[고려대학교 민족문화연구원 만문노당역주회, 『만문노
당 역주: 太宗』 4, 서울: 소명출판, 2017, 2289~2293쪽]; 『淸實錄』 2, 北京: 中華書局,
1986, 404쪽(崇德元年 十一月 十三日).

47. 『朝鮮王朝實錄』 34, 서울: 국사편찬위원회, 1984, 625쪽(인조 14년 2월 24일 기해); 『滿
文老檔』 6, 東京: 東洋文庫, 1962, 981쪽[고려대학교 민족문화연구원 만문노당역주회,
『만문노당 역주: 太宗』 3, 서울: 소명출판, 2017, 1568~1569쪽].

48. 童書業, 『春秋史』, 上海: 上海古籍出版社, 2003, 277~279쪽; 張金光, 『秦制研究』, 上
海: 上海古籍出版社, 2004, 39~51쪽.

49. 이에 관한 논의는 葛兆光, 『宅玆中國: 重建有關『中國』的歷史論述』, 北京: 中華書局,
2011, 41~44쪽[『이 중국에 거하라: 중국은 무엇인가에 대한 새로운 탐구』, 이원석 옮김,
파주: 글항아리, 53~56쪽].

50. 『滿文老檔』 4, 東京: 東洋文庫, 1959, 92~95쪽, 332쪽[고려대학교 민족문화연구원 만
문노당역주회, 『만문노당 역주: 太宗』 1, 서울: 소명출판, 2017, 150~156쪽, 545~546
쪽].

51. 『滿文老檔』4, 東京: 東洋文庫, 1959, 28쪽[고려대학교 민족문화연구원 만문노당역주회, 『만문노당 역주: 太宗』1, 서울: 소명출판, 2017, 46~47쪽].

52. 『滿文老檔』6, 東京: 東洋文庫, 1962, 893~898쪽[고려대학교 민족문화연구원 만문노당역주회, 『만문노당 역주: 太宗』3, 서울: 소명출판, 2017, 1431~1438쪽]; 張存武 · 葉泉宏 編, 『清入關前與朝鮮往來國書彙編: 一六一九一一六四三』臺北: 國史館, 2000, 168~169쪽.

53. 『清實錄』2, 北京: 中華書局, 1986, 341~343쪽(天聰九年 十二月 二十八日).

54. 『滿文老檔』6, 東京: 東洋文庫, 1962, 904~911쪽[고려대학교 민족문화연구원 만문노당역주회, 『만문노당 역주: 太宗』3, 서울: 소명출판, 2017, 1449~1461쪽]; 『清實錄』2, 北京: 中華書局, 1986, 347~349쪽(天聰十年 二月 二日); 『朝鮮王朝實錄』34, 서울: 국사편찬위원회, 1984, 624~625쪽(인조 14년 2월 21일 병신; 인조 14년 2월 24일 기해).

55. 『朝鮮王朝實錄』34, 서울: 국사편찬위원회, 1984, 625쪽(인조 14년 2월 25일 경자, 인조 14년 2월 26일 신축).

56. 『滿文老檔』6, 東京: 東洋文庫, 1962, 993~994쪽[고려대학교 민족문화연구원 만문노당역주회, 『만문노당 역주: 太宗』3, 서울: 소명출판, 2017, 1586~1589쪽]; 『清太宗實錄稿本』遼寧大學歷史系, 1978, 17쪽; 『朝鮮王朝實錄』34, 서울: 국사편찬위원회, 1984, 631쪽(인조 14년 4월 26일 경자).

57. 『清實錄』2, 北京: 中華書局, 1986, 369~372쪽(天聰十年 四月 十五日); 『滿文老檔』6, 東京: 東洋文庫, 1962, 1005~1006쪽[고려대학교 민족문화연구원 만문노당역주회, 『만문노당 역주: 太宗』3, 서울: 소명출판, 2017, 1604~1607쪽].

58. 『朝鮮王朝實錄』34, 서울: 국사편찬위원회, 1984, 649쪽(인조 14년 9월 22일 계해).

59. 『朝鮮國來書簿』册2, 21~22면; 張存武 · 葉泉宏 編, 『清入關前與朝鮮往來國書彙編: 一六一九一一六四三』臺北: 國史館, 2000, 199~200쪽.

60. 『朝鮮國來書簿』册2, 26~29면; 張存武 · 葉泉宏 編, 『清入關前與朝鮮往來國書彙編: 一六一九一一六四三』臺北: 國史館, 2000, 207~209쪽.

61. 李肯翊 編著, 『燃藜室記述』3, 서울: 景文社, 1976, 491~498쪽.

62. 『朝鮮國來書簿』册2, 29~32면; 張存武 · 葉泉宏 編, 『清入關前與朝鮮往來國書彙編: 一六一九一一六四三』臺北: 國史館, 2000, 210~212쪽. 崇德二年正月二十四日(甲子) 朝鮮國王申未敢出城理由書 "今之所以稱臣奉表, 願爲藩邦, 世事大國者, 亦出於人情天理之不容已." "自玆以往, 事大之禮悉照常式, 永世不絶."

63. 『朝鮮王朝實錄』34, 서울: 국사편찬위원회, 1984, 671쪽(인조 15년 1월 28일 무진); 『同文彙考』2, 서울: 국사편찬위원회, 1978, 1488쪽(「丁丑定約條年貢諭).

64. 『清實錄』2, 北京: 中華書局, 1986, 432~433쪽(崇德二年 正月 三十日), 511쪽(崇德二

年 十一月 六日).

65. 『朝鮮王朝實錄』34, 서울: 국사편찬위원회, 1984, 674쪽(인조 15년 2월 5일 을해), 677쪽
    (인조 15년 2월 28일 무술).

66. 『淸實錄』3, 北京: 中華書局, 1986, 363쪽(順治六年 八月 二十日). "毋替朕命賜李淏
    妃誥命文曰. 外藩效順,世錫鴻恩內政克勤,均沾盛典. 古帝王統御之道也. 是以詩詠靜
    貞之德. 禮垂愛敬之文. 爾朝鮮國王世子妻張氏,克秉婦儀. 允嫺內則. 旣隆延世之寵.
    宜加從爵之榮. 特封爾爲朝鮮國王妃. 其夙夜敬共. 雞鳴交儆. 共效忠誠於上國. 同奠
    藩服於東維. 敬之哉." [옮긴이주] 『淸實錄』에 기록된 고명 내용에는 왕실(王室, central
    court)이란 표현은 나오지 않으며, 이에 해당하는 용어로는 상국(上國)이 등장한다.

67. 『淸實錄』3, 北京: 中華書局, 1986, 995쪽(順治十六年 九月 二十日). 『상서』에 "흙과 띠
    를 나눈다(裂土分茅)"라고 기록된 '분모(分茅)'는 천자가 종묘로부터 어떤 흙을 하사하고,
    그 흙을 따로 감싸는 주대 종번 책봉 의식의 일부를 가리킨다. 신하들은 자신의 땅에 조상
    사당을 짓는 데 그 흙을 사용했다.

68. 『朝鮮國王世子册封誥命』, 1725(雍正三年).

69. 『通文館志』1, 서울: 서울대학교 奎章閣韓國學研究院, 2006, 112쪽. "康熙乙酉, 禮部移
    咨, 略曰: 慶賀表箋, 俱須有定式, 惟朝鮮國每歲更換文辭, 故字句之間, 有不盡協合者.
    今後依內閣纂定諸王大臣各省督撫表箋成式, 以省繁文云."

70. See, for example, Guanming's memorial(1811. 11. 20), 軍機處漢文錄副奏摺, 3-163-
    7728-16.

71. 『淸實錄』17, 北京: 中華書局, 1986, 680쪽(乾隆二十八年 五月 八日), 732쪽(乾隆
    二十八年 七月 八日), 739~740쪽(乾隆二十八年 七月 十七日). 『大淸會典事例』, 卷
    502. 北京, 1899, 8a~9b면. 二十八年, 朝鮮國王泰世子李恒病故, 請封. 李恒之子李
    祘, 奉旨推其請封, 內閣撰擬敕二道, 奉諭: 李祘以孫承祖, 其稱名仍作世子, 於義似屬
    未安著交禮部考據經書及歷代史册, 自來有無世孫名號, 并檢查會典, 該國從前曾否有
    似此立孫之事, 務令悉心詳細稽考, 折衷一是, 具摺覆奏. 欽此. 運旨議奏: 禮記檀弓云:
    公儀仲子舍其孫而立其子, 子游問諸孔子, 孔子曰: 立孫正其義也. 韓詩內傳云: 諸侯
    世子所以名爲世子何? 言欲其世世不絕也. 可見襲封傳世之人, 子孫本屬一理. 考宋
    書禮志: 孝武帝大明二年六月, 有司奏侯伯子男世子喪, 無嗣, 求進次息爲世力, 檢無其
    例, 下禮官議. 博士傳郁以爲君在而世子卒, 厥詞未贏, 次子有子, 自宜紹爲世孫人. 明
    王圻續文獻通考載: 肅恭王貢踪子眞淤, 宏治四年封世子, 嘉靖五年卒. 眞淤次子弼桃,
    初封鎮國將軍, 嘉靖十一年改封世孫. 按此則世孫之名, 昭然有據, 外藩之與宗藩, 事
    屬相同. 所有朝鮮國王李吟之孫, 自應改封世孫. 奉諭: 前內閣撰擬朝鮮世子誥敕, 朕
    意李祘以孫承祖, 其稱名仍作世无, 於義未安, 是以傳諭禮部詳數查處. 玆據秦考之史

册, 世孫名號, 昭然有據, 今李師既像該國王之孫, 自應援例封爲世孫, 方爲名正言順, 所有給予誥敕, 卽行改正頒發. 欽此. 尋遣使齎敕封李訴爲世孫.

72. 『清季中日韓關係史料』3, 臺北: 中央硏究院近代史硏究所, 1972, 1072~1075쪽.

73. 「寄漢城袁道(光緖十一年 十二月 二十八日 未刻)」, 顧廷龍·戴逸 主編, 『李鴻章全集』 21, 合肥: 安徽敎育出版社, 2008, 655쪽.

74. William Woodville Rockhill, "Korea in Its Relations with China", *Journal of the American Oriental Society 13*, 1889, p. 32.

75. 재해석에 대한 비판(critiques of reinterpretation)은 Hsiao-Ting Lin, "The Tributary System in China's Historical Imagination: China and Hunza, ca. 1760-1960", *Journal of the Royal Asiatic Society*, 3rd ser., 19, no. 4, 2009, p. 507; '팍스 시니카'(Pax Sinica)'는 黃枝連, 『東亞的禮義世界-中國封建王朝與朝鮮半島關係形態論』, 北京: 中國人民大學出版社, 1994 참조.

76. 국제관계의 시각에서 중국 조공체제 연구는 Ji-Young Lee, *China's Hegemony: Four Hundred Years of East Asian Domination*, New York: Columbia University Press, 2017 참조.

77. Peter C. Perdue, "Tea, Cloth, Gold, and Religion: Manchu Sources on Trade Missions from Mongolia to Tibet", *Late Imperial China 36*, no. 2, 2015, p. 2.

78. John E. Wills Jr., *Embassies and Illusions: Dutch and Portuguese Envoys to K'ang-I, 1666-1687*, Cambridge, MA: Harvard University, Council on East Asian Studies, 1984, p. 173; Richard J. Smith, Mapping China and Managing the World: Culture, Cartography and Cosmology in Late Imperial Times, New York: Routledge, 2013 참조. 이와이 시게키(岩井茂樹)는 조공은 명이 오랫동안 해상무역을 관리하던 기구인 시박사를 폐지한 1380년 이후 중외무역체제(互市)에 편입되었으며, 이 정책은 강희제가 해상무역을 재개한 1684년까지 지속되었다고 주장한다. 岩井茂樹, 「朝貢と互市」, 和田春樹 編, 『東アジア世界の近代: 19世紀』, 東京: 岩波書店, 2010. 단조 히로시(檀上寬)도 명대에 이와 같은 변화가 있었다고 강조한다. 檀上寬, 『明代海禁=朝貢システムと華夷秩序』, 京都: 京都大学学術出版会, 2013, 181~182쪽, 336~337쪽.

79. 『清實錄』2, 北京: 中華書局, 1986, 633~634쪽(崇德四年 七月 十六日), 777쪽(崇德六年 八月 二十九日), 820~821쪽(崇德七年 四月 十六日), 876쪽(崇德七年 十二月 十日), 890쪽(崇德八年 五月 十一日); 『清實錄』3, 北京: 中華書局, 1986, 898쪽(順治十五年 二月 十九日).

80. 『同文彙考』2, 서울: 국사편찬위원회, 1978, 1533쪽(丁丑請護送謝恩行咨).

81. 李景嚴, 『赴瀋日記』 임기중 편, 『연행록전집』15, 445쪽.

82. 『清實錄』2, 北京: 中華書局, 1986, 459쪽(崇德二年 六月 四日); 『朝鮮國來書簿』 册2,

36~41면.

83. 『朝鮮王朝實錄』34, 서울: 국사편찬위원회, 1984, 709쪽(인조 15년 11월 20일 갑신).

84. 『淸實錄』2, 北京: 中華書局, 1986, 511쪽(崇德二年 十月 二十六日). "仍封爾李倧爲朝鮮國王, 嘉乃恭順, 金章實册重新, 作我藩屏, 帶河礪山不改. <u>立一時之名分, 定萬載之綱常, 天地無移,</u> 冠履不易, 王其洗心滌慮, 世修職貢之常, 善始令終, 永保平康之福, 敬之懋哉, 勿替朕命"; 『淸實錄』3, 北京: 中華書局, 1986, 586~587쪽.

85. 王元崇, 「三田渡"大淸皇帝功德碑"滿漢碑文再硏究」, 『中國邊疆學』第3輯, 290~296쪽. 최근 삼전도비에 관한 논의는 구범진, 『청나라, 키메라의 제국』, 서울: 민음사, 2012, 44~47쪽; 배우성, 『조선과 중화: 조선이 꿈꾸고 상상한 세계와 문명』, 파주: 돌베개, 2014, 33~65쪽 참조. 조선이 만주족에 항복한 지 370주년이 되던 2007년 한국의 민족주의자들은 비석에 '철거 병자 370'이라는 큰 글자를 그려 삼전도 항복이 한국 근대 민족주의에 미친 강한 심리적 영향을 보여주었다.

86. 『朝鮮王朝實錄』34, 서울: 국사편찬위원회, 1984, 709쪽(인조 15년 11월 20일 갑신).

87. 『淸實錄』2, 北京: 中華書局, 1986, 649쪽(崇德四年 九月 十七日). [옮긴이주] 『淸實錄』의 해당 기사에는 '회유원인(懷柔遠人)'이라는 말이 등장하지 않지만, 순치제가 조선 국왕과 사신들을 우대하는 내용이 실려 있어 청의 정책 변화를 보여준다고 할 수 있다. 여기서 짚어야 할 점은 '회유원인'에서 '회유'를 어떻게 해석하느냐는 문제이다. '회유원인'의 회유는 소중히 여긴다(Cherishing)는 의미를 넘어 어루만지고 잘 달래어 시키는 말을 듣도록 한다는 유교적 교화의 의미를 담고 있다. 제임스 헤비아(James L. Hevia)는 매카트니 사절단 문제를 다루며 '회유원인'을 Cherishing Men from Afar라고 번역하여 큰 논쟁이 일어난 적이 있다(*Cherishing Men from Afar: Qing Guest Ritual and the Macartney Embassy of 1793*, Durham, NC: Duke University Press, 1995). 이 책에서 저자의 의도는 "소중히 여긴다"는 층위를 넘어 "회유한다"에 가깝다. 하지만 저자 역시 회유원인을 Cherishing Men from Afar로 옮겼다. 그리고 출처를 밝히지 않아 본래 맥락을 알기 어렵지만, 함께 부기한 만주어 goroki niyalma be bilume gosimbi 역시 "먼 곳의 사람을 어루만지며 사랑한다"라는 뜻이다. 따라서 옮긴이는 "멀리서 온 사람을 소중히 여긴다"로 옮겼다. 참고로 Cherishing Men from Afar의 논쟁은 1997~1998년 홍콩 『21세기(二十一世紀)』의 지면에서 이루어졌다. Joseph W. Esherick, 「後現代式硏究: 望文生義, 方爲妥善」, 『二十一世紀』1997年 12月號; Benjamin Elman · Theodore Huters, 「馬嘎爾尼使團, 後現代主義與中近代中國史: 評周錫瑞對何偉亞著作的批評」, 『二十一世紀』1997年 12月號; 張隆溪, 「甚麼是 '懷柔遠人'?正名, 考證與後現代式史學」, 『二十一世紀』1998年 2月號; 葛劍雄, 「就事論事與不就事論事—我看《懷柔遠人》之爭」, 『二十一世紀』1998年 4月號; 羅志田, 「夷夏之辨與 '懷柔遠人' 的字義」, 『二十一世紀』1998年 10月號.

88. 『同文彙考』2, 서울: 국사편찬위원회, 1978, 1485쪽(「謝賜物減幣定勅例賞邊臣表」), 1497~1498쪽(「減年貢米包勅」), 1503~1511쪽.

89. 『同文彙考』2, 서울: 국사편찬위원회, 1978, 1700~1702쪽, 1747~1748쪽.

80. 한명기, 『정묘·병자호란과 동아시아』, 서울: 푸른역사, 2009, 383~387쪽.

91. 이 시기 만몽 관계는 Johan Elverskog, *Our Great Qing: The Mongols, Buddhism, and the State in Late Imperial China*, Honolulu: University of Hawaii Press, 2006, pp. 27~39 참조.

2장 조선을 오랑캐로 만들다: 조선 모델과 중화제국, 1644~1761

1. 명 이후 중국 주변국 사이에서 중국이 탈중심화하는 과정은 JaHyun Kim Haboush, "Constructing the Center: The Ritual Controversy and the Search for a New Identity in Seventeenth-Century Korea", In *Culture and the State in Late Chosŏn Korea*, edited by JaHyun Kim Haboush and Martina Deuchler, 46–90, Cambridge, MA: Harvard University Asian Center, 1999; Evelyn S. Rawski, *Early Modern China and Northeast Asia: Cross-Border Perspectives*, Cambridge: Cambridge University Press, 2015, pp. 1~10, pp. 225~234.

2. 『清實錄』3, 北京: 中華書局, 1986, 91~92쪽(順治元年 十月上 一日).

3. 『清實錄』18, 北京: 中華書局, 1986, 643쪽(乾隆三十二年 五月 七日). "夫對遠人頌述朝廷, 或稱天朝, 或稱中國, 乃一定之理. 究我國家中外一統, 卽蠻荒亦無不知大淸聲教."

4. 郎球의 상주문, 1653년 4월 17일, 內閣禮科史書, 2–3.

5. 中央研究院歷史語言研究所 編, 『明淸史料 庚編』5, 臺北: 中央研究院歷史語言研究所, 1962, 404b면.

6. 『清實錄』3, 北京: 中華書局, 1986, 363쪽(順治六年 八月 二十日).

7. James A. Millward, *Beyond the Pass: Economy, Ethnicity, and Empire in Qing Central Asia, 1759-1864*, Stanford, CA: Stanford University Press, 1998, pp. 36~38.

8. 『滿文老檔』5, 東京: 東洋文庫, 1961, 790~792쪽[고려대학교 민족문화연구원 만문노당 역주회, 『만문노당 역주: 太宗』2, 서울: 소명출판, 2017, 1261~1265쪽]; ; 『滿文老檔』北京: 中華書局, 1990, 1297~1299쪽; 『清實錄』2, 北京: 中華書局, 1986, 165쪽(天聰六年 六月 十三日).

9. 「招撫鄭經勅諭」, 中央研究院歷史語言研究所 編, 『明淸史料 丁編』3, 臺北: 中央研究院歷史語言研究所, 1951, 272면. "朕思鄭經等久居海島, 阻於聲教, 今因招撫使臣至彼,

卽差屬員同來, 思欲抒誠歸順, 深爲可嘉. 若鄭經等留戀台灣, 不忍抛棄, 亦可任從其
便. 至於比朝鮮不剃髮 願進貢投誠之說, 不便允從. 朝鮮系從來所有之外國, 鄭經乃中
國之人, 若因居住台灣, 不行剃髮, 則歸順懷誠, 以何爲據? 今命內弘文院學士多諾前
往, 爾等會同靖南王耿繼茂及總督巡撫提督等傳諭鄭經來使, 再差官同往彼地宣示,
果遵制剃髮歸順, 高爵厚祿, 朕不惜封賞. 卽台灣之地, 亦從彼意, 允其居住, 庶幾恩訖
遐方, 兵民樂業, 幹戈不用, 海疆乂安, 稱朕奉天愛民綏懷遠人至意. 如不剃髮投誠, 明
珠等卽行回京."

10. 莊吉發, 『滿漢異域錄校注』 臺北: 文史哲出版社, 1983, 11~12쪽, 168쪽.

11. 『大明集禮』 卷32, 北京, 1530, 7a~8b면.

12. 예를 들어, 1644년 이전 만주족의 가장 중요한 역사적 기록인 『滿文老檔』은 만주 정권을
    abkai gurun으로 언급하지 않았다. 이 미묘한 언어학적 설명에 저명한 아키비스트이자 학
    자인 제1역사당안관의 우위안펑(吳元豐)과 만주어와 거의 같은 언어인 시보(錫伯)어가 모
    국어인 베이징사회과학원의 자오즈창(趙志强)에게 감사드린다.

13. 『淸實錄』 2, 北京: 中華書局, 1986, 455쪽(崇德二年 五月 二十日). "上覽畢, 諭曰: '爾等
    撰文, 毋得過爲誇大, 當順理措辭. 朕素不樂聞誇大之言, 彼明國之主, 自比於天, 輕視
    他人實甚. 身無德義, 徒事矜張, 究何益哉! 嗣後撰擬, 切宜詳慎, 毋得草率.'"

14. 『淸實錄』 3, 北京: 中華書局, 1986, 530~554쪽(順治九年 九月 二十九日); 郭美蘭, 「五
    世達賴喇嘛入觀述論」 『中國邊疆史地研究』 1997年 2期.

15. 『淸實錄』 3, 北京: 中華書局, 1986, 376~377쪽(順治七年 正月 十一日).

16. 『禮部則例』 卷173, 6b~10a면; 卷174, 8a~13b면; 卷175, 5b~6a면; 卷176, 6b~8a면.

17. 예를 들어, 黃枝連, 「朝鮮的儒化情境構造: 朝鮮王朝與滿淸王朝的關係形態論」 北京:
    中國人民大學出版社, 1994 참조.

18. 張存武, 『淸韓宗藩貿易, 1637~1894』 臺北: 中央研究院近代史研究所, 1985, 25~27
    쪽『근대한중무역사』 김택중 외 옮김, 서울: 교문사, 2001, 29~31쪽].

19. 『淸實錄』 3, 北京: 中華書局, 1986, 251쪽, 272쪽(順治四年 七月 二十五日); 『歷代宝案』
    1, 臺北: 國立臺灣大學, 1972, 107쪽.

20. 섬라는 『內閣禮科史書』 no. 2-3, 유구는 吳元豐, 「淸初册封琉球國王尙質始末」 『歷史
    檔案』 1996年 第4期 참조.

21. 江日升, 『臺灣外記』 福州: 福建人民出版社, 1983, 175~207쪽.

22. 「招撫鄭經勅諭」 中央研究院歷史語言研究所 編, 『明淸史料 丁編』 3, 臺北: 中央研究院
    歷史語言研究所, 1951, 272면.

23. 『淸實錄』 3, 北京: 中華書局, 1986, 363쪽(順治六年 八月 二十日), 586~587쪽(順治十
    年 四月 二十二日).

24. 中國第一歷史檔案館藏 編, 『淸宮珍藏歷世達賴喇嘛檔案薈萃』, 北京: 宗敎文化出版社, 2002, 10~19쪽.

25. 西藏自治區檔案館 編, 『西藏歷史檔案薈粹』, 北京: 文物出版社, 1995, 문건 34-74 참조.

26. 예를 들어, 『大淸會典』(1764) 卷79, 80; 『禮部則例』 卷171~187; 『理藩院則例』 卷16 참조. 페어뱅크와 덩쓰위(鄧嗣禹)도 청이 몽골 부족을 통제하고 관리하는 방식이 "모두 전통적인 형태의 조공관계에 있었다"라고 주장했다. John King Fairbank, and S. Y. Tĕng. "On the Ch'ing Tributary System", *Harvard Journal of Asiatic Studies 6*, 1941, pp. 158~163. 최근 학자들은 청이 주도하는 제국 내에서 만주족과 몽골족이 서로 위치를 어떻게 인식했는지 연구하여 이러한 상황을 복잡하게 만들었다. Johan Elverskog, *Our Great Qing: The Mongols, Buddhism, and the State in Late Imperial China*, Honolulu: University of Hawaii Press, 2006, pp. 23~39.

27. 『大淸會典事例』, 권975, 9b~10a면.

28. 『淸實錄』 8, 北京: 中華書局, 1986, 388쪽(雍正九年 四月 八日); 中國第一歷史檔案館藏 編, 『淸代軍機處滿文熬茶檔』 1, 上海: 上海古籍出版社, 2010, 1123쪽; 『淸代軍機處滿文熬茶檔』 2권, 1476쪽; 西藏自治區檔案館 編, 『西藏歷史檔案薈粹』, 北京: 文物出版社, 1995, 문건 34-74; 『大淸會典』(1764) 卷80, 26a면.

29. 마크 맨콜 역시 1644년 이후 이번원이 "중국의 전통적 유교 제도와 형식을 활용하여 '오랑캐'와 관계를 맺었다"라고 지적했다. Mark Mancall, "The Ch'ing Tribute System: An Interpretive Essay", In Fairbank, John King, ed., *The Chinese World Order: Traditional China's Foreign Relations*, Cambridge, MA: Harvard University Press, 1968, pp. 72~73.

30. 『禮部則例』 卷171, 1~14면; 卷172, 1~22면, 181면; 卷184, 1~6면; 卷185, 1~3면; 卷186, 1~5면. 이들 규정에 대한 고전적 논의는 John King Fairbank, "A Preliminary Framework", In Fairbank, John King, ed., *The Chinese World Order: Traditional China's Foreign Relations*, Cambridge, MA: Harvard University Press, 1968, pp. 10~11; John King Fairbank, and S. Y. Tĕng, "On the Ch'ing Tributary System", *Harvard Journal of Asiatic Studies 6*, 1941, pp. 163~173 참조.

31. 『大明會典』 卷105~108.

32. Laura Hostetler, *Qing Colonial Enterprise: Ethnography and Cartography in Early Modern China*, Chicago: University of Chicago Press, 2001, pp. 118~121.

33. 청의 남서부로 확장은 John E. Herman, "Empires in the Southwest: Early Qing Reforms to the Native Chieftain System", *Journal of Asian Studies 56*, no. 1, 1997; Laura Hostetler, *Qing Colonial Enterprise: Ethnography and Cartography in Early Modern China*,

Chicago: University of Chicago Press, 2001; 龔蔭, 『明淸雲南土司通纂』, 昆明: 雲南民族出版社, 1985; 李世愉, 『淸代土司制度論考』, 北京: 中國社會科學出版社, 1998 참조.

34. 『硃批諭旨』卷45, 1a~8a면.

35. 『大明會典』卷105, 1b면; 『大淸會典』(1899) 卷39, 2a~3a면.

36. 『大淸會典』(1764) 卷56, 1a~2b면; 『禮部則例』卷171~180; 『大淸會典』(1899) 卷39, 2a~3a면. 청대 조공국 목록의 연속적 변화는 『大淸會典』(1690, 1732, 1764, 1818, 1899)의 5개 판본에 잘 드러나 있다. John King Fairbank, and S. Y. Têng, "On the Ch'ing Tributary System", *Harvard Journal of Asiatic Studies 6* 1941, p. 174; 坂野正高, 『近代中国政治外交史―ヴァスコ・ダ・ガマから五四運動まで』, 東京: 東京大学出版会, 1973, 87쪽 참조.

37. 『大淸會典』(1764), 卷80, 1a면. 피터 퍼듀는 이에 대해 "현실만큼이나 가공적이었다"라고 주장한다. Peter C. Perdue, *China Marches West: The Qing Conquest of Central Eurasia*, Cambridge, MA: Harvard University Press, 2005, p. 527[『중국의 서진(西進): 청(淸)의 중앙유라시아 정복』, 공원국 옮김, 서울: 길, 2012, 669쪽].

38. 『禮部則例』卷172~177. 섬라는 1839년까지 3년에 한 번 사신단을 보냈고, 그 이후에는 4년에 한 번 보냈다.

39. 『禮部則例』卷172, 1b~5b면.

40. 『同文彙考』2, 서울: 국사편찬위원회, 1978, 1700~1744쪽; 『淸選考』2, 서울: 탐구당, 1972, 404~502쪽; 張存武, 『淸韓宗藩貿易, 1637-1894』, 2nd ed., 臺北: 中央硏究院近代史硏究所, 1985, 18~19쪽[『근대한중무역사』, 김택중 외 옮김, 서울: 교문사, 2001, 19~20쪽]; 劉爲, 『淸代中朝使者往來硏究』, 哈爾濱: 黑龍江敎育出版社, 2002, 154~251쪽. 실제로 조선 사신들은 청에 대한 정보를 수집하는 동시에 귀국 후 그들의 필담(筆談)을 첨부하여 국왕에게 보고했다. 이들의 정보 수집 활동은 조선 조정이 청의 대내외 정세를 파악하는 데 큰 도움이 되었다. 1639년부터 1862년까지 필담은 『同文考略』3, 서울: 서울대학교 奎章閣韓國學硏究院, 2012, 405~530쪽; 정보 수집의 구체적 사례는 丁晨楠, 「18세기 초 朝鮮燕行使의 陳尙義 해적집단 관련 정보 수집 활동」, 『동방학지』178, 2017 참조.

41. 『淸實錄』24, 北京: 中華書局, 1986, 297쪽(乾隆四十九年 九月 二十八日); 『淸實錄』25, 715쪽(乾隆五十三年 九月 十五日). "又諭, 朝鮮國進獻年貢陪臣. 向例於歲底到京. 明正舉千叟宴. 中外大小臣工耆庶. 年逾週甲者. 咸得與宴. 用普壽祺. 朝鮮國素稱恭順. 比於內臣. 其陪臣亦應一體入宴. 以昭寵眷. 著禮部卽速行文該國王. 所有今歲年貢正副使內. 酌派年在六十以上者一二員來京. 俾得與茲盛典. 共沐光榮. 以示朕嘉惠遠邦. 優禮耆年之至意." "若朝鮮奉朔朝正. 每歲使臣來京者. 絡繹不絶. 竟與世臣無異. 該國

入貢. 向不由盛京派員護送. 其使臣人等."

42. 『禮部則例』卷172~180. 소록(蘇祿) 사신단 역시 수행원 숫자에 제한이 없었지만, 이론상 소록은 5년에 한 번씩만 파견해야 했다.

43. 郎球의 상주문, 1653년 2월 9일, 內閣禮科史書, 2-1; 軍機處漢文錄副奏摺, 3-163- 7728-8, 3-163-7730-25.

44. 『通文館志』1, 서울: 서울대학교 奎章閣韓國學研究院, 2006, 94~98쪽; 李商鳳, 『北轅 錄』 『燕行錄選集 補遺』上, 서울: 東아시아學術院 大東文化研究院, 2008, 707~709쪽.

45. 郎球의 상주문, 1653년 5월 28일, 內閣禮科史書, 2-4.

46. 『同文彙考』1, 서울: 국사편찬위원회, 1978, 903~1044쪽; 『同文彙考』2, 1045~1245 쪽, 1747~1771쪽; Chun Hae-jong, "Sino-Korean Tributary Relations in the Ch'ing Period", In John King Fairbank, ed., *The Chinese World Order: Traditional China's Foreign Relations*, Cambridge, MA: Harvard University Press, 1968. pp. 92~94, p. 101; 劉爲, 『淸 代中朝使者往來研究』 哈爾濱: 黑龍江教育出版社, 2002, 35~41쪽, 154~251쪽.

47. 『淸實錄』3, 北京: 中華書局, 1986, 940쪽(順治十五年 十一月 十五日); 『通文館志』1, 서울: 서울대학교 奎章閣韓國學研究院, 2006, 215~218쪽.

48. 淸代宮中檔奏摺及軍機處檔摺件, 072667; 『禮部則例』卷181, 1b~2a면. 1845년 사행 은 淸代宮中檔奏摺及軍機處檔摺件, 076837; 花沙納, 『東使紀程』 『해외한국학자료총 서』7 서울: 성균관대학교 동아시아학술원, 2004.

49. 『勅使日記』卷17, 14b면; 崇禮, 『奉使朝鮮日記』 1893, 22b~23a면.

50. 洪大容, 『湛軒燕記』 임기중 편, 『연행록전집』42, 29쪽.

51. 『阿克敦詩』卷5; 黃有福 · 千和淑 校注, 『奉使圖』 瀋陽: 遼寧民族出版社, 1999, nos. 9, 11.

52. 李坤, 『燕行記事』 임기중 편, 『연행록전집』58, 256~388쪽; 『연행록전집』59, 12~15쪽; 金允植, 『陰晴史』 서울: 국사편찬위원회, 1958, 21쪽; 柏俊, 『奉使朝鮮驛程日記』殷夢 霞 · 於浩 選編 『使朝鮮錄』2, 北京: 北京圖書館出版社, 2003 참조.

53. 이 울타리는 『大淸會典事例』卷233, 20a면; 『盛京通志』卷11, 5a~6a면; 楊賓, 『柳邊 紀略』 上海: 商務印書館, 1936, 1쪽; 楊樹森, 『淸代柳條邊』 瀋陽: 遼寧人民出版社, 1978, 27~53쪽.

54. 金正浩, 『東輿圖』 서울: 서울대학교 奎章閣, 2003, no. 16.

55. 博明希哲, 『鳳城瑣錄』 2a면.

56. 姜柏年, 『燕行路程記』 임기중 편, 『연행록전집』19, 447~450쪽.

57. 『朝鮮王朝實錄』40, 서울: 국사편찬위원회, 1984, 117쪽(숙종 30년 10월 28일 을미).

58. 李坤, 『燕行記事』 임기중 편, 『연행록전집』58, 314~315쪽; Naehyun Kwon, "Chosŏn

Korea's Trade with Qing China and the Circulation of Silver", *Acta Koreana 18*, no. 1, 2015, pp. 163~170; 이철성, 『朝鮮後期 對淸貿易史 硏究』, 서울: 국학자료원, 2000, 63~79쪽.

59. 『同文彙考』 1, 서울: 국사편찬위원회, 1978, 672쪽; 『通文館志』 1, 서울: 서울대학교 奎章閣韓國學硏究院, 2006, 112~130쪽; 內閣外交專案, 朝鮮, 564-2-190-4.

60. 『通文館志』 1, 서울: 서울대학교 奎章閣韓國學硏究院, 2006, 112~113쪽.

61. 內閣外交專案, 朝鮮, 564-2-190-4. "<u>皇帝陛下 率育蒼生, 誕膺景命, 寶區和協, 聲敎覃敷, 四海一而萬國來王.</u>"

62. 軍機處漢文錄副奏摺, 3-163-7729-42; 『朝鮮史料彙編』 20, 北京: 全國圖書館文獻縮微復製中心, 2004, 513~573쪽.

63. 『朝鮮王朝實錄』 34, 서울: 국사편찬위원회, 1984, 709쪽(인조 15년 11월 20일 갑신).

64. 『淸實錄』 3, 北京: 中華書局, 1986, 363쪽(順治六年 八月 二十日); 『淸實錄』 4, 北京: 中華書局, 1986, 678~679쪽(康熙十四年 正月 十六日).

65. 「朝鮮國王世弟册封誥命」 1722(康熙六十一年).

66. 『藏書閣所藏古文書大觀』 3, 성남: 한국학중앙연구원출판부, 2012, 20~21쪽.

67. 『藏書閣所藏古文書大觀』 3, 성남: 한국학중앙연구원출판부, 2012, 30~33쪽.

68. 內閣禮科史書, 2-3.

69. Pamela Kyle Crossley, *A Translucent Mirror: History and Identity in Qing Imperial Ideology*, Berkeley: University of California Press, 1999, pp. 11~12 참조.

70. 莊吉發, 「暹羅國王鄭昭入貢淸廷考」 『大陸雜誌』 51-3, 1975; Mark Mancall, "The Ch'ing Tribute System: An Interpretive Essay", In John King Fairbank, ed., *The Chinese World Order: Traditional China's Foreign Relations, Cambridge*, MA: Harvard University Press, 1968; Erika Masuda, "The Fall of Ayutthaya and Siam's Disrupted Order of Tribute to China 1767-1782", *Taiwan Journal of Southeast Asian Studies 4*, no. 2, 2007.

71. William Woodville Rockhill, "Korea in Its Relations with China", *Journal of the American Oriental Society 13*, 1889, p. 2.

72. 예를 들어, 軍機處漢文錄副奏摺, 3-163-7729-16/17/26/27/29/31/33/45/46. 조선의 조공에 대한 자세한 내용은 『淸代中朝關係檔案史料彙編』, 北京: 中國檔案出版社, 1996; 中國第一歷史檔案館藏 編, 『淸代中朝關係檔案史料續編』, 北京: 中國檔案出版社, 1998 참조.

73. 『禮部則例』 卷172, 6a~7b면; 中央研究院歷史語言研究所 編, 『明淸史料 庚編』 5, 臺北: 中央研究院歷史語言研究所, 1962, 469b면.

74. 李在學, 『燕行日記』 임기중 편, 『연행록전집』 58, 100~101쪽. "<u>直赴禮部, 入左夾門, 歇</u>

序班廳. 少頃, 右侍郎劉曜雲來到, 而入門時有唱辟之聲, 通官引三使立於大廳設卓之東, 侍郎立於卓西, 任譯奉表咨文傳于正使, 正使傳于侍郎訖, 侍郎向正副使相揖, 三使行禮於卓前, 而出外門, 扁禮部二字."

75. 中央研究院歷史語言研究所 編, 『明淸史料 庚編』5, 臺北: 中央研究院歷史語言研究所, 1962, 449b면.

76. 『禮部則例』卷171, 3b~4a면, 11b~15a면; 『大淸通禮』卷43, 1~6면.

77. 『大唐開元禮』, 北京: 民族出版社, 2000, 386~392쪽.

78. 『事大文軌』卷42, 14b~15b면.

79. 김자현은 17세기 조선의 맥락에서 "당시 문화지형에서 의례는 질서의 표현이자 질서를 보존하고 회복하는 수단으로 여겨졌다"라고 지적한다. JaHyun Kim Haboush, "Constructing the Center: The Ritual Controversy and the Search for a New Identity in Seventeenth–Century Korea", In *Culture and the State in Late Chosŏn Korea*, edited by JaHyun Kim Haboush and Martina Deuchler, Cambridge, MA: Harvard University Asian Center, 1999, pp. 70~71.

80. 『淸實錄』4, 北京: 中華書局, 1986, 678쪽(康熙十四年 正月 十六日).

81. 예를 들어, 『淸實錄』26, 北京: 中華書局, 1986, 10쪽(乾隆五十五年 正月 八日).

82. 洪大容, 『湛軒書』, 서울: 대양서적, 1980, 108쪽.

83. 『光祿寺則例』卷23, 4b~6a면; 『禮部則例』卷299, 7a~7b면.

84. 『禮部則例』卷1, 宴圖.

85. 王元周, 『小中華意識的嬗變: 近代中韓關係的思想史研究』, 北京: 民族出版社, 2013, 137~138쪽.

86. 董文煥, 『峴樵山房日記』, 『淸季洪洞董氏日記六種』, 北京: 北京圖書館出版社, 1996.

87. 朴珪壽, 『瓛齋先生集』卷1, 6~7면

88. Key–hiuk Kim, *The Last Phase of the East Asian World Order: Korea, Japan, and the Chinese Empire, 1860-1882*, Berkeley: University of California Press, 1980, p. 12[『동아시아 세계질서의 종막–조선·일본·청, 1860~1882』, 김범 옮김, 파주: 글항아리, 2022, 40~41쪽].

89. 洪大容, 『湛軒書』, 서울: 대양서적, 1980, 72쪽, 322쪽.

90. 董文煥 編著, 李豫·崔永禧 輯校, 『韓客詩存』, 北京: 書目文獻出版社, 1995, 261~266쪽; 洪大容, 『湛軒書』, 서울: 대양서적, 1980, 392쪽, 396쪽.

91. 『灣府支勅事例』11b~37a면.

92. 『平安道內各邑支勅定例』, 63~101면.

93. 李鼎元, 『使琉球記』卷4, 14b~23a면; 卷5, 6b~17b면.

94. 『勅使日記』卷1, 25b면; 卷3, 28a면, 30b면; 卷4, 18면; 卷5, 10a면; 卷7, 18a면; 卷8, 17a면; 卷9, 19b면; 卷10, 24b면; 卷11, 26b면. 『問答記』(豆滿江勘界問答記) 34면. [옮긴이주] 규장각에 소장된 『問答記』는 백두산정계비와 관련된 내용으로 삼전도비와는 무관하다.

95. 郞球의 상주문, 1653년 5월 18일, 內閣禮科史書, 2–4.

96. 張存武, 『淸韓宗藩貿易, 1637–1894』, 臺北: 中央硏究院近代史硏究所, 1985, 36~37쪽『근대한중무역사』, 김택중 외 옮김, 서울: 교문사, 2001, 43~44쪽].

97. 岩井茂樹, 「朝貢と互市」, 和田春樹 編, 『東アジア世界の近代: 19世紀』, 東京: 岩波書店, 2010, 137쪽.

98. 『禮部則例』卷172, 11a~12b면.

99. 黃枝連, 『朝鮮的儒化情境構造: 朝鮮王朝與滿淸王朝的關係形態論』, 北京: 中國人民大學出版社, 1994, 479~491쪽.

100. 『淸實錄』9, 北京: 中華書局, 1986, 477쪽(乾隆元年 五月 二十五日).

101. 李在學, 『燕行日記』, 임기중 편, 『연행록전집』 58, 193~194쪽.

102. 『淸實錄』9, 北京: 中華書局, 1986, 330~331쪽(雍正十三年 十二月 二十四日), 477~479쪽(乾隆元年 五月 二十五日).

103. 洪大容, 『湛軒書』, 서울: 대양서적, 1980, 72, 176쪽.

104. 『淸實錄』9, 北京: 中華書局, 1986, 633~634쪽(乾隆元年 十二月 七日), 711쪽(乾隆二年 四月 四日).

105. 『淸實錄』17, 北京: 中華書局, 1986, 721~722쪽(乾隆二十八年 六月 二十四日, 乾隆二十八年 六月 二十五日), 857쪽(乾隆二十九年 正月 二十四日); 『勅使日記』卷12, 8a면.

106. 『淸實錄』8, 北京: 中華書局, 1986, 399~400쪽(雍正九年 五月 六日), 458쪽(雍正九年 九月 一日).

107. 『淸實錄』12, 北京: 中華書局, 1986, 527~528쪽(乾隆十一年 七月 十五日), 532~533쪽(乾隆十一年 七月 二十一日), 535쪽(乾隆十一年 七月 二十三日), 573~574쪽(乾隆十一年 八月 三十日); 『同文彙考』1, 서울: 국사편찬위원회, 1978, 913~918쪽. 망우초 사건은 Seon–min Kim, *Ginseng and Borderland: Territorial Boundaries and Political Relations between Qing China and Chosŏn Korea, 1636-1912*, Berkeley: University of California Press, 2017, pp. 92–103『인삼과 국경: 청–조선의 영토 인식과 경계 형성』, 최대명 옮김, 파주: 사계절, 2023, 150~165쪽] 참조.

108. 증정 사건에 대한 자세한 내용은 Jonathan D. Spence, *Treason by the Book*, New York: Viking, 2001[이준갑 옮김, 『반역의 책: 옹정제와 사상통제』, 서울: 이산, 2004] 참조.

109. 『淸實錄』8, 北京: 中華書局, 1986, 696~697쪽(雍正十一年 四月 二十八日).

110. 平野聡, 『淸帝国とチベット問題―多民族統合の成立と瓦解―』 名古屋: 名古屋大学 出版会, 2004, 71~112쪽 참조.

111. 『歷代帝王廟硏究論文集』 香港: 香港國際出版社, 2004, 14~31쪽.

112. Pamela Kyle Crossley, *A Translucent Mirror: History and Identity in Qing Imperial Ideology*, Berkeley: University of California Press, 1999, pp. 261~262.

113. 岸本美緒, 「"中國"與"外國"―明淸兩代歷史文獻中有關國家關係的用語」 陳熙遠 編, 『覆 案的歷史: 檔案考掘與淸史硏究』 下冊, 臺北: 中央硏究院, 2013, 365~366쪽.

114. 1729, 1731, 1736, 1748, 1750년 칙사가 이렇게 했다. 『勅使日記』 卷4~9.

115. 『淸實錄』4, 北京: 中華書局, 1986, 120~121쪽(乾隆十六年 閏五月 四日).

116. 『舊唐書』16, 北京: 中華書局, 1975, 5274쪽.

117. James A. Millward, *Beyond the Pass: Economy, Ethnicity, and Empire in Qing Central Asia, 1759-1864*, Stanford, CA: Stanford University Press, 1998, p. 25.

118. 『孤本元明雜劇』4, 上海: 商務印書館, 1949, 1~12쪽.

119. 『四庫全書總目提要』15, 上海: 商務印書館, 1931, 12쪽.

120. 『皇淸職貢圖』 瀋陽: 遼沈書社, 1991, 40~41쪽, 54~55쪽, 58~59쪽, 66~67쪽.

121. 莊吉發, 『謝遂《職貢圖》滿文圖說校注』, 臺北: 國立故宮博物院, 1989, 60~61쪽, 78~ 79쪽; Laura Hostetler, *Qing Colonial Enterprise: Ethnography and Cartography in Early Modern China*, Chicago: University of Chicago Press, 2001, p. 47; Richard J. Smith, *Mapping China and Managing the World: Culture, Cartography and Cosmology in Late Imperial Times*, New York: Routledge, 2013, pp. 75~76.

122. 朱誠如 主編, 『淸史圖典』6, 北京: 紫禁城出版社, 2002, 197~198쪽.

123. Pamela Kyle Crossley, "Manzhou Yuanliu Kao and the Formalization of the Manchu Heritage", *Journal of Asian Studies 46*, no. 4, 1987, p. 761.

124. 『淸實錄』17, 北京: 中華書局, 1986, 259~260쪽(乾隆二十六年 十一月 十七日). "至國 家四海之大, 內地所産, 何所不有, 所以准通洋船者, 特係懷柔遠人之道則然. 乃該夷來 文內有與天朝有益之語, 該督等不但當行文籠統飭拜, 宜明切曉諭, 使知來廣貿易實爲 夷衆有益起見, 天朝幷不藉此些微遠物也."

125. Earl H. Pritchard, *Anglo-Chinese Relations during the Seventeenth and Eighteenth Centuries*, New York: Octagon Books, 1970, pp. 133~143.

126. 이러한 보고서는 『淸代中朝關係檔案史料彙編』과 『淸代中朝關係檔案史料續編』에서 찾 아볼 수 있다. 6장에서 살펴보듯 1900년대에도 중국의 지방 총독들은 비슷한 보고서를 북경에 제출했다.

127. 천하체제는 中國第一歷史檔案館藏 編, 『清代中琉關係檔案續編』, 北京: 中華書局 1994, 723쪽 참조.

128. 『清實錄』 21, 北京: 中華書局, 1986, 578쪽(乾隆四十一年 六月 二十八日); 中國第一歷 史檔案館藏 編, 『乾隆朝滿文寄信檔譯』 12, 長沙: 嶽麓書社, 2011, 117쪽.

129. 더 자세한 내용은 김선민, 「乾隆年間 朝鮮使行의 銀 분실사건」, 『명청사연구』 33, 2010 참 조.

3장 중화로 정당화하다: 청과 조선·안남·영국의 교류, 1762~1861

1. 『朝鮮王朝實錄』 40, 서울: 국사편찬위원회, 1984, 118쪽(숙종 30년 11월 12일 戊申); 王元周, 『小中華意識的嬗變: 近代中韓關係的思想史研究』, 北京: 民族出版社, 2013, 43~51쪽.

2. 「朝鮮國王世弟册封誥命」, 1722(康熙六十一年) 5월 24일.

3. 『宋子大全』, 서울: 대양서적, 1980, 96쪽; 『朝鮮王朝實錄』 38, 서울: 국사편찬위원회, 1984, 243~244쪽(숙종 1년 2월 7일 을미, 숙종 1년 2월 9일 정유), 265쪽(숙종 1년 4월 16일 갑진), 288쪽(숙종 1년 6월 6일 계해, 숙종 1년 6월 10일 정묘); 『朝鮮王朝實錄』 39, 서울: 국사편찬위원회, 1984, 92쪽; 『朝鮮王朝實錄』 41, 서울: 국사편찬위원회, 1984, 94 쪽(숙종 46년 1월 24일 신묘).

4. JaHyun Kim Haboush, "Constructing the Center: The Ritual Controversy and the Search for a New Identity in Seventeenth-Century Korea", In *Culture and the State in Late Chosŏn Korea*, edited by JaHyun Kim Haboush and Martina Deuchler, Cambridge, MA: Harvard University Asian Center, 1999, pp. 62~90.

5. 申維翰, 『青泉集』 卷4, 1a~2b면(「送李東望[柱泰]之燕序」 "周公我師, 孔孟我儀, 洛閩我 先導, 是我亦中國人也.", "使吾而詩書中國, 衣帶中國, 泱泱乎大風也者, 自箕聖之東 封肇焉."), 8b~13a면(「奉贐任書狀[珽]赴燕序」 「奉送冬至副使金參判[龍慶]赴燕序」).

6. 『朝鮮王朝實錄』 40, 서울: 국사편찬위원회, 1984, 76쪽(숙종 30년 3월 19일 무오), 108쪽 (숙종 30년 9월 16일 계축), 122쪽(숙종 30년 11월 25일 신유), 124쪽(숙종 30년 12월 21 일 정해).

7. 이와 같은 일기의 가장 포괄적인 총서로 임기중 편, 『燕行錄全集』, 서울: 동국대학교출판 부, 2001 참조.

8. 洪大容, 『湛軒書』, 서울: 대양서적, 1980, 11쪽; 『淸選考』 2, 서울: 탐구당, 1972, 458쪽.

9. 洪大容, 『湛軒書』, 서울: 대양서적, 1980, 93쪽.

10. 洪大容,『湛軒書』, 서울: 대양서적, 1980, 106~108쪽.

11. 洪大容,『湛軒書』, 서울: 대양서적, 1980, 117쪽.

12. 夫馬進,『朝鮮燕行使と朝鮮通信使』, 名古屋: 名古屋大学出版会, 2015, 365~369쪽 [『조선연행사와 조선통신사』, 신로사 외 옮김, 성균관대학교출판부, 2019, 503~507쪽].

13. 洪大容,『湛軒書』, 서울: 대양서적, 1980, 172~176쪽.

14. 洪大容,『湛軒書』, 서울: 대양서적, 1980, 72쪽, 322쪽.

15. 朴齊家,『貞蕤集』, 서울: 탐구당, 1971, 109~115쪽, 383~438쪽.

16. 朴齊家,『貞蕤集』, 서울: 탐구당, 1971, 437~438쪽.

17. 蔡濟恭,『含忍錄』, 임기중 편,『연행록전집』40, 335~381쪽.

18. 朴趾源,『熱河日記』1, 臺北: 臺灣書店 1956, 10b면[김혈조 옮김,『熱河日記』1, 파주: 돌베개, 2009, 61~62쪽].

19. 朴趾源,『熱河日記』1, 臺北: 臺灣書店 1956, 59b~65b면[김혈조 옮김,『熱河日記』1, 파주: 돌베개, 2009, 221~222쪽, 237~238쪽)].

20. 朴趾源,『熱河日記』2, 臺北: 臺灣書店 1956, 1a~2a면[김혈조 옮김,『熱河日記』1, 파주: 돌베개, 2009, 250~254쪽)].

21. 朴趾源,『熱河日記』2, 臺北: 臺灣書店 1956, 57b면[김혈조 옮김,『熱河日記』1, 파주: 돌베개, 2009, 431쪽)]. [옮긴이주] 박지원이 『열하일기』에서 청의 연호를 사용한 것이 이때가 처음이 아니다. 칠월 이십육일(1780. 8. 25)「사호석기(射虎石記)」에도 등장한다. 이 기록은 『열하일기』의 편집상 건륭 45년 팔월 초하루 기록보다 뒤에 나오지만 일자는 앞선다. 내용은 간략한데 "영평부 남쪽으로 십여 리를 가면 끊어진 언덕에 바위 하나가 마치 노려보듯이 서 있다. 바위의 색깔은 희고 그 아래 한비장군사호처(漢飛將軍射虎處)라는 비석이 있다. 나는 그 비석에 청나라 건륭 45년 칠월 이십육일 조선인 박지원이 구경했다고 적었다"라고 되어 있다[김혈조 옮김,『열하일기』1, 파주: 돌베개, 2009, 369쪽. "永平府南行十數里. 斷隴露石. 睨而視之. 其色白. 其下有碑曰: '漢飛將軍射虎處.' 淸乾隆四十五年秋七月二十六日. 朝鮮人某某觀." 한비장군은 한나라 이광]. 팔월 초하루 기록은 그 의도가 매우 명확하다. 팔월 초하루에서는 우공(禹貢) 시기부터 북경의 역사를 서술하며 그 주인이 바뀌었음을 보여주고 현재의 황제가 명확히 건륭이라 지칭하며, "이 글을 쓴 자가 누구인가 하면 조선에서 온 박지원(朴趾源)이고, 쓴 때가 언젠가 하면 건륭 45년 가을 8월 초하루이다"[記之者誰. 朝鮮朴趾源也. 記之時維何. 乾隆四十五年秋八月初一日也]라는 문장으로 마무리 지었다.

22. 朴趾源,『熱河日記』3, 臺北: 臺灣書店 1956, 20b면[김혈조 옮김,『熱河日記』2, 파주: 돌베개, 2009, 21~23쪽]; 민두기,『中國近代史研究: 紳士層의 思想과 行動』, 서울: 일조각, 1973, 4쪽.

23. 朴趾源,『熱河日記』3, 臺北: 臺灣書店 1956, 26a~32b면, 85a~87b면, 92a~92b면[김혈조 옮김,『熱河日記』2, 파주: 돌베개, 2009, 42~46쪽, 60~64쪽, 243~254쪽, 265~266쪽].

24. 朴趾源,『熱河日記』3, 臺北: 臺灣書店 1956, 75a면[김혈조 옮김,『熱河日記』2, 파주: 돌베개, 2009, 210쪽]. "弊邦之於大國, 事同一家. 今吾與公旣無內外之別, 而至於法王係是西番之人, 則使臣安敢造次相見乎? 此固人臣無外交之義也."

25. 청나라 관료제의 규칙이 이 역설의 원인이 되었다. 예부는 황제에게 올리는 상주문에서 조선인과 판첸 에르데니의 만남을 묘사하면서 조선인들이 에르데니로부터 선물을 받은 후 즉시 감사의 표시로 절을 올렸다고 조작했다. 朴趾源,『熱河日記』3, 臺北: 臺灣書店 1956, 91b면[김혈조 옮김,『熱河日記』2, 파주: 돌베개, 2009, 264~265쪽].

26. 『清實錄』22, 北京: 中華書局, 1986, 872쪽(乾隆四十五年 八月 十二日).

27. 朴齊家,『貞蕤集』, 서울: 탐구당, 1971, 380~381쪽.

28. 徐浩修,『熱河紀遊』, 임기중 편,『연행록전집』51, 335쪽[이창숙 역해,『열하일기유: 조선학자의 눈에 비친 열하와 북경』, 파주: 아카넷, 2017, 41~42쪽].

29. 徐浩修,『熱河紀遊』, 임기중 편,『연행록전집』51, 342쪽(六月二十二日), 421~422쪽(七月十五日)[이창숙 역해,『열하일기유: 조선학자의 눈에 비친 열하와 북경』, 파주: 아카넷, 2017, 44~45쪽, 112쪽].

30. 徐浩修,『熱河紀遊』, 임기중 편,『연행록전집』51, 442쪽. "朝鮮於事大之節, 敬謹如此, 宜作他藩之儀式."(七月十六日)

31. 『清實錄』25, 北京: 中華書局, 1986, 817쪽(乾隆五十三年 十二月 六日), 873~874쪽(乾隆五十四年 正月 二十七日), 973쪽(乾隆五十四年 四月 二十一日).

32. 『清實錄』25, 北京: 中華書局, 1986, 874쪽(乾隆五十四年 正月 二十七日), 966~974쪽(乾隆五十四年 四月 二十一日~乾隆五十四年 四月 二十七日).

33. 『安南紀略』卷21, 14a면. "恩施. 爾旣履中華之土, 卽當從中華之制, 一體薙髮改服, 不得仍循爾國舊俗. 一同安坤桂林者共五十四人, 聞等臣宣示."

34. 『安南紀略』卷23, 24a면("明岁來京瞻觀, 經過沿途各省地方, 與督撫接見, 自應以賓主之禮相待");『安南紀略』卷26, 18a면("應告以此次進京祝嘏大皇帝, 於國王到京朝見時, 特賜金黃鞓帶. 天朝體制, 惟宗藩始得繫用此帶. 今國王特臂異数, 比於親藩, 賓爲難覩覬寵. 國王赴應仍繫用紅帶, 恭候到京面覲時, 大皇帝加恩賞煥.")

35. 『清實錄』25, 北京: 中華書局, 1986, 1049~1050쪽(乾隆五十四年 六月 二十二日), 1198쪽(乾隆五十四年 十一月 五日), 1201~1128쪽(乾隆五十四年 十一月 八日).

36. 일부 현대 학자들은 국경에서 자신을 드러낸 사람이 응우옌후에가 아니라 그의 대역이라고 주장한다. Truong Buu Lam, "Intervention versus Tribute in Sino-Vietnamese

Relations, 1788-1790", John King Fairbank, ed., *The Chinese World Order: Traditional China's Foreign Relations*, Cambridge, MA: Harvard University Press, 1968 참조. 여하간 북경에 중요한 것은 안남의 군주가 청의 권위에 종속된 모습을 보였다는 것이다.

37. 『安南紀略』卷28, 21면.

38. 『清實錄』26, 北京: 中華書局, 1986, 174~175쪽(乾隆五十五年 六月 十日). 제임스 헤비아는 매카트니 사절단에 관한 연구에서 '중심 잡기(centering)'로서 '풍검적중(豐儉適中)' 이라는 문구를 사용하여 좀 더 확장된 의미를 부여했다. James L. Hevia, *Cherishing Men from Afar: Qing Guest Ritual and the Macartney Embassy of 1793*, Durham, NC: Duke University Press, 1995, p. 123 참조. [옮긴이주] 저자는 지나치거나 부족함이 없이 알맞음을 의미하는 '적중'이라는 표현을 영어 단어 mean으로 번역했으며, 원뜻으로 맞는 표현이다. 헤비아는 '적중'을 centering의 의미로 사용하여 중심을 잡아가는 조정 행위를 제국 규범이 우주와 도덕적 질서를 구성해 가는 수많은 행위의 연속선에서 이해한다. 즉, 중심을 향한 조정 과정을 통해 질서의 계층적 관계를 조직하고, 그 행위에 참여하는 행위자들을 황제의 통치 체제 안으로 들어오게 만든다.

39. 『清實錄』26, 北京: 中華書局, 1986, 196~200쪽(乾隆五十五年 七月 一日, 七月 二日).

40. 이 사례에 대해서는 Henrietta Harrison, "The Qianlong Emperor's Letter to George III and the Early-Twentieth-Century Origins of Ideas about Traditional China's Foreign Relations", *American Historical Review 122*, no. 3, 2017 참조.

41. Matthew W. Mosca, *From Frontier Policy to Foreign Policy: The Question of India and the Transformation of Geopolitics in Qing China*, Stanford, CA: Stanford University Press, 2013, pp. 69~160.

42. 中國第一歷史檔案館藏 編, 『英使馬戛爾尼訪華檔案史料彙編』, 北京: 國際文化出版公司, 1996, 32~38쪽.

43. 中國第一歷史檔案館藏 編, 『英使馬戛爾尼訪華檔案史料彙編』, 北京: 國際文化出版公司, 1996, 51쪽, 148~149쪽.

44. Alain Peyrefitte, *The Immobile Empire: The First Great Collision of East and West*, Translated by Jon Rothschild, New York: Alfred A. Knopf, 1992, pp. 223~224; Pierre-Henri Durand, "兼聽則明——馬戛爾尼使華再探"(De la confrontation naît la lumière: Nouvelles considérations sur l'ambassade Macartney), 許明龍 譯, 中國第一歷史檔案館藏 編, 『英使馬戛爾尼訪華檔案史料彙編』, 北京: 國際文化出版公司, 1996.

45. 中國第一歷史檔案館藏 編, 『英使馬戛爾尼訪華檔案史料彙編』, 北京: 國際文化出版公司, 1996, 57~60쪽, 162~175쪽.

46. Li Chen, *Chinese Law in Imperial Eyes: Sovereignty, Justice, and Transcultural Politics*, New

York: Columbia University Press, 2016, p. 8.

47. 『淸實錄』27, 北京: 中華書局, 1986, 257~264쪽; 李在學, 『燕行日記』, 임기중 편, 『연행 록전집』 58, 105~127쪽.

48. 『淸嘉慶朝外交史料』 5, 北京: 故宮博物院, 1932, 11a~12a면, 37a~40b면, 57a면.

49. George Thomas Staunton, *Narrative of the Chinese Embassy to the Khan of the Tourgouth Tartars in the Years of 1712, 13, 14, & 15*, London: John Murray, 1821, pp. v~vi.

50. Alain Peyrefitte, *The Immobile Empire: The First Great Collision of East and West*, Translated by Jon Rothschild, New York: Alfred A. Knopf, 1992, pp. 524~525.

51. 柏葰, 『奉使朝鮮驛程日記』, 殷夢霞·於浩 選編 『使朝鮮錄』 2, 北京: 北京圖書館出版 社, 2003, 571~661쪽[『사조선록 역주』 5, 김한규 옮김, 서울: 소명출판, 2012, 193~194 쪽].

52. 軍機處漢文錄副奏摺, 3-163-7729-661.

53. 花沙納, 『東使紀程』, 『해외한국학자료총서』 7 서울: 성균관대학교 동아시아학술원, 2004, 131~199쪽.

54. 王元周, 『小中華意識的嬗變: 近代中韓關係的思想史硏究』, 北京: 民族出版社, 2013, 140쪽. 엽명침은 J. Y. Wong, *Yeh Ming-Ch'en: Viceroy of Liang Kuang, 1852-8*, New York: Cambridge University Press, 1976 참조.

55. 『籌辦夷務始末: 咸豐朝』 2, 北京: 中華書局, 1979, 610~619쪽[葉名琛奏英法二使遞 來照會已據理回復折]. "夷性反覆靡常, 詭詐百出, 當此功虧一簣之際, 臣尤應密爲防 範, 明示懷柔, 斷不敢稍涉大意, 頓乖全局."

56. 『籌辦夷務始末: 咸豐朝』 3, 北京: 中華書局, 1979, 748~794쪽. "佛酋欲與英·咪各夷遣 人駐京, 俄國議令遇事前來. 可告以中國與外國往還, 總在邊界, 惟有屬國, 始行進京朝 貢, 亦無欽差駐京之事. 俄國學生久在京中, 豈不知之. 至通商地方各有大臣, 該夷卽來 貿易, 卽當遵照中國章程", 「軍機大臣擬答法國各條[上廷寄附件], 748쪽. "至外國人進 京, 皆係朝貢陪臣, 若通商各國, 原因獲利起見. 近年海口事宜, 均在廣東定議, 卽康熙 年間與俄夷會議互市, 亦均在邊界定議, 從無在京商辦之例. 該夷來京, 無論人數多寡, 中國有何畏懼? 實因與體制不合. 上年普酋請許來京, 尙且因接待禮節向無章程, 令其 停止. 何況英·佛兩夷稱兵犯順, 尤非恭順之國可比, 此次准其接見大臣, 已屬格外, 豈 能再准進京", 「軍機大臣廷寄[答上折], 783쪽. "咪唎堅旣是與國, 款待之禮, 例所不載, 旣無章程可仿, 卽恐禮貌未周, 轉傷和好之誼, 此事恐難允准. 其增口減稅, 業經有旨, 但須英·佛局定, 方能均沾利益", 「軍機大臣廷寄[答上折], 793~794쪽.

57. 『籌辦夷務始末: 咸豐朝』 3, 北京: 中華書局, 1979, 938쪽.

58. *Treaties, Conventions*, etc., between China and Foreign States. vol. 1. 2nd ed., Shanghai:

Statistical Department of the Inspectorate General of Customs of China, 1917, p. 715.

59. 『籌辦夷務始末: 咸豐朝』3, 北京: 中華書局, 1979, 952~961쪽. "朝鮮 琉球等國, 久奉正朔, 每遇朝貢, 皆極恭順, 若見該夷之桀驚倨侮, 必皆有輕視天朝之意", 「周祖培等奏處使駐京八害折」953쪽. "從來外夷臣服中國, 入候朝貢, 皆事畢卽返, 不許久留, 所以嚴中外之大防也", 「陳睿奏外人駐京之弊甚多請撤回桂良花沙納另簡員查辦折」960쪽.

60. *Treaties, Conventions*, etc., between China and Foreign States. vol. 1. 2nd ed., Shanghai: Statistical Department of the Inspectorate General of Customs of China, 1917, p. 405.

61. *Treaties, Conventions*, etc., between China and Foreign States. vol. 1. 2nd ed., Shanghai: Statistical Department of the Inspectorate General of Customs of China, 1917, p. 419.

62. Henry B. Loch, *Personal Narrative of Occurrences during Lord Elgin's Second Embassy to China in 1860*, London: John Murray, 1869, p. 258, p. 274.

63. Henry B. Loch, *Personal Narrative of Occurrences during Lord Elgin's Second Embassy to China in 1860*, London: John Murray, 1869, pp. 286~289.

64. 총리아문에 관한 최신 연구로는 Jennifer Rudolph, *Negotiated Power in Late Imperial China: The Zongli Yamen and the Politics of Reform*, Ithaca, NY: Cornell University East Asia Program, 2008; 李文傑, 『中國近代外交官群體的形成(1861-1911)』, 北京: 生活·讀書·新知三聯書店, 2017이 있다.

65. 『籌辦夷務始末: 咸豐朝』8, 北京: 中華書局, 1979, 2708~2715쪽(「奕訢桂良文祥奏各省新聞紙應分別咨送章京司員請仍兼本衙門辦事折」).

66. Frederick Low to Hamilton Fish, no. 77, January 13, 1872, in *Foreign Relations of the United States*, 1872-1873, pp. 127~128.

67. 『淸選考』2, 서울: 탐구당, 1972, 490~491쪽; 中國第一歷史檔案館藏 編, 『淸代中琉關係檔案續編』, 北京: 中華書局 1994, 315~317쪽; 『淸實錄』44, 北京: 中華書局, 1986, 1093쪽(咸豐十一年 二月 二十四日). "又諭: 禮部奏: 朝鮮國王遺使臣瞻觀, 可否帶赴行在等語. 朝鮮國王因朕駐蹕熱河, 遺使臣奉表詣行在恭伸起居, 具見悃忱, 深堪嘉尚! 惟朕近日身體違和, 若該使臣遠來行在未獲展觀, 轉無以慰其瞻戀之誠. 該國使臣到京後, 著毋庸前赴行在, 禮部仍照例筵宴, 并賞給該國王玉如意一柄,藍蟒緞二疋,妝緞二疋,大卷八絲緞二疋,小卷五絲緞二件,瓷器四件,漆器四件, 賞給該使臣大緞各一疋,瓷器各二件,漆器各二件,大荷包各二對,小荷包各三對, 由禮部交該使臣祇領, 以示朕優禮藩封至意."

68. 茅海建, 『近代的尺度: 兩次鴉片戰爭軍事與外交』, 上海: 上海三聯出版社, 1998, 166~254쪽 참조.

4장 조선을 정의하다: 조선의 지위에 대한 청의 묘사, 1862~1876

1. '일상의 친숙함(everyday familiarity)'은 하이데거의 *Being and Time*, Translated by Joan Stambaugh, Albany: State University of New York Press, 1996, p. 176[『존재와 시간』, 이기상 옮김, 서울: 까치, 1998, 258쪽] 참조.

2. 『만국공법』의 번역은 Lydia H, Liu, *The Clash of Empires: The Invention of China in Modern World Making*, Cambridge, MA: Harvard University Press, 2004, pp. 108~139[『충돌하는 제국: 서구 문명은 어떻게 중국이란 코끼리를 넘어뜨렸나』, 차태근 옮김, 파주: 글항아리, 2016, 189~237쪽]; 岡本隆司 編, 『宗主権の世界史－東西アジアの近代と翻訳概念』, 名古屋: 名古屋大学出版会, 2014, 90~118쪽.

3. Henry Wheaton, 丁韙良(W, A, P,Martin) 譯, 『萬國公法』 卷1, 北京: 崇實館, 1864.

4. John King Fairbank, "The Early Treaty System in the Chinese World Order", In Fairbank, John King Fairbank, ed., *The Chinese World Order: Traditional China's Foreign Relations*, Cambridge, MA: Harvard University Press, 1968, p. 257.

5. 『高宗純宗實錄』 1, 서울: 탐구당, 1970, 121쪽(고종 즉위년 12월 8일 경진).

6. 『日省錄』 66, 서울: 奎章閣, 1995, 199~201쪽.

7. *Foreign Relations of the United States, 1867-1868*, vol. 1, p. 420; 『清季中日韓關係史料』 2, 臺北: 中央研究院近代史研究所, 1972, 29쪽. "查上年法國前使臣柏爾德密曾經以該國教士欲往朝鮮傳教, 請先行文知照, 經臣等告以朝鮮向祗遵奉正朔, 歲時朝貢, 所有該國願否奉教, 非中國所能勉强, 碍難行文, 竝勸其毋庸前往, 當卽罷議."

8. *Foreign Relations of the United States, 1867-1868*, vol. 1, p. 420.

9. Jean–Baptiste Grosier, *A General Description of China*, London: Paternoster–Row, 1788, p. 244 참조.

10. M. Frederick Nelson, *Korea and the Old Orders in Eastern Asia*, Baton Rouge: Louisiana State University Press, 1945, p. 292.

11. 예를 들어, George N. Curzon, *Problems of the Far East: Japan-Korea-China*, 2nd ed., London: Longmans, Green, 1894, pp. 144~145[『100년 전의 여행, 100년 후의 교훈』, 라종일 옮김, 서울: 比峰出版社, 1996, 101쪽] 참조.

12. 田村愛理, 「埃及研究から見た近代日本のアジア観」, 『学習院史学』 9, 1972; Henry H. Em, *The Great Enterprise: Sovereignty and Historiography in Modern Korea*, Durham, NC: Duke University Press, 2013, p. 30.

13. Henry Wheaton, 丁韙良(W, A, P. Martin) 譯, 『萬國公法』 卷2, 北京: 崇實館, 1864, 25a~28b면; 卷2, 2b~3a면; Henry Wheaton, *Elements of International Law*, London:

Humphrey Milford, 1836, pp. 44~50, p. 79.

14. M. Frederick Nelson, *Korea and the Old Orders in Eastern Asia*, Baton Rouge: Louisiana State University Press, 1945, p. 289; Odd Arne Westad, *Restless Empire: China and the World since 1750*, New York: Basic Books, 2012, p. 30[『잠 못 이루는 제국: 1750년 이후의 중국과 세계』, 문명기 옮김, 서울: 까치, 2014, 39~40쪽].

15. 愛漢者 等 編, 『東西洋考每月統記傳』, 北京: 中華書局, 1997, 91~92쪽. '애한자(愛漢者)'는 문자 그대로 '중국을 사랑하는 사람'이란 뜻으로, 광동성 인근 중국 남부에서 활동한 선교사 그룹을 가리킨다. 여기서 논의한 귀츨라프의 한어 규범에 대한 공헌은 Matthew W. Mosca, *From Frontier Policy to Foreign Policy: The Question of India and the Transformation of Geopolitics in Qing China*, Stanford, CA: Stanford University Press, 2013, pp. 218~219 참조.

16. Edward Hertslet, "Memorandum respecting Corea", December 19, 1882, in *Korea, the Ryukyu Islands, and North-East Asia, 1875-1888*, vol. 2 of Asia, 1860−1914, part 1, series E of British Documents on Foreign Affairs, Reports and Papers from the Foreign Office Confidential Print. Frederick, MD: University Publications of America, 1989, pp. 2~3; Frederick Low to Hamilton Fish, November 23, 1871, in Davids, *American Diplomatic and Public Papers*, vol. 9, p. 184; 日本國照會(森有禮→총리아문, 1876년 1월 15일/光緒元年十二月十九日), in 『清季中日韓關係史料』2, 臺北: 中央研究院近代史研究所, 1972, 270쪽.

17. William Woodville Rockhill, "Korea in Its Relations with China", *Journal of the American Oriental Society 13*, 1889.

18. George N. Curzon, *Problems of the Far East: Japan-Korea-China,* 2nd ed., London: Longmans, Green, 1894, pp. 209~222.

19. 『清季中日韓關係史料』2, 臺北: 中央研究院近代史研究所, 1972, 33~34쪽(同治五年六月十七日).

20. 『日省錄』66, 서울: 奎章閣, 1995, 614쪽.

21. 『高宗純宗實錄』1, 서울: 탐구당, 1970, 227~228쪽(고종 3년 8월 3일 기축).

22. 『日省錄』66, 서울: 奎章閣, 1995, 309쪽, 582쪽.

23. 『고종시대사』1, 서울: 국사편찬위원회, 1970, 263쪽.

24. *Foreign Relations of the United States, 1867-1868*, vol. 1, pp. 416.

25. 『高宗純宗實錄』1, 서울: 탐구당, 1970, 235쪽(고종 3년 9월 11일 정묘). [옮긴이주] '攘夷保國'은 인용된 기사에 나온 사료에 나오는 표현은 아니다.

26. 魁齡, 『東使紀事詩略』, 殷夢霞 · 於浩 選編 『使朝鮮錄』2, 北京: 北京圖書館出版社,

2003, 737쪽『사조선록 역주』5, 김한규 옮김, 서울: 소명출판, 2012, 316~318쪽].

27. 『日省錄』66, 서울: 奎章閣, 1995, 309, 643~648쪽.

28. *Foreign Relations of the United States, 1867-1868*, vol. 1, p. 4224.

29. 中國第一歷史檔案館藏 編,『淸代中朝關係檔案史料續編』, 北京: 中國檔案出版社, 1998, 344~360쪽.

30. *Foreign Relations of the United States, 1867-1868*, vol. 1, pp. 426~428.

31. *American Diplomatic and Public Papers*, vol. 9, p. 49.

32. Tyler Dennett, *Americans in Eastern Asia: A Critical Study of the Policy of the United States with Reference to China, Japan and Korea in the Nineteenth Century*, New York: Macmillan, 1922, pp. 418~419.

33. William Elliot Griffis, *Corea: The Hermit Nation*, 4th ed., New York: Charles Scribner's Sons, 1894[『은자의 나라 한국』(개정판), 신복룡 역주, 서울: 집문당, 2019] 참조.

34. Le Gendre's letter on June 21, 1867, in "Rishi shokan", 国立公文書館 アジア歴史資料センター, ref. no. A03030060500 참조. 토착민에 대한 벨(Bell) 제독의 원정은 Carrington, George Williams. *Foreigners in Formosa, 1841-1874*, San Francisco: Chinese Materials Center, 1978, pp. 156~157 참조.

35. James W. Davidson, *The Island of Formosa, Past and Present: History, People, Resources, and Commercial Prospects*, London: Macmillan, 1903, pp. 117~122.

36. Low to Fish, no. 225, July 16, 1870, *Foreign Relations of the United States, 1870-1871*, p. 362.

37. 『淸季中日韓關係史料』2, 臺北: 中央研究院近代史研究所, 1972, 165~166쪽. "查朝鮮奉朔多年, 最稱恭順, 至該國一切政敎禁令, 向由該國王自主, 中國從不與聞."

38. Low to Fish, no. 29, April 3, 1871; no. 31, May 13, 1871, *Foreign Relations of the United States, 1870-1871*, pp. 111~115.

39. 『淸季中日韓關係史料』2, 臺北: 中央研究院近代史研究所, 1972, 175쪽.

40. Low to Fish, dispatch 102, November 23, 1871, *American Diplomatic and Public Papers*, vol. 9, p. 184.

41. *Treaties, Conventions, etc.*, between China and Foreign States, vol. 2. 2nd ed., Shanghai: Statistical Department of the Inspectorate General of Customs of China, 1917, p. 508; 外務省條約局,『旧条約彙纂』1, 1930, 394~395쪽.

42. 国立公文書館 アジア歴史資料センター, ref. no. A03023011000(外務大臣副島種臣清国ニ適キ条約互換スベキノ勅旨), A03023011700(外務大臣副島種臣へ台湾生蕃我人民横殺事件清国政府ト談判ヲ委任ス).

43. Sophia Su−fei Yen, *Taiwan in China's Foreign Relations, 1836-1874*, Hamden, CT: Shoe String, 1962, pp. 159~174; Marlene J. Mayo, "The Korean Crisis of 1873 and Early Meiji Foreign Policy", *Journal of Asian Studies 31*, no. 4, 1972, pp. 802~805.

44. 「日本換約畢事折」(同治十二年 四月 初七日, 1873. 5. 3), 顧廷龍·戴逸 主編, 『李鴻章全集』 5, 合肥: 安徽教育出版社, 2008, 346~347쪽.

45. Wade to Earl Granville, no. 118, confidential, May 15, 1873; no. 131, May 25, 1873; no. 143, June 4, 1873, Foreign Office Record Group 17, China Correspondence, p. 654.

46. Foreign Relations of the United States, 1870−1871, vol. 1, p. 188.

47. 島善高 編, 『副島種臣全集』 2, 東京: 慧文社, 2004, 165~166쪽, 456쪽.

48. 国立公文書館 アジア歴史資料センター, ref. no. A03023011900(外務大臣副島種臣上呈清国応接書).

49. 日本外務省 編, 『日本外交文書』 第6卷, 東京: 日本国際連合協会, 1939, 160쪽.

50. 多田好問 編, 『岩倉公實記』 3, 東京: 岩倉公旧蹟保存会, 1927, 46~90쪽; Marlene J. Mayo, "The Korean Crisis of 1873 and Early Meiji Foreign Policy", *Journal of Asian Studies 31*, no. 4, 1972.

51. 도쿄에서 영국공사 해리 파크스(Harry Parkes)는 일본 외무경 데라시마 무네노리(寺島宗則)에게 "문제의 영토가 중국 정부의 관할권을 벗어난 것인지 아닌지 잘 모르겠다. 중국에서 20년 이상 거주하면서 항상 대만 전체가 중국의 영유권에 있다고 들었다"라고 분명히 말했다. 「英国公使ヨリ二一寺島外務卿宛. 臺灣出兵ノ地方ハ淸國政府管轄外ナリトノ理由ヲ詳細承知シ度旨申入ノ件」, 日本外務省 編, 『日本外交文書』 第7卷, 東京: 日本国際連合協会, 1939, 37쪽.

52. 『籌辦夷務始末: 同治朝』 10, 北京: 中華書局, 2008, 3835~3949쪽. "所有此事兩國一切來往公文, 彼此撤回註銷, 永爲罷論. 至於該處生番, 中國自宜設法安爲約束, 不能再受兇害."

53. Earl of Derby to Wade, no. 77, January 1, 1876, *Korea, the Ryukyu Islands, and North-East Asia, 1875-1888*, vol. 2 of Asia, 1860−1914, part 1, series E of British Documents on Foreign Affairs, Reports and Papers from the Foreign Office Confidential Print, Frederick, MD: University Publications of America, 1989, p. 39.

54. 田保橋潔, 『近代日鮮関係の研究』 上, 京城(서울): 朝鮮総督府, 1940, 515쪽[『근대 일선 관계의 연구』 上, 김종학 옮김, 서울: 일조각, 2013, 490쪽].

55. 大久保利謙 編, 『森有礼全集』 1, 東京: 宣文堂書店, 1972, 779~780쪽; 森有礼関係文書, R. 2−68(復命(付) 清国談判).

56. 「江華島事件ノ報知二接シ淸國總理衙門二通知セル旨竝二淸國. 駐劄各國公使ノ所說
   等報告ノ件」(寺島外務卿→淸國駐箚鄭臨時代理公使, 1875. 11. 15), 日本外務省 編,
   『日本外交文書』第8卷, 東京: 日本国際連合協会, 1939, 138쪽.

57. Wade to Earl of Derby, no. 5, confidential, January 12, 1876, in Foreign Office Record
   Group 17, China Correspondence, p. 719.

58. Marquis of Zetland, ed., The Letters of Disraeli to Lady Chesterfield and Lady Bradford.
   vol. 1, 1873~1875, New York: D. Appleton, 1929, p. 373.

59. Earl of Derby to Wade, no. 77, January 1, 1876, in British Parliamentary Papers, China, p.
   107.

60. Wade to Earl of Derby, no. 6, confidential, January 12, 1876, in Foreign Office Record
   Group 17, China Correspondence, p. 719.

61. 森有礼関係文書, R. 2-67(復命(付) 淸国談判).

62. 森有礼関係文書, R. 1-55-1(森有礼両親宛書簡).

63. Mori's letter to his father, January 13, 1876, 森有礼関係文書, R. 1-55-1(森有礼両親
   宛書簡).

64. 陳義傑 整理, 『翁同龢日記』3, 中華書局, 1993, 1176쪽.

65. 日本國照會(森有禮→총리아문, 1876년 1월 15일/光緖元年十二月十九日), 『淸季中日
   韓關係史料』2, 臺北: 中央研究院近代史研究所, 1972, 270쪽.

66. 『淸光緖朝中日交涉史料』卷1, 北京: 故宮博物院, 1932, 1b~2a면(「(一)附件一 總理各
   國事務衙門奏與日本使臣森有禮辯論片」) "今日本國使臣森有禮復以修好爲詞, 由日
   本國派員前赴朝鮮, 森有禮并有自行派人由中國前赴該國之說. 日本與朝鮮共隸東洋,
   鄰封密邇, 構釁甚易. 且日本國近已改從西洋政俗, 衣冠正朔全行變易, 聞甚爲朝鮮人
   所鄙夷.

67. 『淸選考』2, 서울: 탐구당, 1972, 495쪽. [옮긴이주] 이홍장이 이유원에 서신을 보내 설명
   한 부분은 「致總署: 論倭派使入朝鮮」, 顧廷龍·戴逸 主編, 『李鴻章全集』31, 合肥: 安
   徽教育出版社, 2008, 337쪽.

68. 「淸國大學士李鴻章トノ第一次談話筆記送付ノ件. 附記一月二十四日同二十五日淸國
   保定府ニテ淸駐劄森公使下淸國大學士李鴻章下ノ應接記和譯文朝鮮問題竝=日本ノ
   衣服,外債=關スル件」日本外務省 編, 『日本外交文書』第9卷, 東京: 日本国際連合協
   会, 1940, 170~176쪽; 「附鈔朝鮮國使臣李裕元來函」「致總署: 鈔復朝鮮國使臣李裕元
   函稿」(光緖元年十二月十四日), 「致總署鈔: 復朝鮮國使臣李裕元函稿」(光緖元年十二月
   十四日), 「致總署鈔復朝鮮國使臣李裕元函稿」「致總署論倭派使入朝鮮」(光緖元年十二
   月二十三日), 「致總署述迎候倭使」(光緖元年十二月二十七日), 「附日本使臣森有禮署使

鄭永寧來直隸督署內晤談節略(光緒元年十二月二十八日), 顧廷龍 · 戴逸 主編, 『李鴻
章全集』31, 合肥: 安徽教育出版社, 2008, 334~342쪽.

69. 1월 24일 회의에 대한 모리의 영문 보고서 원본은 없지만, 외무성의 일본어 번역본은 도쿄
에서 확인할 수 있다. 国立公文書館 アジア歷史資料センター, ref. no. B03030144000;
日本外務省 編, 『日本外交文書』第9卷, 東京: 日本国際連合協会, 1940, 170~176쪽.

70. 「附日本使臣森有禮署使鄭永寧來直隸督署內晤談節略(光緒元年十二月二十八日), 顧
廷龍 · 戴逸 主編, 『李鴻章全集』31, 合肥: 安徽教育出版社, 2008, 340쪽. 日本外務省
編, 『日本外交文書』第9卷, 東京: 日本国際連合協会, 1940, 172쪽. "高麗國幾千年,
何人不知, 和約上所說所屬邦土, 土字指中國各直省, 此是內地爲內屬, 征錢粮管政事,
邦字指高麗諸國, 此是外藩爲外屬, 錢粮政事向歸本國經理, 歷來如此, 不始自本朝, 如
何說不算屬國."

71. 国立公文書館 アジア歷史資料センター, ref. no. B03030144000.

72. 『清季中日韓關係史料』2, 臺北: 中央研究院近代史研究所, 1972, 295쪽. "本王大臣查
朝鮮爲中國所屬之邦, 與中國所屬之土有異. 而其合於《修好條規》兩國所屬邦土不可稍
有侵越之言者, 則一概修其貢獻, 奉我正朔, 朝鮮之於中國應盡之分也. 收其錢糧, 齊
其政令, 朝鮮之所自爲也. 此屬邦之實也. 紓其難, 解其紛, 期其安全, 中國之於朝鮮自
任之事也. 此待屬邦之實也. 不肯強以所難, 不忍漠視其急, 不獨今日中國如是, 伊古
以來, 所以待屬國皆如是也."

73. 森有礼関係文書, R. 1-55-1(森有礼両親宛書簡).

74. 『勅使日記』卷17, 28b면.

75. 權赫秀, 「《江華條約》與清政府關係問題新論──兼與王如繪先生商榷」, 『史學集刊』
2007年 第4期.

76. 『清季中日韓關係史料』2, 臺北: 中央研究院近代史研究所, 1972, 300쪽.

77. 郭嵩燾, 『郭嵩燾日記』3, 長沙: 湖南人民出版社, 1982, 14~15쪽.

78. 『清季中日韓關係史料』2, 臺北: 中央研究院近代史研究所, 1972, 316~318쪽. 故大事
小事只用兩國臣, 像平等通信, 以其互市交易, 非今覗行, 故許其港口通商."

79. 브루스 커밍스도 이 조약을 근대 조약으로 볼 수 있는지에 의문을 제기했다. Bruce
Cumings, *Korea's Place in the Sun: A Modern History*, New York: W. W. Norton, 2005, p.
102(『브루스 커밍스의 한국현대사』, 이교선 외 옮김, 파주: 창비, 2001, 145쪽).

80. 外務省條約局, 『旧条約彙纂』3, 1936, 2쪽. "Chosen being an independent state enjoys
the same sovereign rights as does Japan. In order to prove the sincerity of the friendship
existing between the nations, their intercourse shall henceforward be carried on in
terms of equality and courtesy, each avoiding the giving of offence by arrogance or

manifestations of suspicion. In the first instance all rules and precedents that are apt to obstruct friendly intercourse shall betotally abrogated and, in their stead, rules, liberal and in general usage fit to secure a firm and perpetual peace, shall be established."

81. 예를 들어, 이 견해를 긍정하는 논저로 American Diplomatic and Public Papers, vol. 10, pp. 66~77; *British Parliamentary Papers, Japan*, 9~10; Martina Deuchler, *Confucian Gentlemen and Barbarian Envoys: The Opening of Korea, 1875-1885*, Seattle: University of Washington Press, 1977, p. 47; 華企雲, 『中國邊疆』, 南京: 新亞細亞, 1933, p. 121; Kirk W. Larsen, *Tradition, Treaties, and Trade: Qing Imperialism and Chosŏn Korea, 1850-1910*, Cambridge, MA: Harvard University Asia Center, 2008, p. 63[『전통, 조약, 장사: 청 제국주의와 조선 1850~1910』, 양휘웅 옮김, 서울: 모노그래프, 2021, 120~121쪽]; Hosea Ballou Morse, *The International Relations of the Chinese Empire,* vol. 3, New York: Longmans, Green, 1918, p. 8 참조. 이에 대한 도전으로는 Shuhsi Hsu, *China and Her Political Entity: A Study of China's Foreign Relations with Reference to Korea, Manchuria and Mongolia*, New York: Oxford University Press, 1926, pp. 109~110; Key-hiuk Kim, *The Last Phase of the East Asian World Order: Korea, Japan, and the Chinese Empire, 1860-1882*, Berkeley: University of California Press, 1980, p. 252[『동아시아 세계질서의 종막-조선·일본·청, 1860~1882』, 김범 옮김, 파주: 글항아리, 2022, 312쪽].

82. 日本外務省 編, 『日本外交文書』 第9卷, 東京: 日本国際連合協会, 1940, 115쪽.

83. Bingham to Fish, dispatch 364, March 22, 1876, American Diplomatic and Public Papers, vol. 10, pp. 66~77; Parkes to Earl of Derby, no. 13, March 25 and 27, 1876, in *British Parliamentary Papers*, Japan, pp. 9~11, p. 17.

84. 근대 한국 주권에 대한 회고는 Henry H. Em, *The Great Enterprise: Sovereignty and Historiography in Modern Korea*, Durham, NC: Duke University Press, 2013.

85. 森有礼関係文書, R. 2-68(復命(付) 清国談判).

5장 조선을 권도하다: 조선에서 청 중국의 가부장적 역할, 1877~1884

1. 이유원이 이홍장에게 보낸 서한(1879. 12. 4), 『淸季中日韓關係史料』2, 臺北: 中央研究院近代史研究所, 1972, 398~401쪽.

2. 「米國軍艦朝鮮へ訪問スルニ付提督「シュフェルト」ヲ在朝鮮日本官吏へ并二朝鮮國官吏へ紹介アリタキ旨依頼ノ件」, 日本外務省 編, 『日本外交文書』 第13卷, 東京: 日本国際連合協会, 1950, 435쪽.

3. Martina Deuchler, *Confucian Gentlemen and Barbarian Envoys: The Opening of Korea, 1875-1885*, Seattle: University of Washington Press, 1977, pp. 110~113.
4. Shufeldt to R. W. Thompson, dispatch 21, August 30, 1880, *American Diplomatic and Public Papers*, vol. 10, pp. 102~105; 「復總署: 論商改俄約兼論球案(光緒六年七月二十三日)」, 顧廷龍 · 戴逸 主編, 『李鴻章全集』 32, 合肥: 安徽教育出版社, 2008, 585쪽; Charles Oscar Paullin, "The Opening of Korea by Commodore Shufeldt", *Political Science Quarterly* 25, no. 3 (1910), p. 483.
5. 李裕元, 『嘉梧藁略』 册11, 436면(「寄游天愚書」).
6. 『高宗純宗實錄』 1, 서울: 탐구당, 1970, 617쪽(고종 17년 7월 9일 을해); 『清實錄』 53, 北京: 中華書局, 1986, 726~727쪽(光緒六年 九月 六日).
7. 「總理各國事務衙門奏朝鮮宜聯絡外交變通舊制折(光緒七年正月二十五日)」, 『清光緒朝中日交涉史料』 卷2, 31a~32a면.
8. 『清季中日韓關係史料』 2, 臺北: 中央研究院近代史研究所, 1972, 467~468쪽(復總署: 論朝鮮外交(光緒七年二月初二日)의 附件 2 "與朝鮮委員李容肅問對節略").
9. 吳振清 · 徐勇 · 王家祥 編校整理, 『黃遵憲集』, 天津人民出版社, 2003, 394쪽, 400쪽.
10. 『清季中日韓關係史料』 2, 臺北: 中央研究院近代史研究所, 1972, 441쪽("主持朝鮮外交議").
11. 『高宗純宗實錄』 1, 서울: 탐구당, 1970, 629쪽(고종 17년 12월 21일 갑인); 전해종, 「統理機務衙門 設置의 經緯에 대하여」, 『역사학보』 17 · 18, 1962.
12. 이들 비밀보고서는 허동현 편, 『朝士視察團關係資料集』, 서울: 국학자료원, 1999 참조.
13. 원서 책번호 잘못. 그 대신 『승정원일기』 고종 17년 10월 1일 병신, 고종 17년 10월 3일 무술 참조.
14. 『日省錄』 73, 서울: 奎章閣, 1995, 405~453쪽, 478~481쪽, 534~535쪽.
15. 『高宗純宗實錄』 2, 서울: 탐구당, 1970, 14~16쪽(고종 18년 윤7월 6일 병신); 李裕元, 『嘉梧藁略』 册7, 271~272면(「申櫰等疏句語對擧疏」).
16. 『日省錄』 73, 서울: 奎章閣, 1995, 578~582쪽.
17. 金允植, 『陰晴史』, 서울: 국사편찬위원회, 1958, 1~2쪽; 沈象圭 등 撰, 『萬機要覽』, 서울: 景仁文化社, 1972, 701쪽.
18. 金允植, 『陰晴史』, 서울: 국사편찬위원회, 1958, 3, 12~21쪽.
19. 「密議朝鮮外交折(光緒七年 十二月 初二日)」, 「附朝鮮陪臣金允植密書」, 顧廷龍 · 戴逸 主編, 『李鴻章全集』 9, 合肥: 安徽教育出版社, 2008, 539~544쪽.
20. 金允植, 『天津談草』, 2면.
21. 『清實錄』 53, 北京: 中華書局, 1986, 1002~1003쪽(光緒七年 十二月 四日). "朝鮮久隸

藩屬, 自應隨時維持調護, 卽以固我邊陲. 該國如與美國訂約, 則他國不致肆意要求, 於大局實有關繫, 仍著李鴻章隨時相機開導, 妥爲籌辦."

22. Charles Oscar Paullin, "The Opening of Korea by Commodore Shufeldt", *Political Science Quarterly 25*, no. 3, 1910, pp. 485~487.

23. Holcombe to Frederick Frelinghuysen, February 4, 1882, *American Diplomatic and Public Papers*, vol. 10, pp. 163~171.

24. 金允植,『天津談草』12~13면.

25. 金允植,『天津談草』20~21면.

26. 金允植,『天津談草』17면. "萬國通例, 通商口岸及內地, 無論何國人民寄居, 皆歸本國地方官管理, 東西刑律風俗禮敎未可强同, 是以地方官未能兼管他國人民. 日本現欲與各國議變通舊約無成者, 戝是故耳. 此一節, 各國必不能行. 對(金允植): 黃參贊遵憲已以此有所論著於擬稿中. 竊念西國通例, 他國寄居人民歸本國地方官管理, 惟中‧東不然, 西人謂之不公然, 抑其事勢然也. 況敝邦素昧外情, 雖使兼管他民, 實多難便之端. 若日本改約, 中國亦改前規, 則敝邦固當隨而改之. 約條中先依黃參贊所擬立言, 似宜. 敎堂事, 伏望另設方便, 務回彼意, 實爲敝邦之萬幸!"

27. "중국에서 가장 제국주의 책략"으로서 치외법권을 폐지하려는 중국의 투쟁은 Turan Kayaoğlu, *Legal Imperialism: Sovereignty and Extraterritoriality in Japan, the Ottoman Empire, and China*, New York: Cambridge University Press, 2010, pp. 149~190 참조.

28. 金允植,『天津談草』23~26면.

29. 『淸季中日韓關係史料』2, 臺北: 中央硏究院近代史硏究所, 1972, 552~555쪽("代擬朝鮮與美國修好通商條約(光緖八年二月)"). "朝鮮爲中國屬邦, 而內政外交事宜, 向來均得自主. 今玆立約後, 大朝鮮國君主大美國伯理璽天德俱平行相待, 兩國人民永敦和好. 若他國偶有不公及輕侮之事, 必彼此援護, 或從中善爲調調處, 俾獲永保安全."

30. 『舊韓國外交文書』10(美案 1), 서울: 고려대학교출판부, 1967, 12~14쪽.

31. 『舊韓國外交文書』10(美案 1), 서울: 고려대학교출판부, 1967, 14~15쪽.

32. 『美國通商實記』, 6a~9a면; 『舊韓國外交文書』10(美案 1), 서울: 고려대학교출판부, 1967, 1~2쪽; 岡本隆司,『属国と自主のあいだ-近代淸韓関係と東アジアの命運』名古屋: 名古屋大学出版会, 2004, 35~69쪽.

33. 魚允中,『從政年表』서울: 국사편찬위원회, 1958, 131쪽.

34. 「禮部奏朝鮮請在各口通商幷派使駐京請飭會議摺(光緖八年四月十九日)」,『淸光緖朝中日交涉史料』卷3, 17b~18a면.

35. 「軍機處寄禮部等上諭(光緖八年四月二十九日)」,『淸光緖朝中日交涉史料』卷3, 18b면.

36. 보정의 상주문(1892. 6. 28), 宮中檔奏摺, 4-1-30-0278-025.

37. 『고종시대사』2, 서울: 국사편찬위원회, 1970, 331~337쪽.

38. 「井上外務卿ヨリ朝鮮國駐箚花房辨理公使宛: 事變處理ニツイテ訓令ノ件(1882. 7. 31)」, 日本外務省 編, 『日本外交文書』第15卷, 東京: 日本国際連合協会, 1951, 221~ 223쪽; 『清季中日韓關係史料』2, 臺北: 中央研究院近代史研究所, 1972, 735~747쪽.

39. 金允植, 『陰晴史』, 서울: 국사편찬위원회, 1958, 179~185쪽; 『清季中日韓關係史料』2, 臺北: 中央研究院近代史研究所, 1972, 769~772쪽.

40. 『清季中日韓關係史料』3, 臺北: 中央研究院近代史研究所, 1972, 765쪽, 789~805쪽; 金允植, 『陰晴史』, 서울: 국사편찬위원회, 1958, 189~190쪽

41. 「井上外務卿ヨリ朝鮮國駐箚花房辨理公使宛: 朝鮮國(京城事變) 處理方ニツイテ訓令 ノ件(1882. 8. 7)」, 日本外務省 編, 『日本外交文書』第15卷, 東京: 日本国際連合協会, 1951, 226~230쪽.

42. 「清國公使ヨリ吉田外務大輔宛: 朝鮮國內亂ニツイテハ本國派兵鎭定且ツ日本公使館 ニ保護ヲナス旨通報ノ件(1882. 8. 9)」, 「清國公使ヨリ吉田外務大輔宛: 朝鮮ハ屬邦ナ ルヲ以テ清國ニ於テ保護ニ任ズルハ當然ノ事タル旨通知/件(1882. 8. 12)」, 日本外務省 編, 『日本外交文書』第15卷, 東京: 日本国際連合協会, 1951, 164~165쪽.

43. 「ボアソナード意見書 (一) 朝鮮事件=付井上議官「ボアソナード」氏ト問答記(明治十五 年八月九日), (二) 朝鮮事件=付テノ意見 半屬國(又ハ此ノ如クニ主張セラルゝ國)ノ 締結セル條約ニ關スルニ疑件付テノ應答」, 日本外務省 編, 『日本外交文書』第15卷, 東京: 日本国際連合協会, 1951, 169~173쪽; 「ボアソナード答議」, 『近代日本法制史 料集』第八卷. 東京: 国学院大学, 1986, 140~162쪽. 이집트 반란에 대한 영국과 프 랑스의 공동 행동과 1882년 영국의 이집트 정복은 Donald Malcolm Reid, "The Urabi Revolution and the British Conquest, 1879-1882", in *The Cambridge History of Egypt*, vol. 2, edited by M. W. Daly, Cambridge: Cambridge University Press, 1998, pp. 217~238 참조.

44. Hart to James Duncan Campbell, no. 370, Z/83, August 10, 1882, in John King Fairbank, Katherine Frost Bruner, and Elizabeth MacLeod Matheson, eds., *The I. G. in Peking: Letters of Robert Hart, Chinese Maritime Customs, 1868-1907*, Cambridge, MA: Belknap Press of Harvard University Press, 1975, p. 417.

45. 아프리카 사례는 Mary Dewhurst Lewis, *Divided Rule: Sovereignty and Empire in French Tunisia, 1881-1938*, Berkeley: University of California Press, 2014, pp. 14~16 참조.

46. 장수성→총리아문(1882. 8. 9), 『清季中日韓關係史料』2, 臺北: 中央研究院近代史研究 所, 1972, 773쪽; 여서창→총리아문(1882. 8. 31), 『清季中日韓關係史料』3, 臺北: 中央 研究院近代史研究所, 1972, 836쪽.

47. Wang Gungwu, "Early Ming Relations with Southeast Asia: A Background Essay", In Fairbank, Fairbank, John King, ed., *The Chinese World Order: Traditional China's Foreign Relations*, Cambridge, MA: Harvard University Press, 1968, pp. 42~45.

48. 金昌熙, 『東廟迎接錄』.

49. 『淸季中日韓關係史料』 3, 臺北: 中央研究院近代史研究所, 1972, 863~879쪽.

50. 『淸季中日韓關係史料』 3, 臺北: 中央研究院近代史研究所, 1972, 843~867쪽.

51. 「附 袁道來電(光緖十二年 七月 初七日 巳刻到)」, 顧廷龍·戴逸 主編, 『李鴻章全集』 22, 合肥: 安徽敎育出版社, 2008, 77쪽.

52. Key-hiuk Kim, *The Last Phase of the East Asian World Order: Korea, Japan, and the Chinese Empire, 1860-1882*, Berkeley: University of California Press, 1980, p. 1, p. 348[『동아시아 세계질서의 종막―조선·일본·청, 1860~1882』, 김범 옮김, 파주: 글항아리, 2022, 423~424쪽].

53. 「幫辦吉林邊務事宜吳大澂奏請開朝鮮通商口岸折(光緖七年二月初一日)」, 『淸光緖朝中日交涉史料』 卷2, 33a~34b면, "願與各國通商, 力圖自守, 亦外藩翊戴聖明之意. 若由中國遣使開誠布公, 曉以利害, 招集商人創開口岸, 該國臣民斷無疑慮, 本系中華所屬之邦, 泰西各商似亦無可藉口."

54. 『淸季中日韓關係史料』 3, 臺北: 中央研究院近代史研究所, 1972, 967~976쪽.

55. 金允植, 『陰晴史』, 서울: 국사편찬위원회, 1958, 212쪽.

56. Kirk W. Larsen, *Tradition, Treaties, and Trade: Qing Imperialism and Chosŏn Korea, 1850-1910*, Cambridge, MA: Harvard University Asia Center, 2008, pp. 101~103[『전통, 조약, 장사: 청 제국주의와 조선 1850-1910』, 양휘웅 옮김, 서울: 모노그래프, 2021, 180~183쪽] 참조.

57. *Treaties, Conventions, etc.*, between China and Foreign States, vol. 2, 2nd ed., Shanghai: Statistical Department of the Inspectorate General of Customs of China, 1917, pp. 847~853; 『淸季中日韓關係史料』 3, 臺北: 中央研究院近代史研究所, 1972, 983~986쪽.

58. 中國第一歷史檔案館藏 編, 『光緖朝朱批奏折』 112, 北京: 中華書局, 1996, 243쪽.

59. 尹致昊, 『윤치호일기』 1, 서울: 탐구당, 1973, 4쪽.

60. Kirk W. Larsen, *Tradition, Treaties, and Trade: Qing Imperialism and Chosŏn Korea, 1850-1910*, Cambridge, MA: Harvard University Asia Center, 2008, pp. 72~94[『전통, 조약, 장사: 청 제국주의와 조선 1850-1910』, 양휘웅 옮김, 서울: 모노그래프, 2021, 135~170쪽] 참조. 라센에 따르면, "1882년 「중국조선상민수륙무역장정」은 청 제국이 조약과 국제법으로 국경 밖에서 중국의 상업적 이익을 적극적으로 추구한 최초의 사례로 평가된다." p. 90.

61. 中國第一歷史檔案館藏 編, 『光緒朝朱批奏折』112, 北京: 中華書局, 1996, 243쪽. "朝鮮貧民占種吉林荒地, 自疆吏視之, 固有彼此之分, 自朝廷觀之, 初無中外之別, 著卽妥爲安揷, 不必多設科條. 良民安分墾種, 原可寬容, 如借此熱食邊圖, 仍當驅逐, 著妥愼爲之."

62. 청 제국에 서양 지식을 도입한 강희제의 역할은 Catherine Jami, *The Emperor's New Mathematics: Western Learning and Imperial Authority during the Kangxi Reign (1662-1722)*, New York: Oxford University Press, 2012 참조.

63. 茅海建, 「淸末帝王教科書」 『依然如舊的月色-學術隨筆集』, 北京: 生活 · 讀書 · 新知三聯書店, 2014, 127~129쪽.

64. 茅海建, 「淸末帝王教科書」 『依然如舊的月色-學術隨筆集』, 北京: 生活 · 讀書 · 新知三聯書店, 2014, 147쪽.

65. 승기의 상주문, 『淸季中日韓關係史料』3, 臺北: 中央硏究院近代史硏究所, 1972, 1063~1069쪽.

66. 이홍장→총리아문(1883. 1. 3), 예부→총리아문(1883. 1. 18), 『淸季中日韓關係史料』3, 臺北: 中央硏究院近代史硏究所, 1972, 1072~1075쪽, 1085~1088쪽.

67. 「中江通商章程條款」

68. 『淸季中日韓關係史料』3, 臺北: 中央硏究院近代史硏究所, 1972, 1020~1030쪽; Hart to Campbell, no. 390, Z/100, December 10, 1882, in John King Fairbank, Katherine Frost Bruner, and Elizabeth MacLeod Matheson, eds., *The I. G. in Peking: Letters of Robert Hart, Chinese Maritime Customs, 1868-1907*, Cambridge, MA: Belknap Press of Harvard University Press, 1975, p. 436; George Alexander Lensen, *Balance of Intrigue: International Rivalry in Korea and Manchuria, 1884-1899*, vol. 2, Tallahassee: University Presses of Florida, pp. 1982, 31~53.

69. Frelinghuysen to Foote, no. 3, Washington, DC, March 17, 1883, *Korean-American Relations: Documents Pertaining to the Far Eastern Diplomacy of the United States*, vol. 1, edited by George McAfee McCune, Berkeley: University of California Press, 1951, pp. 25~26.

70. 『仁川港口卷』1, n.p.

71. 「北洋照會의 傳達과 商務開辦에 關한 照會(淸總辦朝鮮商務 陳樹棠 → 督辦交涉通商事務 閔泳穆, 1883. 10. 20)」 『舊韓國外交文書』8(淸案 1), 서울: 고려대학교출판부, 1970, 5쪽.

72. 尹致昊, 『윤치호일기』1, 서울: 탐구당, 1973, 14~16쪽.

73. 이홍장→총리아문(1884. 1. 2), 『淸季中日韓關係史料』3, 臺北: 中央硏究院近代史硏究

所, 1972, 1314~1315쪽.

74. 1883년 미국에 파견된 조선사절단인 보빙사는 Gary D. Walter, "The Korean Special Mission to the United States of America in 1883", *Journal of Korean Studies 1*, no. 1, July—December 1969 참조.

75. Hart to Campbell, no. 518, Z/212, March 23, 1885, in John King Fairbank, Katherine Frost Bruner, and Elizabeth MacLeod Matheson, eds., *The I. G. in Peking: Letters of Robert Hart, Chinese Maritime Customs, 1868-1907*, Cambridge, MA: Belknap Press of Harvard University Press, 1975, p. 590; 총리아문→파크스(1884. 11. 22), 『淸季中日韓關係史料』3, 臺北: 中央研究院近代史研究所, 1972, 1494쪽.

76. 이내영→진수당(1883. 12. 12), 진수당→Chen Weikun(1883. 12. 20), 『仁川港口卷』1, n.p.

77. 진수당→민영목(1884. 2. 7), 『仁川港口卷』2, n.p.

78. Kirk W. Larsen, *Tradition, Treaties, and Trade: Qing Imperialism and Chosŏn Korea, 1850-1910*, Cambridge, MA: Harvard University Asia Center, 2008, p. 109[『전통, 조약, 장사: 청 제국주의와 조선 1850-1910』, 양휘웅 옮김, 서울: 모노그래프, 2021, 193쪽].

79. 1870년대 이후 한국에서 중국인 이민자와 그들의 활동은 楊昭全·孫玉梅, 『朝鮮華僑史』, 北京: 中國華僑出版公司, 1991, 107~163쪽[『한국화교사』, 조영래 옮김 고양: 學古房, 2023, 185~266쪽] 참조. 동순태의 사례로 볼 때 인천의 중국 상인과 그들이 근대 한국과 동아시아 금융시장에 미친 영향은 강진아, 『동순태호: 동아시아 화교 자본과 근대 조선』, 대구: 경북대출판부, 2011 참조. 동순태는 광동 상인들이 세운 회사로 1880년대 중반에 이르러 조선의 대표적 화상으로 발전했다. 이후 중국 정부의 금융기관에서 활동하기도 했다. 1937년 9월, 중일전쟁이 발발한 후 마침내 한국에서 사업을 끝냈다. 강진아, 『동순태호: 동아시아 화교 자본과 근대 조선』, 대구: 경북대학교출판부, 2011, 59~112쪽, 280~281쪽; Kirk W. Larsen, *Tradition, Treaties, and Trade: Qing Imperialism and Chosŏn Korea, 1850-1910*, Cambridge, MA: Harvard University Asia Center, 2008, pp. 263~266[『전통, 조약, 장사: 청 제국주의와 조선 1850-1910』, 양휘웅 옮김, 서울: 모노그래프, 2021, 426~431쪽]; 楊昭全·孫玉梅, 『朝鮮華僑史』, 北京: 中國華僑出版公司, 1991, 142~145쪽[『한국화교사』, 조영래 옮김 고양: 學古房, 2023, 238~243쪽] 참조.

80. 한국 내 중국인 이민자 수는 1893년 2,182명, 1906년 3,661명, 1910에는 11,818명이었다. 중국인 이민자는 일본인 이민자보다 훨씬 적었다. 예를 들어, 1892년 한성, 인천, 부산, 원산에 사는 중국인은 1,805명, 일본인은 9,340명이었다. 楊昭全·孫玉梅, 『朝鮮華僑史』, 北京: 中國華僑出版公司, 1991, 125~131쪽[『한국화교사』, 조영래 옮김 고양: 學古房, 2023, 217~223쪽].

81. 이홍장→총리아문(1884. 3. 29), 『清季中日韓關係史料』 3, 臺北: 中央研究院近代史研究所, 1972, 1355~1357쪽.

82. 「仁川清商租界商定에 對한 照會(清總辦朝鮮商務 陳樹棠→督辦交涉通商事務 閔泳穆, 1884. 1. 15)」 『舊韓國外交文書』 8(清案 1), 서울: 고려대학교출판부, 1970, 21~22쪽; 이내영→진수당(1883. 12. 12), 『仁川港口卷』 1, n.p.

83. 진수당→이내영(1883. 12. 12), 『仁川港口卷』 1, n.p.

84. 「仁川清商租界商定에 對한 照會(清總辦朝鮮商務 陳樹棠→督辦交涉通商事務 閔泳穆, 1884. 1. 15)」, 「仁川清商租地納賦에 關한 件(督辦交涉通商事務 閔泳穆→清總辦朝鮮商務 陳樹棠, 1884. 1. 15)」 『舊韓國外交文書』 8(清案 1), 서울: 고려대학교출판부, 1970, 21~23쪽.

85. 「仁川清商租地納賦에 關한 件(清總辦朝鮮商務 陳樹棠→署理督辦交涉通商事務 金弘集, 1884. 3. 7)」 『舊韓國外交文書』 8(清案 1), 서울: 고려대학교출판부, 1970, 35~38쪽.

86. 「釜山清商의 日本租界內開店中止와 清商租界別定의 件(督辦交涉通商事務 閔泳穆→清總辦朝鮮商務 陳樹棠, 1883. 12. 14)」, 「同上清商租界勘定官員奏派要請(清總辦朝鮮商務 陳樹棠→督辦交涉通商事務 閔泳穆, 1883. 12. 16)」, 「同上穆麟德啓派回答(督辦交涉通商事務 閔泳穆→清總辦朝鮮商務 陳樹棠, 1883. 12. 17)」 『舊韓國外交文書』 8(清案 1), 서울: 고려대학교출판부, 1970, 14~15쪽.

87. 여서창→총리아문(1883. 12. 29), 『清季中日韓關係史料』 3, 臺北: 中央研究院近代史研究所, 1972, 1259쪽.

88. 예를 들어, Kirk W. Larsen, *Tradition, Treaties, and Trade: Qing Imperialism and Chosŏn Korea, 1850-1910*, Cambridge, MA: Harvard University Asia Center, 2008, pp. 2~17, pp. 107~117[『전통, 조약, 장사: 청 제국주의와 조선 1850-1910』, 양휘웅 옮김, 서울: 모노그래프, 2021, 25~52쪽, 188~204쪽] 참조.

89. 「釜山華商租界에 對한 照覆(督辦交涉通商事務 閔泳穆→清總辦朝鮮商務 陳樹棠, 1884. 1. 19)」, 『舊韓國外交文書』 8(清案 1), 서울: 고려대학교출판부, 1970, 23쪽.

90. 인천에서 경찰 조직 설립 문제는 賀江楓, 「朝鮮半島的中國租界-以1884至1894年仁川華商租界爲個案研究」, 『史林』 2012年 1期, 31~34쪽 참조.

91. 낭중현→남부현(1883. 6. 4), 四川省南充市檔案館 編, 『清代四川南部縣衙門檔案』 58, 安徽: 黃山書社, 2016, 402쪽.

92. 四川省南充市檔案館 編, 『清代四川南部縣衙門檔案』 58, 安徽: 黃山書社, 2016, 403~423쪽; 「四川潛入의 朝鮮民送還에 關한 件(清總辦朝鮮商務 陳樹棠→督辦交涉通商事務 閔泳穆, 1884. 3.11), 「附. 同上件에 關한 李鴻章札文」 『舊韓國外交文書』 8(清案 1), 서울: 고려대학교출판부, 1970, 40~41쪽.

93. 「四川潛入商民歸還에 關한 回答」(督辦交涉通商事務 閔泳穆→淸總辦朝鮮商務 陳樹棠, 1884. 3. 15),『舊韓國外交文書』8(淸案 1), 서울: 고려대학교출판부, 1970, 45쪽.

6장 조선을 상실하다: 중국 근대국가의 부상, 1885~1911

1. 제국의 시대 도래는 Eric Hobsbawm, *The Age of Empire*, 1875–1914. New York: Vintage Books, 1989, pp. 56~83[『제국의 시대』, 김동택 옮김, 파주: 한길사, 2004, 153~195쪽] 참조.

2. 駱寶善 · 劉路生 主編,『袁世凱全集』1, 鄭州: 河南大學出版社, 2013, 34~46쪽.

3. 大久保利謙 編,『森有礼全集』1, 東京: 宣文堂書店, 1972, 195쪽.

4. *Treaties, Conventions, etc.*, between China and Foreign States, vol. 2, 2nd ed., Shanghai: Statistical Department of the Inspectorate General of Customs of China, 1917, pp. 588~589.

5. 馬相伯,『馬相伯集』, 上海: 復旦大學出版社, 1996, 1091~1096쪽. "余勸中堂對高麗應早決定政策: 或聽其自主, 中國脫離關係; 或實行干涉, 派幹練欽差大員, 率兵前往, 作有力的指導, 高麗始有挽救的希望."

6. 『淸代中朝關係檔案史料彙編』, 北京: 中國檔案出版社, 1996, 259쪽; 『淸季中日韓關係史料』4, 臺北: 中央研究院近代史研究所, 1972, 1957쪽.

7. 이 직책은 1884년 7월 의회에 의해 '특명 전권공사(envoy extraordinary and minister plenipotentiary)'에서 격하된 것이다. Frederick Frelinghuysen to Lucius Foote, no. 58, July 14, 1884, *Korean-American Relations: Documents Pertaining to the Far Eastern Diplomacy of the United States*, vol. 1, edited by George McAfee McCune, Berkeley: University of California Press, 1951, p. 136.

8. Foulk to Thomas Bayard, no. 255, confidential, November 25, 1885, *Korean-American Relations: Documents Pertaining to the Far Eastern Diplomacy of the United States*, vol. 1, edited by George McAfee McCune, Berkeley: University of California Press, 1951, pp. 137~139.

9. Michael H. Fisher, "Indirect Rule in the British Empire: The Foundations of the Residency System in India, 1764–1858", *Modern Asian Studies 18*, no. 3, 1984, pp. 393~401.

10. Mary Dewhurst Lewis, *Divided Rule: Sovereignty and Empire in French Tunisia, 1881-1938*, Berkeley: University of California Press, 2014, pp. 24~26.

11. Hugh Dinsmore to Thomas Bayard, no. 20, May 27, 1887, and Augustine Heard to James Blaine, no. 29, confidential, July 10, 1890, Korean-American Relations: Documents Pertaining to the Far Eastern Diplomacy of the United States, vol. 2, edited by George McAfee McCune, Berkeley: University of California Press, 1951, p. 11, p. 21.

12. 이홍장→총리아문(1886. 1. 30), 『淸季中日韓關係史料』4, 臺北: 中央硏究院近代史硏究所, 1972, 2002~2004쪽. "凱: 名目固有不同, 因中國欲正属邦名分耳. 然朝鮮爲中國属邦已數百年, 豈掩耳盜鈴耶？前朝鮮與各國立約, 另有照會各國, 聲明朝鮮爲中國属邦, 各國如不欲認, 則前次照會即不應收, 旣收照會, 又欲謂朝鮮非中國属邦, 安有是理？"

13. 거문도사건은 Kirk W. Larsen, *Tradition, Treaties, and Trade: Qing Imperialism and Chosŏn Korea, 1850-1910*, Cambridge, MA: Harvard University Asia Center, 2008, pp. 173~176[『전통, 조약, 장사: 청 제국주의와 조선 1850~1910』, 양휘웅 옮김, 서울: 모노그래프, 2021, 290~294쪽]; 張禮恒, 『在傳統與現代性之間: 1626 ~ 1894年間的中朝關係』, 北京: 社會科學文獻出版社, 2012, pp. 201~227.

14. 「附 袁道來电(光緒十二年 七月 初七日 巳刻到)」, 顧廷龍 · 戴逸 主編, 『李鴻章全集』22, 合肥: 安徽敎育出版社, 2008, 77쪽.

15. 「附 袁道來电(光緒十二年 七月 初七日 巳刻到)」, 顧廷龍 · 戴逸 主編, 『李鴻章全集』22, 合肥: 安徽敎育出版社, 2008, 77쪽.

16. Hugh Dinsmore to Thomas Bayard, no. 20, May 27, 1887, *Korean-American Relations: Documents Pertaining to the Far Eastern Diplomacy of the United States*, vol. 2, edited by George McAfee McCune, Berkeley: University of California Press, 1951, p. 12; Horace Allen to Walter Gresham, no. 469, October 6, 1893, and no. 479, confidential, November 4, 1893, Korean-American Relations: Documents Pertaining to the Far Eastern Diplomacy of the United States, vol. 2, edited by George McAfee McCune, Berkeley: University of California Press, 1951, pp. 93~98; Kirk W. Larsen, *Tradition, Treaties, and Trade: Qing Imperialism and Chosŏn Korea, 1850-1910*, Cambridge, MA: Harvard University Asia Center, 2008, p. 192[『전통, 조약, 장사: 청 제국주의와 조선 1850-1910』, 양휘웅 옮김, 서울: 모노그래프, 2021, 320~321쪽]; George Alexander Lensen, *Balance of Intrigue: International Rivalry in Korea and Manchuria, 1884-1899*, vol. 1, Tallahassee: University Presses of Florida, 1982, pp. 92~93.

17. 『大明會典』卷105, 1b면. 명은 1407년 안남을 정복하고 15개 부(府), 36개 주(州), 181개 현을 설치했지만, 1428년 식민 정책은 막을 내렸다. 郭振鐸 · 張笑梅 主編, 『越南通史』

北京: 中國人民大學出版社, 2001, 395~421쪽.

18. 하여장→총리아문(1880. 11. 18),『淸季中日韓關係史料』2, 臺北: 中央研究院近代史研究所, 1972, 437~447쪽; 여서창→총리아문(1882. 8. 31),『淸季中日韓關係史料』3, 臺北: 中央研究院近代史研究所, 1972, 836쪽.

19. 『張謇全集』6, 南京: 江蘇古籍出版社, 1994, 206~207쪽.

20. 이홍장→총리아문(1882. 11. 23),『淸季中日韓關係史料』3, 臺北: 中央研究院近代史研究所, 1972, 1030~1033쪽.

21. 「國子監祭酒盛昱奏朝鮮事不堪再誤謹陳措置管見折(光緒十一年十一月初一日)」,『淸光緒朝中日交涉史料』卷9, 北京: 故宮博物院, 1932, 16b~18b면. "奴才請復論朝鮮之必危, 而中國之不可不亟爲籌措者, 爲我皇太后皇上陳之. 朝鮮國王, 一昏庸孱弱之主耳, 內制於閔黨而無如何, 外貪自主之名而忘傷處之禍. 其臣下專重世祿, 各立私黨, 歲賦所入, 路足自給, 購買洋物, 悉由橫征苛斂而來, 民怨滋興. 俄日各國, 又各誘之以利, 脅之以勢, 餌之以名, 此其危豈止綴統而已. 今以禍將復頭, 上表求救, 其名甚正, 其義尚恭, 然安知其不陰持兩可, 挾擧足輕重之計, 以窺伺朝廷? 我而不救, 則彼將有辭以求援於俄日, 而朝鮮從此非我有矣. 及其徘徊觀望之際而持之, 我自有保護藩屬之名, 彼亦善於中國積威之漸, 雖欲反側, 固當少緩須與, 此奴才所謂不可不亟爲籌措者也. 以奴才之聞, 盡奴才之愚, 竊謂既誤於前, 不堪再誤於後, 應請皇太后皇上特簡忠正明達有威望之臣, 督師前往, 鎭撫其國, 明降諭旨, 廢斥閔黨, 以釋其國人之怨, 以布中國之威德, 遂回程麟德, 以杜勾結之萌."

22. 『康有爲全集』1, 上海: 上海古籍出版社, 1987, 394~396쪽. "保朝鮮之術有三: 吾有力, 則收爲內地, 而執其政, 中策也. 吾無力, 則捐爲萬國公地, 援比利時例各國共保之, 此上策也. 若內冒藩屬之虛名, 而外聽通商之自主, 此下策, 實無策也. …… 吾越南而救之, 則兵力不足, 於朝鮮未必能救, 而吾東三省海疆必受其患. 聖人之能事在思患而預防之, 故謂捐爲萬國公地, 此上策也. 朝鮮國小無政, 其不能自守既明矣. 俄, 日相迫, 童子知之, 與陪京唇齒, 我不能琉球而度外之, 此中智所熟料者也, 以萬國公地共保之, 又中朝政體之所無也. 夫地處必爭, 勢處必救, 放豕豚於虎穴, 待其既食而後爭之, 豈若自爲牧人而修其圈牢, 或可保也. 故壬午東渡, 當以文武重臣駐高麗而總其政, 以高爵厚祿待其故王, 如外國保護之例. 選其才俊, 理其財賦, 練其士伍, 安其夫家, 引爲中國內地. 彼俄, 日雖交伺, 苟非度有全力可制吾者, 不敢無端構釁以動. 然非吾能自強, 則吾之兵力防內地沿海而不足, 豈可又增 一國數千裏之防乎? 負重擔而趨百裏, 力不足矣, 又加遠焉, 適形其不足而自病耳, 故非自強未能兼此也. 故謂吾有力則收爲內地, 此中策也. 若不慮久遠之變, 苟徇格式之舊, 公之萬國, 則不能割虛名; 引爲內地, 則不能行大事. 緩則引爲藩衛而親之, 而不能救其亡; 急則傾其國力而援之, 而且以生內累.

吾陪京可暫安, 而必至速危; 吾海疆可無事, 而必至有事, 則朝鮮之爲也. 夫吾海疆何備
之有? 有事則築台.購炮.募兵, 事平則台廢.炮鏽.伍散矣. 苟幸敵之不來, 不幸而來, 未
審何以禦之? 是朝鮮爲吾之火而致燎原也. 故曰下策,實無策也." [옮긴이주] 저자가 소
개한 내용은 「보조선책(保朝鮮策)」을 간략하게 정리한 것인데, 이 글의 첫 문단을 번역하
면 "조선을 보호하는 방법은 세 가지가 있다. 우리[청]가 힘이 있으면 내지로 편입시켜 정
권을 잡아 다스리는 것이 중책이다. 우리가 힘이 없으면 만국공지(萬國公地)로 만들어 벨
기에의 예를 따라 각국이 공동으로 보호하도록 하는 것이 상책이다. 만약 안으로는 번이라
는 허명을 무릅쓰고, 밖으로는 통상의 자주를 허락한다면 이는 하책으로 사실 방책이 아니
다." 저자는 '만국공지(萬國公地)'를 영어로 '국제 보호령(international protectorate)'이라
옮겼는데, 이는 다소 오해할 소지가 있다. 강유위가 '벨기에의 예'를 제시한 만큼 '만국공지'
는 중립국에 가까우며, '만국공지'는 『만국공법』 등 19세기 후반 한문으로 번역된 국제법 서
적에서는 보이지 않는다. 많지는 않지만 주로 기사 내용에서 살펴볼 수 있는데, 광서 13년
(1887) 상해기기제조국에서 간행한 『西國近事彙編』 광서 13년 4월 24~30일 내용에는 서
양 대국이 수에즈운하를 한 국가가 전용하지 않고 '만국공지'로 삼기로 함께 의논해 정했다
는 표현이 나온다. "蘇彝士河爲紅海之門戶, 茲海上接得電音, 謂歐西各大邦公議已定,
嗣後作爲萬國公地, 不准專款一邦, 共行經商賈等船, 一切捐項悉勒豁免."

23. Zeng Jize [Marquis Tseng], "China: The Sleep and the Awakening", Asiatic Quarterly
    Review 3, January 1887, p. 9. 여기서 증기택이 언급한 Warden of the Marches는 잉글
    랜드가 인접한 스코틀랜드의 행군(즉, 국경)을 감시하고 방어하려고 창설된 직책이다. R.
    R. Reid, "The Office of Warden of the Marches: Its Origin and Early History", English
    Historical Review 32, no. 128, 1917 참조.

24. Robert R. Swartout Jr., ed., An American Adviser in Late Yi Korea: The Letters of Owen
    Nickerson Denny, Tuscaloosa: University of Alabama Press, 1984, p. 142.

25. 예를 들어, Yur-Bok Lee, Diplomatic Relations between the United States and Korea, 1866-
    1887, New York: Humanities, 1970, pp. 52~124 참조.

26. Dinsmore to Thomas Bayard, no. 20, May 27, 1887, Korean-American Relations:
    Documents Pertaining to the Far Eastern Diplomacy of the United States, vol. 2, edited by
    George McAfee McCune, Berkeley: University of California Press, 1951, pp. 11~13.

27. Kirk W. Larsen, Tradition, Treaties, and Trade: Qing Imperialism and Chosŏn Korea, 1850-
    1910, Cambridge, MA: Harvard University Asia Center, 2008, pp. 176~189[『전통, 조
    약, 장사: 청 제국주의와 조선 1850-1910』, 양휘웅 옮김, 서울: 모노그래프, 2021, 294~
    314쪽]; 張禮恒, 『在傳統與現代性之間: 1626~1894年間的中朝關係』, 北京: 社會科學
    文獻出版社, 2012, 227~274쪽.

28. 「各國駐劄朝鮮使臣에 全權二字 勿用의 件(淸總理交涉通商事宜 袁世凱→督辦交涉通商事務 趙秉式(1887. 10. 21)」,「同上 泰西各國駐劄朝鮮公使의 屬邦體激에 關한 三個條 遵守事項 提出(淸總理交涉通商事宜 袁世凱→督辦交涉通商事務 趙秉式(1887. 11. 8)」,『舊韓國外交文書』8(淸案 1), 서울: 고려대학교출판부, 1970, 382쪽, 384쪽.

29. 『舊韓國外交文書』10(美案 1), 서울: 고려대학교출판부, 1967, 317쪽;『淸光緖朝中日交涉史料』卷10, 北京: 故宮博物院, 1932, 37a면. [옮긴이주] 이 부분은 오해의 여지가 있어 설명을 덧붙이면, 조선은 청에 보낸 자문에서 배신 박정양을 전권대신으로 삼는다고 밝혔다. "本年八月初七日, 據議政府領議政沈舜澤狀啓, 本日准駐紮朝鮮總理交涉通商事宜袁世凱照會, 奉大學士李鴻章電開, 總署來電, 奉旨: 朝鮮派使五國, 必須先行請示, 俟允准後再往, 方合屬邦體制. 速照知韓政府欽遵等因. 奉此, 相應照會貴政府, 請煩查照欽遵等因. 理合稟請, 欽遵辦理等情. 竊念小邦世蒙天朝洪庇, 覆載高厚, 山海崇深, 無事不達, 有求必應. 至於外交一事, 特賴我皇帝陛下眷顧綏靖之恩, 亦荷部堂大人暨北洋大臣體恤經遠之護, 代爲籌畫, 力與維持, 特允與美國首先通好, 而派員襄辦, 安訂條約, 並先行照會聲明: 朝鮮爲中國屬邦, 而內治外交向來均得自主等語, 使小邦恪守侯度, 而在各國平行相待, 體制交涉務歸兩全. 嗣後泰西各國, 相率而至, 續定和約, 亦皆以美約爲張本, 克臻妥善, 均經奏准在案. 美國於換約之後, 按照原約派全權大臣來駐都城, 而小邦曾遣使報聘而還. 至泰西各國, 則並與報聘而未遑, 是以各國使臣屢以遣使互駐爲請. 小邦念切時局, 思踐盟約, 現派陪臣朴定陽爲全權大臣, 擬令前往美國駐紮; 繼派陪臣趙臣熙爲全權大臣, 擬令前往英德意俄法等五國, 先修報聘, 仍行駐紮, 安辦敦睦事宜. 理合據宜咨請禮部查照, 仍卽轉奏天陛, 獲准該陪臣等前往, 以完使事而符原約, 實爲德便. 特差禮賓寺主簿尹奎燮, 奉咨前去. 爲此咨會, 請煩禮部照驗施行."

30. Horace N. Allen, *Things Korean: A Collection of Sketches and Anecdotes Missionary and Diplomatic*, New York: Fleming H. Revell, 1908, pp. 163~164[『조선견문기』, 신복룡 역주, 서울: 집문당, 1999].

31. 張禮恒,『在傳統與現代性之間: 1626~1894年間的中朝關係』, 北京: 社會科學文獻出版社, 2012, 244~250쪽, 279쪽.

32. 장음환의 상주문(1888. 3. 6), 軍機處漢文錄副奏摺, 3-5700-043.

33. Hart to Campbell, no. 651, Z/342, June 3, 1888, in John King Fairbank, Katherine Frost Bruner, and Elizabeth MacLeod Matheson, eds., *The I. G. in Peking: Letters of Robert Hart, Chinese Maritime Customs, 1868-1907*, Cambridge, MA: Belknap Press of Harvard University Press, 1975, p. 705.

34. 50 Cong. Rec. 8136(August 31, 1888); italics in the original.

35. Dinsmore to Thomas Bayard, no. 20, May 27, 1887, *Korean-American Relations: Documents Pertaining to the Far Eastern Diplomacy of the United States*, vol. 2, edited by George McAfee McCune, Berkeley: University of California Press, 1951, p. 12.

36. Foulk to Frederick Frelinghuysen, no. 229, October 10, 1884, Foreign Relations of the United States, 1885–1886, p. 326. 포크는 삼전도비에 대해 다음과 같이 설명했다. "비석의 앞면은 만주 문자라고 생각되는 문자로 깊게 새겨진 비문이 꽉 채워져 있고, 산스크리트 문자나 팔리 문자와 매우 비슷하지만 왼쪽으로부터 세로로 쓰여 있었다. 비문 본문 위에는 왼쪽에서 오른쪽으로 가로로 쓰인 제목이 있었다. 비석 뒷면에는 방형의 한자가 부분적으로만 덮여 있는 또 다른 비문이 있었다." p. 326.

37. William Woodville Rockhill, "Korea in Its Relations with China", *Journal of the American Oriental Society 13*, 1889, p. 1.

38. William Woodville Rockhill, "Korea in Its Relations with China", *Journal of the American Oriental Society 13*, 1889, pp. 1~2.

39. 민종묵→원세개(1890. 6. 4), 원세개→민종묵(1890. 6. 5), 원세개→이홍장(1890. 6. 5), 『欽使奉命前來賜祭朝鮮國王母妃卷』.

40. 「北洋大臣來電一(원세개→이홍장, 光緒十六年 三月 二十八日到 電報檔)」, 『淸光緖朝中日交涉史料』卷11, 北京: 故宮博物院, 1932, 31a면

41. 원세개→허드(1890. 6. 5), 『欽使奉命前來賜祭朝鮮國王母妃卷』.

42. 원세개→이홍장(1890. 6. 6), 『欽使奉命前來賜祭朝鮮國王母妃卷』.

43. 원세개→이홍장(1890. 6. 6), 『欽使奉命前來賜祭朝鮮國王母妃卷』; 이홍장→총리아문(1890. 6. 13), 『淸季中日韓關係史料』5, 臺北: 中央研究院近代史研究所, 1972, 2785쪽.

44. 이홍장→원세개(1890. 6. 6), 원세개→조선 주재 청 상무위원(1890. 6. 6), 『欽使奉命前來賜祭朝鮮國王母妃卷』.

45. 민종묵→원세개(1890. 6. 10), 『欽使奉命前來賜祭朝鮮國王母妃卷』.

46. 원세개→허드(1890. 9. 30), 김영수→ 원세개(1890. 10. 11), 『欽使奉命前來賜祭朝鮮國王母妃卷』.

47. 허드→원세개(1890. 10. 11), 『欽使奉命前來賜祭朝鮮國王母妃卷』.

48. Heard to James Blaine, no. 13, June 7, 1890, *Korean-American Relations: Documents Pertaining to the Far Eastern Diplomacy of the United States*, vol. 2, edited by George McAfee McCune, Berkeley: University of California Press, 1951, pp. 124~126.

49. 顧廷龍 · 戴逸 主編, 『李鴻章全集』23, 合肥: 安徽敎育出版社, 2008, 102~105쪽.

50. 1890년 조선에 파견된 칙사는 岡本隆司, 「《奉使朝鮮日記》之研究」, 王建朗 · 欒景河 編, 『近代中國.東亞與世界』上, 北京: 社會科學文獻出版社, 2008, 15~28쪽; Joshua

Van Lieu, "The Politics of Condolence: Contested Representation of Tribute in Late Nineteenth-Century Chosŏn-Qing Relations", *Journal of Korean Studies 14*, no. 1, 2009 참조. 또한 반 리의의 연구는 1890년 청의 칙사 파견 이후 청의 프로파간다 활동이 조선-청 관계에 대한 서양의 역사 서술에 미친 영향을 보여준다. pp. 103~110 참조.

51. 顧廷龍・戴逸 主編, 『李鴻章全集』23, 合肥: 安徽教育出版社, 2008, 69~75쪽.

52. 崇禮, 『奉使朝鮮日記』 2b~3a면[『사조선록 역주』5, 서울: 소명출판, 2012, 512쪽].

53. 『使韓紀略』(欽使奉命前來賜祭朝鮮國王母妃卷 附件), 3~7쪽.

54. 이홍장→원세개(1890. 10. 12), 『欽使奉命前來賜祭朝鮮國王母妃卷』.

55. 崇禮, 『奉使朝鮮日記』 12b~13b면[『사조선록 역주』5, 서울: 소명출판, 2012, 519~520 쪽].

56. *Notes on the Imperial Chinese Mission to Corea, 1890*, Shanghai, 1892, p. 8.

57. 『勅使日記』卷19, 1a~6a면.

58. 崇禮, 『奉使朝鮮日記』 17b~18a면[『사조선록 역주』5, 서울: 소명출판, 2012, 525~526 쪽].

59. 崇禮, 『奉使朝鮮日記』 26b~27a면.

60. *China Imperial Maritime Customs Decennial Reports*, 1882-91, Shanghai: Statistical Department of the Inspectorate General of Customs of China, 1893, app. 2, 42.

61. 『使韓紀略』(欽使奉命前來賜祭朝鮮國王母妃卷 附件), 22~26쪽.

62. 『勅使日記』卷19, 11a~12a면.

63. 이 주장을 옹호하는 논저로는 岡本隆司, 『世界のなかの日清韓関係史-交隣と属国,自主 と独立』, 東京: 講談社, 2008, 15~28쪽; Kirk W. Larsen, *Tradition, Treaties, and Trade: Qing Imperialism and Chosŏn Korea, 1850-1910*. Cambridge, MA: Harvard University Asia Center, 2008, pp. 190~191[『전통, 조약, 장사: 청 제국주의와 조선 1850-1910』, 양휘웅 옮김, 서울: 모노그래프, 2021, 316~318쪽]; Joshua Van Lieu, "The Politics of Condolence: Contested Representation of Tribute in Late Nineteenth-Century Chosŏn-Qing Relations", *Journal of Korean Studies 14*, no. 1, 2009.

64. Augustine Heard to James Blaine, no. 89, confidential, November 19, 1890, *Korean-American Relations: Documents Pertaining to the Far Eastern Diplomacy of the United States*, vol. 2, edited by George McAfee McCune, Berkeley: University of California Press, 1951, p. 35.

65. Payson J. Treat, "China and Korea, 1885-1894", *Political Science Quarterly 49*, no. 4, 1934, pp. 506~543.

66. 예를 들어, M. Frederick Nelson, *Korea and the Old Orders in Eastern Asia*, Baton Rouge:

Louisiana State University Press, 1945, pp. 175~180; 林明德, 『袁世凱與朝鮮』, 臺
北: 中央研究院近代史研究所, 1970, 137~321쪽; Key-hiuk Kim, *The Last Phase of
the East Asian World Order: Korea, Japan, and the Chinese Empire, 1860-1882*, Berkeley:
University of California Press, 1980, 350쪽[『동아시아 세계질서의 종말 – 조선 · 일본 · 청,
1860~1882』, 김범 옮김, 파주: 글항아리, 2022, 424~425쪽]; Kirk W. Larsen, *Tradition,
Treaties, and Trade: Qing Imperialism and Chosŏn Korea, 1850-1910*, Cambridge, MA:
Harvard University Asia Center, 2008, pp. 128~173[『전통, 조약, 장사: 청 제국주의
와 조선 1850-1910』, 양휘웅 옮김, 서울: 모노그래프, 2021, 221~289쪽]; 張禮恒, 『在
傳統與現代性之間: 1626~1894年間的中朝關係』, 北京: 社會科學文獻出版社, 2012,
192~201쪽. 그러나 라센은 " 원세개가 조선에 대한 청의 전략에서 겨우 한 가지 노선만
을 대표할 뿐이었고, 게다가 대체로 그가 청의 제국주의 전략에서 가장 영향력 있는 인사
도 아니었다"라고 비판적으로 지적했다. Kirk W. Larsen, *Tradition, Treaties, and Trade:
Qing Imperialism and Chosŏn Korea, 1850-1910*, Cambridge, MA: Harvard University
Asia Center, 2008, p. 173[『전통, 조약, 장사: 청 제국주의와 조선 1850-1910』, 양휘웅
옮김, 서울: 모노그래프, 2021, 289쪽].

67. 崇禮, 『奉使朝鮮日記』, 54b~55a면.

68. *China Imperial Maritime Customs Decennial Reports, 1882-91*, Shanghai: Statistical
Department of the Inspectorate General of Customs of China, 1893, app. 2, 42.

69. M. Frederick Nelson, *Korea and the Old Orders in Eastern Asia*, Baton Rouge: Louisiana
State University Press, 1945, p. 202.

70. 崇禮, 『奉使朝鮮日記』, 55b~60b면.

71. 聶士成, 『東遊紀程』, 『해외한국학자료총서』 7, 서울: 성균관대학교 동아시아학술원 2004,
547~553쪽. ""士民, 工賈最緊肩摩各國皆有, 而華日兩國之人尤多, 但國王懦弱不能
振作, 通國官員多好酒色, 不思自强, 庶民懶惰只求溫飽, 不計贏餘, 蓋因世習世祿故
也. 數十年前朝鮮與各國商務不通, 其境內山嶺崎槪無車輛行走, 所有轉運等事遠者
用謀馬馱壤, 近者以人負載, 他國印至其境亦不易行軍, 故得稍省防守, 因此上少智謀
之將, 下無精勇之兵, 有率仍需中國派兵保護, 實可危也. 自典各國立約通裔以後, 開
有三埠, 一仁川, 一釜山, 一元山, 生意初設不黃興旺, 近時貨物通行, 商務均大有起
色, 惟日人黃盛, 種種要挾, 處處占先, 頗有藐視華人之意, 且朝日約章首句云, 大朝鮮
爲自主之國, 窺其意一似朝鮮亦於中國不相干涉者, 此時華日官員駐紮朝鮮槪爲客, 情
不分疏密, 譬如華設一官, 一營, 日亦必設一官一營, 以防守之, 又兼日人各商皆暗置軍
械, 窺其用意, 約爲無事則買, 有事則兵, 如元山日商百家, 商民男女九百餘口, 釜山商
一百一十家, 男女四千七百餘口, 仁川商較以上兩處居中, 漢城, 龍山兩處約日人一萬,

合四處計之約一萬七千餘衆, 其兵輪亦時至各埠往來巡視訪問. 數年以來凡朝鮮大小海口均已測繪成圖, 復將各處要路情形着爲論說, 以備遇有戰事, 無需嚮導卽可去驅直入, 其用心不亦遠乎! 以此際朝鮮時事而論, 俄人難强不過肌膚之患, 而日本實心腹之憂, 乃朝野上下竟不聞有思患預防之意, 是眞狡者自狡而愚者自愚矣, 雖然彼卽不知早爲之計, 而我之固藩屬保邊疆者, 自當因時制宜而作先發之擧也."

72. 戚其章 編,『中日戰爭』1, 北京: 中華書局, 1989, 16쪽. "溯高麗爲我朝首先效順之邦, 朝貢恭謹, 數百年如一日. 海外各國莫不知之, 而日本矯誣妄說, 今爲兩屬之邦."

73. 戚其章 編,『中日戰爭』1, 北京: 中華書局, 1989, 23~24쪽. "朝鮮久爲我朝藩服, 與蒙古及西域各部落無殊. 此而聽人窺伺, 則何處不可窺何? 此不可輕棄者一也. 朝鮮與東三省接界, 屏蔽一方, 倘使他人得之, 則非特旅順諸處當設重防, 東北一帶處處皆當添設邊備, 此不可輕棄者二者也."

74. 戚其章 編,『中日戰爭』1, 北京: 中華書局, 1989, 33~35쪽.

75. 『淸實錄』56, 北京: 中華書局, 1986, 396쪽(光緒二十年 七月 一日).

76. 戚其章 編,『中日戰爭』1, 北京: 中華書局, 1989, 61쪽.

77. 戚其章 編,『中日戰爭』1, 北京: 中華書局, 1989, 45~48쪽. [장린] "假使倭人得志, 我朝藩服盡屬外夷, 各國若再侵蝕, 勢必剪及內地, 則新疆,臺灣,西藏,關東在在堪虞, 稍有輕率, 更啓戎心, 蓋若輩豺狼欲不可厭, 以我之疆土相率雄據而稱强者, 故態昭然矣." [정립균] "近聞日本背約犯順, 奪我朝鮮. 朝鮮者, 我太宗文皇帝艱難底定之藩國也, 委身歸命近三百年, 列聖相承已付於我, 皇上豈忍一旦委而棄之? 況盛京陵寢屛蔽一撤, 在在可危, 又非越南,緬甸遠在數千裏外者可比, 故朝鮮之於中國勢比脣舌, 而親同骨肉."

78. 戚其章 編,『中日戰爭』1, 北京: 中華書局, 1989, 155쪽. "朝鮮一棄, 俄若擾及蒙古, 英若擾及西藏, 我將聽之耶, 抑爭之耶? 若爭之, 則不如此日之爭朝鮮矣."

79. 戚其章 編,『中日戰爭』1, 北京: 中華書局, 1989, 46~48쪽, 146~152쪽, 199쪽. [언유장] "不如改建行省, 以文武重臣臨治之, 曲存其封ır, 優恤其君臣, 用以鞏固東邊, 永杜侵擾."[정립균] "朝鮮國王已被擄脅, 請明詔立其世子爲王, 示天下以興復大義, 卽令其駐我軍中以免不虞." 홍양품의 상주문(1894. 8. 10), 軍機處漢文録副奏摺, 3-167-9115-5.

80. 中國第一歷史檔案館藏 編,『淸宮珍藏歷世達賴喇嘛檔案薈萃』, 北京: 宗敎文化出版社, 2002, 387~388쪽.

81. 日本外務省 編,『日本外交文書』第28卷 第2冊, 東京: 日本国際連合協会, 1953, 373쪽.

82. 戚其章 編,『中日戰爭』3, 北京: 中華書局, 1989, 188쪽. "況朝鮮久爲藩服, 我太祖,太

宗經營之功, 列祖列宗覆冒之誼, 垂三百年. 今此約竟一語廢絶, 復欲我皇上儼批允准
,衡之事理似不可行."

83. 戚其章 編, 『中日戰爭』 3, 北京: 中華書局, 1989, 290쪽. "英夷奪我緬甸, 且至香港, 法
夷奪我安南, 俄夷奪我黑龍江北境, 至小之倭夷亦奪我琉球, 且侵削至於高麗. 以列祖
創造之艱難, 四海藩封之廣大, 數十年間中朝屬國蕩然無存. 近乃至於內地, 皆當日緬
甸安南琉球之失, 其流弊至於斯."

84. 『日省錄』 79, 서울: 奎章閣, 1995, 209쪽; 古結諒子, 「日清開戰前後の日本外交と
清韓宗属関係」, 岡本隆司 編, 『宗主権の世界史-東西アジアの近代と翻訳概念』,
名古屋: 名古屋大学出版会, 2014; Henry H. Em, *The Great Enterprise: Sovereignty
and Historiography in Modern Korea*, Durham, NC: Duke University Press, 2013, pp.
21~52.

85. 왕문소(王文韶)→총리아문(1896. 7. 12), 『淸季中日韓關係史料』 8, 臺北: 中央研究院
近代史研究所, 1972, 4856~4857쪽.

86. 총리아문의 상주문(1896. 8. 7), 『淸季中日韓關係史料』 8, 臺北: 中央研究院近代史研究
所, 1972, 4871~4874쪽.

87. 왕문소(王文韶)→총리아문(1896. 8. 7.), 『淸季中日韓關係史料』 8, 臺北: 中央研究院近
代史研究所, 1972, 4899~4900쪽. "趙曰: 我國素爲中朝藩屬, 今因甲午之變, 嗣有馬
關之約稱我國爲自主, 殊非我君主之本願也, 望中朝不責我國. 儀曰: 甲午之變, 我朝
斷元責韓之意. 趙曰: 我國旣爲強鄰所逼, 不許爲華屬. 我君主深感皇朝厚恩, 願修約
條, 以保全兩國和睦, 惟竊念自維小邦, 不敢直向大國擅自啓齒. 儀曰: 早聞國王有此
意, 去月派譯員朴台榮來, 亦談及此事. 趙曰: 閣下向朴所談各節, 我君主亦得聞矣. 然
究未諳中國意以爲如何, 殊屬焦悶. 儀曰: 餘是區區小吏, 何以得聞朝廷意見? 趙曰: 馬
關之約, 認朝鮮爲自主, 倘不重修條約, 中朝豈不有責於我國乎? 儀曰: 馬關之約, 雖有
聲明朝鮮事, 然無議及條約一節. 趙曰: 不修條約, 豈非不認朝鮮爲自主乎? 儀曰: 鄙見
修約與認爲自主, 事屬兩歧, 不得並論. 趙曰: 請聞之. 儀曰: 認爲自主, 不過勿行舊章.
若互換條約, 則是視爲平行之國矣. 安得紊而一之? 趙曰: 我君主尙未想到此節."

88. 총리아문의 상주문(1896. 11. 20), 『淸季中日韓關係史料』 8, 臺北: 中央研究院近代史研
究所, 1972, 4968쪽.

89. 1905년 당소의는 티베트를 둘러싼 영국과의 조약 협상에 자신의 한국 경험을 가져왔다.
陸興祺 編, 『西藏交涉紀要』, 臺北: 蒙藏委員會, 1954, 17~20쪽; 당소의 전보→북경
(1905. 6. 2; 6. 14; 8. 21), 外務部 西藏檔, 02-16-001-06-061/066, 02-16-003-
01-007.

90. 당소의→총리아문(1896. 3. 13), 『淸季中日韓關係史料』 8, 臺北: 中央研究院近代史研

究所, 1972, 4989쪽.

91. Andre Schmid, *Korea between Empires, 1895-1919,* New York: Columbia University Press, 2002, p. 11, pp. 55~100[『제국 그 사이의 한국 1895-1919』, 정여울 옮김, 서울: 휴머니스트, 2007, 155~253쪽].

92. 『日省錄』 80, 서울: 奎章閣, 1995, 161~163쪽; George Alexander Lensen, *Balance of Intrigue: International Rivalry in Korea and Manchuria, 1884-1899*, vol. 2, Tallahassee: University Presses of Florida, 1982, pp. 644~646.

93. 「發駐朝鮮總領事唐紹儀電(光緒二十四年 三月 初二日)」, 「駐朝鮮總領事唐紹儀來電(光緒二十四年 四月 十四日)」, 「發駐朝鮮總領事唐紹儀電(光緒二十四年 四月 二十四日)」, 『淸光緒朝中日交涉史料』 卷51, 北京: 故宮博物院, 1932, 21a면, 35b면, 36b면.

94. 「發駐朝鮮總領事唐紹儀電(光緒二十四 五月 二十日)」, 『淸光緒朝中日交涉史料』 卷51, 北京: 故宮博物院, 1932, 40면.

95. 『淸光緒朝中日交涉史料』 卷52, 北京: 故宮博物院, 1932, 1a~2b면.

96. 『淸光緒朝中日交涉史料』 卷52, 北京: 故宮博物院, 1932, 2b면.

97. 茅海建, 「戊戌變法期間光緒帝對外觀念的調適」, 『歷史硏究』 2002年 6期, 45쪽.

98. 당소의→총리아문(1898. 8. 28), 『淸季中日韓關係史料』 8, 臺北: 中央硏究院近代史硏究所, 1972, 5146~5148쪽.

99. 張蔭桓, 『張蔭桓日記』, 上海: 上海書店出版社, 2004, 549쪽.

100. 茅海建, 「戊戌變法期間光緒帝對外觀念的調適」, 『歷史硏究』 2002年 6期, 48쪽.

101. 中國史學會 編, 『戊戌变法』 4, 上海: 上海人民出版社, 1957, 325~326쪽.

102. 張蔭桓, 『張蔭桓日記』, 上海: 上海書店出版社, 2004, 554쪽.

103. 『淸光緒朝中日交涉史料』 卷52, 北京: 故宮博物院, 1932, 7a면.

104. 『淸季中日韓關係史料』 8, 臺北: 中央硏究院近代史硏究所, 1972, 5160쪽.

105. 서수붕→총리아문(1898. 12. 4), 『淸季中日韓關係史料』 8, 臺北: 中央硏究院近代史硏究所, 1972, 5179쪽. "惟韓國舊爲藩屬, 今之平行自主, 實非韓之本心. 且其國小而貧, 强鄰環伺, 在我正應曲加體恤, 何忍復思佔彼便宜?"

106. 吳保初, 「朝鮮三種序」, 周家祿, 『奧篨朝鮮三種』, 武昌, 1899, 1쪽.

107. 서수붕의 상주문(1898. 12. 4), 『淸季中日韓關係史料』 8, 臺北: 中央硏究院近代史硏究所, 1972, 5200쪽; 『韓淸議約公牘』 11~12쪽.

108. 「徐寿朋陈明中韩商约增删缘由片」, 「附件三 徐寿朋奏与韩外部声明越境韩民处置办法片」, 『淸光緒朝中日交涉史料』 卷52, 北京: 故宮博物院, 1932, 38a~38b면. "韓國現雖自主, 然其君臣上下仍存內向之心, 約事易成, 殆由於此. 故各約盡有之款, 可以獨無, 各約盡無之條, 可以獨有."

109. 『淸季中日韓關係史料』8, 臺北: 中央硏究院近代史硏究所, 1972, 5246~5247쪽. "再韓國昔爲藩屬, 今作友邦, 特勢遷移, 莫可迴挽. 盱衡往事, 良用慨然! 惟韓君雖已帝制自爲, 尙不敢夜郎自大, 日後東西學黨漸得權位, 其變態未知何如! 目前各府.部大臣猶多守舊之人, 頗有親中之意. 華民散居韓地, 實繁有徒, 數年以來, 皆由英國代爲保護. 韓亦追懷舊好, 不聽別國慫恿. 視作無約國民, 以是僑寓華商, 尙得安居樂業. 將來換約以後, 華.韓交涉事件自應仍歸華官辦理, 無庸借重英國矣. 謹附片陳明, 伏乞聖鑒, 謹奏."

110. 「義和団事変ニ関シ韓国皇帝ヨリ日本皇帝陛下ニ親書捧呈一件」

111. 「朴齊純의 特命全權公使로 淸國駐剳奉詔의 件(外部大臣署理 朴齊純→淸出使大臣許台身, 1902. 2. 1.」『舊韓國外交文書』9(淸案 2), 서울: 고려대학교출판부, 1970, 534쪽.

112. 中國第一歷史檔案館藏 編, 『光緖朝朱批奏折』112, 北京: 中華書局, 1996, 342~343쪽.

113. 『淸季中日韓關係史料』8, 臺北: 中央硏究院近代史硏究所, 1972, 5556쪽.

114. 中國第一歷史檔案館藏 編, 『光緖朝朱批奏折』112, 北京: 中華書局, 1996, 332~333쪽.

115. 中國第一歷史檔案館藏 編, 『光緖朝朱批奏折』112, 北京: 中華書局, 1996, 339쪽.

116. 中國第一歷史檔案館藏 編, 『光緖朝朱批奏折』112, 北京: 中華書局, 1996, 241~242쪽, 344~357쪽.

117. 趙爾巽全宗檔案, 125-2.

118. 진작언(陳作彦)의 보고서, 『淸季中日韓關係史料』9, 臺北: 中央硏究院近代史硏究所, 1972, 5839~5844쪽.

119. 길림장군→외무부(1903. 7. 29), 『淸季中日韓關係史料』9, 臺北: 中央硏究院近代史硏究所, 1972, 5680~5682쪽; 張兆麟 보고서(1903년 가을), 『淸季中日韓關係史料』9, 臺北: 中央硏究院近代史硏究所, 1972, 5849~5881쪽.

120. 趙爾巽全宗檔案, no. 125.

121. 간도 문제는 Nianshen Song, *Making Borders in Modern East Asia: The Tumen River Demarcation, 1881-1919*, Cambridge: Cambridge University Press, 2018[『두만강 국경쟁탈전 1881-1919: 경계에서 본 동아시아 근대』, 이지영·이원준 옮김, 서울: 너머북스, 2022] 참조.

122. 金魯奎, 「北輿要選」, 『백산학보』, 1974, p. 253; 吳祿貞, 『延吉邊務報告』, 臺北: 文海出版社, 1969, 4장 1~2쪽.

123. 원세개→이홍장(1890. 8. 30), 『淸季中日韓關係史料』9, 臺北: 中央硏究院近代史硏究

所, 1972, 5703~5705쪽.

124. 「중한변계선후장정(中韓邊界善後章程)」에 관해서는 『淸季中日韓關係史料』 9, 臺北: 中央研究院近代史研究所, 1972, 5952~5953쪽 참조.

125. 吳祿貞, 『延吉邊務報告』, 臺北: 文海出版社, 1969, 4장 11쪽.

126. 唐文權·桑兵 編, 『戴季陶集(1909-1920)』, 武漢: 華中師範大學出版社, 1990, 29쪽. [옮긴이주] 이 글은 다이지타오가 산훙(散紅)이라는 필명으로 1910년 8월 5일 『중외일보(中外日報)』에 실은 것이다. "韓國者, 吾國三千餘年之屬國也. 其地則屬吾國彊宇, 其人則與吾國同族, 其文字則吾國之國風, 其政治風俗則吾國之遺範, 是則韓國之存亡問題, 卽吾國國權之消長問題, 亦卽吾國實力之增減問題. 韓存雖於吾國全部無絶大關系, 而亡則吾國政治·軍事·實業等之受禍, 實有不勝枚擧者."

127. 석량(錫良)→외무부(1910. 9. 8; 9. 17.), 『淸季中日韓關係史料』 10, 臺北: 中央研究院近代史研究所, 1972, 7119쪽, 7127쪽. 「대청국적조례(大淸國籍條例)」 전문은 丁進軍 編選, 「淸末議行國籍管理條例」, 『歷史檔案』 1988年 3期를 참조.

128. 조이손→외무부(1911. 8. 15.), 『淸季中日韓關係史料』 10, 臺北: 中央研究院近代史研究所, 1972, 7202쪽. "查奉省鴨綠江沿岸一帶, 韓民越境墾居, 蔓延遍十一府縣, 數逾三萬餘人. 從前韓爲我屬, 特准雜居. 甲午以後, 韓已改屬於日. 然韓國名義猶存, 新舊僑民咸聽我州縣官管轄. 迨年前八月間, 韓倂於日, 舊約作廢. 惟中日所訂延吉界務條約, 仍有效力. 經日使聲明, 奉鈞部飭知到奉. 當以鴨江情形與混江迥不相同, 若仍聽其內地雜居, 恐以法律不同之故, 日人事事干涉, 則巡警·裁判等事, 處處足以伸張勢力, 損害主權. …… 旋據奉天交涉司以此事旣一時未能辦到, 應由各該府縣認眞調査韓民戶籍, 妥訂入籍辦法, 分飭各該府縣劃切勸諭, 庶已來韓僑悉令歸化, 我之內地少一外人僑居, 卽預杜日之干預. 惟査現行國籍條例, 有十年以後方准入籍之限制. 疊據調査報告, 韓僑未及十年者甚多."

결론

1. *China Mission Year Book,* 1912, Shanghai: Christian Literature Society for China, 1912, app. C, 17.

2. 王揚濱·萬葆元, 『朝鮮調査記』, 北京, 1915; 陳臨之, 『調査朝鮮實業報告』, 保定, 1917.

3. 『朝鮮見聞錄』, 北京, 1918, 2~3쪽.

4. Melvyn C. Goldstein, A History of Modern Tibet, 1913-1951: The Demise of the Lamaist State, Berkeley: University of California Press, 1989, pp. 638~813; Sam

van Schaik, Tibet: A History, New Haven, CT: Yale University Press, 2011. Frederic Wakeman, Jr., The Great Enterprise: The Manchu Reconstruction of Imperial Order in Sevent, pp. 207~269.

5. 張啓雄, 『外蒙主權歸屬交涉, 1911-1916』, 臺北: 中央研究院近代史研究所, 1995, 269~303쪽 참조.

6. 예를 들어, Fiskesjö, Magnus. "Rescuing the Empire: Chinese Nation-Building in the Twentieth Century." European Journal of East Asian Studies 5, no. 1 (2006); Carlson, Allen. "Reimagining the Frontier: Patterns of Sinicization and the Emergence of New Thinking about China's Territorial Periphery." In Sinicization and the Rise of China: Civilizational Processes beyond East and West, edited by Peter J. Katzenstein, London: Routledge, 2012; Liu, Xiaoyuan. Recast All under Heaven: Revolution, War, Diplomacy, and Frontier China in the 20th Century. New York: Continuum, 2010, pp. 3~18, pp. 171~241 참조.

7. 예를 들어, Evelyn S. Rawski, Early Modern China and Northeast Asia: Cross-Border Perspectives, Cambridge: Cambridge University Press, 2015, pp. 235~263 참조.

8. 『中華國恥地圖』, 河北: 河北省工商廳制, 1929.

9. 『中央日報』, 南京, 1930. 3. 15; 胡春惠, 『韓國獨立運動在中國』, 臺北: 中華民國史料研究中心, 1976, 303쪽. "東鄰朝鮮, 向隸中國藩屬, 考之載籍, 其血統相傳, 猶是殷周裔胄, 實爲吾華民族之一支, 其政教所出, 多沿漢唐規制, 顯係我邦文化之流派, 化之禮儀, 應與吾人深相結納, 共存共榮, 庶可光耀前庥, 爲炎黃子孫綿延不絕之生命放一異彩."

10. 季世昌 主編, 『毛澤東詩詞鑒賞大全』, 南京: 南京出版社, 1994, 546쪽.

11. 沈志華, 『最後の「天朝」─毛沢東·金日成時代の中國と北朝鮮』 下, 東京: 岩波書店, 2016, 144~147쪽[『최후의 천조: 모택동·김일성 시대의 중국과 북한』, 김동길·김민철·김규범 옮김, 서울: 선인, 2017, 738~740쪽].

12. 沈志華, 『最後の「天朝」─毛沢東·金日成時代の中國と北朝鮮』 下, 東京: 岩波書店, 2016, 181~182쪽[『최후의 천조: 모택동·김일성 시대의 중국과 북한』, 김동길·김민철·김규범 옮김, 서울: 선인, 2017, 787~789쪽].

『조선은 청 제국에 무엇이었나: 1616~1911 한중 관계와 조선 모델』의 원제는 저자 왕위안충이 본래 자신의 의도를 충실히 드러낸 『중화제국 다시 만들기: 만한(滿韓)관계, 1616~1911(Remaking the Chinese Empire: Manchu-Korean Relations, 1616-1911)』이다. 그가 한국어판 서문에서 밝히고 있듯, 이 책은 '한중관계에서 본 청대 중국사'이다. 다루는 시기도 후금의 흥기에서 청의 멸망까지이다.

너머북스에서 제안한 제목의 취지는 왕위안충의 이 책이 '중국은 한국에 무엇인가?'라는 우리에게 익숙한 질문에서 벗어나 좀 낯설지만 역으로 '한국은 중국에 무엇인가?'를 생각해 보는 계기가 될 수 있고, 오래되고 복잡하며 어려운 중국과의 관계에 대해 제대로 토론해 보자는 것으로 이해된다. 솔직히 대중서가 아닌 학술서의 제목을 이렇게 바꾸는 것에 동의하기 어렵다. 원제의 의도가 분명한 경우에는 더욱 그렇다. 다만 번역자로서 출판사의 취지를 충분히 이해하고 그 취지가 온전히 발휘되기를 바란다.

한국인 독자라면 대부분 한국이 포함된 관계사에서 관심 축이 한국에 기울 수밖에 없다. 병자호란 이후 한국사에 강렬한 인상을 준 나라와의 관계라면 더욱 그렇다. 저자는 청에 중심을 두었지만, 독자의 관심은 자연스레 조선으로 흐르게 된다. 옮긴이 또한 마찬가지였다. 이는 중국사 전공자로 한중관계를 연구하는 한국인이 끊임없이 극복하고자 하는 '굴레'인지도 모른다. 하지만 그 굴레를 드러내 정면으로 응시하고 의식하며 읽을 필요가 있다. 관심이 전도된다고 해서 저자의 의도를 이해하는 데 방해가 되는 것도 아니다. 오히려 중국의 시선에서 '주변'에 선 사람이자 역사적으로나 현실적으로나 양국 관계의 주요 연관자로 상호 시선을 교차하며 바라볼 수 있다.

저자는 만한관계를 통해 청을 '중화제국'으로 정의한다. 조선은 명 중심 세계질서에서 가장 중요한 조공국이었다. 청은 조선을 무력으로 굴복시켰지만 복속시키지 않고 명의 제도를 계승하여 종번관계를 맺었다. 저자는 청이 정복한 명의 가장 공순한 조공국인 조선을 매개로 중화제국을 만들어간 과정을 고찰하면서 '중화(中華)'의 의미를 확장한다.

「들어가며」에서 저자가 제시한 지향점은 명확하다. 종번 개념의 재활성화(revitalizing), 중국 근대국가 형성의 재해석(reinterpreting), 청대 중화제국 재론(revisiting), 청 제국주의 재고(renegoating), 즉 네 가지 '다시(re)'를 제시한다. 기존의 청 제국과 청-조선 관계를 보는 시각에 새로운 해석을 내놓겠다는 야심 찬 의지를 표명한 것이다.

이 책에서는 중국적 세계질서를 표현하는 데 조공체제나 호시체제 등 학계에서 일반적으로 사용하는 개념 대신 '종번'에 주목한다. 서주 시기에 시작된 종번관계에서 본래 종(宗)은 천자를 뜻하고 번(藩)은 혈연관계가 있는 황실 구성원으로 번봉(藩封)을 받은 이들을 뜻하였다. 이를 아우르는 세계가 '천하'다. 이것은 이후 점차 발전해 황제와 주변국의 군신 관계로 확대되었고, 조공과 책봉의 수단과 '사대'와 '자소'의 언설로 구축되었다. 한반도의 왕조는 중원왕조와 독특한 문화적 동질성을 형성하였으며, 이 관계는 명대에 임진왜란을 겪으며 더욱 강화되었다. 종번관계는 전근대 한중관계를 이루는 근간으로 청대에도 이어졌다.

여기서 주목할 점은 저자가 청이 명-조선 관계를 답습한 것이 아니라 주동적으로 활용했다고 보는 것이다. 청은 중화제국으로서 정통성을 확보하고자 조선을 정복하였으며, 입관 전 조선과의 관계를 바탕으로 청 중심의 종번체제를 만들어 갔다. 입관 이후에는 '조선 모델'을 통해 예부 관할의 외번과의 관계에 적용하며 종번체제를 공고히 했다.

청이 입관 이전 자신을 중화제국으로 규정했으며 조선을 적극적으로 이용했다는 저자의 설명은 이민족이 '한화(漢化, sinicization)'되어갔다는 주장과는 결을 달리한다. 이 책에서 '시니시제이션(sinicization)'은 기존의 '정복왕조 한화론'과는 의미가 다르다. 만주족이 적극적으로 '중화'를 수용하고 재적용하며 활용했다는 의미로 사용된다. 여기서 '중화'는 한족만의 문명이 아닌 공유 가능한 보편문명이며, 중국은 문명화된 중원왕조로 '시니시제이션'은 한화가 아닌 '중국화'이다. 스스로 '중국화'를 선택한 청 제국은 만주족을 중심으로 한 유라시아 제국이자 중화제국이다. 이러한 점에서 왕위안충의 주장은 내륙아시아적 성격을 강조하는 신청사와 근본적으로 접근 방식이 다르다.

그렇다면 몽골, 신강 등 이번원에 속한 이질적 세계는 어떻게 설명할 수 있을까. 신청사 연구가 강하게 비판하는 기존의 한화론으로는 설명하기 어렵다. 한화론은 이질적 세계를 한족 중심으로 통합하기 때문이다. 여기서 저자는 '제국'을 호출한다. 많은 중국 학자가 청을 제국으로 부르는데 거부감을 가지고 있다. 2000년대까지만 해도 청 제국이라는 표현을 거의 사용하지 않았다. 제국은 근대 이래 등장한 개념이다. 역사상 중원왕조는 제국이 아닌 천하 질서를 드러내는 천조, 천하 등으로 자신을 표현했다. 제국이 중국 역사에서 본격적으로 등장한 것은 19세기 서양과의 접촉으로 시작되었다. 근대 이래 제국은 중국을 침탈한 존재로 여겨져 부정적 의미가 강했다. 그것은 영토적 확장 혹은 세력 확장이라는 폭력적 의미가 내포되어 있다. 이와 반대로 예(禮)에 기초한 천하 질서는 호혜적인 비폭력적 질서로 인식된다. 그렇기에 일부 중국 학자는 제국성을 강조하는 신청사를 20세기 제국주의와 다를 바 없다며 '신제국주의사학(新帝國主義史學)'이라고 비판한다. 근대 반(半)식민 경험의 시각이 그대로 투영된 것이다. 그럼에도 저자는 청을 제국으로 칭한다. 여기서 제국은 제국주의와 식민주의를 탑재한 유럽식 제국이 아닌 중화제국이다.

예(禮)에 기초한 천하 질서로 구축된 중화제국은 청의 팽창과 모순되어 보이지만 저자는 청을 영토적 제국과 정치-문화적 제국으로 구분해 이 문제를 해결한다. 전자가 황제가 통제하는 국가로 영토적 의미를 지닌다면, 후자는 천하를 통치하는 천자가 주인이 되는 정치-문화적 의미의 제국을 의미한다. 저자의 설명에 따르면, 종과 번은 가부장적 종번 관념과 천하 질서를 공유하며 위계질서를 받아들인다. 종번관계는 현대 외교에서 이해하듯이 군사력이나 지정학적 중요성 혹은 종주권에 따른 것이 아니다.

양자는 공유하는 정치-문화적 규범을 기반으로 상호구성적 정통성을 확보하며, 종에 번은 천하를 구축하는 중요한 요소이다. 청은 정치-문화적 제국으로 1883년 청프전쟁, 1895년 청일전쟁에 참전했으며, 이때 패배한 것은 영토적 제국이 아니다. 저자는 1895년 청일전쟁 패배 이후 조선과의 종번관계가 무너지면서 정치-문화적 제국이 쇠퇴하고서야 근대 국민국가가 출현하기 시작하였다고 주장한다.

그렇기에 저자는 청을 영토적 제국으로만 파악해 청의 영토 확장을 제국주의로 보는 중국 밖 세계의 주장을 반박한다. 19세기 후반 청이 실시한 대조선 정책을 실질적 지배의 강화로 파악하고 이를 서구 제국주의와 유사한 성격으로 보는 청 후기 제국주의론에 대해서 청의 행위는 제국주의가 아닌 종번주의에 의한 것이라 주장하며 청 초에 형성된 청-조선 관계의 지속성을 강조한다. 저자에 따르면, 이 책의 중요한 개념인 '종번주의'란 배타적인 문화 중심인 정치체와 덜 문명화되었거나 야만의 상태에 있는 것으로 간주되는 주변이 정치·외교 교섭 및 교류를 하는 중국적 시스템으로 종은 번에 대해 절대적인 가부장적 권위를 지니며, 그 권위의 행사는 양자가 공유하는 정치-문화적 규범에 근거해 정당성을 갖는다.

저자가 청 제국을 중화제국으로 설명하는 데 핵심 요소는 바로 종번주의가 관철되는 관계, 즉 종번관계이다. 조선은 청 초의 종번관계 형성에 지대한 역할을 했다. 청은 입관 이전에 이미 자신을 중화제국으로 규정했고, 이 명분을 획득하기 위해 무력으로 조선과 관계를 맺었다. 조선과 종번관계를 맺은 이후에는 명의 제도를 계승하여 의례에 기초한 외번관계의 기반을 마련했다. 이 과정에서 외번 관계의 전형인 '조선 모델'이 형성됐으며, 청은 입관 이후 청 판도로 편입된 명의 조공국에 이를 적용함으로써 이들을 중화제국의 주변부로 만들었다. 조선은 청이 중화제국이 되는 데 정통성과 기제를 제공해 주었다. 따라서 조선의 상실은 정치-문화적 제국의 와해를 의미했기에 19세기 말 청은 조선과 종번관계를 지키려고 경주하였다.

청은 조선을 정복하여(1616~1643, 1장) '오랑캐'로 만들었고(1644~1761, 2장), 조선을 통해 자신이 중화임을 증명하고 정당화하였으며(1762~1861, 3장), 제2차 아편전쟁 이후 서양과의 관계에서 청 질서 속 조선의 지위를 정의하면서(1862~1876, 4장) 조선과 서양의 관계를 지도했지만(1877~1884, 5장), 결국 조선을 상실하였다(1885~1911, 6장). 이 과정에서 청 제국은 1630년대, 1760년대, 1860년대 조선을 통해 각각 중화제국으로 지위를 세우고 중화문명 담론의 주도권을 확고히 하였다. 서세동점의 위기에서는 전통적 청-조선 관계를 재확인해 종번관계를 중심으로 한 조선 담론을 강화했다. 1895년 청일전쟁의 패배로 청과 조선의 종번 관계가 완전히 청산되고 정치-문화적 제국은 와해되었지만, 종번관계는 그 이후까지 지속적으로 영향을 미쳤다. 청은 여전히 매해의 황력(皇曆)에서 조선을 내성(內省)의 범주에 포함시켰으며 상실한 영토로 인식하였다. 이러한 인식은 청이 멸망한 이후에도 지속되었다. 그렇기에 저자는 중국이 근대 국민국가가 되는 것은 한국전쟁 이후 한국이 남북으로 나뉘어 완전히 독립된 주권국가로 성립된 시점이라고 주장한다. 이것은 민국 시기에도 정치-문화적 제국의 의식이 여전히 지속되고 있었으며, 그것의 핵심이었던 한국이 중국과 완전히 단절된 주권국가가 되면서 정치-문화적 제국의 유산이 다 청산된 후에야 중국이 근대 국민국가가 될 수 있었고 영토의 문제도 명확해졌음을 의미한다. 이와 같은 점에서 조선/한국은 청을 중화제국으로 만들어주었을 뿐 아니라 중국이 근대 국민국가가 되는 데 매우 중요한 기제였다.

역사적으로 확장과 수축을 거듭해온 중국의 왕조를 영토적 제국과 정치-문화적 제국으로 구분하는 것이 새로운 이야기는 아니다. 예를 들어, 이 책에서는 인용하지 않았지만, 전인갑이 청을 이념형 제국과 현실형 제국으로 구분해 설명한 바 있다.[*] 그는 이념형 제국의 근간이 중화사상이라 불리는 화이론적 천하관념이며, 천하의 모든 지역이 실제 통치 영역에 들어갈 수 없기에 제국이 이념형과 현실형으로 나타나는 것은 불가피하다고 설명하였다. 제국의 원심력으로 작용하는 다민족, 다문화, 다종교의 다양성을 압도해 통합할 수 있었던 소프트파워가 바로 중국적 문화주의였다고 주장한다. 즉 '비중국의 중국' 지역은 토착 세력과 결탁한 간접 지배 방식을 구사해 차별화된 통치 전략을 펼쳤고, 이로써 이원적 구조의 현실형 제국 구조를 완성하였으며, "청 제국 중심의 대일통 세계질서를 보편적 국제질서로 이념화"하는 데 성공해 이념형 제국 구조를 완성하였다고 주장한다. 그는 또한 1895년 청일전쟁의 패배로 이념형 제국이 완전히 붕괴했다고 하는데, 이는 저자가 청일전쟁에서 패한 것은 영토적 제국이 아닌 정치-문화적 제국이라고 주장한 것과 일맥상통한다.

---

[*] 전인갑, 「帝國에서 帝國性 國民國家로(I)-제국의 구조와 이념-」, 『중국학보』 65, 2012; 「帝國에서 帝國性 國民國家로(II)-제국의 지배전략과 근대적 재구성-」, 『중국학보』 66, 2012.

하지만 전인갑은 청 제국을 중화제국으로 부르지 않는다. 그는 이질적인 두 세계가 하나의 제국으로 통합된 것을 "중화제국으로 정의하는 것은 지나치게 '중국(한족)' 중심적 관점일 것"이라고 강조한다. 그는 저자와 달리 중국과 중화를 한족적인 것으로 본다. 이는 이원화된 제국 구조에서 청조가 '비중국의 중국'에 '중국적' 문화를 강조하지 않았다는 점에서 타당한 설명이다. 이 점에서 전인갑의 주장은 청을 '보편제국'으로 설명하는 파멜라 크로슬리(Pamela Kyle Crossley)의 논리와 맞닿아 있다. 파멜라 크로슬리에게 중화의 면모는 청 제국의 일부로 제국을 통치하려고 활용된 것이다. 청 제국은 중화왕조와는 상당히 다른 성격을 지니고 있다.*

　청 제국을 중화제국으로 부를 수 있을까. 저자는 중화의 문제는 정통성의 문제이지 '종족(ethnic)'의 문제가 아니라고 강조한다. 이를 통해 만주족 통치자에 대한 설명은 가능하지만, 이번원을 통해 관리되던 이질적 영역에 대한 설명은 어렵다. 다시 말해, 몽골, 티베트, 신강 역시 중화의 정체성을 일정 부분 공유했는가의 문제가 남는다. 여기서 영토적 제국과 정치-문화적 제국과는 간극이 발생할 수밖에 없다. 그렇다면 청을 중화제국으로 만든 조선은 어떤가. 조선은 청을 중화로 보았는가. 무력으로 종번관계가 맺어져 현실적으로 청을 상국으로 인정하였으며, 18세기 중반 이후 북학파는 청도 중화를 계승할 수 있는 존재라고 인식하기 시작하였다. 하지만 청과 조선 간 중화의 우월성이 역전된 적은 없다. 조선은 성리학을

---

* Pamela Kyle crossley, "The Rulerships of china", *American Historical Review*, 97:5, 1992, pp. 1468~1483; Pamela Kyle crossley, *A Translucent Mirror: History and Identity in Qing Imperial Ideology*, Berkeley: University of california Press, 1999, pp. 223~246.

국치로 삼은 왕조였다. 만주족이 중원을 지배하고 '소중화' 의식이 강화되는 상황에서 조선이 청의 '중화'를 어느 정도 공유했는지에 대한 진일보한 논의가 필요하다.

조선이 청을 현실적으로 인식하면서 청과 공유하는 중화에 간극이 존재했다면, 종번체제에서 종이 지니는 가부장적 권위의 정당성이 얼마나 공고할 수 있느냐도 논의가 필요하다. 저자는 종번관계가 중국과 주변이 역사적으로 공유해 왔고 현실적으로 합의한 정치-문화적 규범에 따라 정당성을 지닌다고 보며, 그 규범의 역사성 속에서 '종번'의 가부장성을 제시해 중국이 주변국에 가한 행위에 '합법성'을 부여한다. 예를 들어, 임오군란 때 청군의 출병을 종번관계에 따른 가부장적 역할로 설명하고, 흥선대원군을 납치해 중국으로 압송한 일도 원대 충혜왕의 사례를 들어 종번체제에서 '상상할 수 없는 일'이 아니었다고 설명한다. 하지만 자칫 잘못하면 이런 논리는 역사상 '중국'이 주변에 행한 강압적·무력적 행위에 정당성을 부여할 수 있다. 이는 역사상 중국과 주변국의 상호구성적 정통성을 제공한 종번 담론보다 현실적 이유에서 살펴봐야 하며, 종이 번의 모든 위기에 적극적으로 나선 것도 아니었다. 행동할 때는 명분이 지지하지만, 나서지 않을 때는 현실적 이유가 앞세워진다. 임오군란 이후 청의 조선 정책은 청 초 양국 관계가 무력을 바탕으로 성립되었다는 사실에서 청 개입의 근거를 찾는 것이 더 타당할 수 있다. 조선은 다른 조공국과 달리 전쟁으로 청의 종번체제에 편입되어 이번원과 예부 영역의 접점에 있었다. 청 입관 이후 그 접점의 중심축이 예부 영역으로 완전히 이동했다면, 1870년대 후반 청의 조선 문제 개입은 청 초로 회귀하는 것이었다고 볼 수 있으며, 이로써 청 후기 제국주의론을 일정 수준 반박할 수 있다. 하지만 이를 정치─문화적 제국의 가부장적 의무로 설명하는 것은 무리다.

이 책은 '중한관계의 관점에서 본 청대 중국사'이지만, 중국의 시각에서 '주변'의 우리에게 더 '예민'하게 읽힐 수 있다. 조선은 청 제국에 무엇이 있었는지 의문이 들게 하고, 더 나아가 한국은 중국에 무엇이었는지 생각할 수밖에 없게 한다. 2000년대 중국 굴기와 함께 서구 중심 질서의 문제점을 극복하고자 예에 기초한 다원적이고 포용적인 신조공 질서론, 신천하 질서론, 천하체계론 등이 대두되었기에 더욱 그렇다. 일각에서는 전근대 중국의 대외질서에는 위계가 존재하지만, 패권을 추구하기보다는 유가 사상에 입각해 덕에 따른 교화로 예(禮)를 중심으로 질서를 확립하였다고 본다. 저자가 청의 중화제국 다시 만들기를 고찰하며 제시한 종번체제 역시 이러한 질서와 맥이 닿아 있고, 조선은 이를 가능케 해준 핵심 요소였다. 그렇기에 이 책을 읽는 것은 거창하지만 '중화제국' 중국과 그와 유구한 역사를 같이해온 한국의 대화라고 할 수 있다.

최근 몇 년간 한중관계처럼 출간에 이르기까지 곡절이 많았다. 원서가 2018년에 출간되었고, 옮긴이는 2019년 말 『동북아역사논총』에 「종번과 중화로 청 제국을 볼 수 있는가─왕위안충 '조선 모델'의 가능성과 한계」라는 비평 논문을 실었다. 옮긴이 후기는 이 글의 내용을 편집한 것이다. 그 글은 본래 서평을 생각했지만, 원고지 230매가 넘는 상당한 분량의 비평 논문으로 발전했다. 이는 옮긴이가 저자의 논지에 상당 부분 동의하면서도 종번, 조선 모델, 신청사, 제국주의 문제 등 논의의 공간이 컸기 때문이다. 비평의 논조는 차분했지만 상당히 비판적이었다고 자평한다.

옮긴이는 중국 베이징대학교에서 10년간 유학한 끝에 19세기 한중관계사로 박사학위를 받았고, 산둥대학교 역사문화학원 중외관계사교연실(中外關係史敎研室)에서 5년간 일했다. 중국에서 15년을 지내며 배운 것은 상대의 시각이고, 판단과 서술에서의 신중함이다. 그러다 보면 한국에서는 '친중파'가 중국에서는 '친한파'가 되기 십상이다. 그런 옮긴이가 보기에 이 책은 기존 연구와 차별되는 지점이 분명하며 논쟁적이다. 그래서 굳이 내가 번역해 소개할 필요가 있는가 하는 생각이 항상 있었다. 일종의 나만의 거리 두기였다.

본의 아니게 번역을 맡았다. 비평 논문을 쓴 바 있기에, 지인이지만 저자와 또 다른 거리 두기를 했다. 저자와 특별한 소통 없이 온전히 옮긴이 스스로 작업을 마쳤다. 저자가 인용한 수많은 사료를 살펴보고, 영어로 표시된 인명, 지명 등을 확인하였다. 고민을 많이 했지만, 원서의 의미를 살리기 위해 영어로 번역된 한문 사료를 한국어로 옮겼으며, 대조할 수 있도록 원문을 찾아 주석에 실었다. 지난한 번역 작업은 공부를 확인하는 과정이었다. 옮긴이의 거리 두기와 역량 부족으로 인한 오역은 온전히 옮긴이 책임이다. 탈고 과정에서 원고를 함께 읽고 조언해준 단국대학교 사학과 박사과정 김현선 선생님께 고마움을 전한다. 모든 작업은 가족이 함께 있기에 항상 행복하다.

2024년 6월 20일

창원 정병산 자락에서

손성욱